DIREITO DE RECUPERAÇÃO DE EMPRESAS

Dados Internacionais de Catalogação na Publicação (CIP)
(Câmara Brasileira do Livro, SP, Brasil)

Roque, Sebastião José
   Direito de recuperação de empresas / Sebastião
José Roque. — São Paulo : Ícone, 2005. —
(Elementos de direito)

   ISBN 85-274-0817-1

   1. Empresas - Recuperação - Leis e legislação
I. Título. II. Série.

05-0960   CDU-347.736(81)(094)

Índices para catálogo sistemático:

1. Brasil : Leis : Recuperação de empresas :
    Direito comercial   347.736(81)(094)
2. Lei de Recuperação de Empresas Brasileiras :
    Direito comercial   347.736(81)(094)
3. Leis : Recuperação de empresas : Brasil :
    Direito comercial   347.736(81)(094)

SEBASTIÃO JOSÉ ROQUE

Bacharel, mestre e doutor em Direito pela Faculdade de Direito da Universidade de São Paulo
Advogado e assessor jurídico empresarial
Árbitro e mediador
Autor de 25 obras jurídicas
Professor da Faculdade de Direito da Universidade São Francisco, "campi" de São Paulo e Bragança Paulista
Presidente do Instituto Brasileiro de Direito Comercial "Visconde de Cairu"
Presidente da Associação Brasileira de Arbitragem – ABAR
Autor de anteprojeto de que resultou a Lei de Recuperação da Empresa (11.101/05)

DIREITO DE RECUPERAÇÃO DE EMPRESAS

Elaborado nos termos da Lei 11.101 de 09.02.2005
Substitui a antiga Lei Falimentar (Decreto-Lei 7661/45)

Ícone
editora

© Copyright 2005.
Ícone Editora Ltda.

Coleção Elementos de Direito

Diagramação
Andréa Magalhães da Silva

Revisão
Rosa Maria Cury Cardoso

Proibida a reprodução total ou parcial desta obra,
de qualquer forma ou meio eletrônico, mecânico,
inclusive através de processos xerográficos,
sem permissão expressa do editor
(Lei nº 9.610/98).

Todos os direitos reservados pela
ÍCONE EDITORA LTDA.
Rua Lopes de Oliveira, 138 – 01152-010
com Rua Camerino, 26 – 01553-030
Barra Funda – São Paulo – SP
Tel./Fax.: (11) 3666-3095
www.iconelivraria.com.br
e-mail: iconevendas@yahoo.com.br
editora@editoraicone.com.br

O PODER DA MENTE

Pobre de ti se pensas ser vencido;
Tua derrota é um caso decidido.
Queres vencer mas como em ti não crês,
Tua descrença esmaga-te de vez.
Se imaginas perder perdido estás.
Quem não confia em si marcha para trás.
A força que te impele para frente
É a decisão firmada em tua mente.

Muita empresa esboroa-se em fracasso
Inda antes de dar o primeiro passo.
Muito covarde tem capitulado,
Antes de haver a luta começado.
Pensa em grande e teus feitos crescerão;
Pensa em pequeno e irás depressa ao chão.
O querer é poder arquipotente;
É a decisão firmada em tua mente.

Fraco é quem fraco se imagina;
Olha ao alto quem ao alto se destina.
A confiança em si mesmo é a trajetória
Que leva aos altos cimos da vitória.
Nem sempre quem mais corre a meta alcança;
Nem mais longe o mais forte o disco lança.
Mas se és certo em ti, vai firme, vai em frente,
Com a decisão firmada em tua mente.

DEDICATÓRIA

Prof. NELSON ABRÃO

Orientador, no curso de pós-graduação da Faculdade de Direito da Universidade de São Paulo, do Autor deste compêndio. Adotava interessante método de ensino, baseado no estudo do direito comparado, confrontando o direito brasileiro com o de outros países juridicamente desenvolvidos, e procurando averiguar a colaboração que eles poderiam nos dar. Encarregou este acadêmico de aprofundar-se no estudo da lei concursal francesa, outro de analisar o instituto da reorganização societária e outro da lei italiana. Sob a orientação e estímulo deste preclaro mestre, o Autor realizou muitas pesquisas e participou de vários seminários em Paris, Bruxelas e Lyon sobre o novo direito concursal francês e europeu. Podemos dizer que há muito de Nelson Abrão na Lei da Recuperação Judicial do Brasil.

Ao saudoso mestre, as nossas homenagens.

Prof. MAURO BRANDÃO LOPES

Dedicado mestre e lutador incansável, muito deve a ele o Autor na sua formação jurídica, mormente no Direito Concursal. Briguento e ranzinza, assim era pelo excessivo ardor que aplicava na discussão dos temas jurídicos e à seriedade que observava no exercício da nobre missão do magistério.

Ao saudoso mestre, os agradecimentos do Autor.

Prof. GIUSEPPE FERRI

Principal discípulo do inolvidável Tullio Ascarelli e seu sucessor na cátedra de Direito Empresarial da Universidade de Roma. Comercialista extraordinário, de profunda influência nos seus alunos, mormente os estudantes estrangeiros, entre os quais o Autor deste compêndio confessa-se o mais devoto.

UNIVERSIDADE DE PANTHÉON-SORBONNE, de Paris

Especialmente ao diretor da faculdade de direito, Bernard Bouloc e aos mestres de Direito Empresarial (Droit des Affaires) da Universidade de Paris, pelo carinho e atenção dedicada ao Autor, com os agradecimentos pelo interesse demonstrado na análise e no conhecimento do Direito Concursal brasileiro. Esta faculdade, das mais antigas e tradicionais, depois da de Bolonha, elaborou, pelos seus mestres, o novo sistema falimentar que se vem espalhando pelo mundo, introduzindo-se no Brasil com a nova Lei de Recuperação Judicial. Notável o interesse demonstrado pelo Projeto de Lei 4.376/93, oferecendo sugestões e colocando à disposição do Brasil a experiência francesa e internacional. Aos seus mestres de Direito Empresarial o nosso abraço e agradecimento: Ives Guyon, Paul Le Cannu, Ivonne Flour, Ives Chaput, Jean Jaques Daigre, Claude Lucas de Leyssac, Gilbert Parleani, Martine Bouzard, Fréderic Polland Dulian, Marie Damnielle Schodermeier, Dahamane Bem Abderrahmane, Florense Lassere-Jeannin.

ÍNDICE

1. O INSTITUTO DA RECUPERAÇÃO DA EMPRESA NO DIREITO BRASILEIRO, 17
   1.1. Origem do novo direito, 19
   1.2. Conceito de recuperação judicial e sujeito passivo, 23
   1.3. Empresas excluídas dos procedimentos concursais, 27

2. FUNDAMENTOS E OBJETIVOS, 31
   2.1. Natureza jurídica, 33
   2.2. Objetivos dos procedimentos concursais, 35
   2.3. A terminologia da nova lei, 37
   2.4. O juízo competente, 39
   2.5. A participação do Ministério Público, 42

3. DISPOSIÇÕES COMUNS À RECUPERAÇÃO JUDICIAL E À FALÊNCIA, 43
   3.1. Créditos não exigíveis nos procedimentos concursais, 45
   3.2. Efeitos da sentença concursal, 46
   3.3. Compensação de dívidas mútuas, 49

4. DA CLASSIFICAÇÃO DOS CRÉDITOS, 51
   4.1. Fundamentos da classificação, 53
   4.2. Tipos de preferência, 54
   4.3. Encargos e dívidas da massa, 55

4.4. Classificação legal, 55
4.5. Créditos extraconcursais, 60

5. DA VERIFICAÇÃO DOS CRÉDITOS, 63
   5.1. A impugnação dos créditos, 65
   5.2. Habilitação de crédito intempestiva, 66
   5.3. O quadro-geral de credores, 69
   5.4. Habilitação dos credores do sócio ilimitadamente responsável, 70

6. DO PEDIDO DE RESTITUIÇÃO E DOS EMBARGOS DE TERCEIRO, 71
   6.1. Efeitos da arrecadação, 73
   6.2. Coisas vendidas a crédito, 74
   6.3. Restituição de dinheiro, 74
   6.4. Pedidos de restituição, 76
   6.5. Embargos de terceiro, 78

7. HISTÓRICO: DO DIREITO FALIMENTAR AO DIREITO DE RECUPERAÇÃO DE EMPRESAS, 79
   7.1. Sentido da História, 81
   7.2. Na antiga Roma, 81
   7.3. Idade Média, 83
   7.4. Idade Moderna, 84
   7.5. O Direito Falimentar no Brasil, 85
   7.6. A Lei de Recuperação de Empresas, 88
   7.7. A reformulação francesa, 89
   7.8. Reflexos franceses no Brasil, 91
   7.9. A nova terminologia, 95
   7.10. Linhas gerais do novo sistema, 96
   7.11. Necessidade de visão ampla do novo sistema, 97

8. DA RECUPERAÇÃO JUDICIAL, 99
   8.1. Conceito desse instituto, 101
   8.2. Quem pode requerer a recuperação judicial, 102
   8.3. Fundamentos da recuperação judicial, 103
   8.4. Os credores concorrentes, 106
   8.5. Os meios de recuperação judicial, 109
   8.6. O autopedido de recuperação judicial, 115

8.7. O procedimento da recuperação judicial, 120
8.8. O plano de recuperação judicial, 123
8.9. O cumprimento da recuperação judicial, 128

9. DO ADMINISTRADOR JUDICIAL E DO COMITÊ DE CREDORES, 133
9.1. Do administrador judicial, 135
9.2. Remuneração do administrador judicial, 137
9.3. Do Comitê de Credores, 137
9.4. Competência do administrador judicial, 138
9.5. Competência do Comitê de Credores, 144
9.6. A constituição do Comitê, 146
9.7. Impedimentos à investidura, 148
9.8. O gestor judicial, 150
9.9. Destituição dos administradores, 152
9.10. Responsabilidades do administrador judicial e dos membros do Comitê, 153
9.11. A empresa especializada em recuperação judicial, 153

10. DA CONVOLAÇÃO DA RECUPERAÇÃO JUDICIAL EM FALÊNCIA, 155
10.1. Causas da convolação, 157
10.2. A sentença convolatória, 159
10.3. Arrecadação insuficiente, 161

11. DA FALÊNCIA, 163
11.1. Caracterização do estado de crise econômico-financeira, 165
11.2. Legitimação do pedido de falência, 166
11.3. Sujeito passivo do pedido, 171
11.4. Sujeito ativo do pedido, 172
11.5. A defesa da empresa requerida, 172
11.6. O processamento do pedido, 175
11.7. Objetivo da falência, 177
11.8. Pedido indevido de falência, 177
11.9. O juízo competente da falência, 178
11.10. Antecipação do vencimento, 179
11.11. Os sócios ilimitadamente responsáveis, 180
11.12. Continuação dos negócios na falência, 181

12. DA RECUPERAÇÃO EXTRAJUDICIAL, 183
12.1. O retorno do acordo particular, 185
12.2. O "modus faciendi" da formulação do pedido, 186
12.3. Créditos integrados no acordo, 188
12.4. O processamento do pedido, 188
12.5. A solução arbitral de divergências, 192

13. A DECRETAÇÃO DA FALÊNCIA, 195
13.1. A sentença de falência, 197
13.2. Publicidade da sentença, 198
13.3. Indicação dos credores, 198
13.4. Termo legal da falência, 199
13.5. Prazo para a habilitação de créditos, 200
13.6. Nomeação do administrador judicial, 200
13.7. Suspensão das ações, 201
13.8. Salvaguarda dos interesses do devedor, 201
13.9. Lacração do estabelecimento, 201
13.10. Convocação da AGC – assembléia-geral dos credores, 202

14. DA FALÊNCIA REQUERIDA PELO PRÓPRIO DEVEDOR, 203
14.1. Sujeito ativo do autopedido, 205
14.2. Requerimento de autofalência, 205
14.3. Participação dos credores, 206
14.4. Deveres dos dirigentes da empresa, 207

15. DA ARRECADAÇÃO E CUSTÓDIA DOS BENS, 209
15.1. Conceito e sentido da arrecadação, 211
15.2. A custódia dos bens, 212
15.3. O inventário, 214
15.4. Os bens perecíveis, 215

16. DA INABILITAÇÃO EMPRESARIAL; DOS DIREITOS E DE-VERES DO FALIDO, 217
16.1. Deveres da empresa falida, 219
16.2. Sanções pelo descumprimento, 220
16.3. Direitos da empresa falida no processo, 221

17. DOS EFEITOS DA DECRETAÇÃO DA FALÊNCIA SOBRE AS OBRIGAÇÕES DA EMPRESA FALIDA, 223
   17.1. Dos contratos de prestações recíprocas, 225
   17.2. Contrato de compra e venda, 227
   17.3. Contrato de locação não residencial, 230
   17.4. Contrato unilateral, 230
   17.5. Contrato de conta corrente, 232
   17.6. Contrato de mandato, 232
   17.7. Compensação, 233
   17.8. Sociedades coligadas, 234
   17.9. Coobrigados solidários, 235
   17.10. Os patrimônios de afetação, 236

18. DA INEFICÁCIA E DA REVOGAÇÃO DE ATOS PRATICADOS ANTES DA FALÊNCIA, 239
   18.1. Atos revogáveis, 241
   18.2. Ação revocatória, 245
   18.3. A ineficácia como defesa, 247
   18.4. Atos praticados por imposição de medida judicial, 247
   18.5. Distinção das ações concursais, 249
   18.6. Renúncia à herança ou a legado, 251

19. DO COMITÊ E DO ADMINISTRADOR JUDICIAL NA FALÊNCIA, 253
   19.1. Necessidade da administração, 255
   19.2. A nomeação do administrador judicial, 256
   19.3. Deveres e atribuições, 256
   19.4. Remuneração do administrador judicial, 258
   19.5. Restrições ao cargo, 258
   19.6. O relatório do administrador judicial, 260
   19.7. O Comitê de Credores, 260
   19.8. Prestação de contas, 261

20. DA REALIZAÇÃO DO ATIVO, 263
   20.1. Sentido de realização, 265
   20.2. Modalidades de realização do ativo, 265
   20.3. Formação do pecúlio, 268
   20.4. Formas de vendas dos bens, 269

20.5. Venda por leilão, 271
20.6. Venda por propostas, 271
20.7. Venda por pregão, 272
20.8. Venda do estabelecimento, 272
20.9. Outras formas de realização, 273

21. DO PAGAMENTO AOS CREDORES DA FALÊNCIA, 275
21.1. Encargos da massa, 277
21.2. Dívidas da massa, 278
21.3. Pagamento aos credores da falência, 278
21.4. Encerramento da falência, 285

22. DA EXTINÇÃO DAS OBRIGAÇÕES, 287
22.1. Objetivos, 289
22.2. Formas de pagamento, 290
22.3. Processamento do pedido, 290

23. DA REABILITAÇÃO DO DEVEDOR, 293
23.1. Os vários tipos de reabilitação, 295
23.2. A reabilitação do empresário individual, 296
23.3. A reabilitação da sociedade falida, 296

24. DO PLANO ESPECIAL DA RECUPERAÇÃO JUDICIAL PARA AS MICROEMPRESAS E EMPRESAS DE PEQUENO PORTE, 297
24.1. Aspectos conceituais, 299
24.2. O pedido de recuperação judicial, 299

25. O PROCEDIMENTO PENAL, 301
25.1. Natureza jurídica, 303
25.2. Formação do processo, 303
25.3. A denúncia, 304
25.4. Efeitos da denúncia, 307
25.5. Prescrição dos crimes previstos na LRE, 308

26. DOS CRIMES PREVISTOS NA LRE, 309
26.1. Crime punido com detenção, 311
26.2. Crimes punidos com reclusão, 311

27. RESPONSABILIDADE ILIMITADA DOS DIRIGENTES, 317
27.1. Alvos da responsabilidade, 319
27.2. A situação do sócio retirante, 320
27.3. A apuração da responsabilidade ilimitada, 321

28. DOS RECURSOS CONCURSAIS, 323

29. PEDIDO DE FALÊNCIA POR EXECUÇÃO FRUSTRADA, 327

30. DOS ATOS PROCESSUAIS E RESPECTIVOS PRAZOS, 333

31. AS DISPOSIÇÕES FINAIS E TRANSITÓRIAS DA LEI DA RECUPERAÇÃO DE EMPRESAS, 337
31.1. A sobrevivência do Decreto-lei 7.661/45, 339
31.2. A vigência da lei, 339
31.3. A designação de "devedor", 340
31.4. Publicações, 340
31.5. Aguardo de leis subsidiárias, 341
31.6. As obrigações nas câmaras de compensação, 341
31.7. Das normas processuais, 342
31.8. Contratos de arrendamento mercantil, 342
31.9. Empresas impedidas de obter recuperação judicial, 343

32. APLICAÇÕES ESPECIAIS DA FALÊNCIA, 345
32.1. Empresas concessionárias de serviços públicos, 347
32.2. Falência do empresário individual, 348
32.3. Insolvência civil, 349
32.4. Falência de sociedade anônima, 349
32.5. Falência de sociedade em nome coletivo, 350

33. ATRIBUIÇÕES DO MINISTÉRIO PÚBLICO NA LEI DE RECUPERAÇÃO DE EMPRESAS, 351
33.1. Atribuições genéricas, 353
33.2. Atribuições específicas na Lei de Recuperação de Empresas, 353
33.3. A relevância do Ministério Público nos procedimentos concursais, 355

34. OS ÓRGÃOS DOS PROCEDIMENTOS CONCURSAIS, 359
34.1. O que se entende como órgãos dos procedimentos concursais, 361

34.2. O juiz, 362
34.3. O Ministério Público, 363
34.4. O administrador judicial, 365
34.5. O Comitê de Credores, 367
34.6. O escrivão, 367
34.7. Os credores, 368
34.8. A empresa falida, 370
34.9. Os peritos, 370
34.10. O gestor judicial, 372

35. ASSEMBLÉIA GERAL DE CREDORES, 373
35.1. Histórico do instituto, 375
35.2. Competência na recuperação judicial, 376
35.3. Competência na recuperação extrajudicial, 377
35.4. Competência na falência, 377
35.5. Convocação e deliberações, 377
35.6. Aprovação do plano de recuperação judicial, 382
35.7. A representação dos trabalhadores na assembléia pelo sindicato, 383
35.8. Sinopse da questão, 384

Adendo
Texto da Lei de Recuperação das Empresas (Lei 11.101, de 9.2.2005), 385

Bibliografia, 471

1. O INSTITUTO DA RECUPERAÇÃO DA EMPRESA NO DIREITO BRASILEIRO

1.1. Origem do novo Direito

1.2. Conceito de recuperação judicial e sujeito passivo

1.3. Empresas excluídas dos procedimentos concursais

1.1. Origem do novo direito

Diz a ementa da Lei de Recuperação da Empresa brasileira: "Regula e recuperação judicial, a recuperação extrajudicial e a falência do empresário e da sociedade empresária"; é o sentido dela, apontando os três institutos básicos do DIREITO DA RECUPERAÇÃO JUDICIAL, que são a RECUPERAÇÃO JUDICIAL, a RECUPERAÇÃO EXTRA-JUDICIAL e a FALÊNCIA. O termo "recuperação judicial" veio a substituir o termo "concordata". O nome de Direito Falimentar, já tradicional, tende a ser suplantado, pois, esvaziado o termo "falência", serão esvaziados também os seus derivados, como falimentar, falitário, falencial e outros semelhantes. Não desaparecerão, contudo, por estarem arraigados na linguagem jurídica, há vários séculos e no direito da maioria dos países. Contudo a nova Lei de Recuperação da Empresa restabeleceu o termo, que fora suprimido no início, tendo sido adotado "liquidação judicial", ao invés de falência, como houvera feito a lei francesa.

Com a reformulação do Direito Falimentar promovida pela nova legislação francesa, desapareceram essas expressões na França e no restante da Europa, adotando-se a designação de Direito dos Procedimentos Concursais, ou, para outros, Direito Concursal. Estamos adotando também a designação de Direito de Recuperação da Empresa, por ter sido escolhido esse nome para a lei básica do novo direito. Por qual motivo deveria ser mudado o nome tradicional por um novo a ser implantado? É o risco a ser enfrentado por muitos anos, partindo do conhecido para o desconhecido, e o sucesso ou eficácia da mudança está no ar. Aplica-se, neste caso, o antigo provérbio jurídico italiano:

> *Chi lascia la strada vecchia per una nuova,*
> *Sa quella che lascia ma non sa quella che trova.*

A resposta iremos encontrar primeiro no direito francês e, por reflexo, em nosso direito. É patente a influência da lei concursal francesa em nossa lei. A comissão nomeada para a elaboração da nova lei, no governo Collor, sob a coordenação do Dr. Raul Bernardo Nelson de Senna, solicitou a muitas pessoas colaboração para os trabalhos iniciais. O autor deste compêndio apresentou à douta comissão dois anteprojetos: um baseado na lei italiana e outro na francesa. A legislação francesa inspiradora do anteprojeto era constituída de várias normas, a seguir indicadas:

• Lei 85-98, de 25.01.85 – Relativa à Recuperação e à Liquidação Judicial das empresas
• Decreto 85-1388, de 27.12.85 – Idem
• Lei 85-99, de 25.01.85 – Relativa aos administradores judiciais, mandatários-liquidantes e peritos em diagnóstico empresarial
• Decreto 85.1389, de 27.12.85 – Idem
• Decreto 86.1176, de 5.11.86 – Relativo às profissões de administrador judicial e ao mandatário-liquidante, previstos na Lei 66.879, de 29.11.66, relativo às sociedades civis profissionais.

Após exaustivos estudos, os membros dessa comissão decidiram colocar de lado o anteprojeto alicerçado na lei italiana e tomaram por base o anteprojeto de conteúdo francês. Os motivos alegados pela comissão foi o de que nossa antiga lei, o Decreto-lei 7.661/45 já era calcado na lei italiana, o Régio-decreto 242/42 e havia necessidade de profunda reformulação do direito brasileiro nesse ramo. Pesou também o relatório elaborado pelo Ministério da Fazenda da França, levantando a situação caótica das instituições falimentares e propondo novo direito que corrigisse essas distorções.

Elaboraram então projeto baseado no anteprojeto apresentado pelo autor deste compêndio, calcado rigidamente no sistema francês, mas com enxertos das disposições de nossa antiga lei, o Decreto-lei 7.661/45. Apresentado no Congresso Nacional, o projeto sofreu, principalmente em São Paulo, violenta reação desfavorável, com reportagens na imprensa, opiniões de juristas, palestras e reuniões. Os jornais recusaram artigos e manifestações em favor do projeto. Ante o ambiente tão pouco propício, o Governo Federal pediu a retirada do projeto e seu retorno à comissão, para que fosse refeito. Todavia, o governo de então foi deposto e a comissão nomeada não teve tempo para o novo projeto.

Com o novo Governo Federal, presidido por Itamar Franco, nova comissão foi nomeada pelo Ministro da Justiça, Maurício Correa, coordenada em seu escritório pelo Dr. Alfredo Bumachar Filho; novo projeto surgiu e foi apresentado no Congresso Nacional, projeto esse bem mais simplificado, com menos artigos, cortando até capítulos do antigo projeto. Entretanto, manteve a base francesa do antigo, inclusive os termos "recuperação judicial" e "liquidação judicial". Não houve reações muito desfavoráveis, parecendo que toda a pólvora já houvera sido queimada. No Congresso Nacional caminhou de forma não tranqüila, sofrendo inúmeras emendas, a tal ponto de ficar desfigurado o projeto inicial, até que não mais se falou nele. A impressão que se teve é a de que o assunto fora sepultado.

Não foi o que aconteceu. A "comissão especial destinada a emitir parecer ao Projeto nº 4376/93 do Poder Executivo, que regula a falência, concordata preventiva e a recuperação das empresas que exercem atividades econômicas regidas pelas leis comerciais e dá outras providências" (assim foi chamada essa comissão), presidida pelo deputado gaúcho Osvaldo Biolchi, trabalhou sobre os projetos anteriores, elaborando o "Substitutivo Osvaldo Biolchi".

Esse substitutivo foi trazido a São Paulo, contando com a revisão final do Instituto Brasileiro de Direito Comercial "Visconde de Cairu". Esse instituto, formado por comercialistas e mestres de Direito Comercial procedeu a ampla revisão do substitutivo, apresentando várias sugestões, umas aceitas, outras não. Após diversos percalços, o projeto foi apresentado no Congresso Nacional. O Governo Fernando Henrique Cardoso, no seu final, manifestou-se diversas vezes sobre a prioridade legislativa do Governo na aprovação desse projeto. Logo após ser empossado, o governo Lula fez declarações por vários de seus componentes, esclarecendo a aprovação do projeto como imperiosa, principalmente ante a entrada em vigência do novo Código Civil, colocando a antiga lei como incompatível com o novo código.

A lei francesa, inspiradora da atual lei brasileira, eliminara as expressões "falência" e "concordata", criando, em lugar delas, dois institutos com o nome de "recuperação judicial" e "liquidação judicial". As explicações tinham sido dadas pelos franceses, de que a lei falimentar deles (quase igual à brasileira) já estava superada pelos anos e pela economia de após-guerra, em muitos sentidos. O instituto da falência fora também desvirtuado: passou a ser processo mais violento de cobrança.

A concordata fora também desvirtuada, pois deveria ser acordo com os credores e seria esse o significado do termo "concordata". Entretanto, não era mais um acordo, mas um "favor legis", em que o juiz estabelecia o acordo com o devedor em nome dos credores. A justiça concedia, pois, um favor, vale dizer, fazia cortesia com chapéu alheio. Estava de tal maneira sedimentado esse desvio, que não seria suficiente só mudar a lei, mas os nomes e todo o sistema.

Um fato constatado no mundo inteiro e até no Brasil foi o da degeneração do termo "falência". O Direito da Propriedade Industrial considera degeneração a mudança de marca de certo produto, passando a englobar generalidade de produtos. É o caso do queijo de tipo "requeijão"; havia tipo desse queijo com a marca "catupiry". Todavia, essa marca se vulgarizou de tal maneira que passou a designar todos os produtos desse tipo: foi a degeneração da marca. Idêntico fenômeno aconteceu com a lâmina de barbear "gillette", que passou a designar lâmina de qualquer tipo. A degeneração de marca provoca sua perda.

A expressão "falência" degenerou-se, a tal ponto de não ter mais significado próprio. Os médicos dão atestado de óbito por "falência múltipla de órgãos"; fala-se que a justiça de São Paulo está falida, que a polícia está falida, que o tempo está falido; até Deus está falido. Não pode instituto importante do direito ser designado por palavra de significado vago e confuso, portanto, impunha-se a mudança de denominação do instituto e do nome de Direito Falimentar.

A lei brasileira seguiu essa modificação terminológica do direito francês, uma vez que os motivos e circunstâncias eram os mesmos em ambos os países. A falência e a concordata foram desvirtuadas da mesma forma em nosso país. Eis aí a explicação com a qual não concordam vários juristas patrícios, alegando a irrelevância dessas substituições. Todavia, respeitando a opinião de todos, diremos que essa terminologia e os fundamentos do novo direito concursal não foram obra de uma só pessoa. Passaram por três comissões, em diferentes épocas e governos diversos, cada comissão com bom número de componentes, tendo esse expressivo número de juristas chegado a conclusão mais ou menos uniforme. Foi o projeto aprovado pela Câmara dos Deputados e depois pelo Senado e, em seguida, promulgado pelo Presidente da República. Atuou nele o Banco Central do Brasil.

E assim chegamos a esses três principais institutos de "recuperação judicial", "recuperação extrajudicial e "falência". A designação de Direito dos Procedimentos Concursais (Droit des Procédures Concoursalles) foi adotada pelos franceses, enquanto que Direito Concursal é expressão muito utilizada pelos italianos e mesmo entre os juristas brasileiros. Não é por influência do concurso de credores que acontece no processo falimentar; a causa da formação desse conceito é o concurso de vários ramos do direito na formação desse ramo do Direito Empresarial, entre os quais os próprios sub-ramos do Direito Empresarial, como o Societário, o Contratual Mercantil, o Cambiário e outros ainda. Há íntima conexão com o Direito do Trabalho. Ressalte-se muito a correlação com o Direito Processual, uma vez que esses institutos são procedimentos judiciais, regulamentados pelas normas processuais. Prevaleceu enfim a designação de Direito da Recuperação da Empresa, por ser este o nome da lei básica.

1.2. Conceito de recuperação judicial e sujeito passivo

A recuperação judicial é o processo de reorganização da empresa que se vê em "estado de crise econômica", procurando livrá-la desse estado e evitar sua quebra. Nota-se o espírito da lei e seu objetivo no art. 1° :

> "Esta Lei disciplina a recuperação judicial, a recuperação extrajudicial e a falência da sociedade empresária e do empresário, doravante referidos simplesmente como devedor."

Além dos comentários sobre este artigo, que faremos a seguir, podemos complementá-lo pelo seu correspondente na lei francesa, a Lei 85-98 de 25.01.85, que serviu de modelo à nossa:

Il est institué une procédure de redressement judiciaire destinée à permettre la sauvegarde de l'entreprise, le mantien de l'activité et de l'emploi et apurement du passif. Le redressement judiciaire est assuré selon um plan arreté par décision de justice à l'issue d'une période d'observation. Ce plan prevoit, soit la continuation de l'entreprise, soite sa cession. Lorsque aucune de sés solutions n'apparait possible, il est procédé à la liquidation judiciaire.	É instituído um procedimento de recuperação judicial destinado a permitir a salvação da empresa, a manutenção da atividade e do emprego e levantamento do passivo. A recuperação judicial é assegurada segundo um plano adotado por decisão da justiça após período de observação. Esse plano prevê, seja a continuação da empresa, seja a sua cessão. Quando nenhuma dessas soluções parece possível, procede-se a liquidação judicial.

O art. 1° de nossa lei deixa claro que a recuperação judicial é instituto típico do Direito Empresarial, ramo esse do direito privado, anteriormente chamado de Direito Comercial. Está voltando também a designação de Direito Mercantil, com que surgiu dos mestres da Universidade de Bolonha, há uns cinco séculos atrás, designação também adotada nos países de língua espanhola.

Adota-se hoje a nova designação porque se aplicam os institutos concursais somente a empresas. O que vai ser recuperado ou liquidado? – Será sempre a empresa. Recuperar pessoas físicas será função da Medicina e não do Direito Empresarial. A empresa, por seu turno apresenta-se sob duas formas de constituição: a sociedade e a empresa individual, chamada esta ainda de empresário individual. Tem ainda outras formas de apresentação, mas para os efeitos da Lei de Recuperação da Empresa, essas duas são de nosso interesse.

O empresário mercantil individual (ou empresa individual) é pessoa física, que se registra no registro Público de Empresas Mercantis (Junta Comercial), como empresa. Quer ele trabalhar sozinho e não ter sócios; não forma, portanto, uma sociedade. O nome de sua empresa é o nome próprio dele, como, por exemplo, Antônio Corrêa, ou Manuel dos Santos, ou qualquer outro nome próprio. Às vezes, para não ser confundido com outras pessoas, o empresário mercantil individual pode colocar junto ao seu nome o seu objeto social, ou seja, o ramo de atividade. Por exemplo: Antônio Corrêa-Secos e Molhados, Manuel dos Santos-Bar e Padaria.

O senhor Antônio Corrêa e o senhor Manoel dos Santos eram pessoas físicas que se registraram na Junta Comercial como empresa. Daí por diante eles são empresas e, ao mesmo tempo, empresários individuais. Em nosso parecer, são pessoas distintas, uma vez que a pessoa física distingue-se da pessoa jurídica, pois o registro que dá personalidade jurídica a uma é diferente do da outra. Não parece ser esta a opinião da nova Lei da Recuperação Judicial, porém.

O senhor Antônio Corrêa, pessoa física, é registrado no Cartório de Registro Civil de Pessoas Naturais e sua existência legal é certificada pela certidão de nascimento, passada por aquele cartório. Antônio Corrêa, empresário ou empresa, é registrado na Junta Comercial e sua existência legal é comprovada pela certidão de registro desse órgão. Se Antônio Corrêa for casar-se, quem casa é a pessoa física e não a empresa. Se Antônio Corrêa, empresa, emite um cheque sem fundos para pagamento de mercadorias de seu negócio, esse cheque poderá ensejar a falência da empresa Antônio Corrêa e não da pessoa física. Se a pessoa física Antônio Corrêa emitir um cheque sem fundos, este cheque não pode ensejar a falência da empresa Antônio Corrêa.

Há muitos juristas refratários a essa distinção, mas se analisarmos profundamente a questão, notaremos a existência de duas personalidades, apesar do patrimônio de uma comunicar-se ao da outra. Nesse aspecto, é mais difícil fazer a distinção. Se for executada dívida da empresa Antônio Corrêa, o patrimônio da empresa física poderá responder por ela. É a razão por que se confundem as duas pessoas, a física e a jurídica. No caso de falência, quem é liquidada é a pessoa jurídica, a empresa Antônio Corrêa, mas o cidadão Antônio Corrêa continua com a sua personalidade íntegra. Quem é falido é o empresário mercantil individual.

Há, contudo, outro tipo de pessoa jurídica atingido pela falência pela recuperação judicial: é a sociedade. É sociedade a pessoa jurídica constituída por várias pessoas. Não é o indivíduo que se registra na Junta Comercial como empresa; é o grupo de indivíduos formando sociedade com personalidade própria e patrimônio próprio, distinto da personalidade e do patrimônio das pessoas físicas que o compõem. A sociedade, ou seja, a empresa coletiva é o alvo principal da Lei de Recuperação de Empresas.

Podem ser submetidas à recuperação judicial ou à falência as empresas mercantis. Mas já a lei dá o toque nelas, vamos diferenciá-las. A sociedade mercantil é a registrada na Junta Comercial e esse registro se torna necessário se ela dedicar-se à produção de mercadorias para colocá-las à disposição do mercado consumidor. Pode ela não se dedicar à produção, mas apenas à distribuição de mercadorias ao mercado consumidor; exerce também atividade mercantil: suprir de mercadorias o mercado consumidor, quer de mercadorias de sua produção quer de outrem. É o que faz uma loja ou sapataria; esta não fabrica sapatos, mas os compra e os vende como os houvera comprado. Mercantil, mercadoria, mercado, mercadologia, são palavras cognatas (= nascidas com). É empresa mercantil aquela que trabalha com mercadorias.

Não é este o único critério de mercantilidade da empresa. Pode ela ser por força ou autoridade da lei, como é o caso das S/A. Qualquer que seja o objeto social da empresa, se ela revestir-se da forma societária da sociedade anônima, será ela sempre mercantil; é o que diz a própria lei regulamentadora desse tipo societário. O novo Código Civil chama esse tipo societário de "sociedade empresária".

Por seu turno, a sociedade civil reveste juridicamente a empresa dedicada à prestação de serviços, atividade não mercantil. Não é necessário que ela se registre na Junta Comercial, motivo pelo qual registra-se ela no Cartório de Registro Civil de Pessoas Jurídicas. Revelam-se então duas diferenças importantes entre a sociedade civil e a mercantil: o tipo de atividade e o órgão de registro. É possível que a sociedade seja civil por força ou autoridade da lei: é o que acontece com as empresas que se dedicam à administração de imóveis, as cooperativas, à agricultura. Ainda que trabalhem com mercadorias, a lei impõe que sejam essas empresas civis. Em nosso antigo direito concursal as empresas civis não se submetiam aos procedimentos concursais, o que também acontece com o novo direito, conforme diz o art. 1º, já transcrito.

Pode ser indicada outra diferença entre a sociedade civil e a mercantil: a espécie de impostos que elas pagam. A sociedade mercantil, que se dedica à produção ou à circulação de mercadorias, paga o IPI (Imposto sobre Produtos Industrializados), e o ICM (Imposto sobre Circulação de Mercadorias), enquanto a sociedade civil paga o ISS (Imposto sobre Serviços). Até o nome dos impostos indica a diferença entre uma sociedade e outra. O ISS diz qual seja o seu fato gerador; é imposto municipal, o que obriga a empresa a registrar-se na Prefeitura, tendo então a inscrição municipal. O IPI, conforme o nome indica, é cobrado sobre as mercadorias produzidas e o ICM sobre as mercadorias vendidas (ou circuladas). O IPI é pago ao Governo Federal e o ICM ao Governo Estadual.

Vê-se então que a Lei de Recuperação da Empresa aplica-se à empresa e devemos agora considerar a empresa pelo que estabelece o art. 966 do novo Código Civil:

> "Considera-se empresário quem exerce profissionalmente atividade econômica organizada para a produção ou a circulação de bens e de serviços."

A comissão revisora do projeto da Lei de Recuperação da Empresa chama a empresa de "agente econômico". Em resumo, os agentes econômicos a quem essa lei se aplica são os seguintes:

1. as empresas industriais;
2. a S/A, qualquer que seja seu ramo de atividade;
3. a empresa individual (ou empresário individual);
4. a sociedade limitada;
5. a sociedade em comandita por ações

1.3. Empresas excluídas dos procedimentos concursais

Há empresas colocadas à margem da Lei de Recuperação da Empresa e ela própria esclarece quais sejam, no próprio art. 1º e no 2º. Entre elas, os agricultores que explorem propriedade rural para fins de subsistência familiar. Esse tipo de atividade não é considerada empresarial, porquanto não produz para suprir o mercado consumidor. Incluem-se também as sociedades civis de prestação de serviços profissionais relativos ao exercício de atividade legalmente regulamentada e aos que prestem funções ou exerçam tarefa profissional autônoma, de forma individual ou organizada. É o caso de escritórios de advocacia, em que vários advogados se unem e prestam serviços não individuais, mas do escritório; formam eles um tipo de sociedade mas não tem caráter empresarial.

O art. 2º indica mais algumas empresas, incluindo as empresas públicas, as pertencentes ao Governo, como a sociedade de economia mista, que também é empresa pública. A empresa pública, considerada pela lei é totalmente pertencente ao Governo, podendo revestir-se de qualquer forma societária prevista em lei, embora a maioria conhecida seja S/A. Esta fica fora dos procedimentos concursais, como a EBCT (Empresa Brasileira de Correios e Telégrafos).

São empresas com interesses vinculados ao Governo, sobre as quais o Estado exerce controle administrativo e diretivo. Como têm elas muita intimidade com a administração pública, caso necessitem da recuperação judicial, terão elas solução doméstica, vale dizer, no seio do próprio Poder Executivo. São empresas operantes sob as regras do direito privado, mas seu poder não torna eqüitativo o relacionamento com pessoas privadas. É de capital inteiramente governamental. É "sui generis", com característica própria, como por exemplo, o de ser sociedade com apenas um sócio.

Como representam tais empresas uma intervenção do Estado nas atividades empresariais, cabentes à iniciativa privada, não seria lógico que o Estado desse prejuízos à praça sob a proteção de lei de ordem privada. Se o Estado pedir a recuperação judicial para solver suas dívidas, seria verdadeira chantagem, em vista de as pessoas envolvidas acharem-se desprovidas do poder de barganha. Há muitos outros empecilhos e situações duvidosas, tornando realmente difícil enquadrar no regime concursal as empresas do Governo.

Outro grupo de empresas vai ser excluído do regime jurídico da Lei de Recuperação de Empresas, grupo esse constituído mais de empresas privadas. Estas, porém, exercem atividade que o Estado deveria exercer, mas delegadas por ele a empresas privadas. É o caso das instituições financeiras. Em nossos dias são elas muito variadas. Os bancos, por exemplo, são de várias categorias: comerciais, de investimentos, de financiamento, de crédito imobiliário, de crédito rural, de crédito cooperativo. Nem só os bancos integram-se na gama das instituições financeiras; situam-se ainda entre as instituições financeiras: sociedade de financiamento, crédito e investimento, sociedade de crédito imobiliário, sociedade corretora de valores mobiliários, sociedade distribuidora de valores mobiliários.

Embora não sejam consideradas instituições financeiras, incorporam-se nesse elenco as companhias seguradoras, as cooperativas de crédito, os consórcios e outras entidades voltadas para idêntico objetivo. Todas as empresas acima referidas estão sujeitas a leis complementares para recuperação judicial ou liquidação de seus ativos. Dedicaremos a elas estudo especial no fim deste compêndio. A maioria delas estão sujeitas a modalidade de recuperação judicial e falência, mas regida por outra legislação, integrante do Direito Bancário e não do Direito da Recuperação Judicial.

Integram-se ainda neste grupo as sociedades de previdência privada e as sociedades operadoras de planos de assistência à saúde; não estão elas sujeitas aos procedimentos concursais. São empresas surgidas nos últimos anos, com tipo de atividade de caráter privado, mas de forte conteúdo público, por prestarem serviços próprios do Poder Público e a coletividade ampla de pessoas, havendo necessidade de algum tempo para seu melhor enquadramento em nosso sistema jurídico.

Recapitulando o que fora dito, não se submete à Lei de Recuperação de Empresa a sociedade de economia mista, que é empresa pública, mas não totalmente. O Estado não é dono absoluto dela, mas um co-dono. O capital de empresa dessa categoria pertence, em sua maioria, ao Poder Público, que exerce sobre ela posição de mando, tendo o Estado alguns parceiros privados. O capital dessas empresas está nas mãos do Estado em 70% ou 80%, mas o restante desse capital está pulverizado nas mãos de milhares de co-donos, os demais acionistas. Exemplo típico desse tipo empresarial é a Petrobras, que doravante poderá ser atingida pelos procedimentos concursais.

Tomando por base a enumeração exposta no art. 2º da Lei 11.101/05, os procedimentos concursais não se aplicam:

28

"Esta Lei não se aplica a:

I – empresa pública e sociedade de economia mista

II – instituição financeira pública e privada, cooperativa de crédito, consórcio, entidade de previdência complementar, sociedade operadora de plano de assistência à saúde, sociedade seguradora, sociedade de capitalização e outras entidades legalmente equiparadas às anteriores."

Nessa enumeração consta a "cooperativa de crédito", que se distingue da sociedade cooperativa, prevista nos arts. 1.093 a 1.096 do novo Código Civil e regulamentada por lei própria, a Lei 5.764/71. É conveniente apontar essa distinção, porquanto até a votação final do projeto, a cooperativa estava fora da Lei. Entretanto, o art. 4º da Lei 5.764/71, que regulamentou esse tipo de sociedade, diz o seguinte:

"As cooperativas são sociedades de pessoas, com forma e natureza jurídica próprias, de natureza civil, não sujeitas à falência."

Quais das disposições devem prevalecer? Em nosso parecer, a cooperativa não deverá ser submetida aos procedimentos concursais, devido ao grande número de pessoas envolvidas, o que tornaria o processo inviável. A LRE não revoga o disposto no art. 4º da Lei 5.764/71.

Além disso, o art. 198 da Lei de Recuperação da Empresa subtrai as cooperativas da Lei, como se vê:

"Os devedores proibidos de requerer concordata nos termos da legislação específica em vigor na data da promulgação desta Lei ficam proibidos de requerer recuperação judicial ou extrajudicial nos termos desta Lei."

Portanto, a cooperativa estava proibida de requerer concordata em 3 de fevereiro de 2005, data da promulgação da Lei de Recuperação da Empresa; por isso lhe é vedada também a recuperação judicial e a extrajudicial.

Não ficaram excluídas desta Lei, entretanto, as empresas aéreas.

2. FUNDAMENTOS E OBJETIVOS

2.1. Natureza jurídica

2.2. Objetivos dos procedimentos concursais

2.3. A terminologia da nova lei

2.4. O juízo competente

2.5. A participação do Ministério Público

2.1. Natureza jurídica

Os institutos falimentares parecem ter-se originado no final da Idade Média, com o nome de bancarrota, derivado etimologicamente de "banca rotta" (= bancos quebrados): era costume os credores reunirem-se e quebrarem a banca em que um mercador das antigas feiras expunha suas mercadorias, caso ele falhasse com os pagamentos. Na Itália medieval quebrava-se a banca do devedor inadimplente; no Brasil expropriam-se os bens do devedor, vendendo-os em leilão e com o produto dele satisfaz-se o crédito.

O Direito Romano elaborou, através dos séculos, princípios e técnicas de execução individual, que seriam incorporados pela execução coletiva. O Direito de Recuperação da Empresa é direito novo, do mundo moderno, embora se note a presença dele até na Lei das Doze Tábuas. Sendo institutos tipicamente empresariais, só poderiam surgir na economia evoluída e com intenso comércio, tanto que apareceu na época da Revolução Comercial (séc. XIV) e impulsionou-se na época da Revolução Industrial (séc. XVIII). Especialmente, surgiram nas feiras medievais autênticos entrepostos para a troca de mercadorias, em que se reuniam mercadores, banqueiros e caravanas vindas de longínquas regiões.

A agressão geral dos credores ao patrimônio do devedor em estado de crise econômico-financeira segue princípio estabelecido na antiga Roma pela *Lex Paetelia Papíria*, pela qual se transferiu da pessoa do devedor para o seu patrimônio o ônus do inadimplemento. Além disso, essa lei retirou muitos poderes do credor, atribuindo-os ao Poder Judiciário, dando maior conotação processual, de direito público, a essa relação jurídica e sua solução.

Surgiram em seguida dois institutos embrionários dos concursos, a *missio in possessionem* e a *cessio bonorum*, ambos baseados no desapossamento dos bens do devedor inadimplente. Foram as bases da execução coletiva, sob égide estatal. Por aí se vê que a natureza jurídica dos concursos foi evoluindo paulatinamente pelos séculos; a princípio era a vingança dos credores ludibriados; depois a forma de espoliar o devedor, liquidando moralmente com ele e seu patrimônio. Não havia segurança e nem esperança de os credores verem seus créditos recuperados.

Com a nova Lei de Recuperação de Empresas surgiu nova natureza jurídica, como forma de fazer os credores serem ressarcidos, com a preservação da empresa devedora, para que ela não provoque maiores prejuízos.

Os procedimentos da recuperação judicial situam-se no regime jurídico de preservação da empresa para evitar o desemprego maior e manter o contribuinte dos cofres públicos.

No tocante à natureza jurídica dos procedimentos concursais, nos EUA, Itália e outros países, tendem esses procedimentos a serem considerados como fenômenos econômicos. O moderno Direito de Recuperação da Empresa brasileiro segue também essa tendência. Não será fácil, porém, sacudir o ranço do passado. Evidência desse inconformismo foi a violenta campanha de descrédito lançada contra o projeto inicial, apresentado no início do Governo Collor, o que obrigou o Poder Executivo a retirar o projeto do Congresso Nacional.

No Brasil, era marcante a natureza jurídica processual e com sentido punitivo à empresa falida e aos seus dirigentes (mais à empresa do que aos dirigentes). A falência é um processo, um procedimento judicial, tanto que ela começava com a sentença decretatória da falência.

Esse sentido punitivo e criminal era aplicado há vários séculos. O termo "falência" origina-se etimologicamente do verbo latino "fallere" (faltar, enganar, lograr). A origem etimológica da palavra talvez tenha influência no cunho punitivo e ligado ao direito criminal, bem como a ligação da falência com a fraude. Uma sentença antiga usou a expressão: "decoctor ergo fraudator" (= falido portanto devedor fraudulento). Até mesmo foi conhecida bula papal como anátema à figura do falido.

Nos últimos anos do antigo direito concursal, passou a falência a ser um processo de cobrança mais violento do que a execução, cercado de escândalo, desvirtuando assim o instituto. Ao ser decretada a falência, era transformada em processo de execução coletiva de vários credores contra um só devedor.

Ante o advento da nova Lei de Recuperação da Empresa, houve sensível modificação em muitos aspectos. O instituto fundamental do Direito de Recuperação da Empresa é a recuperação judicial, apresentando-se a falência como a contingência, no caso de se tornar inviável a recuperação judicial. A falência tem, portanto, aplicação subsidiária. Para interpretar, portanto, a natureza jurídica dos procedimentos concursais tem-se que se tomar como pedra angular o instituto da recuperação judicial.

O que se pode entender como natureza jurídica? Ao que parece é saber-se a qual regime jurídico está submetida determinada instituição. No tocante à recuperação judicial, podemos dizer, como ponto de partida, ser um conjunto de normas e princípios que visam a salvar as empresas

34

que se encontrem momentaneamente em estado de crise econômico-financeira. O traço mais característico do estado de crise econômica é a insolvência, isto é, a impossibilidade de solver seus compromissos.

Por outro lado, pode ser interpretada como forma de credores satisfazerem seus créditos, de forma mais sensata. Nesse aspecto, revela-se a natureza processual do Direito da Recuperação Judicial, a tal ponto que o nome recebido pelo novo ramo do direito na França foi o de DROIT DES PROCÉDURES CONCOURSALLES (= Direito dos Procedimentos Concursais). Apesar do nome, não se pode exagerar a natureza processual do Direito de Recuperação da Empresa, pois no exame da legislação nota-se claramente a natureza econômica desse ramo do direito, ao visar antes de tudo a empresa.

Outro aspecto a ser mantido sempre em vista, e repetiremos várias vezes, é o de que os procedimentos concursais pertencem ao campo do Direito de Empresa, assim chamado pelo novo Código Civil, mas procuraremos adotar a designação de Direito Empresarial. Essa natureza é notada logo no art. 1º da Lei 85-98, a lei básica do direito francês relativo à recuperação judicial e à falência das empresas, e que já foi transcrito no capítulo anterior.

2.2. Objetivos dos procedimentos concursais

Intimamente correlacionada com a natureza jurídica, situam-se os objetivos. Quanto a estes, também sofreu evolução desde os tempos da antiga Roma. Podem eles ser analisados pelo espírito da lei e pelos efeitos que ela produz. O efeito notado é o enxugamento e depuração do mundo empresarial. Os procedimentos falimentares marginalizam do mundo empresarial as empresas ou os empresários que revelaram incapacidade para nele permanecer e integrar-se.

São muito precários os meios de seleção de empresários; não existem técnicas seguras que permitam avaliar previamente quem está fadado ao sucesso na direção de empresas. Também não é viável algum sistema de auditoria pública, que possa exigir medidas judiciais preventivas.

Embora agindo *a posteriori,* os procedimentos concursais constituem *remedium juris* para a profilaxia de potencial crise econômico-financeira empresarial. Seguindo o princípio de que *quem não tem competência não se estabelece,* o empresário que se estabeleceu sem ter competência para tanto será banido da atividade em que não deveria ter-se envolvido.

A empresa é organismo vivo, tendo seu início e seu fim, ambos entremeados de altos e baixos da fisiologia empresarial. Essa vida, porém, apresenta sua fase patológica, caracterizada pelo estado de crise econômico-financeira e seus desacertos. O Direito da Recuperação de Empresas é o ramo do Direito Empresarial encarregado de cuidar da fase patológica da empresa enferma, mas com possibilidade de salvação; os procedimentos falimentares procuram solucionar a morte da empresa, poupando maiores sofrimentos para todos.

Nossa Lei de Recuperação de Empresas evita aplicar o termo insolvência, mas adota o "estado de crise econômico-financeira" da empresa. Não deixa de ser a fase patológica da empresa; ela está doente e morrerá se não for tratada. A lei francesa caracteriza o estado de crise econômica quando a empresa está "na impossibilidade de fazer face ao passível exigível com seu ativo disponível".

Não estabelece a Lei de Recuperação de Empresas os parâmetros dessa crise econômica obrigando-nos a fazer algumas considerações sobre ela. Como se caracterizaria esse estado de crise econômica? É o estado em que se encontra a empresa, que a incapacita de solver seus compromissos financeiros, pelo menos momentaneamente. Não é que ela se recuse a pagar, mas sua situação contábil não lhe dá o lastro necessário para o pagamento e, a curto prazo, novas dívidas se acumularão, sem que sua receita possa esperar arrecadação para a cobertura do vermelho no seu passivo. Há, portanto, a cessação de pagamentos.

A crise econômica se torna aparente de diversos modos, como na análise do balanço. Outra forma seria a ocorrência de vários processos de execução contra o "agente econômico", sem solução satisfatória. Se o devedor é executado por três credores, ou se ele tem três títulos protestados, e não consegue pagar, presume-se que não pagará outros mais. Se, num processo de execução, os bens que possui sejam insuficientes para penhora, caracterizado está o estado de crise econômico-financeira da empresa executada.

La procédure de redressement judiciaire est ouverte à toute entreprise, qui est dans l' impossibilite de faire face au passif exigible avec son actif disponible.	O procedimento de recuperação judicial é aberto a toda empresa que estiver na impossibilidade de fazer face ao passivo exigível com seu ativo disponível.

Eis o critério de crise econômica expresso no art. 3º da lei francesa, a Lei 85.98. Com outras palavras, mas com sentido muito semelhante, assim considera esse estado, o art. 1º da Lei Falimentar italiana, embora adote o antigo nome de insolvência:

Stato di insolvenza	Estado de insolvência
Lo stato di insolvenza si manifesta com inadimplementi od altri fatti esteriori, i quali dimostrino che il debitore non è più in grado di soddisfare regolarmente le proprie obbrigazione.	O estado de insolvência se manifesta com inadimplemento ou outros fatos exteriores, os quais demonstram que o devedor não está em condições de satisfazer suas obrigações.

2.3. A terminologia da nova lei

Os aspectos terminológicos do Direito de Recuperação da Empresa, emergente da nova Lei de Recuperação da Empresa deverão ser examinados com todo carinho, por representar inovações a que o Brasil não está ainda acostumado. Poderemos, porém, desde já, fazer algumas breves referências aos novos termos surgidos. No projeto inicial da lei, o art. 6º trazia explicações sobre cinco expressões, mas a comissão revisora houve por bem suprimir esse artigo. Para melhor orientação, iremos transcrevê-lo:

DEVEDOR – pessoa física ou jurídica sujeita aos processos de recuperação judicial ou liquidação judicial, inclusive o sócio ilimitadamente responsável. Todas as vezes que esta lei se referir à denominação "devedor", compreender-se-á que a disposição também se aplica ao sócio solidariamente e ilimitadamente responsável atingido pela recuperação ou liquidação judiciais.

RECUPERAÇÃO JUDICIAL – processo judicial de gestão dos interesses do devedor, com ou sem atuação do titular da empresa, e o conjunto de institutos e procedimentos, adotados com o objetivo de superar as condições e circunstâncias que o caracterizam em situação de crise econômica.

FALÊNCIA – processo judicial de arrecadação dos ativos do devedor, sua realização e o pagamento do passivo, na ordem legal.

COMITÊ DE CREDORES – que será denominado nesta lei apenas de Comitê, órgão constituído por decisão e sob supervisão judicial para implementar o programa de recuperação do devedor, visando à supervisão do seu estado de crise econômico-financeira, ou fiscalizar os atos do Administrador Judicial, na liquidação judicial.

ADMINISTRADOR JUDICIAL – pessoa física ou jurídica, nomeada pelo juízo competente para administrar os bens do devedor em liquidação judicial e auxiliar a administração do devedor em recuperação.

GESTOR JUDICIAL – surge quando os dirigentes da empresa em recuperação forem afastados.

As definições de alguns termos utilizados pela Lei da Recuperação de Empresas são dadas pelo eliminado art. 6º, mas podemos explicitar mais ainda os seis termos definidos: DEVEDOR, RECUPERAÇÃO JUDICIAL, FALÊNCIA, COMITÊ DE CREDORES, ADMINISTRADOR JUDICIAL e GESTOR JUDICIAL.

DEVEDOR – é o sujeito passivo do procedimento falimentar: uma empresa que deve e não paga. Por isto está ela sujeita a sofrer pedido e procedimento falimentar. Por outro lado, é o titular do direito de requerer a recuperação judicial ou mesmo a falência. Quem está sujeita a esses feitos já está aqui indicado: é a empresa, considerando dois tipos de pessoas: a sociedade (o novo código divide em "sociedade empresária" e "sociedade simples") e o empresário individual.

Inclui-se ainda na condição de devedor o sócio ilimitadamente responsável da sociedade submetida aos procedimentos falimentares. Assim é considerado o sócio de empresa revestida da forma da "Sociedade em Nome Coletivo", o sócio comanditado da "Sociedade em Comandita". Os bens particulares desses sócios respondem pelas dívidas da sociedade que a eles pertence ou dirigem. Empresas com esses modelos societários são muito raras hoje em dia, sendo difícil deparar-se com semelhantes problemas. A antiga lei tratava da questão com muita freqüência, por ter sido elaborada na época em que tais empresas ainda dominavam.

38

RECUPERAÇÃO JUDICIAL – para o direito francês é um "procedimento falimentar". Vamos ter que falar muito dela, mas, desde já podemos dizer que é, mais ou menos, a antiga concordata. Na Lei de Recuperação da Empresa é tratada nos arts. 47 a 68. Aliás, o art. 47 dá verdadeira definição dela:

> "A recuperação judicial tem por objetivo viabilizar a superação da situação de crise econômico-financeira do devedor, a fim de permitir a manutenção da fonte produtora do emprego, dos trabalhadores e dos interesses dos credores, promovendo, assim, a preservação da empresa, sua função social e o estímulo à atividade econômica."

FALÊNCIA – corresponde, mais ou menos, à antiga falência, descrevendo os passos desse processo, comentando os arts. 75 a 160.

COMITÊ DE CREDORES – é o órgão colegiado no processo de recuperação judicial, No antigo sistema só havia o comissário. Está previsto nos arts. 26 a 34 da Lei de Recuperação da Empresa. Não é obrigatório, mas só quando o juiz julgar conveniente.

ADMINISTRADOR JUDICIAL – corresponde ao antigo síndico da falência e ao comissário da concordata, hoje só com essa designação, tanto no processo de recuperação judicial como em falência.

GESTOR JUDICIAL – Surge quando os dirigentes da empresa em recuperação forem afastados.

2.4. O juízo competente

Segundo o art. 3º da Lei de Recuperação da Empresa, é competente para decretar a recuperação judicial ou falência o juiz em cuja jurisdição o devedor tenha situado o seu principal estabelecimento ou filial de empresa localizada fora do Brasil. É o mesmo foro competente da antiga lei, conservando disposição nada pacífica. O que será o "principal estabelecimento?" Parece que nosso Judiciário interpreta como "principal estabelecimento" a sede da empresa. Naturalmente, essa consideração só será levada em consideração para uma empresa dotada de filiais ou agências fora da jurisdição de sua sede. A sede é considerada o cérebro e o coração da empresa. As atividades exercidas pela filial obedecem às instruções e planejamento da sede. É possível uma empresa não ter filial, mas sede sempre terá.

Esse critério coloca em dúvida, às vezes, a eficácia do procedimento falimentar. Analisemos o caso prático com o qual teve que lidar o autor dessas considerações, constituído pela empresa que se formou em São Paulo e logo em seguida transferiu-se para Osasco. Suas atividades e quase todos os atos praticados, contudo, seriam desenvolvidos na região amazônica. Essa empresa teve a falência decretada na comarca em que estava a sede, isto é, Osasco. Ao fazer-se a arrecadação, nada foi encontrado na sede, nem mesmo documentos. A empresa praticou série imensa de atos irregulares, tais como exportações fictícias com adiantamento de contrato de câmbio, mas em bancos localizados na região amazônica. Adquiriu e vendeu mercadorias, imóveis, telefones, e praticou muitas operações em cidades várias da região amazônica, na fronteira com a Bolívia, há 3.000 km. da sede e da comarca em que está correndo o feito falimentar. Corre o feito há mais de vinte anos, dependendo todos os passos processuais de cartas precatórias super-demoradas. O juízo, o síndico, enfim a administração da falência está a 3.000 km. do local em que os fatos se deram, onde estão os credores e bens arrecadados. O síndico deslocou-se para aquela região de difícil acesso e de alto risco, para fazer averiguação e a arrecadação, com mais quatro pessoas. Todas morreram em circunstâncias suspeitas e misteriosas.

Vamos descrever outra situação. Uma empresa tem sua sede em São Paulo, mas a fábrica situa-se numa cidade interiorana, onde fica o patrimônio e a administração da empresa. Em São Paulo, há apenas o escritório, com sala de reuniões, em que os diretores dão expediente. Ao nosso ver, o principal estabelecimento dessa empresa está no interior, e, se esta empresa for à falência, todo o trabalho da administração da massa será realizado lá e não na sede.

Esse conceito é diferente perante a lei italiana, o Regio Decreto 267/42, na qual se baseou nossa revogada Lei Falimentar, mas achamos que peca pela mesma imprecisão. Diz o art. 9º do Régio Decreto 267/42:

| Il falimento è dichiarato dal tribunale del luogo dove l'imprenditore ha la sede principale dell' impresa. | A falência é declarada pelo tribunal do lugar em que a empresa devedora tem a sede principal das atividades empresariais. |

Parece-nos mais segura essa consideração, pois a sede da empresa é o local principal dos negócios. Entre nós porém não tem havido problemas muito freqüentes, uma vez que a sede principal dos negócios das empresas falidas tem sido bem identificada, podendo ser considerados excepcionais os casos difíceis de interpretação.

A lei francesa encontrou essas mesmas dificuldades, com a cidade de Sainte Etienne, onde se localizam muitas indústrias, mas a sede delas é em Paris. O foro competente ficou sendo considerado a comarca de Sainte Etienne, uma vez que nela estava situado o principal estabelecimento da empresa.

Nesse aspecto, nossa lei preferiu seguir o critério da lei anterior, quase que transcrevendo o art. 7º do Decreto-lei 7.661/45.

O juízo da recuperação judicial e da falência é uno, indivisível e universal, sendo competente para conhecer todas as ações e reclamações sobre bens, interesses e negócios do devedor, ressalvadas as demandas onde o devedor figurar como autor ou litisconsorte. Também as ações trabalhistas.

Está consagrada a universalidade do juízo falimentar; deve ele conhecer e julgar os feitos contra a empresa submetida aos procedimentos falimentares. Este juízo é indivisível na sua competência para os feitos contra a empresa submetida ao procedimento falimentar. Exerce ela a "vis atractiva" sobre as execuções que estejam correndo contra a empresa devedora e outros feitos. Para ele ocorrem todos os credores. Mesmo antes da falência, a "vis atractiva" já produz efeito. Por exemplo: se o credor requerer a falência do devedor, todos os demais pedidos serão carreados para o juiz em que tiver entrado o primeiro pedido.

Há, entretanto, várias exceções, apontando o próprio art. 4º da Lei de Recuperação de Empresas, as ações em que a empresa devedora atingida por algum feito falimentar não seja ré, mas autora ou litisconsorte. São ações não reguladas pela Lei de Recuperação da Empresa, mas por outras leis. Por exemplo: a empresa submetida a falência movia ação de despejo contra o inquilino de imóvel pertencente a ela. É ação regulamentada pela Lei do Inquilinato e exercida contra outra pessoa: não existe atração exercida pelo juízo do procedimento falimentar sobre essa ação. Todavia, se houver ação de despejo contra essa empresa, então sim, será esta ação atraída para o juízo universal da recuperação judicial ou da falência. Aliás, o art. 4º aponta as ressalvas das "demandas em que o devedor figurar como autor ou litisconsorte".

Outro tipo de ação subtraída ao juízo universal é a trabalhista. A Justiça do Trabalho e só ela deverá decidir sobre reclamações trabalhistas. Entretanto, após ser julgada a ação trabalhista e o empregado já estiver com seu crédito líquido e apurado, irá reclamar o pagamento contra a massa: neste caso será feita a habilitação no juízo universal.

Também os tributos atrasados ficam fora do juízo universal. A cobrança dos créditos tributários é feita pelo Fisco em varas apropriadas e não nas varas cíveis, apenas ficando a cobrança dos créditos no juízo concursal, já julgados pela Vara da Fazenda Pública.

2.5. A participação do Ministério Público

A intervenção do Ministério Público é obrigatória, tanto na recuperação judicial como na falência do devedor, em todas as hipóteses previstas na Lei de Recuperação de Empresas. A Lei de Recuperação de Empresas diz quando se impõe a presença do Ministério Público. E também nos casos em que a própria lei impõe sua presença em determinados atos processuais. Na antiga Lei Falimentar a presença do Ministério Público era exigida em quase todos os passos, mas na atual Lei de Recuperação da Empresa é bem mais rara essa intervenção.

O antigo Direito tinha conteúdo marcantemente penal e processual, sendo o interesse público muito relevante, o que justificava a presença constante do Ministério Público em quase todos os atos processuais. No direito brasileiro moderno, todavia, predomina o interesse privado, pois os procedimentos concursais têm conteúdo econômico e privado, não havendo razão para tudo passar pelo crivo do Ministério Público. No final deste compêndio faremos estudo bem pormenorizado sobre a participação do Ministério Público nos passos processuais, como tinha sido feito no compêndio de Direito Falimentar.

3. DISPOSIÇÕES COMUNS À RECUPERAÇÃO JUDICIAL E À FALÊNCIA

3.1. Créditos não exigíveis nos procedimentos concursais

3.2. Efeitos da sentença concursal

3.3. Compensação de dívidas mútuas

3.1. Créditos não exigíveis nos procedimentos concursais

Decretada a recuperação judicial ou a falência forma-se o juízo universal, isto é, concentram-se num juízo uno, indivisível e universal, sendo competente para conhecer todas as ações e reclamações sobre bens, interesses e negócios do devedor, ressalvadas as demandas onde o devedor figurar como autor ou litisconsorte (art. 76).

Os credores deverão reclamar seus direitos perante esse juízo da recuperação judicial e da falência. É, portanto, o tipo de execução coletiva, caracterizada por diversos credores concorrendo a um único juízo, cobrando os créditos contra o devedor comum. São chamados, por isso, de concorrentes.

Entretanto, haverá algumas exceções, previstas no art. 5º, como se vê adiante:

"Não são exigíveis do devedor na recuperação ou na falência:

I - as obrigações a título gratuito;
II - as despesas que os credores fizerem para tomar parte na recuperação ou na liquidação judiciais, salvo as custas judiciais decorrentes do litígio com o devedor".

Obrigações a título gratuito

Aplica-se esse artigo principalmente ao empresário mercantil individual e não à sociedade mercantil. Fala de determinadas obrigações do devedor que não podem ser reclamados nos procedimentos falimentares. Aplica-se também aos sócios solidários da empresa em regime falimentar, pois empresa não pode assumir obrigações a título gratuito. Pode, em certos casos, assumir compromisso provisório, como dar contribuição a alguma instituição de caridade. Esse compromisso deve cessar se a empresa devedora entrar em regime falimentar. É possível ainda se for o devedor o empresário individual que poderia, por exemplo, estar comprometido a prestação alimentícia.

Parece um pouco confusa essa disposição, mas vamos analisar a situação concreta, tomando em consideração que Modestino seja empresário individual, mas ele está condenado a pagar prestação alimentícia à sua ex-esposa. Entretanto, fica ele submetido ao regime de recuperação judicial ou tem decretada sua falência. Como ficaria esse débito? A ex-esposa de Modestino não poderá reclamar o pagamento da empresa em falência.

Estão na mesma situação determinadas obrigações a título gratuito que a empresa tenha assumido, como a distribuição de brindes ou presentes de Natal. Desde que a empresa devedora desse tipo de obrigação entre em estado falimentar, não poderá ela ser cobrada por tais dívidas.

Despesas processuais

Como segundo item, não podem ser cobrados nos procedimentos concursais as despesas e custas que o credor tiver para a cobrança de seu crédito. Muitos consideravam a falência como processo de cobrança coletiva. Realmente, o credor pretende reaver seu crédito e cobra a dívida assumida pelo devedor. Pode cobrar, contudo, apenas o crédito e não os acréscimos, como os honorários de seu advogado, despesas de protesto, custas judiciais, emolumentos e outros gastos para exercer seu direito de crédito. Pode exigir, porém, o recebimento de custas judiciais já decididas e incorporadas ao crédito. Contudo, podem ser cobrados os honorários advocatícios decorrentes de alguma ação que a massa tenha sofrido e apresentado contestação, mas tenha sido vencida.

3.2. Efeitos da sentença concursal

São muitos os efeitos jurídicos das sentenças concursais e estão eles retratados em todo o texto da Lei de Recuperação de Empresas. Falaremos preliminarmente de alguns efeitos no tangente às obrigações pecuniárias da empresa atingida pelos dois feitos falimentares. São eles o vencimento antecipado das dívidas e a suspensão das ações judiciais contra a empresa em regime de recuperação judicial.

Vencimento antecipado

Os credores têm todos o mesmo direito na cobrança de seus créditos e por força da "vis atractiva" do juízo todos concorrem ao processo.

Essa igualdade de direitos é tradicionalmente chamada de "pars conditio creditorum". Forma-se como que um litisconsórcio ativo necessário, com todos os credores concorrendo em pé de igualdade ao patrimônio do devedor. Devem-se então igualar todos os créditos e tornarem-se executáveis. Por essa razão ocorre o vencimento antecipado dos créditos. Por quê? Para facultar a todos os credores a habilitação de seus créditos no prazo dado pela sentença judicial.

Se o credor tiver título não vencido, não poderia participar da cobrança coletiva, pois seu crédito não é exigível. O vencimento antecipado, a antecipação legal de seu título, torna-o certo, líquido e exigível, facultando a esse credor participar da execução coletiva.

Suspensão das ações

Outro efeito da decretação da recuperação judicial e da falência da empresa devedora é a suspensão das execuções movidas pelos credores, sobre direitos e interesses relativos ao devedor. Vamos examinar a situação. Determinada empresa responde a processo de execução referente a débito seu, movida por credor em outra vara. Enquanto corre esse processo de execução, é decretada a falência da empresa executada. Os credores deverão habilitar seus créditos, inclusive o credor que já processava a cobrança anteriormente.

Não poderá manter esse credor duas execuções, uma individual e outra coletiva, motivo pelo qual as execuções individuais devem ser suspensas. Se esse credor quiser habilitar seu crédito na falência, deverá pedir a extinção do processo de execução individual, desentranhar os documentos e habilitar seu crédito no juízo universal, instruindo a habilitação com os documentos que desentranhara da execução. Poderá habilitar a sentença de homologação das contas de liquidação e não apenas o crédito inicial, mas o crédito original acrescido de juros, correção monetária, custas judiciais, honorários advocatícios e outras cominações legais.

Amoldam-se a esse critério os processos contra os sócios solidários da empresa em regime de recuperação judicial ou falência, já que a sorte dele acompanha a da empresa, pois o sócio solidário, pessoalmente, é responsável pelas dívidas da empresa.

Nem todas as ações, porém, sujeitam-se a este regime mas apenas as execuções. Terão prosseguimento, no juízo no qual estiverem se processando, as ações e execuções que demandarem quantia ilíquida, ficando o autor obrigado a noticiar sua situação ao juízo universal, sob pena de nulidade dos atos processuais posteriores ao requerimento da recuperação ou da falência. Uma ação de despejo, por exemplo, segue seu curso normal. Uma ação referente ao cumprimento de cláusula contratual, em que o valor está para ser orçado e decidido terá prosseguimento até a decisão final. Havendo a sentença final, não poderá ela ser executada individualmente, mas poderá proporcionar a habilitação do crédito no feito falimentar. Enquanto a ação não se encerrar e o feito for rápido, o credor poderá pedir ao juízo a reserva do valor que lhe for devido, para garantir o pagamento da importância discutida. Se o seu crédito for tornado líquido e certo, esse credor irá habilitá-lo e o valor dele já está reservado para seu pagamento.

Também não se suspendem as ações trabalhistas. Estas correm numa justiça especial, de jurisdição federal, distinta portanto do juízo falimentar. A sentença final do processo trabalhista dará ao empregado o crédito habilitável no feito falimentar.

Situação delicada surge porém com referência a essas ações, uma vez que a empresa submetida a procedimento falimentar é parte e ela deverá comparecer ao processo. Sua participação dependerá da situação em que ela estiver:

– se ela estiver em recuperação judicial, o administrador judicial poderá intervir como assistente na ação em outro juízo;
– se ela estiver em falência, deverá o administrador judicial ser intimado para representar a massa falida, podendo a empresa devedora funcionar como assistente. Essa intimação é obrigatória, sob pena de nulidade do processo.

Prevenção do juízo

A distribuição do pedido de falência ou de recuperação judicial previne a jurisdição para qualquer pedido de recuperação judicial ou de falência, relativo ao mesmo devedor. Assim sendo, todos os pedidos de falência cairão fatalmente na mesma vara. Independentemente da verificação periódica perante os cartórios de distribuição, as ações que venham a ser propostas contra o devedor deverão ser comunicadas ao juízo da

48

falência ou da recuperação judicial pelo juiz competente, quando do recebimento da petição. Deve ser comunicado também pelo devedor imediatamente após a citação.

Suspensão da prescrição

A prescrição das obrigações da empresa devedora é suspensa quando ela entra em regime concursal. Quando se trata de falência, a prescrição fica suspensa a partir da sentença da quebra e termina na data do trânsito em julgado da sentença de encerramento do processo de falência. Por isso, durante todo o processo, o credor poderá habilitar seu crédito.

Quanto à recuperação judicial, o critério é diferente. A prescrição suspende-se com o deferimento do processamento dela e termina no prazo máximo de 180 dias, improrrogável. Findo esse prazo, restabelece-se o direito dos credores, de iniciar ou continuar suas ações, independentemente de pronunciamento judicial.

A Lei fala em suspensão, que deve prevalecer sobre a interrupção. De acordo com a Lei, serão contados os dias anteriores à suspensão e ao recomeçar o curso prescricional, será adicionado o tempo que já transcorrera.

É conveniente esclarecer que a suspensão atinge apenas a empresa em concurso, vale dizer, as obrigações dela. Os direitos dela não ficam suspensos, e, se ela tiver um crédito contra terceiros, poderá exercê-lo. Aliás, o art. 157, no capítulo do encerramento da falência afirma:

> "O prazo prescricional relativo às obrigações do falido recomeça a correr a partir do dia em que transitar em julgado a sentença do encerramento da falência".

3.3. Compensação de dívidas mútuas

A compensação é uma das formas de resolução de dívidas. Está ela definida no art. 373 do novo Código Civil:

> "Se duas pessoas forem ao mesmo tempo credor e devedor uma da outra, as duas obrigações extinguem-se, até onde se compensarem".

Digamos que um credor habilite seu crédito, o que equivale a pedido de pagamento dele. Entretanto, esse credor tem dívidas para com a empresa que ele está cobrando. Ele tem direito a receber seu crédito, mas tem também obrigação de pagar seus débitos. Seus débitos devem ser então abatidos de seu crédito, podendo ele reclamar o que tiver sobrado. Assim opera a compensação. Dá-se a compensação apenas quanto aos créditos anteriores ao pedido de recuperação judicial ou falência. Aqueles surgidos após a empresa devedora ter sido submetida ao regime falimentar, não se compensam.

Examinemos o exemplo seguinte: Alfa Ltda. deve R$ 10.000,00 para Beta Ltda., mas Beta Ltda. deve R$ 4.000,00 para Alfa Ltda. Porém, há requerimento de recuperação judicial de Alfa Ltda. Nesse caso, haverá compensação, ficando o crédito de Beta Ltda. reduzido a R$ 6.000,00; esse é o valor que ela vai habilitar no procedimento de Alfa Ltda.

O art. 8º, todavia, prevê duas exceções:

I – Não se compensam os créditos transferidos após o requerimento da recuperação ou da falência, salvo o caso de sucessão por fusão, incorporação, cisão ou morte.

Há valores que facilmente podem ser simulados e fraudulentos, para evitar possível saldo credor da empresa em falência, numa conta corrente com cliente seu. São créditos facilmente forjados contra o devedor, visando a anular o crédito dele perante outras empresas. Esses créditos podem ser habilitados e passarão pelo crivo do administrador judicial para serem aceitos. O débito desse credor para com a empresa em concurso permanece na sua integridade.

II – Não se compensam os créditos, ainda que vencidos anteriormente, transferidos quando já conhecido o estado de crise econômico-financeira do devedor ou cuja transferência se operou com fraude ou dolo.

Créditos lançados na contabilidade da empresa em falência pouco antes do requerimento da recuperação judicial ou a falência são créditos duvidosos, dentro do "termo legal", ou seja, o período logo anterior à abertura do procedimento falimentar. Não há nesses compromissos a "fumus bonis juris (= fumaça de bom direito).

4. DA CLASSIFICAÇÃO DOS CRÉDITOS

4.1. Fundamentos da classificação

4.2. Tipos de preferência

4.3. Encargos e dívidas da massa

4.4. Classificação legal

4.5. Créditos extraconcursais

4.1. Fundamentos da classificação

O quadro-geral de credores é organizado com a indicação do nome dos credores, o valor do crédito e sua classificação. A classificação a que a lei se refere baseia-se num critério de vantagem que certos tipos de crédito têm sobre outros; é preferência no rateio, recebendo uns primeiro, e o saldo que vai sobrando dará cobertura aos credores de menor força.

O "par conditio creditorum", ou seja, a igualdade de direitos dos credores em acorrer aos procedimentos concursais, não é observado na distribuição proporcional do valor apurado com a liquidação dos bens. Não deixa esse princípio de vigorar, pois é ampla a participação dos credores na habilitação dos créditos e no desenvolvimento do processo. Contudo, ao ratear entre os credores o valor apurado na liquidação dos bens da empresa falida, um crédito pode estar previamente protegido por lei ou por garantia estabelecida anteriormente, ou ainda, ter sido estabelecido para o benefício da própria massa.

Assim, por exemplo, os bens arrecadados de empresa falida são entregues à guarda de depositário, que zelará por eles até serem vendidos em leilão. O depositário deverá receber imediatamente os proventos de seu trabalho, pois o valor apurado em leilão deve muito a ele. Nunca esse depositário estabeleceria contrato de depósito, se o seu crédito tivesse de se submeter a rateio proporcional com todos os credores.

Será que o leiloeiro realizaria o lcilão se a sua comissão fosse incluída como crédito quirografário, para ser recebida só no final do processo, e se sobrar dinheiro? Seria também o caso do perito-avaliador que fizer a avaliação dos bens arrecadados, para vendê-los em leilão.

Examinemos a hipótese do empregado da empresa falida, que fora acidentado em trabalho e a empresa lhe era devedora de uma indenização por ter ficado incapacitado para o trabalho. Esse empregado tinha na empresa falida sua única fonte de renda e, sem o pagamento dessa indenização, será levado à condição de miserabilidade. Por isso, deverá ele desfrutar de preferência no pagamento, antes de bancos ou de fornecedores da empresa falida, cujo crédito não é fatal para a sobrevivência deles.

Por essas e por outras razões, o art. 83 prevê a classificação dos créditos falimentares sob o critério de preferência para o pagamento deles. O próprio quadro-geral de credores deverá ser elaborado com base nessa classificação.

4.2. Tipos de preferência

A preferência é alicerçada em duas bases: o privilégio e a garantia real. O privilégio decorre da lei, não podendo ser estabelecido pelas partes e nem mesmo pela justiça arbitrariamente. A garantia real é fruto da diligência do credor, procurando dar cobertura ao crédito que vai conceder; é, portanto, convencional, criada pelas partes. Sobre esses dois tipos de preferência, convém traçar considerações.

A garantia real consiste em vincular uma coisa a uma dívida, de tal forma que a coisa vinculada só fica liberada com o pagamento da dívida. Aliás, o art. 1.419 do novo Código Civil declara que nas dívidas garantidas por penhor, anticrese e hipoteca, a coisa dada em garantia fica sujeita, por vínculo real, ao cumprimento da obrigação. Para ilustração, imaginemos que a empresa falida tenha imóvel hipotecado ou penhorado e esse imóvel seja arrecadado para constituir a massa falida. Neste caso, ao ser vendido em leilão, o valor da arrematação será aplicado no pagamento da dívida garantida com hipoteca desse imóvel. Se houver sobra, será recolhida para a massa.

Além do penhor, anticrese e hipoteca, das quais fala o art. 1.419, podemos também incluir a alienação fiduciária em garantia, tipo de garantia real, criada por lei suplementar. Segundo o art. 961 do Código Civil, o crédito real prefere ao crédito pessoal de qualquer espécie. Devido à natureza de certas obrigações, a lei confere aos credores privilegiados a faculdade de receber prioritariamente seus direitos creditórios. O privilégio, portanto, decorre da lei e atinge o devedor em falência. Os privilégios apresentam duas modalidades: o especial e o geral.

O privilégio especial é naturalmente de maior força do que o geral. São créditos oriundos da ação do credor para a conservação ou valorização de coisas gravadas, ou seja, o crédito está originalmente vinculado às coisas. Assim, o empreiteiro que construiu uma instalação, fornecendo os materiais; ao ser leiloada aquela instalação, será justo que haja preferência, no pagamento, para quem a construiu.

Neste aspecto, a Lei de Recuperação da Empresa é obrigada a fazer remissão ao Código Civil, que num título denominado "Das preferências e privilégios creditórios", nos arts. 955 a 965, regulamenta a questão das preferências, que se aplica a todos os ramos do direito, incluindo-se o Direito de Recuperação da Empresa. Preferimos, porém, não cuidar especificamente da questão, por tratar-se de outra área.

4.3. Encargos e dívidas da massa

Há determinados créditos que nem sequer entram no quadro-geral de credores e nem são classificados, mas devem ser pagos conforme haja dinheiro. É o caso das despesas que a empresa em recuperação judicial ou falência tenha feito para movimentar o procedimento falimentar, como custas judiciais relativas às ações e execuções em que a massa tenha oferecido contestação ou impugnação e tenha sido vencida. Vamos exemplificar o crédito desse tipo: numa ação de busca e apreensão movida contra a empresa em recuperação judicial, em decorrência de contrato de alienação fiduciária em garantia, deu a justiça como procedente, condenando o devedor ao pagamento das verbas de sucumbência ao autor da ação. A empresa-ré foi citada e contestou a ação, mas foi vencida. As despesas do autor da ação, em que a empresa em falência foi condenada a cumprir deve ser paga sem aguardar o final do procedimento.

Da mesma forma, a remuneração dos que se dedicaram à massa, como o administrador judicial, o perito e outros colaboradores. Nenhum administrador judicial iria aceitar o encargo se após contribuir com seu trabalho, teria que habilitar o crédito decorrente de sua remuneração e recebê-lo no final, mesmo assim, se sobrar dinheiro. Trata-se de despesas da massa, para que ela possa atender aos objetivos dos procedimentos falimentares. A antiga lei era falha a este respeito, provocando situações realmente injustas.

São extraconcursais ainda os impostos e contribuições públicas incidentes na fase de recuperação judicial ou da falência. São débitos da empresa ou concurso surgidos após a decretação da medida, e não poderiam ser atingidos por sentença anterior a eles.

Temos então que distinguir dois grupos de débitos: os débitos da falência e os débitos da massa; esses últimos devem ser resolvidos antes de se entrar no pagamento dos débitos da falência.

4.4. Classificação legal

A classificação prevista no art. 83 obedece a critérios bem evidentes. O grande problema é que a Lei de Recuperação da Empresa estabelece sua classificação e outras leis não pertencentes ao campo do Direito de Recuperação da Empresa vão trazendo novas disposições e conflitos, não só com a Lei de Recuperação da Empresa, mas com elas próprias. Apegando-se, porém, ao nosso Direito de Recuperação da Empresa, podemos adotar a seguinte classificação dos créditos, respeitando a ordem de preferência:

1. créditos derivados da legislação do trabalho, limitados a 150 salários mínimos por credor, e os decorrentes de acidentes do trabalho;
2. créditos com garantia real até o limite do valor do bem gravado;
3. créditos tributários, independentemente da sua natureza e tempo de constituição, excetuadas as multas tributárias;
4. créditos com privilégio especial;
5. créditos com privilégio geral;
6. créditos quirografários;
7. multas contratuais e penas pecuniárias por infração das leis penais e tributárias;
8. créditos subordinados.

Vamos melhor esclarecer a classificação de acordo com a Lei da Recuperação Judicial, combinada com outras leis, interpretando as preferências, com o respeito aos interesses humanos e sociais.

1. Créditos trabalhistas

No topo da preferência estão os créditos decorrentes das relações de trabalho. Normalmente, os funcionários da empresa em regime falimentar são as maiores vítimas. Não têm eles a mínima cobertura do seu sindicato. É patente o desprezo que lhes devota a justiça. Há centenas de entidades defensoras dos direitos humanos, mas não se sabe de nenhuma que dedique atenção aos atentados aos direitos feridos pelos procedimentos falimentares. Não se vê nos órgãos de comunicação comentários sobre a triste situação dos trabalhadores e suas famílias ante a insensibilidade da justiça, dos empresários e outras pessoas envolvidas nos procedimentos falimentares, para não dizer do próprio Governo.

O funcionário é a parte mais vulnerável dos procedimentos falimentares, por não ter ele outra fonte de renda, por depender só de seu empregador. Normalmente trabalha só para um empregador e sem ele ficará sem recursos e deixa de receber por trabalho já prestado. Estão eles a descoberto de qualquer socorro. Para quem atua na área falimentar é até revoltante a insensibilidade de todos. Não só ele deixa de receber seus salários e demais direitos, mas as verbas da rescisão. Muitas vezes o empregador desaparece com a documentação, prejudicando o empregado no seu registro junto ao INSS, subtraindo-lhe assistência médica e outros serviços necessários, adicionando-se ainda as dificuldades futuras de aposentadoria.

Por essa e muitas outras razões, o projeto da Lei de Recuperação da Empresa exigia a participação do representante dos empregados na administração da empresa em regime falimentar. Nossa lei, felizmente conservou várias medidas protetoras dos empregados, até com a possibilidade de criarem eles empresa administradora da massa. O novo Direito de Recuperação de Empresas, ao pensar no empregado revelou alto sentido de lógica, justiça social e sensibilidade humana. Aliás, a antiga lei, no art. 102, também dava preferência para os empregados, mas o espírito e a letra da lei foram de tal maneira distorcidos, que ela tornou-se letra morta.

Dentro da preferência trabalhista, surgem outras prioridades. A primeira delas é a indenização por acidente de trabalho, depois o salário, depois o FGTS. Todavia, o crédito trabalhista é limitado até 150 salários mínimos por empregado. Essa restrição decorreu de fatos constatados de empresários que registraram irregularmente seus protegidos, fazendo-os abocanhar os fundos da massa. A parte sobressalente não é perdida, mas ficará para o acerto junto com os quirografários.

Além desses dois casos especiais, os créditos privados vão apresentar também escala de privilégios, em quatro aspectos. O primeiro deles é o crédito garantido por direitos reais de garantia.

2. Direitos reais de garantia

Credor com garantia real é quem estiver com o crédito garantido por coisas, como na hipoteca, no penhor e, mais raramente, na anticrese. Vendidas essas coisas, o produto delas cobrirá imediatamente o crédito que elas garantiram. Por exemplo, se for vendido em leilão imóvel hipotecado para garantir dívida, o produto da arrematação desse imóvel pagará essa dívida. Se sobrar dinheiro, irá para a massa, em benefício de outros credores; se faltar, o credor poderá habilitar o saldo como quirografário.

3. Créditos tributários

Vem depois os créditos tributários, ou seja, os créditos públicos. Em primeiro lugar os recolhimentos para o INSS. É dinheiro de inválidos, velhos, viúvas e outras pessoas impossibilitadas ou com dificuldades para o trabalho.

4. Credor com privilégio especial

Credor com privilégio especial é quem estiver protegido pela lei, com a vinculação de certas coisas ao seu crédito. É o caso, por exemplo, do locador de imóvel a uma empresa em falência; a venda do mobiliário que guarnecia esse imóvel terá seu produto aplicado no pagamento dos aluguéis. Esse tipo de privilégio especifica quais são os bens vinculados ao crédito.

5. Credor com privilégio geral

Credor com privilégio geral é quem receberá do que sobrar dos dois anteriores. O privilégio é o direito de receber antes dos quirografários, uma vez que não há determinados bens vinculados aos créditos, como no privilégio especial. Não sobrando dinheiro suficiente para o pagamento total, será feito por rateio. O privilégio geral é estabelecido pela legislação da recuperação judicial leis especiais.

6. Credores quirografários

Quirografários são os credores destituídos de vantagens, constituindo geralmente a maioria. Pode-se dizer que quirografário é regra, privilegiado é a exceção. A maioria deles é constituída de fornecedores, bancos, prestadores de serviços, lastreados por duplicatas, notas promissórias, letras de câmbio e contratos. Com o pagamento dos quirografários, fica liquidado do quadro-geral de credores e demais débitos da empresa em falência.

7. Multas

As multas contratuais decorrem do contrato celebrado pela empresa e por outros tipos de multas, como de trânsito, de não recolhimento de impostos e outros tributos. As cláusulas penais dos contratos unilaterais não são atendidas se as obrigações nelas estipuladas se vencerem em virtude da falência.

8. Créditos subordinados

São os assim previstos em lei ou em contrato, e os créditos dos sócios e dos administradores sem vínculo empregatício. Não são oponíveis à massa valores decorrentes de direito de sócio ao recebimento de sua parcela do capital na liquidação da sociedade.

Classificação da Lei

Apegando-nos mais ao art. 83 da LRE, vamos repetir a classificação adotada legalmente:

1 – créditos derivados da legislação do trabalho, limitados a 150 salários mínimos por credor, e os decorrentes de acidentes do trabalho;

2 – créditos com garantia real até o limite do valor do bem gravado;

3 – créditos tributários, independentemente da sua natureza e tempo de constituição, excetuadas as multas tributárias;

4 – créditos com privilégio especial, a saber:
a. os previstos no art. 964 da Lei 10.406/02 (Código Civil);
b. os assim definidos em outras leis civis e mercantis, salvo disposição contrária da LRE;
c. aqueles cujos titulares a lei confira o direito de retenção sobre a coisa dada em garantia;

5 – créditos com privilégio geral, a saber:
a. os previstos no art. 965 da Lei 10.406/02 (novo Código Civil);

b. os previstos no parágrafo único do art. 67 da LRE;

c. os assim definidos em outras leis civis e mercantis, salvo disposição contrária da LRE.

6 – créditos quirografários, a saber:

a. aqueles não previstos nos demais incisos deste artigo;

b. os saldos dos créditos não cobertos pelo produto da alienação dos bens vinculados ao seu pagamento;

c. os saldos dos créditos derivados da legislação do trabalho que excederem o limite estabelecido no inciso I, ou seja, 150 salários mínimos.

7 – as multas contratuais e as penas pecuniárias por infração das leis penais ou administrativas, inclusive as multas tributárias;

8 – créditos subordinados, a saber:

a. os assim previstos em lei ou em contrato;

b. os créditos dos sócios e dos administradores sem vínculo empregatício.

Infelizmente, nos itens 4 e 5, a LRE ressuscitou a expressão "comerciais" no exame do Senado. As horríveis expressões "comerciante", "comércio", "comercial" já foram há muito tempo banidas do vocabulário jurídico internacional. No próprio Brasil já estavam fora de uso e tiveram sentença de morte no novo Código Civil. Seria preferível usar as expressões "leis mercantis" ou "leis empresariais", mas não houve tempo de se corrigir a falha. De qualquer maneira, não causam prejuízos quanto à substância do moderno Direito Empresarial.

4.5. Créditos extraconcursais

Os créditos assim considerados correspondem aos encargos e dívidas da massa. São débitos assumidos pela empresa devedora, geralmente depois de falida, ou, durante o processo de recuperação judicial. Não precisam eles de habilitação e não se submetem a pagamento junto com os credores da falência, ou seja, aqueles que constam do quadro-geral de credores.

60

Eles devem ser pagos imediatamente, conforme vá entrando o dinheiro em caixa. Representam gastos necessários para a manutenção da massa e do processo; sem esses gastos não poderia o processo andar. A LRE reconhece cinco grupos desses créditos:

1. Gastos da massa

Neste item se inclui a remuneração do AJ* e de seus colaboradores, como o perito-contador, o perito-avaliador e outros prestadores de serviços à massa, como o depositário de seus bens. Situam-se também nesse item o salário e outros gastos com funcionários da massa. Por exemplo: decretada a falência de uma empresa, seus bens são arrecadados e formam a massa, ficando armazenados no local da própria empresa falida. Haverá necessidade de se manter um vigia para a guarda desse patrimônio. Este funcionário não é empregado da empresa, mas da massa e seu salário deve ser pago no prazo legal, não se submetendo a rateio.

2. Adiantamento de credores

Os gastos para a manutenção da massa ou salário de seus funcionários, como os referidos acima, devem ser pagos com o dinheiro que entrar no caixa da massa. Nem sempre o dinheiro entra rápido e há necessidade de arrecadação imediata. Nesses casos, o AJ poderá pedir dinheiro aos credores para a cobertura das despesas, já que é do interesse deles. Esses adiantamentos serão pagos conforme vá entrando o dinheiro, sem precisar de habilitação.

3. Despesas administrativas

São as despesas com a arrecadação dos bens, a administração da massa, a realização do ativo e a distribuição de seu produto, bem como as custas do processo de falência.

---

* AJ – Administrador Judicial

4. Custas judiciais

Representam as custas relativas às ações em que a massa falida tenha sido vencida. Às vezes, a massa falida empreende execuções e ações judiciais, como a ação revocatória, para a qual contrata advogado para esse fim e deve pagar sua remuneração. Outras vezes, a massa falida é condenada a pagar custas judiciais, as verbas de sucumbência, constituindo débito extraconcursal.

5. Obrigações pós-falimentares

São as obrigações resultantes de atos jurídicos válidos praticados durante a recuperação judicial, como por exemplo, a nota promissória referente a um empréstimo levantado para pagar dívidas da massa falida. São esses débitos previstos também no art. 67 e dele faremos comentários em outros capítulos. Fazem parte desse item também os tributos relativos a fatos geradores ocorridos após a decretação da quebra. Nesse grupo de diversos créditos concursais observa-se a ordem de preferência, segundo o critério de classificação previsto no art. 83.

5. DA VERIFICAÇÃO DOS CRÉDITOS
(arts. 7º ao 20)

5.1. A impugnação dos créditos

5.2. Habilitação de crédito intempestiva

5.3. O quadro-geral de credores

5.4. Habilitação dos credores do sócio ilimitadamente responsável

5.1. A impugnação dos créditos

No exame da sentença declaratória da recuperação judicial ou da falência, nota-se que o juiz, entre outras decisões, marcará o prazo para os credores apresentarem as declarações e documentos justificativos de seus créditos. Será publicado edital contendo a relação dos créditos apresentados, dando o juiz prazo não superior a quinze dias para que o administrador judicial, os sócios da empresa em falência (se for S/A os acionistas) possam impugnar qualquer crédito relacionado. Quando se fala em administrador judicial deve ser entendido que poderá também ser o Comitê, já que esse Comitê poderá existir em certos casos, mas não em todos.

Os créditos habilitados são recebidos provisoriamente, ficando submetidos ao exame dos interessados, que poderão impugná-los. Essa impugnação será apresentada por meio de petição, dirigida ao juiz em cuja vara estiver correndo o feito. Se houver várias impugnações, cada uma correrá em autos separados, mas sempre no juízo universal. Deverá cada impugnação estar instruída com os documentos que tenha o impugnante, devendo este indicar as demais provas necessárias; se elas estiverem nos autos da habilitação do crédito, serão desentranhadas e juntadas aos autos da impugnação. Se houver várias impugnações versando sobre o mesmo crédito, serão incluídas numa mesma autuação. Podem impugnar a relação dos credores o AJ, o Comitê, o Ministério Público e a empresa ou seus sócios, no prazo de dez dias.

Já estando autuada, serão intimados o administrador judicial (quando se fala em administrador judicial, sempre se entende o Comitê, se houver) e o devedor para se manifestarem sobre a impugnação no prazo de cinco dias, contados da intimação. O administrador judicial, ou o Comitê, quando for o caso ou o Ministério Público, juntarão à sua manifestação o laudo elaborado pelo perito-contador por ele designado, contendo informações existentes nos livros fiscais e demais documentos do devedor acerca do crédito habilitado.

A habilitação é processo sujeito ao contraditório; os interessados poderão impugnar os créditos habilitados. A impugnação de crédito é outra ação, correndo em separado, mas apensos aos autos da habilitação. Os interessados poderão ser os credores, qualquer credor, pois se julgar irregular ou duvidoso o crédito declarado, este irá concorrer com o dele. Pode também impugnar o sócio da empresa em recuperação ou em falência, já que ele tem o mesmo interesse.

Vamos relembrar algumas expressões muito utilizadas neste compêndio: quando se fala em "devedor" refere-se à empresa submetida ao procedimento concursal, vale dizer, à recuperação judicial e à falência. Quando se fala em Comitê refere-se ao administrador judicial, mas não exercido por uma só pessoa, mas por colegiado; o Comitê existe em certos casos, mas não em todos.

Decorrido o prazo de cinco dias, acima referido, o escrivão fará publicar avisos aos interessados, incluindo o credor impugnado, para se manifestarem. Não havendo manifestação contrária do impugnado, os autos vão conclusos ao juiz para julgamento. Se o impugnado contestar a impugnação, será aberta vista ao Ministério Público, para se manifestar em cinco dias, voltando os autos ao escrivão, que os remeterá conclusos ao juiz para julgamento.

Se diversos credores fizerem suas impugnações, junto com sócios, todas essas impugnações correrão nos mesmos autos.

5.2. Habilitação de crédito intempestiva

É possível que algum credor tenha ficado fora do edital contendo a relação dos credores e abrindo prazo para a impugnação, ou algum credor só posteriormente venha a declarar seu crédito. Poderá ele, contudo, fazer sua habilitação retardatária, em petição contendo seu nome e qualificação completa, com endereço, valor do crédito, origem deste, classificação. Será a inicial instruída com os documentos comprobatórios originais e a indicação da garantia prestada pelo devedor, se a houver, e o respectivo instrumento.

Se houver garantia, deverá ser feita a especificação do objeto dela, quando estiver na posse do credor. Muito comum é a de bancos que emprestam dinheiro a empresa, que entre depois em regime falimentar. Os empréstimos bancários são comumente garantidos por títulos de crédito, geralmente duplicatas: esse tipo de garantia é chamado de "caução". Em casos assim, o banco credor juntará o título que lastreou o empréstimo, especificando bem a garantia e com a relação das duplicatas entregues a ele em caução.

Os títulos e documentos que legitimam os créditos deverão ser exibidos no original e, se estiverem juntados em outro processo, poderão ser substituídos por cópias autenticadas pelo Cartório.

Em suma, há duas espécies de habilitação:

– as tempestivas – as que foram feitas no prazo estipulado na sentença e previstas no art. 9º;

– as intempestivas, ou retardatárias – as que foram feitas após o prazo previsto pela sentença, que é não superior a quinze dias. Estão regulamentadas no art. 10.

A habilitação retardatária não afeta o crédito habilitado, mas se houver sido realizado algum rateio, o credor retardatário terá ficado fora dele, podendo, porém, participar dos pagamentos posteriores. Entretanto, esses credores poderão requerer a reserva do valor para satisfação de seu crédito. Ficará ainda sujeito ao pagamento de custas, mas não se computam os acessórios compreendidos entre o término do prazo para a apresentação das habilitações e a efetiva apresentação, salvo motivo de força maior devidamente justificado.

Como no sistema atual, o processo falimentar é mais abreviado e o pagamento pode ser antecipado, é conveniente para o credor retardatário habilitar seu crédito no tempo mais breve possível, para evitar sua marginalização no pagamento dos rateios posteriores.

Na falência, os créditos retardatários perderão o direito a rateios eventualmente realizados e ficarão sujeitos ao pagamento de custas, não se computando os acessórios compreendidos entre o término do prazo e a data do pedido de habilitação.

Sob o ponto de vista processual, a habilitação retardatária será autuada em separado e seguirá os mesmos passos da habilitação tempestiva, na forma dos arts. 16 a 24. O devedor será intimado para manifestar-se, no prazo de cinco dias, para emitir seu parecer, juntando o laudo do perito-contador por ele designado, contendo as informações existentes nos livros fiscais e demais documentos do devedor acerca do crédito habilitado. É bom lembrar que, a essas alturas, o administrador judicial já tem acesso aos documentos do devedor ou a posse deles.

Na recuperação judicial, os titulares de créditos retardatários, excetuados os titulares de créditos derivados da relação de trabalho, não terão direito a voto nas deliberações da assembléia-geral de credores. O mesmo critério é adotado na falência, salvo se, na data da realização da assembléia-geral já houver sido homologado o quadro-geral de credores contendo o crédito retardatário.

Pode ocorrer que o administrador judicial e o devedor sejam contrários à aceitação do crédito retardatário; nesse caso será impugnado e eles deverão indicar as provas que julgarem necessárias. Se o impugnado replicar, vão os autos ao Ministério Público, que deverá pronunciar-se no prazo de cinco dias. Voltando os autos do Ministério Público, o escrivão os enviará conclusos ao juiz para julgamento.

As habilitações de crédito retardatárias, se apresentadas antes da homologação do quadro-geral de credores, serão recebidas como impugnação. Após a homologação do QGC*, aqueles que não habilitaram seu crédito poderão, observado, no que couber, o procedimento ordinário previsto no Código de Processo Civil, requerer ao juízo da falência ou da recuperação judicial a retificação do QGC para inclusão do respectivo crédito.

Relembramos que o processamento da habilitação retardatária é, mais ou menos, o mesmo do antigo regime. Seguem ainda os mesmos critérios da lei anterior. Aliás, sob o aspecto processual, não haverá grandes dificuldades no trabalho dos advogados, dos juízes e do Ministério Público. Por exemplo, no que tange à verificação e à classificação dos créditos, as normas processuais são as mesmas. Assim, na habilitação intempestiva, a impugnação será dirigida ao juiz por meio de petição, instruída com os documentos que tenha o impugnante, que indicará as provas necessárias.

Cada impugnação será autuada em separado, em petição dirigida ao juiz, com os documentos a ela relativos, para esse fim desentranhados das habilitações de crédito. Terão uma só autuação as diversas impugnações versando sobre o mesmo crédito. Assim é nos dois tipos de habilitação, tanto na lei atual como na antiga.

A habilitação de crédito será julgada por sentença. O juiz julgará as habilitações de crédito não impugnadas, e as impugnações que entender suficientemente esclarecidas pelas alegações e provas apresentadas pelas partes, mencionando, de cada crédito, o valor e a classificação. A sentença fixará ainda, em cada uma das impugnações, os aspectos controvertidos, e decidirá as questões pendentes.

O juiz poderá achar conveniente a realização de audiência. Se assim achar, designará audiência de instrução e julgamento, determinando as provas a serem produzidas. Realizada a audiência, o juiz poderá proferir a sentença, ainda que haja ausência de algum dos interessados. Julgado o crédito, o juiz determinará a elaboração do quadro-geral de credores.

---

* quadro-geral de credores

A apelação é o recurso natural contra toda sentença, como o agravo de instrumento, é contra o despacho. Esta apelação não deverá ter efeito suspensivo. O prazo de apelação contra a sentença que julgar o crédito ou a impugnação é de quinze dias.

5.3. O quadro-geral de credores

O quadro-geral de credores é a relação dos créditos declarados, com o nome dos credores, o valor de seus créditos na data do requerimento da recuperação judicial ou da falência, e a classificação deles. Será elaborado pelo Contador e assinado pelo administrador judicial e pelo juiz. O juiz homologa assim o quadro-geral de credores. Será juntado aos autos e publicado no Diário Oficial no prazo de cinco dias.

Se a impugnação for parcial ou houver apelação, não impedirá o pagamento da parte incontroversa. O juiz determinará, se houver rateio, a reserva de valor para a satisfação do crédito impugnado.

Exclusão de crédito

No decorrer do processo de recuperação judicial, que é longo, apesar de que a nova lei tenha procurado abreviá-lo, é possível que se constatem fraudes e certos créditos se revelem fictícios ou simulados. Evidencia-se falsidade, fraude, dolo, simulação, erro essencial ou, ainda, documentos ignorados na época do julgamento do crédito ou da inclusão no quadro-geral de credores. Tais créditos, entretanto, foram incluídos no quadro-geral de credores, pois os vícios que o inquinavam não foram detectados. Se assim for constatado, poderão o administrador judicial, o Ministério Público ou algum credor promover ação para que seja o crédito irregular excluído.

Esta ação será proposta no juízo universal. Excetua-se no caso de ser crédito reconhecido em processo na Justiça do Trabalho; será então promovida naquela justiça especializada. Assim será também se for crédito obtido em outra vara. Vamos citar exemplo: em processo ordinário de cobrança promovido em outra vara, diversa do juízo universal, obteve o autor a procedência da ação; o débito da empresa-ré foi reconhecido judicialmente e as contas de liquidação foram homologadas pelo juiz. De posse dessa sentença condenatória, o autor habilitou seu crédito no procedimento falimentar da empresa-ré.

Todavia, apurou-se que os documentos que instruíram aquele processo de cobrança eram falsos, tendo sido levado o juiz a decisão errônea. Nesse caso, a anulação da sentença deverá ser promovida na vara original, e, em seguida, deverá ser notificado o juízo falimentar.

Ao ser proposta a ação anulatória, deve ser pedida a exclusão do crédito irregular no quadro-geral de credores. Essa exclusão, porém, só será decretada no julgamento do processo. Enquanto isso, o crédito terá seu pagamento suspenso. Poderá o credor "sub judice" pedir o pagamento, mas só prestando caução, até o julgamento. Garantirá assim o juízo, se esse crédito for excluído por sentença.

Poderão requerer a exclusão qualquer credor, o Ministério Público, o Comitê, se houver, ou o administrador judicial. O devedor não; é possível ter havido algum arreglo entre o devedor e o autor da fraude, razão pela qual não se poderá dar essa faculdade a ele. Constatado que houve fraude, o Ministério Público deverá exercer ação penal contra os responsáveis. Ainda que não tenha havido esse possível arreglo, caberia ao devedor exercer a defesa de seus interesses durante o processo que resultou na sua condenação.

O AJ será responsável pela consolidação do QGC, a ser homologado pelo juiz, com base na relação dos credores e nas decisões judiciais sobre as impugnações oferecidas. O QGC, assinado pelo juiz e pelo AJ mencionará a importância e a classificação de cada crédito na data no requerimento da recuperação judicial ou da falência, será juntado aos autos, e publicado no órgão oficial, no prazo de cinco dias, contados da sentença que houver julgado as impugnações (art. 18).

5.4. Habilitação dos credores do sócio ilimitadamente responsável

As habilitações dos credores particulares do sócio ilimitadamente responsável processar-se-ão da mesma forma processual das habilitações de crédito. O sócio ilimitadamente responsável é difícil de ser encontrado, a não ser na sociedade em nome coletivo, muito rara em nossos dias. Atualmente, os modelos societários mais utilizados são a S/A, regulamentada em lei própria, a sociedade simples, regulamentada no Código Civil nos arts. 997 a 1.051 e a sociedade limitada, regulamentada nos arts. 1.052 a 1.087. Nesses modelos societários predominantes, não há sócio ilimitadamente responsável. Porém, se houver sócio ilimitadamente responsável, ele responderá pelas dívidas da sociedade, equiparando-se à empresa de que fazia parte.

6. DO PEDIDO DE RESTITUIÇÃO E DOS EMBARGOS DE TERCEIRO
(arts. 83 a 93)

6.1. Efeitos da arrecadação

6.2. Coisas vendidas a crédito

6.3. Restituição de dinheiro

6.4. Pedidos de restituição

6.5. Embargos de terceiro

6.1. Efeitos da arrecadação

Na recuperação judicial ou na falência pode ser pedida a restituição de coisa arrecadada em poder do devedor ou que com este se encontre por ocasião do requerimento da falência, devida em virtude de direito real ou de contrato. A restituição pode ser pedida ainda que a coisa já tenha sido alienada, ou qualquer outro motivo, desde que pertença a terceiro.

Conforme fora referido anteriormente, a arrecadação atinge todos os bens em poder da empresa falida ou em recuperação judicial. É possível, entretanto, que, entre os bens arrecadados, haja alguns que estejam vinculados a terceiros, em virtude de direito real ou de contrato. É o que ocorreria com máquina copiadora; esse tipo de equipamento é colocado gratuitamente nas mãos do usuário. A empresa proprietária do equipamento retira seu lucro do papel fornecido para o uso pela usuária. Esse equipamento não pertence ao usuário, mas está em poder dele em virtude de contrato. Se ele entra em falência, esse bem é arrecadado entre os seus, formando conjunto a "universitas juris", chamada normalmente de massa falida.

A empresa proprietária desse bem poderá defender seu direito de propriedade sobre ele. Ao terceiro prejudicado pela arrecadação assiste o direito de recorrer à justiça para sanar o mal causado a ele. Caso contrário, seria enriquecimento indevido pela empresa falida, graças à apropriação indevida por outra pessoa. Não se trata de apropriação indébita, mas apropriação indevida. O proprietário do bem arrecadado não é credor da empresa em falência; pede, pois, a restituição do que lhe pertence.

Além da posse, pelo devedor, de um bem, em virtude de contrato, é possível que essa posse se dê em virtude de direito real de garantia, o "jus in re aliena". Os direitos reais de garantia estão previstos, em número de três, no art. 1.225 do Código Civil: penhor, hipoteca, anticrese. Estão regulamentados nos arts. 1.419 a 1.510.

Citemos outra possibilidade, neste caso o penhor: Gama Ltda. deve a Delta Ltda. e para garantir esse débito deixou em poder de Delta Ltda. um caminhão em penhor. Delta entra em regime de falência e esse caminhão é arrecadado entre seus bens. A dona do caminhão é, porém, Gama Ltda. e portanto tem o direito de reaver seu caminhão em poder da massa falida de Delta Ltda.

É possível, porém, que Delta Ltda. tenha indevidamente alienado esse caminhão para Alfa Ltda., vendendo-o embora não fosse proprietária dele. Mesmo assim, Gama Ltda. pode pedir a restituição do que lhe pertence, mesmo que esse bem esteja em poder de terceiro, no caso Alfa Ltda.

Alfa Ltda. está obrigada a restituir a coisa que houvera adquirido de boa-fé. E como fica a situação dela? Poderá defender-se por meio de embargos de terceiro ou demandar contra Delta Ltda. por ter-lhe vendido indevidamente aquele caminhão, habilitando-se como credora quirografária.

Esse capítulo da Lei de Recuperação da Empresa procura evitar que a empresa em falência se locuplete à custa alheia, da mesma forma que outros se enriqueçam à custa dela, como é o caso da ação revocatória.

6.2. Coisas vendidas a crédito

Também pode ser pedida a restituição de coisas vendidas a crédito e entregues ao devedor nos quinze dias anteriores ao requerimento de sua falência, se ainda não alienadas.

O caso mais comum de pedido de restituição de coisas, embora diferente dos anteriores, é o de mercadorias vendidas a crédito, por fornecedor a uma empresa e esta, logo em seguida, requer a recuperação judicial ou tem sua falência requerida. Esse período é de quinze dias entre o fornecimento das mercadorias e entregues a ela e a data do requerimento. Há o pressuposto de que a empresa compradora devia saber de seu estado de crise econômico-financeira nesse prazo tão curto. Se ela recebe mercadoria nesse período de quinze dias antes de entrar em regime falimentar, deve fazê-lo com mau intuito e, portanto, não pode terceiro de boa-fé ser logrado e lesado.

Todavia, não será possível restituir coisa que já tenha sido alienada a terceiro de boa-fé, porquanto pertencerá ela a terceiro e não mais à empresa em regime falimentar. Neste caso, o vendedor da mercadoria deverá habilitar seu crédito como credor quirografário.

É, pois, o pedido de restituição o procedimento falimentar, pelo qual o terceiro prejudicado requer ao juiz a restituição da coisa que pretende como sua. A ação pode ser proposta a partir da arrecadação, até a liquidação do ativo, visto que no momento em que a coisa for transferida para outrem, não pode mais haver restituição.

6.3. Restituição de dinheiro

A nova Lei de Recuperação da Empresa colocou fim à discussão de que a restituição de dinheiro seria ou não possível. Na prática, parece ser quase impossível restituir dinheiro; no momento em que ele cai nas mãos da empresa, é logo consumido, ainda mais de empresa em estado de crise econômico-financeira. Juridicamente, contudo, é viável a restituição e já existe até jurisprudência favorável. Segundo o art. 86-II da nova Lei de Recuperação da Empresa, podem, ainda, se objeto do pedido de restituição os valores entregues ao devedor nos noventa dias anteriores ao requerimento de sua recuperação judicial ou falência, em moeda nacional, a título de adiantamento de contrato de câmbio. Também poderão ser objeto de pedido de restituição, os valores relativos a adiantamento de contrato de câmbio vencido até noventa dias anteriores ao pedido de recuperação judicial.

Fala o art. 86-II especificamente em adiantamento de dinheiro em contrato de câmbio. Essa modalidade de contrato está regulamentada em várias normas do Banco Central, mas com previsão básica no art. 75 da Lei do Mercado de Capitais, a Lei 4.728/65. Vamos examinar essa operação por hipotético contrato de adiantamento de contrato de câmbio, celebrado entre o Banco Valor S/A e a empresa Sigma Ltda. Por esse contrato, Sigma Ltda. realiza exportação de mercadorias; segundo as cláusulas contratuais, o Banco Valor S/A adianta a Sigma Ltda. a importância referente ao valor da exportação. Por isso se chama adiantamento de contrato de câmbio.

Logo após receber o dinheiro adiantado, Sigma Ltda. entra em regime falimentar, ou seja, no período de noventa dias. Nesse caso, o Banco Valor S/A não precisará habilitar seu crédito, mas pedir a restituição do dinheiro emprestado. Deverá também ser restituído o dinheiro se o adiantamento do contrato de câmbio tiver vencido no prazo de noventa dias anteriores ao pedido de recuperação judicial.

Vai mais além a possibilidade do pedido de restituição de dinheiro. Também é protegido pelo pedido de recuperação o dinheiro recebido pela empresa que no prazo de noventa dias tiver requerido a recuperação judicial ou a falência. Esse dinheiro pode ser recebido de duas formas; ou empréstimo tomado no prazo suspeito ou dinheiro adiantado pelo cumprimento de contrato.

Exemplifiquemos: a empresa Ypsilon Ltda. dirige-se ao seu banco, solicitando empréstimo de dinheiro (mútuo); o banco concede-lhe e ela levanta esse dinheiro. Dias depois (sem ultrapassar a noventa dias), ela pede sua submissão a procedimentos concursais. O banco pedirá então a restituição desse dinheiro.

Vamos ver outra hipótese: Ômega Ltda. contratou com Beta Ltda. o fornecimento de mercadorias, recebendo adiantamento por essa venda, ou seja, pagamento antecipado. Dias depois Ômega Ltda. requer recuperação judicial. Assim sendo, Beta Ltda. poderá pedir a restituição do dinheiro adiantado.

Somos, porém, de opinião de que na recuperação judicial nem sempre se justifica o pedido de restituição, pois a empresa devedora não perde sua capacidade de agir. Por exemplo, Ômega Ltda. recebe de Beta Ltda. o adiantamento e logo em seguida pede recuperação judicial. Não quer dizer que ela não vá cumprir o contrato, fornecendo a mercadoria adquirida por Beta Ltda. Ômega Ltda. está em plena atividade, mesmo em regime de recuperação judicial e talvez tenha recebido o adiantamento para comprar matéria-prima para atender à compra de Beta Ltda.

6.4. Pedidos de restituição

O pedido de restituição é tipo específico de ação judicial, correndo em autos separados dos autos da recuperação judicial ou da falência, já que não é cabido nos dois tipos de procedimentos falimentares; apenas na falência. O pedido de recuperação, devidamente protocolado, suspende a disponibilidade da coisa; se a empresa em falência aliená-lo, estará cometendo infração legal. Em nosso parecer, configurará crime.

A petição inicial deverá individualizar e descrever claramente a coisa objeto da restituição, bem fundamentada e instruída com a documentação hábil, como por exemplo, a nota fiscal de venda e o canhoto da entrega da mercadoria. Recebida a petição inicial no juízo universal, o juiz mandará autuar o processo em autos separados, intimando a empresa requerida a contestar a ação no prazo de cinco dias. Serão intimados também o Ministério Público, o Comitê, os credores e o AJ.

O sujeito passivo da ação é a própria empresa falida; será a ré e poderá contestar a ação, uma vez que suas atividades continuam, normalmente. Se a empresa estiver em falência, será ela então representada pelo administrador judicial ou pelo Comitê.

Havendo contestação e deferidas as provas porventura requeridas, ou verificada a revelia, segue o processo o curso normal, podendo ser realizada audiência de instrução e julgamento, se necessário, e julgado, nos termos processuais. Não havendo provas a realizar, e ouvido o Ministério Público, os autos serão conclusos ao juiz para sentença. Julgada a ação, da sentença cabe apelação, podendo ser promovida pelo devedor, pelo administrador judicial, por qualquer credor e pelo Ministério Público.

O pedido de restituição está regulamentado na Lei de Recuperação da Empresa, mas seus passos seguem as normas estabelecidas pelo Código de Processo Civil.

A sentença que reconhecer o direito do requerente determinará, após o trânsito em julgado, a expedição de mandado para a entrega da coisa reclamada no prazo de 48 horas (art. 88). A sentença que negar a restituição, quando for o caso, incluirá o requerente no quadro-geral de credores, na classificação que lhe couber na forma da Lei de Recuperação da Empresa. As custas e honorários advocatícios, quando não contestada a sentença, serão pagas pelo reclamando e, se contestadas, pelo vencido. Por qualquer razão a coisa não pode ser restituída ou o pedido de restituição tenha apresentado algum fato impeditivo. A improcedência da ação pode conservar o direito de crédito do requerente. Nesse caso, fica ele como credor quirografário.

Da sentença que julgar o pedido de restituição cabe apelação sem efeito suspensivo (art. 90), tenha sido a ação julgada procedente ou improcedente. Caso não haja contestação, a massa não será condenada ao pagamento das verbas de sucumbência.

O pedido de restituição suspende a disponibilidade da coisa ou do numerário reclamado, em poder da massa falida. Enquanto pender o pedido de restituição, a coisa arrecadada não pode ser vendida em leilão e nem pode sair da massa. Deverá ser ela conservada como coisa depositada, por estar "sub judice".

É possível, porém, que já tenha saído do patrimônio da empresa em falência, como por exemplo, se tiver ela vendido e depois entrou em regime falimentar. Nesse caso, o requerente receberá o valor dessa coisa pelo preço de mercado, apurado em liquidação da sentença. Diz a lei que essa disposição se aplica se não existir mais a própria coisa ou a sub-rogada ao tempo da restituição.

Vamos examinar este exemplo de coisa sub-rogada: a empresa em falência tinha em sua posse veículo em alienação fiduciária; esse veículo, porém, foi destruído em acidente e foi ele substituído por outro, pela companhia seguradora. Esse veículo substituto, era o sub-rogado, tomou o lugar de outro.

Quando diversos requerentes houverem de ser satisfeitos em dinheiro e não existir saldo suficiente para o pagamento integral, far-se-á o rateio entre eles.

Durante o tempo em que a coisa ficou em indisponibilidade, o devedor conservou-a e pode ter feito gastos nessa manutenção. Se assim fez, o requerente que tiver obtido êxito no seu pedido ressarcirá o devedor em recuperação, ou a massa falida ou quem tiver suportado as despesas de conservação da coisa reclamada.

6.5. Embargos de terceiro

O terceiro que sofrer turbação ou esbulho em sua posse ou direito de propriedade, por efeito da arrecadação ou seqüestro poderá defender seus bens por meio de embargos de terceiro que serão processados na forma da Lei Processual Civil. A Lei de Recuperação da Empresa alarga, neste caso, esse meio de defesa, se alguém for prejudicado, não pela arrecadação, mas por outras formas, como o esbulho. E mesmo que não haja apreensão de coisa alheia na posse da massa falida, mas apenas na turbação de coisas que se encontram na posse do terceiro, mas este sofre ameaça de perdê-las.

Em casos dessas espécies, pode o terceiro prejudicado apelar pela via dos embargos de terceiro. Esse "remedium juris" tem efeitos mais abrangentes do que o pedido de restituição. Alguns artigos falam em "bens", enquanto os demais artigos falam em "coisas". Coisa é o bem material, corpóreo, concreto; é dotado de matéria e, portanto, ocupa lugar no espaço. É um bem mas nem todo bem é coisa. Pode haver bens imateriais, abstratos, incorpóreos, como direitos, créditos, conceito, ou bens da propriedade industrial, como marcas e patentes.

A Lei de Recuperação da Empresa apenas indica a forma de defesa do terceiro, mas não a regulamenta, uma vez que está ela regulamentada pelo Código de Processo Civil, nos arts. 1.046 a 1.054, em capítulo denominado "Dos Embargos de Terceiro". Embora se trate de procedimento falimentar, segue as normas do Código de Processo Civil, como, aliás, diz a Lei de Recuperação da Empresa: "serão processados na forma da Lei Processual Civil".

O terceiro turbado ou esbulhado oporá seus embargos, em autos separados, mas no juízo universal da falência, que serão solucionados por sentença judicial, contra a qual caberá apelação. Os embargos de terceiro garante então a faculdade de terceiro poder defender seus interesses, quando não houver possibilidade de pedido de restituição.

7. HISTÓRICO: DO DIREITO FALIMENTAR AO DIREITO DE RECUPERAÇÃO DE EMPRESAS

7.1. Sentido da História

7.2. Na antiga Roma

7.3. Idade Média

7.4. Idade Moderna

7.5. O Direito Falimentar no Brasil

7.6. A Lei de Recuperação de Empresas

7.7. A reformulação francesa

7.8. Reflexos franceses no Brasil

7.9. A nova terminologia

7.10. Linhas gerais do novo sistema

7.11. Necessidade de visão ampla do novo sistema

7.1. Sentido da História

Realizar uma exposição histórica do surgimento e modificações que determinado ramo do saber científico apresente no decorrer dos tempos tem sido tarefa muitas vezes criticada. Não são poucos os juristas, por exemplo, que ressaltam a maior importância dos aspectos dogmáticos do Direito e a importância secundária dos aspectos históricos. Ressaltam outros a preponderância da hermenêutica jurídica, baseada na interpretação da lei, como fonte primordial do Direito. Interessa saber o que a lei pretende e a sua aplicação, não importando a intenção do legislador por ocasião do aparecimento de uma lei há trinta ou cinqüenta anos atrás.

No que se refere ao Direito, é nosso parecer de que o estudo da origem e evolução histórica apresenta marcante importância. Conhecer as transformações ocorridas nas sociedades organizadas e de que forma elas influíram na origem e nas transformações do Direito é fator que dará maior segurança na interpretação das instituições jurídicas. No campo falimentar, observa-se a mesma orientação. Por que a falência só surgiu nos tempos modernos e não na antiga Roma? Quais institutos do Direito romano foram assimilados pelo Direito Falimentar? Qual a importância e a participação da Revolução Comercial, das feiras e da Revolução Industrial na transformação do Direito Falimentar? São alguns dos aspectos históricos imprescindíveis para a compreensão da matéria de que estamos nos ocupando.

Outra orientação adotada nesse compêndio é a de que os estudos históricos da falência provocarão maior interesse e terão melhor compreensão se forem feitos "a posteriori", ou seja, após os estudos do Direito Falimentar nos seus aspectos substanciais e processuais. Conhecendo com maior amplitude os procedimentos falimentares, seu sentido e aplicação, poderemos compreender melhor a fonte histórica da falência. Por essa razão, preferimos incluir esses estudos no final do programa desenvolvido, ao contrário do que se vê no programa da maioria das faculdades de Direito do Brasil e do exterior, como também na obra de juristas nacionais e estrangeiros.

7.2. Na antiga Roma

O Direito Falimentar é fruto do século XVI em diante, época que corresponde, mais ou menos, à descoberta do Brasil. Era desconhecido do Direito romano. Os institutos falimentares são típicos do Direito Empresarial, e se constituem em instrumentos básicos para a solução dos problemas surgidos na fase patológica da vida de uma empresa. Assim sendo, pressupõe-se uma fase bem evoluída da economia de mercado e da vida empresarial. Essa fase não ocorreu no Império Romano e nem na Idade Média e não havia o que chamamos modernamente de "empresa", não justificando o surgimento de um Direito Empresarial. Além disso, os romanos abominavam o comércio e o consideravam atividade imprópria para os cidadãos romanos (quirites). Aliás, conheciam eles um provérbio que até em português forma rima "atrás do balcão está o ladrão".

Ante a mentalidade econômica do povo romano, não surgiria nem o Direito Comercial e nem tampouco o falimentar. Todavia, os fundamentos do Direito Falimentar encontram-se no Direito romano, como, aliás, acontece com todas as especializações jurídicas. Surgem figuras novas, como novos contratos, provocadas pelas necessidades da vida moderna; mas os elementos constitutivos dessas figuras lhe são emprestados pelo direito da antiga Roma. O mesmo ocorre com a falência: é uma moderna figura jurídica calcada no figurino romano.

A falência é uma forma de execução coletiva, com alguma analogia com a execução particular; será nesta então que encontraremos o gérmen do Direito Falimentar, mais precisamente nas conseqüências legais do inadimplemento. O primeiro instituto penalizador do devedor inadimplente foi a *"manus injectio"*, estabelecida pela Lei das Doze Tábuas e vigorante por mais de dois séculos; essa medida dava ao credor o poder de dispor da pessoa do devedor, inclusive levando-o preso. Todavia, em meados do século V a.c. a *"manus injectio"* foi abolida por um novo sistema criado pela *"Lex Poetelia Papiria"*, dirigindo a execução para o patrimônio do devedor e não para sua pessoa. Constitui-se assim a *"Lex Poetelia Papiria"* no primeiro passo para o Direito Falimentar, ao considerar o patrimônio do devedor como garantia de seus débitos e forma de solução para a inadimplência. Institui-se assim a *"missio in possessionem"*, pela qual se entrava na posse dos bens do devedor, um tipo de seqüestro, deferindo esses bens ao *"bonorum emptor"* (vendedor dos bens). Este se encarregaria de vender os bens e promover a liquidação das dívidas, a *"bonorum venditio"*. Muitos vêem na figura do *"bonorum emptor"* o precursor do síndico, e na *"missio in possessionem"* (entrada na posse) uma primitiva arrecadação.

82

Passo mais importante ainda foi dado pela "LEX JULIA", em 737 d.C., ao instituir a *"cessio bonorum"* (cessão dos bens). Por esse instituto, o próprio devedor fazia a entrega de seu patrimônio para a sua realização e satisfação dos credores. Para que os créditos fossem satisfeitos, necessidade havia de que fossem declarados e não impugnados pelo devedor, afim de que fossem incluídos em um universo creditício aprovado pela justiça. Foi uma evolução e aperfeiçoamento jurídico, porquanto a *"mission in possessionem"* era uma agressão ao patrimônio do devedor e a *"cessio bonorum"* era a colaboração do devedor, colocando seus haveres à disposição da justiça e dos credores. Destarte, o devedor livrava-se da posição humilhante de um desapossado.

Pelo que vimos, foi bastante lenta a adoção de medidas falimentares na antiga Roma, pois em mais de dez séculos não se deu o nascimento ao Direito Falimentar. Mesmo assim, nesses dez séculos, nota-se sensível evolução e humanização dos institutos jurídicos que constituiriam futuramente a pedra angular do Direito Falencial. Da desumana instituição da *"manus injectio"*, passou o direito para a *"missio in possessionem"* pela *"LEX POETELIA PAPIRIA"*, desta para a *"cessio bonorum"* ambas coordenadas por um interventor, o *"bonorum emptor"*, cujas funções estão hoje mais ou menos integradas nas funções do nosso moderno síndico e agora no AJ.

7.3. Idade Média

Se lenta foi a evolução da falência na Antiguidade latina, também o seria nos dez séculos seguintes, que constituíram nova era histórica da humanidade, chamada de Idade Média. Veremos, porém, algumas mudanças sensíveis nas medidas adotadas para a execução coletiva contra o devedor insolvente. A principal delas foi o caráter de direito público dessas práticas. No período romano havia poder preponderante dos credores e a autoridade judiciária tinha intervenção quase homologatória, pois a condução das medidas ficaria a cargo dos credores. Na Idade Média foi reforçado o poder do judiciário.

Foi na Idade Média que se desenvolveu um novo ramo do Direito, denominado de Direito Estatutário. Após a invasão dos bárbaros e o esfacelamento do Império Romano, surgiram lugarejos fortificados que se transformaram em cidades-estado. A cidade-estado elaborava um estatuto, um código de normas para reger o funcionamento daquele burgo estatizado. Dos estatutos das cidades medievais formou-se o Direito Estatuário, cadinho em que foi plasmado o direito emergente da Idade Moderna, inclusive os gérmenes do Direito Falimentar.

No final da Idade Média e início da Idade Moderna vulgarizou-se a realização de feiras, centros de comércio de especiarias e outros produtos, principalmente do Oriente, artesanatos e outros inúmeros produtos. Foram os precursores de nossas atuais feiras livres e das modernas exposições; caracterizam-se, contudo, pelo caráter cosmopolita e pela ampla gama de produtos de várias regiões. A esquadra de Cabral, que descobriu o Brasil, destinava-se a achar e levar para Portugal produtos para essas feiras. Nelas se realizavam não apenas trocas de mercadorias, mas trocas de moedas, financiamento, papéis de crédito e outras operações.

Nelas surgiu o nome **falência,** a princípio, conhecido como bancarrota, oriundo do italiano: bancarotta (bancos quebrados). Nas feiras medievais, os mercadores expunham suas mercadorias em cima de bancos e neles faziam suas operações. Essas operações eram completadas normalmente nas próprias feiras, com pagamento à vista. Acontecia, às vezes, que o mercador desaparecia sem pagar seus credores, ou aplicava mal o dinheiro auferido, ficando sem numerário para solver seus compromissos. Formou-se então o costume de os credores se reunirem e quebrarem o banco em que o devedor insolvente exercia seu comércio. Dessa prática surgiu a expressão *"bancarrota"*, com que se designou, a princípio, a falência, expressão essa que permaneceu no direito de alguns países, como os EUA *(bankruptcy)*.

7.4. Idade Moderna

O Direito Falimentar surgiria, entretanto, como direito já formado na Idade Moderna, integrado no Direito Comercial. Interessante notar que o traço caracterizador da falência era o desaparecimento ou ocultamento do devedor insolvente, herdado das feiras medievais. As idéias do Direito Falimentar foram pouco a pouco se cristalizando nas praxes comerciais e em normas processuais, até que foram sistematizadas num pequeno código, denominado Código Savary.

Coube ao ministro de Luiz XIV, Colbert, a iniciativa de mandar elaborar um código de normas que regesse o comércio francês. Colbert contou com a colaboração de um conceituado comerciante de sua época, chamado Jacques Savary, razão por que ficou conhecido esse diploma jurídico como Código Savary. Foi apresentado em 1673 e tratou de várias praxes do comércio terrestre, como a Letra de Câmbio, bancos, e a bancarrota, que teve sua primeira regulamentação.

O Código Savary vigorou por mais de um século e serviu de ponto de apoio para que a comissão de juristas nomeados por Napoleão Bonaparte pudesse elaborar o Código Comercial francês, promulgado em 1807. O código napoleônico foi o primeiro código comercial que o mundo conheceu, e que serviu de modelo ao código comercial de inúmeros países, inclusive o brasileiro. Nesse código foi regulamentada a falência e concordata, impondo-se definitivamente como um dos principais ramos do Direito Comercial, o Direito Falimentar.

O Código Comercial da França legou para o código comercial de outros países a mesma regulamentação falimentar. Contudo, em quase dois séculos de vigência, foi sendo reformulado. Modernamente, na maioria dos países, a regulamentação falimentar é feita por lei própria, desgarrando-a do código, como aconteceu na própria França. A Lei Falimentar atual, de 1985, é evoluída e "sui generis", afastando-se inteiramente da legislação dos países que ainda influencia muitos países. Merece também referência especial, mormente pela influência que exerce sobre outros países, a lei italiana de 1942.

7.5. O Direito Falimentar no Brasil

O Direito Falimentar foi instituído no Brasil pelo Código Comercial de 1850. Até então vigoravam no Brasil as Ordenações do Reino, base da legislação portuguesa. Daí por diante, passou a vigorar o direito brasileiro, calcado no francês. Não se afastou totalmente o Brasil da influência lusitana, pois nosso código também tomou por base o novo Código Comercial português, de 1833, embora este também estivesse impregnado da influência francesa. Ainda em 1850, foi promulgado o Regulamento 738, um tipo de código processual comercial, estabelecendo os passos do procedimento falimentar.

O Código Comercial compunha-se de três partes:

I – Do comércio em geral;

II – Do comércio marítimo;

III – Das quebras.

A parte III regulamentou o instituto da falência, com o nome de "quebra", expressão ainda utilizada na linguagem forense. Assim sendo, surgiu o Direito Falimentar em concomitância com o Direito Comercial, integrado em nosso código.

Quarenta anos durou essa regulamentação, porquanto em 1890 surgiu a primeira lei falimentar autônoma, brasileira, elaborada por Carlos Augusto de Carvalho. Foi o Decreto 917, de 24.10.1890, derrogando o Código Comercial na sua parte III, que foi suprimida. Desde então, no decorrer de um século, a falência está regulamentada por lei própria, fora do núcleo do Código Comercial.

Tendo surgido logo após a proclamação da República, a primeira Lei Falimentar brasileira enfrentou época de perturbações econômicas, conhecidas como "ENCILHAMENTO". O Encilhamento provocou a anarquia financeira do governo provisório da república, com golpes financeiros e falências preparadas (as hoje chamadas "araras"). Fruto dessa situação financeira caótica, a Lei 854, de 16.08.1902, constituiu-se na segunda Lei Falimentar brasileira autônoma, e, com o fito de enfrentar a situação, tendo gorado em seu propósito. Passou a ser alvo de chacotas, em vista de ter previsto uma relação de 40 comerciantes, elaborada pela Junta Comercial, da qual seria escolhido o síndico. Logo, os componentes dessa relação passaram a ser chamado de 40 ladrões, e o síndico de Ali Babá.

Com o fracasso da Lei 859, foi encarregado o maior comercialista brasileiro, J. X. Carvalho de Mendonça, de elaborar a terceira Lei Falimentar, resultando na Lei 2.024, de 17.12.1908. Chegando assim a uma lei bastante evoluída e aperfeiçoada, com manifesta eficácia na sua aplicação. Eliminou a concordata amigável, fonte de chantagens e fraudes; elaborou extensa gama de crimes falimentares e as outras causas de falência, expressas hoje no art. 2° de nosso diploma falimentar de 1945.

Mesmo assim, a Lei 2.024/1908 teve 21 anos de vigência, sendo reformulada pela quarta lei, o Decreto 5.746, de 09.12.1929, da lavra de outro notável comercialista brasileiro, o prof. Waldemar Ferreira. Não houve diferenças sensíveis entre as duas leis, mas a adaptação da antiga lei às novas condições ambientais, causadas principalmente pela Primeira Guerra Mundial.

Em 1945, foi nomeada comissão de juristas de alto renome para estudar nova reformulação da lei: Filadelpho Azevedo, Hahnemann Guimarães, Noé Azevedo, Joaquim Canuto Mendes de Almeida, Silvio Marcondes e Luiz Lopes Coelho. Desses estudos surgiu a lei que esteve em vigor no Brasil, até surgir a Lei de Recuperação da Empresa.

O instituto da falência era regulamentado pelo Decreto-lei 7.661, de 21.07.1945, que parece instituído com segurança, apesar de já ter revelado inúmeras disposições anacrônicas. É natural que esteja em parte ultrapassada, pois, nesse meio século, muito se modificou o Brasil; passamos por diversas constituições e muitas leis foram se sobrepondo à nossa Lei Falimentar, como o Código de Processo Civil, o Código Tributário, o Estatuto da Mulher Casada e várias outras.

Tendo se tornado obsoleto e causador de sérios desajustes, foi o Decreto-lei 7.661/45 por demais criticado e, ante a luta pela reformulação do Direito Falimentar no Brasil, o Ministério da Justiça nomeou uma comissão de estudos, formada por representantes de vários órgãos públicos e entidades de classe. Essa comissão pediu subsídios, e foi atendida por inúmeras entidades de classe, outros órgãos públicos, juristas especializados. Quase um ano depois, em 27.03.1992, o Diário Oficial publicou o anteprojeto de lei sobre falências e concordatas, submetendo-o a críticas e sugestões pelo prazo de 30 dias.

Em nossa opinião, o anteprojeto era estupendo, representando notável avanço de nosso direito, que poderia ombrear o Direito Falimentar brasileiro com o da Itália, da França, dos EUA. O autor deste compêndio procurou colaborar, desde o primeiro momento, com a douta comissão elaboradora do projeto, fornecendo-lhe dois anteprojetos: um baseado na lei italiana, outro na nova lei francesa. Surgiu então um projeto misto, nosso e original. Foi elaborado para o Brasil, aproveitando nossa experiência, ao utilizar vasto conjunto de decisões jurisprudenciais. Foram analisados nossos problemas, muitas queixas, mormente as causas pela inadequação do estatuto falimentar que vigorou por quase meio século. Todavia, ficaram patentes alguns subsídios estrangeiros, principalmente do direito francês, do italiano e do norte-americano. Mesclando a experiência estrangeira com nossa experiência jurisprudencial, o anteprojeto elaborado pela comissão procedeu a uma ampla e profunda reformulação de nossa Lei Falimentar, embora conservando certos dispositivos tradicionais e adotando a mesma estrutura de antiga lei.

Tão logo tivesse sido o anteprojeto apresentado ao Congresso Nacional, explodiram vastas críticas, criando polêmica virulenta, a tal ponto que o Governo Federal houve por bem retirar o anteprojeto. Pouco mais de um ano após, novo projeto foi apresentado ao Congresso Nacional, elaborado por outra comissão, baseado no anterior, mas bem mais simplificado e enxugado. Caminhou, porém, a passos lentos e tivemos dúvidas quanto à sua aprovação, mesmo porque mexe em pontos muito delicados: a extensão da falência às empresas públicas. No início de 1994, um deputado paulista apresentou projeto de lei para modificar a redação dos primeiros artigos da atual Lei Falimentar, o Decreto-lei 7.661/45, mas sem modificá-los no conteúdo, só na linguagem. Praticamente se resume em substituir a anacrônica expressão "comerciante" por "empresa mercantil, individual e coletiva".

Dentro do ceticismo geral, o projeto foi aprovado pela Câmara dos Deputados, subindo ao Senado. Na câmara alta demorou oito meses, mas enfim foi aprovado, com muitas modificações. Essas modificações exigiram largo tempo de discussões, tendo sido enfim o projeto, na sua fase final, aprovado pela Câmara dos Deputados, em 14.12.2004. No dia seguinte subiu para a sanção presidencial, para a promulgação da lei, com prazo até 10.1.2005. Nova agonia para todos nós que lutávamos e ansiávamos por uma lei nova, que pudesse resolver a calamitosa situação em que nos lançou o anacronismo do Decreto-lei 7.661/45, com 60 anos de superação.

Diz, porém, o ditado: "ninguém perde por esperar". E realmente surgiu, mesmo com atraso a Lei de Recuperação de Empresas, chamada por alguns de Lei da Recuperação Judicial.

7.6. A Lei de Recuperação de Empresas

Finalmente foi promulgada a Lei de Recuperação de Empresas, nome adotado pela Presidência da República e pelo Senado, ou "lei de concursos", nome da lei da Argentina, ou "lei dos procedimentos concursais", com que foi batizada a lei francesa. Instituiu no Brasil o novo "Direito de Recuperação da Empresa", após meio século de superação e mais de dez anos de discussões. Resultou de muitos eventos e várias tentativas de reforma do anacrônico Decreto-lei 7.661/45. Na verdade, não era tão ruim como se fala, mas foi nossa antiga Lei Falimentar deturpada e utilizada em benefício de um bando de espertalhões, com sensíveis prejuízos causados à nação brasileira.

Esse ramo do Direito Empresarial não é olhado com simpatia pelos acadêmicos e mesmo entre os operadores do Direito, sendo raros os especialistas e evitado pela maioria dos advogados. Alegam alguns ser o direito "mortuário", por ser o direito da morte das empresas. Todavia, tanto o direito e como nos seus ramos, há no Direito da Recuperação Judicial muita vibração escondida; ele é pujante, apaixonante. Há nele, por outro lado, profundo conteúdo científico. Acreditamos que nova impressão deverá causar doravante; não é mais o direito da morte, mas da vida das empresas, da recuperação econômica delas ante o estado de crise econômico-financeira.

Há muito paralelismo entre a nova Lei da Recuperação Judicial e o novo Código Civil. Enquanto nosso Código Civil apresenta duas fontes primordiais, o código antigo e o Código Civil italiano, de forma parecida, a nova Lei de Recuperação da Empresa traz duas fontes importantes: a nossa lei antiga e a lei francesa. São disposições, porém, originais, autênticas. Não são cópias servis, mas tomaram a legislação estrangeira como inspiração e base de apoio. Sofreram amplas discussões de vários setores da sociedade brasileira e os projetos iniciais sofreram muitas emendas.

Especificamente a Lei de Recuperação da Empresa não apresentará sensíveis perturbações no andamento dos processos. As práticas processuais, como a habilitação e classificação dos créditos, os crimes do devedor, a arrecadação, os efeitos da sentença, são quase os mesmos. Há artigos "ipsis literis" transplantados da antiga lei. O que sofreu profunda reformulação foram os aspectos conceituais, os objetivos e características. Esses fatores foram obtidos do novo direito concursal francês.

7.7. A reformulação francesa

O ano de 1966 foi para o direito francês, o que foi o ano de 1942 para o direito italiano. A era das grandes transformações. Reformularam os franceses seu Direito Societário, em lei considerada como "pequeno código societário"; essa lei exerceu influência na formulação do novo Código Civil brasileiro. Trabalho parecido realizaram eles no seu Direito Falimentar, substituindo-o por novo direito, bem diverso do adotado por eles e pelo resto do mundo, sistema falimentar universal, baseado na lei italiana de 1942.

Mal saída da guerra de 1939-1945, a França entregou-se ao árduo trabalho de recuperação econômica, recompondo seu parque industrial e retomando a senda do progresso. Logo compreenderam que o sistema falimentar estava exigindo estudos cuidadosos. Foi o Ministério da Fazenda encarregado de realizar análise do problema e apresentar soluções que se fizessem necessárias. Com árduo trabalho, o Ministério da Fazenda apresentou com presteza abrangente e profundo relatório; e foi em cima desse relatório que se elaborou o novo sistema falimentar francês.

Por que tanto interesse nesses fatos e nesse relatório? Exerceram eles influência no Brasil? Ao ler esse relatório, pode-se notar que, após mais de 30 anos, expõe ele a situação francesa, que, se for comparada com a brasileira de nossos dias, revela impressionante similaridade. Parece que esse relatório tenha sido elaborado no Brasil, no começo do século XXI. Os problemas franceses eram em tudo semelhantes aos problemas brasileiros dos 40 anos posteriores.

Em 1991 o Governo Collor, recém empossado, nomeou comissão de juristas de Brasília, ligados ao Ministério da Justiça, para estudar a situação falimentar do Brasil. Ao examinar o relatório do Ministério da Fazenda francês, acharam que as soluções propostas àqueles problemas, poderiam servir de base para o encontro das soluções brasileiras. Para problemas iguais, soluções iguais são as mais lógicas. Eis a principal razão que levaram aquela comissão a optar pelo projeto de lei fundamentado na legislação francesa.

Para entendermos melhor esta questão, vamos expor as conclusões a que chegou o estudo do Ministério da Fazenda da França:

– as empresas privadas transformaram-se em funcionárias públicas não remuneradas, resolvendo problemas da empresa em crise econômica, garantindo prioridade para o Governo recuperar tributos não pagos;
– era quase total, quando não total, o prejuízo dos credores, transformando em trabalho inócuo a participação deles no processo concursal;
– a concordata não era mais a salvação da empresa pois 90% delas não sobreviviam ao favor legal; ainda que sobrevivessem, a recuperação da empresa era rara;
– a concordata não era mais concordata, pois não havia acordo entre devedor e credores, mas a justiça, que fazia cortesia com chapéu alheio;
– o pedido de falência tornou-se processo mais forçado de cobrança de dívida, perdendo seu objetivo inicial;
– a falência da empresa está normalmente eivada de fraudes, dando-lhe conteúdo penal muito acentuado;
– os processos são por demais morosos, com excessiva intervenção do Ministério Público e os órgãos falimentares ficam muito amarrados;
– o sistema falimentar causava à França imensos prejuízos, de inúmeras formas;

– não havia na legislação mecanismos para iniciativas e soluções rápidas e ágeis;
– a legislação francesa retratava a situação do país anterior à guerra de 1939-1945, quando era bem diversa, não interpretando anseios da sociedade de então, ou seja, 1965;
– a lei e o processo proporcionavam impunidade para os crimes falimentares.

Se formos analisar o sistema falimentar francês por ocasião do relatório em 1965, notaremos que são iguais os problemas que hoje vigoram no Brasil.

Assim é que a Lei 66.879 provocou revolução no sistema falimentar francês e o fez com notável sucesso. A nova lei garantiu à vida empresarial fase próspera de recuperação e progresso. Mesmo assim, vinte anos depois, a França modernizou o sistema criado em 1966, reestruturando-o com aproveitamento de sua experiência. Não montaram, portanto, sobre os louros da vitória, mas foram aparando as arestas do sistema, aperfeiçoando os órgãos e os mecanismos, e eliminando os pontos negativos. Assim é que em 1985 surgiu nova legislação, vigorante até hoje. Vamos relacionar as normas principais:

– Lei 85-98, de 15.1.85 – Relativa à recuperação e à liquidação judiciais das empresas;
– Decreto 85-1388, de 27.12.85 – Regulamenta a Lei 85-98;
– Lei 85.99, de 25.1.85 – Relativa aos administradores judiciais, mandatários, liquidantes e peritos em diagnóstico empresarial;
– Decreto 85-1389, de 27.12.85 – Regulamenta a Lei 85-99;
– Decreto 85-1390, de 27.12.85 – Fixa a remuneração dos administradores judiciais em matéria mercantil e dos mandatários-liquidantes;
– Decreto 86-1176, de 5.11.86 – Relativo às profissões de administrador-judiciário e ao mandatário-liquidante, previstos na Lei 66.879, de 29.11.66, relativo à sociedades civis profissionais.

7.8. Reflexos franceses no Brasil

O autor deste compêndio, ao realizar o curso de pós-graduação na Faculdade de Direito da Universidade de São Paulo, teve a felicidade de ter como orientador, seu antigo mestre de Direito Falimentar, o professor Nelson Abrão, apaixonado pelo Direito Falimentar. Interessante era a orientação desse insigne falencista, procurando estudar o Direito brasileiro em comparação com o direito dos países juridicamente desenvolvidos. Encarregou seus três discípulos no estudo do Direito Falimentar, um em correlação à "reorganização societária" do direito norte-americano, outro à lei italiana, ficando para este pós-graduando o estudo da lei francesa em comparação com a brasileira.

Por várias vezes, o autor deste compêndio participou de seminários em Paris, Lyon e Bruxelas sobre o sistema francês, a fim de poder divulgá-lo em nosso país. A aplicação da lei francesa já se ampliara para outros países, sendo sugestiva sua adaptação na antiga Iugoslávia, país sob regime comunista. O esquema produziu resultados excelentes até nas empresas públicas, tendo sido aplicado numa prefeitura iugoslava.

Logo no início do Governo do Presidente Fernando Collor de Mello, o Ministério da Justiça formou comissão com bom número de juristas, presidida pelo Dr. Raul Bernardo Nelson de Senna. Essa comissão fez publicar edital no Diário Oficial, pedindo colaboração geral a todo o Brasil, para a apresentação de idéias. O autor deste livro entregou à comissão dois esboços: um era quase a lei italiana modernizada, mas adaptada à nossa legislação; outro calcado na lei francesa com as mesmas adaptações, inserindo-se no esboço grande parte da lei brasileira, o Decreto-lei 7.661/45, principalmente os passos administrativos e processuais. Essa comissão foi constituída pela Portaria 233/MJ.

A ativa comissão trabalhou com afinco e apresentou ao Ministro da Justiça o projeto da nova lei concursal, optando pelo esboço do modelo francês. Descartou o modelo italiano, por julgar que a lei brasileira já se amoldara pela lei italiana de 1942. Seria apenas a correção de pontos errados ou superados na antiga lei, mas conservando os mesmos fundamentos do passado. Não haveria destarte evolução nem mudança do sistema que já se revelara anacrônico ante a evolução econômica do Brasil, como já estava se revelando no mundo todo.

É esse o motivo alegado pela comissão, para optar pelo sistema francês, ficando nítida a influência do relatório elaborado pelo Ministério da Fazenda da França, criticando o antigo sistema seguido por aquele país. O projeto surgido dessa comissão foi minuciosamente elaborado, sendo muito autêntico. Não foi a reprodução da lei francesa, nem do esboço entregue pelo autor desta obra. Emprestaram os membros da comissão várias idéias do direito norte-americano, italiano e português. Levaram em consideração farta jurisprudência dos tribunais brasileiros.

De imediato foi o projeto enviado à Câmara dos Deputados. Antes que o órgão legislativo examinasse o projeto, desencadeou-se em todo o Brasil violenta onda de críticas e condenações ao projeto e às novas idéias. Não houve pronunciamento dos deputados, mas vários jornais e outros órgãos de comunicação traziam declarações de conhecidos juristas repelindo a tentativa de inovação. Os jornais furtaram-se a publicar opiniões favoráveis, o que nos leva a crer na reação a qualquer mudança no sistema falimentar.

As forças escondidas atrás dessa reação foram identificadas, mas não houve trabalho sério de investigação. Comentários surgiram de que a campanha pela "globalização" da economia era contrária à recuperação da empresa. A função do Direito Falimentar era a de selecionar as empresas viáveis e banir da vida empresarial as empresas que revelaram incapacidade tecnológica de nela permanecer. Baseiam-se no antigo princípio: "quem não tem competência não se estabelece". Permaneceriam então as multinacionais, portadoras de aperfeiçoado "aviamento", ou seja, organização mais adequada para enfrentar os desafios da nova ordem econômica. Foram comentários generalizados, mas sem comprovação.

Quem conhecia a vida falimentar de São Paulo e Rio de Janeiro concluiu que a "indústria de falências" ficou preocupada em perder seus esquemas. Esses comentários têm fundo de verdade, apresentam alguma lógica. É fora de dúvida a formação de "cartel" nos dois grandes centros econômicos, usando a falência e a concordata como geradora de altos lucros a alguns espertalhões. Eternizam-se os feitos e o patrimônio da empresa falida ia-se esvaindo. Esquema eficazmente elaborado garantiu a impunidade aos aproveitadores, anulando o prazo da prescrição e estabelecendo ilegalmente critério que inviabilizava a responsabilidade dos autores de crimes falimentares.

Todavia, essa reação é sempre esperada, bastando-se falar das dificuldades encontradas pelo novo Código Civil, que tramitou pelo Congresso Nacional por 27 anos e recém promulgado enfrentou violenta campanha de descrédito e de críticas e até comentários jocosos. Toda inovação ameaça interesses das arcaicas estruturas anteriores e nenhuma transformação jurídica, econômica ou social ocorre sem que alguém tome atitude ousada. A tentativa de reformular o sistema falimentar brasileiro foi ousadia e não poderia ficar sem resposta.

Ante as virulentas manifestações de repulsa, o Governo retirou o projeto da Câmara dos Deputados antes de seu exame. Pediu à comissão que o revisse, corrigindo os pontos criticados, mas o governo foi apeado do poder e a comissão não teve tempo para voltar a esse mister. Deposto o governo, assumiu outro e o novo ministro da justiça achou de bom alvitre nomear advogado de seu escritório no Rio de Janeiro, especializado na área, o Dr. Alfredo Bumachar Filho e elaborar novo projeto. Surgiu nova versão do projeto anterior.

O novo projeto conservou as bases do anterior, mas bem mais simplificado; ainda predominava a base do novo direito francês. Enviado à Câmara dos Deputados, foi acolhido para discussão, pela mensagem 1.014, recebendo o nº 4.376/93. Posteriormente foi nomeada comissão para exame, com este nome:

> "Comissão especial, destinada a apreciar e dar parecer às emendas de plenário ao Projeto de lei 4.376/93, do Poder Executivo, que regula a falência, a concordata preventiva e a recuperação das empresas que exercem atividade econômica regida pelas leis comerciais, e dá outras providências".

Dez anos se passaram, mas a comissão parlamentar trabalhou nesse projeto, tendo havido inúmeras contribuições de juristas e de entidades. Com tantas emendas o projeto ficou desfigurado, a tal ponto de ter-se tornado conveniente a elaboração do "Substitutivo Osvaldo Biolchi", do presidente da comissão. As sucessivas eleições determinaram a reestruturação do grupo de deputados, sendo depois guindado à presidência o deputado Chico da Princesa. Entrou o projeto na pauta de votação, sendo aprovado, subindo depois ao Senado e finalmente foi promulgado. O parecer favorável da comissão foi dado em 30. 11.1999, pela unanimidade dos 18 deputados titulares e dos seis suplentes.

Durante toda a tramitação do projeto, atuou decisivamente o Instituto Brasileiro de Direito Comercial "Visconde de Cairu", manifestando-se sobre as emendas propostas. A maioria das críticas feitas às emendas não foram acolhidas. A principal, porém, foi resolvida que era a prescrição dos crimes previstos na LRE, tendo sido esta questão passada para a alçada criminal, ficando regida pelo Código de Processo Penal.

Outras falhas de menor importância sobreviveram, mas no seu todo a lei representa avanço sensível no Direito brasileiro. A filosofia norte-americana elaborou doutrina muito sugestiva denominada "pragmatismo". Por essa doutrina, para se saber se uma idéia é boa ou má, só colocando-a em prática; se produzir bons resultados a idéia é boa; se os resultados forem maus a idéia é má. Vamos colocar em prática a nova lei e o novo sistema concursal; se os resultados forem louváveis, terá ele vingado.

7.9. A nova terminologia

A nova lei inova a nomenclatura de vários institutos e órgãos, bastando-se dizer que desapareceram certas expressões como "concordata". Não usando a lei o termo "falência", com tanta insistência e não dando a ela a importância que sempre possuiu, será natural o desaparecimento de termos correlatos, como falido, falencial, falimentar e outros. A própria comissão optou pelo nome de "Direito Concursal", que deverá prevalecer, como vem acontecendo em outros países. A Argentina apresentou em 1996, nova lei, que foi denominada "Ley de Concursos". Com a reformulação do direito francês, o novo direito recebeu o nome de DROIT DES PROCÉDURES CONCOURSALLES (= Direito dos Procedimentos Concursais). Parece ter esse nome muita conotação processual, mas a recuperação judicial e a falência constituem realmente procedimentos concursais. Todavia, a patente que o Direito Concursal é ramo bem caracterizado do Direito Empresarial.

Muitas expressões foram substituídas e faremos comentários dessas mudanças no exame da lei. Em vez de síndico, surgiu o administrador judicial. Infelizmente sobrou a expressão "comercial", hoje substituída no mundo todo por "mercantil". Em compensação, não se fala mais "comerciante" e nem mesmo "comércio", surgindo "empresa", "agente econômico". Insolvência e estado pré-falimentar são hoje expressas por "estado de crise econômico-financeira".

Aliás, o relatório do parecer final da comissão, aprovando o projeto, utiliza-se várias vezes das modernas expressões, citando-se inclusive como fonte a influência francesa e do introdutor dessas idéias no Brasil, que os membros da comissão consideram o professor Nelson Abrão. Devemos, trilhando os ensinamentos do professor Nelson Abrão, superar as velhas noções. Alerta-nos o eminente jurista: "Na realidade, as noções de insolvência, de impontualidade, de inadimplemento, perfeitamente ajustadas ao cenário concursal de concepção privatística (na relação devedor-credores) estão hoje superadas pela "crise econômica da empresa". Já não se fala em insolvência, fala-se de "situação de crise econômica", conceito metajurídico e, o que é mais importante, sem possibilidade de ser confundido com os que habitualmente utilizam as Leis Concursais".

7.10. Linhas gerais do novo sistema

Iremos estudar com a maior amplitude e profundidade os aspectos do sistema introduzido pela Lei de Recuperação de Empresas, mas só para nos situarmos inicialmente nas modificações, iremos enumerar as bases primordiais do Direito de Recuperação de Empresas:

1 – Desaparece a expressão concordata, surgindo a recuperação judicial;
2 – Os procedimentos falimentares aplicam-se apenas à empresa mercantil, com exceção de algumas, previstas na lei;
3 – O instituto predominante é a recuperação judicial, sendo considerada a falência recurso extremo e extraordinário;
4 – Os procedimentos falimentares não atingem a sociedade de economia mista, que é empresa pública, e a cooperativa;
5 – Aplicação de algumas normas do processo sumário para agilizar os procedimentos falimentares;
6 – Em vez do administrador judicial ser uma pessoa individual, pode ser um Comitê;
7 – Basta só um protesto, mas de valor mínimo de 40 salários mínimos para ensejar o procedimento falimentar;
8 – Não há prazo para o pagamento das dívidas, mas dependerá do plano de recuperação.
9 – A comissão parlamentar revisora do projeto da lei usa a expressão "Direito Concursal" e não "Direito Falimentar";
10 – Os crimes falimentares passaram para a alçada criminal;
11 – Desapareceu a concordata suspensiva.
12 – O crédito trabalhista só é privilegiado até 150 salários mínimos, para evitar registro fraudulento de empregados;

13 – Os empregados da empresa em falência podem formar sociedade cooperativa para administrá-la;

14 – Não é tão preponderante a intervenção do Ministério Público, por não terem os procedimentos concursais conteúdo criminal;

15 – Pode haver venda antecipada de bens e pagamento antecipado;

16 – Responsabilidade civil, mediante ação proposta pelo administrador judicial contra os que tenham prejudicado a empresa em falência;

17 – Novos critérios para a escolha de administradores judiciais;

18 – Criaram-se medidas para evitar que os procedimentos falimentares transformem-se em processos de cobrança;

19 – Normas mais simplificadas para a microempresa e a empresa de pequeno porte;

20 – Adoção de várias formas para se alienar a empresa em falência, como arrendamento, dação em pagamento, constituição de sociedade de credores ou empregados, venda em bloco.

21 – Não há sucessão nas dívidas da empresa, para o arrematante.

7.11. Necessidade de visão ampla do novo sistema

No próximo capítulo iniciaremos o estudo da recuperação judicial, instituto máximo do Direito de Recuperação de Empresas. Julgamos, porém, necessário formar concepção bem ampla e segura dos procedimentos concursais desde suas origens na antiga Roma e as linhas gerais da nova regulamentação.

Importante fonte de interpretação do novo sistema é o relatório elaborado pela comissão ao apresentar o projeto ao plenário da Câmara dos Deputados, com o parecer de 30.11.1999. Importante também a mensagem do Senhor Presidente da República, de nº 1.014, encaminhando o projeto inicial, à Câmara dos Deputados, em 27.07.1993, com a Exposição de Motivos do Senhor Ministro da Justiça, também juntado a este volume.

Procuramos nos referir o mínimo possível à lei que vigorou por mais de meio século em nosso país, que o tempo e a evolução da economia e da vida empresarial brasileira tornaram-na anacrônica, a tal ponto da imprensa afirmar que o "Direito Falimentar brasileiro ser um dos mais atrasados do mundo".

Essa realidade já se tornara patente, quando novo fator veio suplantar ainda mais o Decreto-lei 7.661/45. Em 10.01.2002, foi promulgada a

Lei 10.406, instituindo o novo Código Civil brasileiro, que, após "vacatio legis" de um ano, adquiriu eficácia a partir de 11.01.2003. As inovações do novo Código Civil contrastam frontalmente com a legislação falimentar vigente no momento de sua promulgação. Foi mais outra razão de se tornar intolerável a manutenção do sistema falimentar baseado no Decreto-lei 7.661/45.

Vamos agora, com espírito mais prevento, interpretar a máxima criação do Direito de Recuperação da Empresa.

8. DA RECUPERAÇÃO JUDICIAL
(arts. 47 a 69)

8.1. Conceito desse instituto

8.2. Quem pode requerer a recuperação judicial

8.3. Fundamentos da recuperação judicial

8.4. Os credores concorrentes

8.5. Os meios de recuperação judicial

8.6. O autopedido de recuperação judicial

8.7. O procedimento da recuperação judicial

8.8. O plano de recuperação judicial

8.9. O cumprimento da recuperação judicial

8.1. Conceito desse instituto

A recuperação judicial é a ação judicial destinada a sanear a situação de crise econômico-financeira do devedor, salvaguardando a manutenção da fonte produtora, do emprego de seus trabalhadores e os interesses dos credores, viabilizando, dessa forma, a realização da função social da empresa. Reputa-se devedor no estado de crise econômico-financeira aquele sujeito às dificuldades temporárias do seu negócio, com iliquidez, insolvência ou em situação patrimonial a merecer readequação planejada de sua atividade.

Entra a nova lei na estruturação de um importante instituto do Direito de Recuperação da Empresa, substituto da antiga concordata. O art. 47 dá o conceito do que seja. Valoriza a empresa, reconhecendo sua importância social, procurando salvaguardá-la. Visa a evitar a falência. É a amenização dos rigores do Direito de Recuperação da Empresa, dando à empresa devedora em dificuldades, mas que tenha algum lastro moral e financeiro, a oportunidade de subtrair-se aos efeitos mais radicais da falência. É oferecida essa oportunidade ao devedor em dificuldades, ou, como diz a lei, "no estado de crise econômico-financeira". É bem sugestivo e claro o art. 47,

> "A recuperação judicial tem por objetivo viabilizar a superação da situação de crise econômico-financeira do devedor, a fim de permitir a manutenção da fonte produtora, do emprego dos trabalhadores e dos interesses dos credores, promovendo, assim, a preservação da empresa, sua função social e o estímulo à atividade econômica".

Quando a Lei fala em "devedor" refere-se à empresa submetida a procedimento concursal. Assim, uma empresa se vê momentaneamente na impossibilidade de solver seus débitos, mas é empresa de procedimento honesto e tem patrimônio ou possibilidade de safar-se da difícil situação em que se encontra. Nota-se que não utiliza a lei o termo "insolvência", mas no "estado de crise econômico-financeira". Não houve também a mudança terminológica de "concordata" para "recuperação judicial". Na verdade a recuperação judicial é novo instituto e veio a substituir a concordata, que é instituto parecido.

As análises e os estudos realizados tanto pela comissão do Governo Collor, presidida pelo Dr. Raul Bernardo Nelson de Senna, como a chamada "comissão especial destinada a proferir parecer sobre as emendas de plenário ao Projeto de Lei 4.376/93, do Poder Executivo, que regula a falência, a concordata preventiva e a recuperação das empresas que exercem atividade econômica regida pelas leis comerciais, e dá outras providências", revelaram que a concordata preventiva era ineficaz e não cumpria sua missão.

Segundo as pesquisas, 90% das empresas que recorriam à concordata preventiva, não sobreviviam. Constitui ainda golpe comum: as "araras" normalmente começavam pela concordata. Não adiantaria, pois, mudar o nome mas criar novo esquema. Assim surgiu o instituto da recuperação judicial.

8.2. Quem pode requerer a recuperação judicial

Podem requerer sua própria recuperação judicial as pessoas definidas no art. 1º da Lei de Recuperação da Empresa, "caput", que exerçam regularmente as suas atividades há mais de dois anos. A recuperação também poderá ser requerida pelo falido, cônjuge sobrevivente, herdeiros do devedor, inventariante, ou pelo sócio remanescente.

Não é muito agradável fazer a remissão a outros artigos de lei, mas essa prática é comum na legislação européia. Para maior clareza, segurança e comodidade, vamos transcrever o art. 1º:

> "Esta lei disciplina a recuperação judicial, a recuperação extrajudicial e a falência da sociedade empresária e do empresário, doravante referidos simplesmente como devedor".

Ao dizer que podem requerer a recuperação judicial "o empresário", este artigo lança sérias dúvidas na mente dos que procuram interpretar a lei. A recuperação judicial aplica-se à empresa individual ou coletiva. A empresa individual, a que se refere esse artigo, é o cidadão que deseja trabalhar isoladamente e não formar sociedade com outras pessoas. Requer então seu registro na Junta Comercial para operar com o próprio nome, como por exemplo "Homero dos Santos Paiva". Poderá também adicionar o ramo de atividade ao nome: "Homero dos Santos Paiva-Confecções Infantis".

O novo Código Civil dá a esses dois tipos de pessoas outra designação: "empresário" e "sociedade empresária".

Vamos complementar, dizendo que a recuperação judicial veio em substituição apenas da concordata preventiva, uma vez que a concordata suspensiva foi abolida. Assim justifica o parecer da comissão parlamentar revisora do projeto:

> "Não há como se pensar em recuperação de empresa que já esteja sob o regime de falência decretada; seria extemporâneo e absurdo como se se quisesse recuperar um paciente em estado terminal na UTI de um hospital".

Não poderá pedir a recuperação judicial a empresa que já tiver obtido a concessão dela no prazo anterior de cinco anos, mas tratando-se de microempresa ou empresa de pequeno porte o prazo será de oito anos. Se for sociedade empresária é necessário que não tenha como administrador ou sócio controlador pessoa condenada por crimes previstos na LRE.

O espólio (ou herança), ou seja, o patrimônio de pessoa falecida é também sujeito de direito na área concursal. Pode ser pedida a falência dele e, da mesma forma, pode ele pedir a recuperação judicial. Embora não se trate de uma empresa, é um patrimônio normalmente formado por bens ativos e dívidas, cuja solução é bem difícil. A recuperação judicial é aplicada a ele como fórmula viável de solução. Pode ser requerida pelo cônjuge sobrevivente, herdeiros, inventariante ou sócio remanescente.

8.3. Fundamentos da recuperação judicial

Na demonstração da viabilidade da recuperação judicial serão considerados, além de outros, os seguintes aspectos:

I - importância social e econômica da atividade do devedor no contexto local, regional ou nacional;
II - mão-de-obra e tecnologia empregadas;
III - volume do ativo e do passivo;
IV- tempo de constituição e de funcionamento do negócio desenvolvido pelo devedor;
V - faturamento anual e nível de endividamento da empresa.

Essas recomendações dão visão bem mais ampla da viabilidade econômica da empresa (que a lei chama às vezes de "devedor"). Olha até mesmo a tradição do devedor, pelo tempo em que atua. O Decreto-lei 7.661/45 apenas indicava empecilhos à concessão da concordata, que poderiam dar bases a eventuais embargos oferecidos pelos credores.

Realça-se agora a consideração da empresa como entidade produtora e fornecedora de mercadorias e serviços ao mercado consumidor e se a manutenção dela seria conveniente ao mercado. Essa manutenção só se justifica se fatores ponderáveis recomendarem, como por exemplo, se a empresa for a única fabricante de produtos que, no caso de sua falência, iriam sobrecarregar a pauta de nossas importações.

Note-se que o novo Direito de Recuperação da Empresa não surgiu como medida protetora da empresa e com fim precípuo de dificultar ou impedir sua falência. O Direito de Recuperação da Empresa tem caráter instrumental: servir de mecanismo para valorizar a atividade econômica e a vida salutar das atividades empresariais.

Os fundamentos do Direito de Recuperação de Empresas foram sintetizados nos seus objetivos, pelo prof. Ives Guyon, mestre de Direito Empresarial da Universidade de Panthéon-Sorbonne, de Paris, um dos elaboradores da reforma concursal francesa operada em 1985, e efetivo colaborador na análise de nossa lei, à qual traça muitos elogios. Em sua principal obra DROIT DES AFFAIRES (= Direito dos Negócios), (nome atual do direito anteriormente chamado de "Comercial", adotado na França e nos países da União Européia), o prof. Ives Guyon retrata em poucas palavras o sentido do Direito Concursal:

Le droit des entreprises en difficultés a quattre objetifs: - prevenir les difficultés; - redresser les entreprises en situation compromise; - liquider les entreprises dont la defaillance est irremediável - frapper des sanctions les dirigeants coupables.	O direito das empresas em dificuldades tem quatro objetivos: - prevenir as dificuldades; - recuperar as empresas em situação comprometida; - liquidar as empresas cuja deficiência seja irremediável; - aplicar sanções aos dirigentes culpados.

Os fundamentos da recuperação judicial foram reiteradamente expostos pelo relatório da comissão parlamentar revisora do projeto de lei 4.376/93, com o voto do relator e parecer da comissão, assimilando os mesmos fundamentos do Direito da Recuperação da Empresa francês expostos pelo prof. Ives Guyon:

"Já é consenso em legislações de importantes países a noção de que é a própria empresa que rege a atividade econômica, e sua preservação se constitui na idéia básica, diante de um panorama de crise econômica. Tanto é assim que os autores mais avançados na matéria, como os franceses, cuja Lei recente data de 1985 e já conta com várias modificações, não falam mais nos termos falência e concordata. A nova versão da Lei Francesa fala simplesmente em recuperação ou liquidação de empresas".

Mais adiante, a comissão justifica o outro fundamento do Direito de Recuperação da Empresa, que é o de sanear a vida empresarial, eliminando empresas que tenham revelado incapacidade para permanecer no mercado e possam contaminar o andamento dos negócios:

"A principal conquista que teríamos neste novo conceito de recuperação de empresa seria a verdadeira valorização da continuidade das atividades produtivas, pois só seria elegível à recuperação aquela empresa que se mostrasse viável. O jogo do "faz de conta" terminaria em definitivo, pois a empresa que não reunisse condições para a recuperação estaria fadada à imediata liquidação, sem haver qualquer possibilidade de lesar os interesses dos trabalhadores e credores, além de se arrastar num processo moroso por anos e anos, emperrando a máquina judiciária".

Os fundamentos do antigo Direito Falimentar, que configurava processo violento de cobrança, baseados no princípio "ou paga ou morre", tinham sido descartados na lei francesa. Representavam interesse imediatista e restrito, como se fosse vingança, e, na realidade, a ação isolada de um credor chocava-se contra a coletividade de credores e com o interesse público. Justificava-se por isso a concepção do moderno Direito de Recuperação das Empresas:

"A falência ou, em geral, os procedimentos concursais não podem contemplar-se simplesmente da ótica privatística da necessidade de facilitar aos credores um meio processual para a satisfação de seus créditos. Nos concursos de nosso tempo palpitam e se enfrentam interesses de tanta ou maior significação que os particulares dos credores, tais como os interesses gerais do tráfico mercantil, os da manutenção de um certo nível ou volume de atividades em setores chave da economia, ou os de defesa do trabalho ou do emprego, que reclama na situação atual, como adverte Weber, uma atenção preferente: Neste caminho, a solução que parece ir-se impondo com força crescente dentro do pensamento jurídico contemporâneo é a da substituição da finalidade liquidatária do patrimônio do devedor comum, característica da velha falência, pelo objetivo de corrigir ou sanar a crise, dificuldades ou desarranjos econômicos colocados no seio dos órgãos ou unidades produtivas".

8.4. Os credores concorrentes

Estão sujeitos aos efeitos da recuperação judicial todos os credores anteriores ao pedido, ainda que não vencidas, inclusive a Fazenda Pública, seja qual for a natureza de seu crédito. Esses créditos fazendários terão tratamento especial do qual falaremos logo em seguida.

Os credores do devedor em recuperação judicial conservam os seus direitos contra os coobrigados, fiadores e obrigados de regresso. Analisaremos o exemplo a seguir: o Banco Valor S/A realiza empréstimo para Beta Ltda., recebendo nota promissória para representar esse crédito. A nota promissória emitida por Beta Ltda. tem dois avalistas: Gaio e Paulo. Beta Ltda. entra em regime de recuperação judicial e seu débito fica suspenso, entrando no plano de recuperação. Gaio e Paulo, todavia, não entram em regime falimentar e o aval continua válido. O Banco Valor S/A poderá pedir o desentranhamento da nota promissória dos autos da recuperação e executar Gaio e Paulo pelo aval.

Na recuperação, sobre o valor nominal de cada prestação, incidirão juros pactuados no plano de recuperação acolhido, contados a partir do ajuizamento, além de atualização monetária, segundo índice que assegure o poder aquisitivo da moeda. Se não houver definição da taxa de juros no plano de recuperação acolhido, poderá o juiz arbitrar a cobrança de juros legais, que serão calculados de forma simples e com base anual. O "favor legis" concedido ao devedor em estado de crise econômico-financeira é no sentido de lhe proporcionar a suspensão de cobranças e reescalonar seus débitos, com pagamento de forma suave. O devedor, porém, deverá pagar seus débitos com o valor atualizado, sem prejuízo ao credor. Seria como se o credor emprestasse o dinheiro ao devedor com o pagamento de juros e correção monetária. O meio de recuperação é apenas a concessão de prazo de pagamento, mas sem outras vantagens adicionais.

Credores especiais

Tratando-se de credor titular da posição de proprietário-fiduciário de bens móveis ou imóveis, de arrendador mercantil, de proprietário ou promitente vendedor de imóvel cujos respectivos contratos contenham cláusula de irrevogabilidade ou irretratabilidade, inclusive em incorporações imobiliárias, ou de proprietário em contrato de venda com reserva de domínio, seu crédito não se submeterá aos efeitos da recuperação judicial. Prevalecerão os direitos de propriedade sobre a coisa e as condições contratuais, observada a legislação respectiva. Não se permite, contudo, durante o prazo de suspensão do curso da prescrição, prevista no art. 6-4º, a venda ou a retirada do estabelecimento da empresa em RJ[*] dos bens de capital essenciais à sua atividade econômica. Esse prazo de suspensão é de 180 dias.

Fala-se aqui de credor especial, como, aliás, existem muitos credores especiais. Assim, Beta Ltda. celebra com Alfa Ltda. contrato de arrendamento mercantil, entregando a esta última equipamento industrial. Contudo, Beta Ltda. é a proprietária desse equipamento e conserva seu direito de propriedade resolúvel. Em caso de arrecadação poderá ela pedir a restituição do equipamento.

Tratando-se de crédito garantido por penhor sobre títulos de crédito, direitos creditórios, aplicações financeiras ou valores mobiliários, poderão ser substituídas ou renovadas as garantias liquidadas ou vencidas durante a RJ. Enquanto não renovadas ou substituídas, o valor eventualmente recebido em pagamento das garantias permanecerá em conta vinculada durante o período de suspensão de 180 dias, já referido.

Vamos interpretar melhor esta questão. O Banco Valor S/A concede à empresa Alfa Ltda. empréstimo do tipo "adiantamento em C/C", com

---

[*] Recuperação Judicial

garantia de penhor mercantil, representada por duplicatas emitidas pela Beta Ltda. contra seus devedores. Em seguida Beta Ltda. entra em RJ e, em conseqüência, suspende-se o curso da prescrição. Enquanto isso, o Banco Valor S/A cobra as duplicatas entregues em caução, cujo produto ficará em conta vinculada. Beta Ltda. poderá ainda entregar outras duplicatas, que, sendo cobradas, enriquecerão essa conta vinculada, cobrindo o valor da dívida de Beta Ltda. para com o Banco Valor S/A.

Acorrem à recuperação judicial todos os credores do devedor, civis ou mercantis. Em nosso parecer, só os credores quirografários deveriam concorrer. Se algum credor tiver garantia real, como hipoteca, estará garantido e executará a hipoteca. A recuperação judicial não lhe trará benefícios, como acontecia na antiga concordata.

As obrigações anteriores à RJ observarão as condições originalmente contratadas ou definidas em lei, inclusive no que diz respeito aos encargos, salvo se de modo diversos ficar estabelecido no plano de recuperação judicial.

Se for credor com garantia fidejussória, como o aval, poderá declarar seu crédito e pedir o desentranhamento do título e executar o avalista, já que a recuperação judicial não desonera os coobrigados, ou seja, não entra o avalista em regime falimentar.

Créditos trabalhistas

Por várias razões os direitos dos empregados da empresa em recuperação judicial são protegidos e gozam de preferência sobre todos os créditos. Mais ainda se exige esse respeito se o empregado estiver em serviço e necessita de motivação para participar da recuperação judicial de seu empregador. Seu salário e outros créditos não entram no processo, devendo ser pagos mensalmente. Eventuais créditos trabalhistas, fora do salário mensal, deverão ser pagos de acordo com a disponibilidade da empresa em falência.

O pedido de parcelamento sujeita a empresa em recuperação a colaborar estreitamente com o Fisco, concedendo-lhe autorização de acesso irrestrito pela autoridade competente às informações relativas à sua movimentação financeira, ocorridas a partir da data do pedido. Obriga-se ainda ao fornecimento periódico, em meio magnético, de dados, inclusive os incidentários da falência.

Esse parcelamento tem que ser rigorosamente cumprido, tanto quanto o plano de recuperação judicial, implica o pagamento regular das parcelas do débito consolidado, bem assim dos tributos e das contribuições previdenciárias e sociais. O não cumprimento do parcelamento combinado com a autoridade administrativa poderá provocar sua rescisão, com a conseqüente decretação da falência.

Serão motivos da falência também a inobservância das obrigações referentes às inspeções dos fiscais públicos e a recusa em fornecer dados ao Fisco. Igualmente, se houver inadimplência por três meses consecutivos ou não, dos tributos devidos, tanto os anteriores ao requerimento da recuperação judicial, como os posteriores. O comportamento do devedor será observado durante o período da recuperação judicial, podendo provocar a falência atos temerários, como: lançamentos contábeis fraudulentos, sonegação e outros.

A apuração do débito tributário será feita segundo algumas normas da Lei de Recuperação de Empresas e das normas tributárias.

Nos créditos em moeda estrangeira, a variação cambial será conservada como parâmetro de indexação da correspondente obrigação e só poderá ser afastada se o credor titular do respectivo crédito aprovar expressamente previsão diversa do plano de RJ.

8.5. Os meios de recuperação judicial

O novo Direito de Recuperação de Empresas alarga mais os meios de recuperação, abrindo novas perspectivas para que a empresa em falência possa solucionar seu estado de crise econômico-financeira. São dezesseis os mecanismos para salvaguardar a empresa, evitando sua derrocada.

1. Facilidades de pagamento

O primeiro deles engloba os três tradicionais, adotados para a antiga concordata. Estão todos previstos no art. 50 da Lei de Recuperação de Empresas, mas o inciso I, é a concessão de prazos ou desconto no pagamento das obrigações vencidas ou que se vencerem antecipadamente por força do requerimento de recuperação judicial. Incluem-se nesse esquema os três tipos de propostas para a concessão da antiga concordata:

– dilatória – concedendo prazo para o pagamento;
– remissória – era a concessão de desconto no pagamento;
– dilatória-remissória – consistia na coligação das duas propostas no pagamento.

2. Mutações societárias

Além desses, será possível a cisão, incorporação, fusão ou cessão de quotas da sociedade (ou das ações se for S/A). Na cisão haveria a separação de parte da empresa, sobrando outra ou outras. Por exemplo, o setor rentável da empresa permanece, enquanto outro deficitário será separado e permanecerá em regime de recuperação. Fusão e incorporação são sistemas de duas ou mais empresas formarem uma. Ainda recentemente o Governo Federal orientou duas empresas de aviação a se fundirem ou uma incorporar a outra, em vista da maior delas, a VARIG, encontrar-se em estado pré-falimentar. Paulatinamente, as duas empresas vão unificando suas operações, embora extrajudicialmente.

3. Alteração do controle societário

Uma das versões mais importantes de alteração do controle societário de uma empresa será a admissão de novo sócio, alterando-se o capital da empresa.

4. Substituição dos administradores da empresa

Se os administradores da empresa em concurso constituírem empecilho para a solução dos seus problemas, poderão eles ser afastados, assumindo o lugar deles o gestor judicial. Podem também ser substituídos um ou mais dirigentes, quando o controle da empresa possa causar prejuízos à empresa que eles dirigem. É o que está acontecendo com a VARIG, cujo dono é a fundação formada por seus funcionários. A substituição dos administradores pode ser, portanto, total ou parcial. Cogita-se ainda da modificação dos órgãos administrativos da empresa, como é o caso das S/A ou mesmo da sociedade limitada, uma vez que a regulamentação que o novo Código Civil dá a este último tipo de empresa permite a formação de órgãos parecidos com os da S/A.

5. Concessão de direito de eleição

É a concessão, pela empresa em RJ aos credores, do direito de eleição em separado de administradores e de poder de veto em relação a matérias que o plano especificar. Parece ser a atribuição temporária de direitos de sócio ou acionista. Permite aos credores participar da vida societária da empresa em concurso, podendo os credores indicar os dirigentes dela, vetarem nomes, votarem nas assembléias, participarem nos debates sobre assuntos que interessem aos créditos e débitos da empresa. Esse meio aplica-se principalmente à S/A, mas o novo Código Civil faculta a uma sociedade limitada, criar órgãos típicos da S/A.

6. Aumento de capital

O aumento de capital é outro meio de realização de se reerguer a empresa. Se falta dinheiro a ela, a forma mais recomendável de obtenção de dinheiro seguro e permanente é aumentar seu capital. Fica esse aumento condicionado a que não implique a diluição de participação dos sócios minoritários.

7. Arrendamento do estabelecimento

O arrendamento do estabelecimento, que outras leis chamam de "fundo de comércio" é a forma bem sugestiva de fazer a empresa em estado de crise econômico-financeira aliviar sua situação angustiante. O estabelecimento está regulamentado no novo Código Civil, nos arts. 1.142 a 1.149. É o conjunto de bens materiais e imateriais, como os direitos de propriedade industrial, a clientela, o nome e outros itens, que poderão ser arrendados (alugados) a outras empresas, produzindo dinheiro. Fala o art. 50, no inciso VII em "trespasse" do estabelecimento: não entendemos bem o sentido desse termo, mas pela lógica e pela analogia, parece-nos a cessão do estabelecimento, ou seja, a transferência definitiva e não apenas o arrendamento.

8. Acordo com empregados

Para diminuir custos de produção, é possível entendimento com os empregados, com vista à redução salarial, compensação de horários e redução de jornadas, mediante acordo ou convenção coletiva. É bastante delicada a aplicação desse meio de recuperação. Os empregados são muito arredios a qualquer entendimento que vise a mexer com seus direitos imediatos. Os salários são normalmente baixos e insuficientes para uma vida condigna; ante essa fragilidade salarial, falar em reduzir salários será sempre mal recebida qualquer proposta. A redução da jornada de trabalho será também maneira de redução salarial. A convenção coletiva nesse sentido deverá contar com a participação do sindicato, normalmente entidade intolerante.

9. Dação em pagamento

Poderá a empresa ser dada aos credores, como dação em pagamento, ou ser feita a novação das dívidas, estabelecendo novo vencimento. Essa novação poderá ser feita sem garantia ou com garantias da própria empresa em falência ou de terceiro.

10. Constituição de sociedade de credores

Outra possibilidade é a venda em bloco da empresa, ainda que seja contra a vontade dos donos, ou a substituição deles. Esse meio de salvação fora previsto na legislação francesa, no art. 81 da Lei 85-99 e 104 do Decreto 85-1388:

Au vu du rapport établi l'administrateur, le tribunal peut ordonner la cession de l'entreprise.La cession a pour but d'assurer le mantien d'activités susceptibles d'exploitation autonome, de tout ou partie dês emplois qui y sont attachés et d'apurer lê passif. Elle peut être totale ou partielle. Dans ce dernier cas, ella porte sus um ensemble d'éléments d'exploitation qui forment une ou plusieurs branches complètes et autonomes d'activités.	À vista do relatório elaborado pelo administrador, o juiz pode determinar a cessão da empresa. A cessão tem por fim assegurar a manutenção de atividades suscetíveis de exploração autônoma, do total ou de parte dos empregos necessários a ela e de liquidação do passivo. Ela pode ser total ou parcial. Neste último caso ela engloba um conjunto de elementos para a exploração que formam um ou vários ramos completos e autônomos de atividades.

Poderá a empresa ser cedida aos credores, que deverão formar uma sociedade para assimilar a empresa em recuperação, transformando-se as dívidas em quotas, ou, quando se tratar de S/A, em ações. Da sociedade de credores, poderão participar também os empregados da empresa, que, afinal, também são credores; os créditos trabalhistas são transformados em quotas, de tal forma que os empregados passam a ser sócios.

Meio complexo e sofisticado será adotado com a participação dos empregados, podendo eles negociar seus direitos, com o aumento ou redução de carga horária, redução de salários, plano de pagamento dos salários e outros meios. Os empregados poderão formar sociedade cooperativa para assumir a direção da empresa, sem, entretanto, caracterizar a sucessão de dívidas ou transferência de direitos e obrigações. O esquema ficará sob a superintendência do juiz.

Da mesma forma que os empregados, também os credores poderão constituir sociedade de credores para gerir ou controlar as atividades da empresa em falência. Essa prática já foi experimentada recentemente, apesar de não prevista em lei. Foi com as Lojas Arapuã, empresa em falência, que foi assumida pelos credores e está sendo pouco a pouco liquidada, sem causar comoções ou prejuízos. Parece ter sido experiência bem sucedida. Neste caso, a empresa não será cedida, mas administrada pelos credores. Esse meio foi inspirado pelo instituto do Direito Falimentar italiano da "Amministrazione Controlatta", regulamentada pelos arts. 187 a 193, da Lei Falimentar italiana, o Regio Decreto 267/42.

11. Venda parcial de bens

Permite a nova lei a venda parcial dos bens da empresa em falência. A venda mais ágil evita a deterioração e desvalorização de seus bens, proporcionando fonte de recursos.

Inovação muito louvável introduzida pela nova Lei foi a venda parcial dos bens. Não será necessário aguardar a falência ou realizar venda de bens em bloco. Será possível vender algum imóvel, algumas máquinas e com o produto da venda aliviar a baixa do caixa. Na alienação de bem objeto de garantia real e suspensão da garantia exigir-se-á aprovação expressa do credor titular da respectiva garantia.

113

12. Equalização dos encargos financeiros

Também permite a lei a equalização dos encargos financeiros relativos a débitos de qualquer natureza, tendo como termo inicial a data da distribuição do pedido de recuperação, aplicando-se inclusive aos contratos de crédito rural, sem prejuízo do disposto nas legislações específicas que disciplinam a matéria.

A equalização é um sistema de crédito, realizado por bancos e outras entidades financeiras, destinado a empresas exportadoras e importadoras. Nesse sistema, o PROEX assume parte dos encargos financeiros. Destina-se a financiar as operações de comércio exterior.

13. Usufruto da empresa

O usufruto da empresa é outro recurso dela para safar-se do estado de crise em que se encontra. Explorada por outra melhor estruturada, ela continua em atividade e o pagamento da taxa poderia cobrir as dívidas remanescentes. Esse usufruto é mais ou menos o aluguel do fundo de comércio da empresa em falência.

14. Administração compartilhada

A administração compartilhada é outro modo de recuperação previsto no art. 50. A simples expressão "administração compartilhada" não esclarece muito assunto tão complexo. Compartilhada com quem e de qual maneira se processa? Poderá ser incluída neste caso a administração em conjunto com o administrador judicial, o que é previsto no art. 31 da lei francesa. A lei falimentar italiana também se aplica nesse tipo de administração, com o instituto da "Amministrazione controlatta", prevista nos arts. 187 a 193. Nesse tipo de administração, a empresa em recuperação judicial administra suas operações com a colaboração dos credores, sob a supervisão do "comissário judicial".

15. Emissão de valores mobiliários

Caso se tratar de S/A poderá a empresa em falência capitalizar-se com a emissão de debêntures, sujeita à aceitação pela maioria dos credores em assembléia. Malgrado fale a lei apenas na emissão de debêntures, poderá ainda haver o lançamento de "commercial papers".

16. Adjudicação dos créditos

O último meio descrito pelo art. 50, no inciso XVI, é a constituição de sociedade de propósito específico para a adjudicar em pagamento dos créditos, os ativos da empresa em RJ.

Trata-se de um meio de recuperação trabalhoso e difícil, dependente de muitas circunstâncias, mas é mais uma possibilidade de resolução dos problemas econômico-financeiros da empresa.

Os dezesseis meios previstos na lei para viabilizar a recuperação judicial eram desconhecidos pela antiga Lei Falimentar. O art. 50 foi muito invocado para a recuperação econômica da VARIG, empresa de aviação há vários anos em situação de insolvência. Para cada meio apresentado, houve mudança na direção, para que esta pudesse aplicar o plano.

8.6. O autopedido de recuperação judicial

Na maioria absoluta dos casos, a recuperação judicial é pedida pela própria empresa em estado de crise econômico-financeira. Os credores pedem diretamente a falência, ainda que saibam que antes de liquidar a empresa, a justiça examinará a possibilidade de recuperação judicial. As exigências para o pedido de recuperação judicial, mais ou menos, as mesmas da antiga lei para a concordata preventiva, mas com várias modificações.

Plano de recuperação judicial

A principal delas é a da juntada do plano de recuperação judicial e o respectivo resumo, com a estimativa do prazo necessário para o seu cumprimento. O processo girará em torno desse plano, que deverá ser cuidadosamente examinado e aprovado pelos credores. Estes poderão impugná-lo, no todo ou em parte, e apresentar plano alternativo. Deve ser o plano rigidamente cumprido e qualquer desvio poderá ensejar pedido de falência.

Relação de bens particulares dos dirigentes

Outra novidade da Lei de Recuperação de Empresas é a da apresentação da relação de bens particulares dos administradores da empresa e se for S/A dos acionistas controladores. Esse é o ponto crítico da recuperação judicial, pois até agora tem havido muita leviandade de empresários ao pedirem a concordata preventiva, que, geralmente consubstancia golpe contra os credores. No atual sistema falimentar há responsabilidade pessoal nas dívidas da empresa. Por outro lado, o art. 50 do novo Código Civil instituiu no Direito brasileiro a "desconsideração da personalidade jurídica" (disregard theory), pela qual, se dirigentes de empresa derem golpe em nome dela, poderá o juiz ignorar a teoria da personalidade jurídica e atingir os bens particulares de seus dirigentes. Os administradores a que se refere a Lei são os dirigentes da empresa.

Exposição de causas da crise econômico-financeira

Outros requisitos deve apresentar a petição inicial do pedido de recuperação judicial. Deve ser feita a exposição das causas concretas da situação patrimonial do devedor e das razões da crise econômico-financeira. Esse requisito sempre houve no direito tradicional. Essa exposição era chapa pré-moldada, com as mesmas alegações: a famosa crise (que nunca termina), a espiral inflacionista, a retração de crédito, os elevados juros e outras frases de impacto. Esperamos que haja mais seriedade doravante, tanto dos empresários, como da justiça.

Documentos contábeis

Outro requisito é de caráter contábil: a juntada das demonstrações contábeis referentes aos três últimos exercícios sociais e as levantadas especialmente para instruir o pedido. Devem essas demonstrações financeiras ser confeccionadas com estrita observância da legislação societária aplicável. Essa legislação consta de capítulo do Código Civil, denominado "Da Escrituração", nos arts. 1.179 a 1.195.

Quatro peças devem constar desse composto contábil:

A – o balanço patrimonial, constando o ativo e o passivo, inventário de bens e imóveis, com a indicação e a estimativa do valor de todos os bens, acompanhados das respectivas certidões comprobatórias;

B – demonstração de resultados acumulados;

C – demonstração do resultado desde o último exercício social;

D – relatório gerencial do fluxo de caixa e de sua projeção.

Digamos que a empresa requeira a recuperação judicial em 15 de março; deverá juntar o balanço e as outras duas demonstrações financeiras verificadas em 31 de dezembro, ou seja, do último exercício. Deverá levantar outras demonstrações financeiras em 15 de março, data em que estiver requerendo a recuperação judicial. Essas demonstrações financeiras retratam a viabilidade de ser executado o plano de recuperação.

A ME e a EPP poderão apresentar livros e escrituração contábil simplificados nos termos da legislação específica. O juiz poderá determinar o depósito em cartório dos documentos a que estamos nos referindo, isto é, de escrituração contábil e demais relatórios auxiliares tanto das empresas comuns, como da ME e EPP.

Relação de credores

Deve ser juntada a relação nominal completa dos credores, inclusive aqueles por obrigação de fazer ou de dar, com a indicação do endereço de cada um, a natureza e a classificação e o valor atualizado do crédito, discriminando sua origem, o regime dos respectivos vencimentos e a indicação dos registros contábeis de cada transação pendente. Dessa relação poderão sair membros do Comitê de recuperação, caso seja constituído.

Relação de empregados

Além da relação dos credores, deve ser instruída a inicial com a relação dos empregados, com o respectivo enquadramento sindical e função, os salários, indenizações e outras parcelas salariais devidas e o correspondente mês de competência e a discriminação dos encargos decorrentes das relações de trabalho igualmente pendentes de pagamento. Há real interesse em se saber quais são os empregados da empresa, visto que deverão eles ser representados no Comitê de recuperação. Além disso, a nova legislação realça bastante a participação dos empregados no processo. Poderão eles constituir sociedade cooperativa para gerir a empresa em falência.

Atos constitutivos

Os atos constitutivos da empresa devem ser juntados de acordo com o tipo de empresa. Se for individual, o registro na Junta Comercial,

117

com certidão fornecida por ela; se for sociedade simples ou sociedade limitada deve ser juntado o contrato social, de preferência o inicial e com o da última alteração, contendo a indicação de todos os sócios, suas qualificações, residências ou domicílios, e demais dados que a própria lei exige para o contrato social, como prevê o art. 999 do Código Civil. Se for S/A devem ser juntados o estatuto da companhia e as atas da assembléia geral que elegeu os administradores, contendo a completa qualificação deles.

Livros fiscais

Os livros de escrituração fiscal devem ser entregues em cartório, ou os relatórios similares extraídos de arquivos eletrônicos, que permanecerão em cartório pelo tempo necessário à análise, conferência e certificação da data do último lançamento, e que serão devolvidos ao devedor se deferido o processamento. O escrivão fechará os livros, devolvendo-os à empresa, que os reabrirá para novos lançamentos.

Serão juntados os extratos atualizados das contas bancárias e de eventuais aplicações financeiras em fundos de investimentos ou em bolsas de valores, emitidos pelas respectivas instituições financeiras. O dinheiro em caixa e em bancos representam itens importantes do patrimônio empresarial; devem ser retratados com precisão para que se possa fazer análise mais segura do estado de crise econômico-financeira.

Certidões negativas

Conservou a nova lei a exigência da antiga, de ser instruída a petição inicial com certidões completas dos cartórios de protestos. Apesar de nossa justiça estar sendo muito liberal quanto aos protestos, eles revelam o estado de crise econômico-financeira da empresa requerente, que será depois analisada. Deve ser juntada a relação, subscrita pela empresa em RJ, de todas as ações judiciais em que figura como parte, inclusive as de natureza trabalhista, com a estimativa dos valores demandados.

Despacho do processamento

Se a inicial e a documentação exigida estiverem em termos, o juiz terá o prazo de dez dias para analisar o processo e proferir o despacho determinando o processamento da recuperação judicial. Note-se que haverá a princípio, por despacho, a autorização do juiz apenas para a abertura do processo. A recuperação judicial será concedida mais tarde, por sentença, após exame e aprovação do plano de recuperação e dos laudos periciais. Até essa sentença ficou aberto o período de estudos e de exame do estado de crise econômico-financeira da empresa requerente.

O julgamento de recuperação judicial abre período de observação em vista do estabelecimento do balanço econômico e social e de propostas tendentes à continuação ou à cessão da empresa. Desde que nenhuma dessas soluções pareça possível, o tribunal pronunciará a falência.

O despacho concessivo produz vários efeitos jurídicos enumerados no art. 44 e nos seguintes, começando pelo próprio andamento do processo. O primeiro passo para viabilizar essa fase é a nomeação do administrador judicial, figura que substituiu o antigo comissário. Embora se chame "administrador", ele não exercerá funções administrativas, mas de acompanhamento e controle.

O juiz determinará a expedição de edital, para publicação no Diário Oficial. O edital conterá o resumo do pedido de recuperação judicial e do despacho que o concedeu, e a advertência acerca dos prazos para habilitação e impugnação dos créditos, e para que os credores apresentem impugnação ao plano apresentado pelo devedor. Deverá constar do edital também a relação nominal de credores, em que se discrimine e o valor atualizado e a classificação de cada crédito.

Fica também aberto o prazo de vinte dias, contados da publicação desse edital, para que os credores se manifestem sobre o pedido da empresa requerente, seus requisitos processuais e especialmente sobre o plano de recuperação judicial apresentado por ela. Os credores poderão impugná-lo, no todo ou em parte, ou apresentar plano alternativo, fundamentando sua manifestação, os credores poderão repelir o plano, pedindo a falência do devedor.

O edital determinará a dispensa da apresentação de quaisquer certidões negativas para que o devedor exerça suas atividades empresariais. Todavia, a nova lei inovou ao obrigar a empresa em recuperação judicial a adicionar a expressão "em recuperação judicial", em todos os atos, contratos e documentos. Por seu turno, o escrivão deverá fazer a comunicação do processo à Junta Comercial, que anotará no registro da empresa. Fará também essa comunicação ao Cartório de Registro Civil de Pessoas Jurídicas, quando se tratar de sociedade simples, que, como se sabe, é registrada nesse órgão público.

8.7. O procedimento da recuperação judicial

Deferido o procedimento da RJ, os credores poderão, a qualquer tempo, requerer a convocação da assembléia-geral de credores para a constituição do Comitê de Credores ou substituição de seus membros. Após o deferimento, a empresa requerente não poderá desistir do pedido, saldo aprovação da assembléia-geral de credores.

Importante efeito do despacho que conceder o processamento do pedido é o da suspensão de todas as ações ou execuções contra o devedor. Os processos judiciais que se suspendem referem-se a cobranças de dinheiro, isto é, os créditos sujeitos aos efeitos da recuperação judicial. Não se suspendem as ações meramente declaratórias, para apurar direito que não seja ainda líquido e certo.

É o caso de ação de despejo, reparação de danos, ações possessórias, créditos trabalhistas e tributários. Os autos desses processos permanecem no juízo em que se processam. Se eles forem julgados como procedentes, o credor habilitará a sentença condenatória de pagamento. Não poderá ser proposta qualquer execução contra a empresa ou recuperação judicial. Fica ela, assim, aliviada de sofrer execuções, tanto as que estavam em andamento como as que forem se iniciar.

Caso a empresa requerente não tenha juntado na petição inicial a relação nominal dos credores, em que se discrimina o valor atualizado e a classificação de cada crédito, o juiz determinará que o faça.

Concedida a recuperação judicial, fica iniciado o processo, já que, até a concessão, havia a fase de observação, para se averiguar a viabilidade econômico-financeira da empresa. Durante o período de recuperação judicial o devedor poderá ser mantido na posse e administração de seus bens, continuando com seu negócio, apresentando contas demonstrativas mensais, sob a fiscalização do administrador judicial. Na sentença concessiva da RJ o juiz ordenará a intimação do Ministério Público e a comunicação por carta as Fazendas Públicas Federal e de todos os Estados e Municípios em que a empresa em RJ tiver estabelecimento.

Contra a sentença que conceder a RJ caberá agravo, que poderá ser interposto por qualquer credor ou pelo Ministério Público.

Não poderá o devedor alienar ou onerar bens e direitos de seu ativo permanente, salvo evidente utilidade, reconhecida pelo juiz depois de ouvidos o administrador judicial e o Ministério Público. Os atos de endividamento praticados pelo devedor durante o procedimento de recu-

120

peração judicial, que tenham sido contraídos mediante autorização judicial, após manifestação do administrador judicial e do Ministério Público, serão considerados extraconcursais, em caso de convolação em falência. Assim sendo, só entram na RJ os débitos existentes na sua concessão; os posteriores não.

Vamos explicar melhor a situação acima descrita: a empresa entrou em fase de recuperação judicial, mas tempo após foi ela convolada em falência. Os débitos existentes antes da recuperação judicial entram na fase da falência. Todavia, as dívidas que ela tiver contraído durante a recuperação judicial estarão fora do regime: são extraconcursais e serão pagas à parte.

Durante o processamento da recuperação o devedor deverá prestar ao administrador judicial e a qualquer interessado as informações solicitadas para a correta avaliação do plano de recuperação e acompanhamento desta, sob pena de afastamento da administração. As informações serão mais rigorosas, com demonstração de contas, em casos em que a empresa em recuperação ou seus dirigentes tiverem passado pouco recomendável ou apresentar comportamento temerário. É o caso de dirigente da empresa haver sido condenado em sentença penal transitada em julgado, por crime cometido em outro processo falimentar anterior ou qualquer outro crime contra o patrimônio, contra a economia popular e contra a ordem econômica previsto na legislação vigente.

Será procedimento temerário se durante a recuperação judicial houver indícios veementes de crime previsto na Lei de Recuperação de Empresas; se houver prova de dolo, simulação ou fraude; se ficar demonstrado ter o devedor efetuado gastos pessoais manifestamente excessivos ao seu cabedal social, ou despesas do negócio ou da empresa injustificáveis por sua natureza ou vulto, em relação ao capital, ou ao gênero do negócio, ao movimento das operações ou outras circunstâncias análogas. Poderia também o devedor ter descapitalizado a empresa ou ter realizado operações prejudiciais ao seu funcionamento regular. Por outro lado, o administrador judicial poderá considerar como comportamento mau do devedor recusar ou retardar o cumprimento do plano de recuperação apresentado pelos credores e aceito pelo juiz.

Poderá qualquer credor impugnar o pedido, como também o Ministério Público. Havendo ou não a impugnação, e após ouvir o administrador judicial e o Ministério Público, o juiz decidirá o feito por sentença. Da sentença que deferir o pedido cabe apelação. Tendo sido deferido o pedido de desistência, o devedor reassumirá sua condição empresarial pretérita e os credores terão reconstituídos integralmente seus direitos e garantias, ressalvados os créditos renegociados.

Se o plano de RJ envolver alienação judicial de filiais ou de unidades produtivas isoladas, o juiz ordenará sua realização, observando-se as normas previstas no art. 142, que prevê três modalidades de alienação do ativo, isto é, leilão por lances orais, propostas fechadas e pregão.

O objeto da alienação estará livre de qualquer ônus e não haverá sucessão do arrematante nas obrigações da empresa em RJ, inclusive as de natureza tributária. De acordo com o art. 141-2°, que regulamenta a alienação de ativos, também as obrigações derivadas da legislação do trabalho e as decorrentes de acidentes do trabalho. Vamos realçar melhor esta questão, esclarecendo que se for vendido elemento do estabelecimento, quem o adquirir não deverá arcar com os débitos fiscais nem trabalhistas. Por outro lado, o AJ poderá considerar como comportamento mau do devedor recusar ou retardar o cumprimento do plano de RJ apresentado aos credores e aceito pelo juiz.

Abrindo-se parênteses em nossas considerações, será bom relembrar que, ao falar-se em administrador judicial, poderá referir-se também ao Comitê, já que este nem sempre se constitui. É bom relembrar também que em todos os atos, contratos e documentos firmados pelo devedor sujeito ao procedimento de recuperação judicial deverá ser acrescida, após o nome ou razão social, a expressão "em recuperação judicial". Caberá ao escrivão fazer a comunicação do procedimento de recuperação judicial à Junta Comercial ou ao Cartório de Registro Civil de Pessoas Jurídicas, para que estes procedam à anotação no registro da firma individual ou da pessoa jurídica. Não poderá assim a empresa esconder seu "status" jurídico.

É possível ainda a revisão do plano de recuperação da empresa. Ocorrendo mudança substancial na situação econômico-financeira do devedor, o plano de recuperação haverá de ser revisto. Essa mudança pode representar a melhoria ou a deterioração do estado de crise econômico-financeira do devedor, mas, em ambos os casos, haverá necessidade de modificação do plano, por circunstâncias ponderáveis. A deterioração da empresa poderá provocar até mesmo a convolação da recuperação judicial em falência.

O pedido deve vir acompanhado de exposição circunstanciada, com indicação das alterações propostas, instruído com prova documental pré-constituída e o respectivo balancete patrimonial que evidencie a mudança ocorrida na situação econômico-financeira da empresa em recuperação judicial.

Será assegurada aos interessados a possibilidade de manifestação, além da mais ampla informação a respeito das condições do devedor que se fizerem necessárias ao exercício de juízo de valor acerca das alterações propostas. Não exige a lei que a revisão seja processada em autos separados, podendo, portanto, nos próprios autos da recuperação judicial. Não havendo impugnações dos interessados, poderá o juiz autorizá-lo por despacho.

8.8. O plano de recuperação judicial

Eis aqui uma das principais inovações do Direito de Recuperação de Empresas, de profundo significado e envolverá assessorias especializadas e adotando sofisticação da atividade empresarial em caso de crise econômico-financeira da empresa. É peça obrigatória e central do processo. A empresa em estado de crise econômico-financeira, se desejar obter a RJ, deverá apresentar a proposta de solução desse problema, que não será apenas a proposta, mas também a indicação dos modos de solução.

Ao requerer a recuperação judicial, a empresa requerente apresentará o plano de RJ, mas poderá pedir ao juiz para lhe conceder prazo para a apresentação. O juiz lhe concederá prazo improrrogável de dois meses para a apresentação do plano, devendo começar da data da publicação do despacho que deferir o processamento da RJ. Se não houver a apresentação nesse prazo, a empresa requerente terá a sua falência decretada.

O plano de RJ tem alguns requisitos exigidos pela Lei, no art. 53, apontando os três principais.

1 – Em primeiro lugar, deverá a empresa discriminar pormenorizadamente os meios de recuperação a serem empregados, podendo ser um ou ainda mais outros de que se possa valer a empresa. Fará o resumo desses meios, um por um, dos quais já fizemos considerações.

2 – Em segundo lugar, deve vir a demonstração da viabilidade econômica do plano. Naturalmente, essa demonstração deverá se estribar nos outros dois requisitos e nas demonstrações contábeis. Em nossa opinião, deverá ser tarefa altamente especializada, serviço de profissional ou de empresa especializada.

3 – Como terceiro requisito figura a apresentação do laudo econômico-financeiro e outro de avaliação de bens e ativos da empresa, subscrito por contador ou empresa especializada. Esses laudos complementam as demonstrações contábeis exigidas e esclarecem o estado de crise econômico-financeira. O valor dos bens e dos ativos consta do balanço patrimonial, mas este discrimina os itens do ativo e dá o valor de cada um. Fala a Lei novamente em empresa especializada; neste caso, trata-se de empresa apta a realizar planejamento financeiro.

Créditos trabalhistas

Há uma peculiaridade do plano que provocará muita celeuma e só foi incluída pelo Senado. É a submissão do salário dos empregados à RJ, entrando no parcelamento dos pagamentos junto com outros créditos. Vamos transcrever o art. 54 da LRE:

"O plano de recuperação judicial não poderá prever prazo superior a um ano para pagamento dos créditos derivados da legislação do trabalho ou decorrentes de acidentes de trabalho vencidos até a data do pedido de recuperação judicial".

Parágrafo único – O plano não poderá, ainda, prever prazo superior a trinta dias para o pagamento, até o limite de cinco salários mínimos por trabalhador, dos créditos de natureza estritamente salarial vencidos nos três meses anteriores ao pedido de recuperação judicial".

Pela redação do art. 54 forma-se a impressão de que ele pretende proteger o empregado, limitando a faculdade da empresa em RJ no estabelecimento do prazo. O que, porém, acontece é que a antiga Lei Falimentar não dava essa vantagem à empresa que pedisse concordata. A lei francesa, inspiradora da nossa, não previu essa disposição e nem a lei italiana. O projeto da LRE transitou por doze anos na Câmara dos Deputados e em nenhum momento foi cogitada essa hipótese. Essa inclusão sorrateira irá provocar largos ataques ao novo sistema concursal, pelo que se espera. Embora ninguém tenha revelado empenho na sorte dos trabalhadores, o tema é largamente invocado por políticos e pela crítica, e naturalmente solidários aos trabalhadores. Todos estão dispostos até a ir à forca em prol dos trabalhadores, desde que seja com o pescoço do vizinho.

Além disso, o parcelamento dos débitos trabalhistas fatalmente afetará a motivação dos empregados para o trabalho. Serão eles pegos de surpresa e o teor da reação deles é inesperado e irão fatalmente culpar a LRE pela lesão aos seus interesses. Entre os operários da construção civil, por exemplo, são previstos sérios problemas pelos que atuam nesse meio.

Créditos fiscais

Outra surpresa nos reservou o Senado ao incluir o art. 57:

"Após a juntada aos autos do plano aprovado pela assembléia-geral dos credores, o devedor apresentará, em cinco dias, certidões negativas de débitos tributários nos termos dos arts. 151, 205, 206 da Lei 5.172, de 25.10.1966 (Código Tributário Nacional)".

Os créditos tributários seriam incluídos na RJ, concorrendo com os demais credores. A classificação dos créditos, prevista no art. 83-II, coloca os créditos tributários na terceira posição, em caso de falência. Por que só na falência e não na RJ! Essa exigência veio abater em muito a efetividade da recuperação, pois, os débitos tributários pesam demais no endividamento de toda empresa. Cada Governo que se empossa preocupa-se em criar novos impostos e aumentar os já existentes.

Essa crescente carga tributária torna o Governo o principal credor das empresas. Todavia, o próprio fisco tem sistema de parcelamento de seus créditos e assim será possível moratória direta independente do processo de RJ. Aliás, o art. 68 da LRE estabeleceu previsão nesse sentido:

"As Fazendas Públicas e o Instituto Nacional de Seguridade Social – INSS – poderão deferir, nos termos da legislação específica, parcelamento de seus créditos, em sede de recuperação judicial, de acordo com os parâmetros estabelecidos no Código Tributário Nacional".

Objeções dos credores

Qualquer credor poderá manifestar ao juiz sua objeção ao plano de RJ no prazo de trinta dias, contado do edital que o AJ fará publicar, contendo a relação dos credores. Esse edital está previsto no art. 7º-2º. Se o edital não estabelecer esse prazo, será ele contado do dia em que tiver sido publicado o edital para as objeções.

Se houver objeções ao plano por algum credor, o juiz convocará a AGC* para deliberar sobre o plano. O prazo para a realização dessa assembléia não poderá ultrapassar a 150 dias, contados do deferimento do processamento da RJ.

Assembléia-geral de credores

A assembléia-geral que aprovar o plano de recuperação judicial poderá indicar os membros do Comitê de Credores, caso ele não esteja ainda constituído. Poderá também a assembléia-geral modificar o plano, desde que haja expressa concordância do devedor e em termos que não modifiquem nem diminuam os direitos exclusivos dos credores ausentes. A concordância da empresa requerente é interpretada de acordo com sua possibilidade de colocar em prática as modificações adotadas pelos credores. Se ela não tiver forças, poderá ser levada à bancarrota, uma vez que a empresa desejosa da RJ já se encontra em estado de crise econômico-financeira.

E se a assembléia não aceitar o plano? O juiz declarará sua falência. É a dura situação que a Lei reservou à empresa. Se a empresa não apresentar o plano ou certidões negativas de tributos, também terá sua falência decretada.

Sendo o plano aprovado pela AGC e cumpridas as exigências da Lei, o juiz concederá a RJ. É possível, porém, que o plano não tenha sido aprovado com o quorum de credores exigido pelo art. 45. Mesmo assim a RJ poderá ser concedida pelo juiz, desde que apresente a desaprovação do plano alguns aspectos especiais. Será então prerrogativa do juiz, embora ele esteja sujeito a algumas restrições. Essas condições devem ocorrer na AGC da forma seguinte:

1 – O plano deverá ter obtido voto favorável de credores que representem mais da metade do valor de todos os créditos presentes à AGC, independentemente de classes.

---

* Assembléia-geral de credores

2 – A aprovação de duas classes de credores, ou seja, das três classes, uma votou contra, mas as outras duas aprovaram. A votação foi, portanto, de dois contra um.

3 – Caso na AGC haja só duas classes, uma deverá ter aprovado.

4 – Na classe que o houver rejeitado, deverá haver mais de um terço de votos favoráveis.

Insta ainda esclarecer que a RJ concedida nesses termos (arts. 58 e 59) só poderá ser concedida se não implicar tratamento diferenciado entre credores da classe que o houver rejeitado.

Aprovação do plano

O plano de RJ implica novação dos créditos anteriores ao pedido e obriga o devedor e todos os credores a ele sujeitos, sem prejuízo das garantias.

Cumpridas todas as formalidades previstas no capítulo da recuperação judicial, os autos vão conclusos à decisão judicial. O juiz analisará o plano de RJ, os laudos e pareceres apresentados e as manifestações dos interessados e proferirá a sentença concedendo a recuperação judicial, havendo sinais evidentes e inequívocos sobre a viabilidade econômico-financeira, mediante prova documental ou o próprio laudo técnico exibido.

Ao revés, se houver rejeição do plano pelos credores ou pelo Comitê, ou se houver clara demonstração de que a falência será mais benéfica a eles, o juiz negará a RJ, decretando a falência. Contra essa decisão judicial, caberá agravo de instrumento. Ressalte-se que o agravo de instrumento é oposto à sentença, quando, fora dos procedimentos concursais, seria o de apelação. O agravo contra a decisão que conceder a RJ poderá ser interposto por qualquer credor ou pelo Ministério Público.

Se o plano aprovado envolver alienação de filiais ou de unidades produtivas isoladas da empresa em RJ, o juiz ordenará sua realização. O objeto da alienação estará livre de qualquer ônus e não haverá sucessão do arrematante nas obrigações da empresa em RJ, inclusive as de natureza tributária. É questão já ressaltada e será conveniente repetir, por tratar-se de inovação em nosso direito. Quem arrematar os bens da empresa falida ou em RJ, não herdará as dívidas dela e nem assumirá as dívidas trabalhistas ou tributárias. Para assegurar essa imunidade foi reformado o Código Tributário Nacional.

Desde que tenha sido concedida a RJ pelo juiz, a empresa requerente permanecerá nesse regime de recuperação até que se cumpram todas as obrigações previstas no plano, que se vencerem até dois anos depois da concessão. Durante esse período, o descumprimento de qualquer obrigação prevista no plano acarretará a convolação da recuperação em falência. Decretada a falência, os credores terão reconstituídos seus direitos e garantias nas condições originalmente contratadas, deduzidos os valores eventualmente pagos e ressalvados os atos validamente praticados no âmbito da RJ.

8.9. O cumprimento da recuperação judicial

O cumprimento da recuperação judicial representa a execução completa do plano de recuperação da empresa, com o pagamento dos credores. Pagos os credores e cumpridas as outras obrigações assumidas pelo devedor, deve este requerer ao juiz seja julgada cumprida a recuperação judicial e extintas as suas obrigações, instruindo o requerimento com as respectivas provas.

Tendo sido cumpridas as obrigações vencidas, o juiz decretará por sentença o encerramento da RJ, e determinará o pagamento do saldo de honorários ao administrador judicial, mas, somente podendo efetuar a quitação dessas obrigações mediante prestação de contas do AJ no prazo de trinta dias, e apresentação do relatório circunstanciado, versando sobre a execução do plano de RJ pela empresa em concurso. Deverá ainda ser pago o saldo das custas judiciais a serem recolhidas, não devendo ficar mais débitos.

Em seguida, o juiz dissolverá o Comitê, se houver, e destituirá o AJ, já que eles cumpriram sua missão e se tornaram desnecessários. Completará o encerramento do processo com a comunicação dele à Junta Comercial e demais órgãos de registro público.

Durante o procedimento da RJ, a empresa e seus administradores serão mantidos na condução da atividade empresarial, sob fiscalização do Comitê, se houver, e do AJ (art. 64). A empresa continua suas atividades normais e seus dirigentes dirigem as operações. Não há interferência do AJ ou do Comitê na gestão. Apenas sofre algumas restrições, como na venda de bens de seu ativo fixo, ou fica sujeita a algumas obrigações, como o uso da expressão "em recuperação judicial" na assinatura da empresa em atos, contratos e documentos firmados por ela.

Outra determinação do juiz é a de que a Junta Comercial faça a averbação no registro da empresa, de que ela se encontra em recuperação judicial. É a publicidade necessária, para que as pessoas que com ela lidar, saibam com quem estão lidando. Por exemplo, se alguém adquirir um imóvel da empresa em recuperação, deverá estar sabendo que esse imóvel está vinculado às dívidas de sua proprietária.

O art. 64 lança, porém, uma disposição que necessita de esclarecimentos: diz que a empresa continua sendo dirigida por seus administradores, sob fiscalização do Comitê, salvo alguns casos de comportamento condenável. Vejamos quais são:

1 – Houver sido condenado em sentença penal transitada em julgado por crime cometido em RJ ou falência anteriores ou por crime contra o patrimônio, economia popular ou a ordem econômica, previsto na legislação vigente. Nesse caso, só podem ser os dirigentes da empresa. O AJ não pode ser.

2 – Se houver indícios veementes de ter cometido crimes previstos na LRE; esses crimes são descritos nos arts. 168 a 178.

3 – Houver agido com dolo, simulação ou fraude contra os interesses de seus credores. Nesse caso é a empresa, com responsabilidade de seus dirigentes.

4 – Efetuar gastos pessoais manifestamente excessivos em relação à sua situação patrimonial. Podem ser a empresa e seus dirigentes.

5 – Efetuar despesas injustificáveis por sua natureza ou vulto, em relação ao capital ou gênero do negócio, ao movimento das operações e outras circunstâncias análogas.

6 – Descapitalizar injustificadamente a empresa ou realizar operações prejudiciais ao seu funcionamento regular.

7 – Simular ou omitir créditos ao apresentar a relação dos credores exigida na petição inicial.

8 – Negar-se ou omitir informações solicitadas pelo AJ e pelos demais membros do Comitê; esse item aplica-se à empresa em recuperação

Se ocorrer hipótese que justifique o afastamento do administrador (o dirigente) da empresa, o juiz o destituirá, substituindo-o na forma prevista nos atos constitutivos da empresa ou do plano de RJ. O juiz convocará então a assembléia-geral de credores, para deliberar sobre o nome do gestor judicial, que assumirá a administração das atividades da empresa, aplicando-se-lhe, no que couber, todas as normas sobre deveres, impedimentos e remuneração do AJ (art. 65).

O AJ exercerá as funções de gestor judicial enquanto a assembléia-geral não deliberar sobre a escolha deste, que poderá ser o próprio AJ. Na hipótese de o gestor indicado pela AGC recusar ou estar impedido de aceitar o cargo para gerir os negócios da empresa em RJ, o juiz convocará, no prazo de 72 horas, contado da recusa ou da declaração do indicado nos autos, nova assembléia-geral.

É interessante notar que a LRE usa a expressão "Comitê de Credores" com letras maiúsculas e "assembléia-geral de credores" e "quadro-geral de credores" com letras minúsculas. Para nós, os três termos pertencem à mesma categoria gramatical e jurídica, não havendo motivos para essa discriminação.

Após o pedido de RJ, a empresa requerente não poderá alienar ou onerar bens ou direitos de seu ativo permanente, salvo evidente utilidade reconhecida pelo juiz, depois de ouvido o Comitê, com exceção daqueles previamente relacionados no plano de RJ (art. 66). Esses bens ficam vinculados em garantia dos débitos referidos no plano e a alienação deles desfalcará esse patrimônio. Baseia-se essa disposição em brocardo romano de que "o patrimônio do devedor é a garantia de seus credores".

Os créditos decorrentes de obrigações contraídas pela empresa em RJ durante o processo, inclusive aqueles relativos a despesas com fornecedores de bens ou serviços e contrato de mútuo, serão considerados extraconcursais em caso de decretação da falência, respeitada a ordem dos créditos, prevista no art. 83. Os créditos quirografários sujeitos à RJ pertencentes a fornecedores de bens ou de serviços que continuarem a provê-la normalmente após o pedido de RJ, terão privilégio geral de recebimento em caso de decretação da quebra, no limite do valor dos bens ou serviços fornecidos durante o período de recuperação (art. 67).

Analisaremos melhor essas disposições. A empresa entra em regime de RJ, mas continua operando normalmente. Adquire matéria-prima, transforma-a em produtos e os vende no mercado. Assume obrigações normalmente, mas elas entram, portanto, em regime de recuperação. Se assumiu dívidas, deve pagá-las. Se, nesse ínterim, a empresa sofre a decretação de sua falência, essas novas dívidas não podem ser misturadas com as dívidas existentes antes do pedido de RJ. São dívidas extraconcursais e devem ser pagas antes das dívidas da falência. É um prêmio àqueles que confiaram na empresa em RJ e colaboraram com ela. Se não fosse adotado esse critério, empresa alguma poderia sobreviver após o pedido de RJ.

Créditos públicos

As Fazendas Públicas e o INSS – Instituto Nacional de Seguridade Social poderão deferir, nos termos da legislação específica, parcelamento de seus créditos, em sede de RJ. Esta é questão delicada e polêmica. Muitos criticaram o projeto da LRE e deverão continuar as críticas agora que ela está promulgada, por exigir o pagamento em dia dos débitos para com o Poder Público. Afinal, na formação da empresa muitos dão sua colaboração: o capitalista fornece-lhe dinheiro, o empresário a iniciativa e o risco, os funcionários o trabalho, os agentes auxiliares a prestação de serviços; o Governo com nada. Ao final, o Governo sai com tudo, os outros nada.

Realmente tais críticas procedem e em muito. Porém, o Poder Público tem suas alegações. O dinheiro do INSS não é da empresa; ela desconta do salário de seus funcionários para recolher aos cofres do INSS. Entretanto, ela se apossa desse dinheiro, o que é considerado legalmente uma apropriação indébita; trata-se de crime previsto em lei. Além do mais, o Poder Público concede normalmente planos de pagamento desses débitos e a LRE estimula esses acordos. Após fazer acordo com o INSS, parcelando suas dívidas, na hora de pagar as quotas, quer a empresa submetê-los ao plano de RJ. Não julga o INSS correto esse procedimento.

Quanto aos impostos, a situação é mais ou menos a mesma. Não é a empresa que paga os impostos, mas os consumidores, já que a empresa embute os impostos no preço dos produtos que vende. Entretanto, em vez de recolher ao Fisco os impostos que os consumidores pagaram, embolsa ilegalmente esse dinheiro. Depois realiza o parcelamento desses débitos e na hora de pagar as parcelas, pede a RJ. A LRE seria assim um instrumento de fraude.

O juiz mandará tornar público o requerimento, por edital no Diário Oficial e em outro jornal de grande circulação, marcando o prazo de dez dias para a reclamação dos interessados. Haverá necessidade então de duas publicações: uma no Diário Oficial e outra em jornal privado, que seja órgão de grande circulação. Havendo impugnações dos interessados, serão julgadas nos próprios autos, ouvido o Ministério Público.

Restam ao juiz dois tipos de decisão. Poderá julgar cumprida a recuperação judicial, declarando extintas as obrigações do devedor. Não ficam extintos, porém, os débitos eventualmente renegociados. Contra essa sentença cabe apelação dos interessados que hajam reclamado. Será a sentença judicial publicada no Diário Oficial em quinze dias.

Ou então poderá considerar não cumprida a recuperação judicial e intimará o devedor a solver as obrigações faltantes; se estas não forem solvidas poderá convolar em falência. Contra a sentença que julgar não cumprida a recuperação judicial caberá agravo de instrumento.

Ressaltemos esse aspecto peculiar do Direito de Recuperação de Empresas:

– caberá apelação contra a sentença que julgar cumprida a recuperação judicial;
– caberá agravo de instrumento contra a sentença que não julgar cumprida a recuperação judicial.

9. DO ADMINISTRADOR JUDICIAL E DO COMITÊ DE CREDORES (arts. 21 a 34)

9.1. Do administrador judicial

9.2. Remuneração do administrador judicial

9.3. Do Comitê de Credores

9.4. Competência do administrador judicial

9.5. Competência do Comitê de Credores

9.6. A constituição do Comitê

9.7. Impedimentos à investidura

9.8. O gestor judicial

9.9. Destituição dos administradores

9.10. Responsabilidades do AJ e dos membros do Comitê

9.11. A empresa especializada em recuperação judicial

9.1. Do administrador judicial

Ao ser proferido o despacho que conceder a recuperação judicial, uma das primeiras medidas dele é a nomeação do administrador judicial, que terá funções, mais ou menos semelhantes às do comissário na antiga concordata. O administrador judicial encarrega-se de acompanhar o processo de recuperação judicial e o comportamento da empresa em recuperação e de seus dirigentes. Sua nomeação deverá recair sobre profissional idôneo de nível superior, formado preferencialmente nas áreas de direito, economia, administração de empresas e contabilidade. O administrador pode ser também empresa especializada.

De nossa parte, temos dúvidas quanto à atuação do administrador judicial não advogado; não só ele fiscaliza e controla o comportamento da empresa, mas aciona o processo. É imperioso o conhecimento de normas processuais e das práticas judiciárias, que só atraem os advogados. Além do mais, só o advogado tem capacidade postulatória; quem não tiver terá que contratar advogado para tanto.

Verdade é que no novo sistema muitas funções do administrador judicial transcendem as judiciárias, envolvendo serviços de conteúdo econômico e administrativo, como por exemplo, examinar e aprovar o plano de recuperação econômico-financeira. Deverá analisar certas operações de riscos da empresa em recuperação, como promoção de vendas e liquidações que envolvam quebra de preço. Deverá ainda apresentar trimestralmente relatório circunstanciado da fiscalização exercida sobre a empresa e da situação econômica que ela vem apresentando; juntará demonstração financeira e parecer sobre esse balancete. É exigido dele pelo menos razoável conhecimento de contabilidade e administração de empresas.

Às vezes lhe cabe elaborar plano de recuperação alternativo mediante estudo fundamentado que comprove a inviabilidade econômico-financeira do plano de recuperação apresentado pelo devedor. Esse plano pode ser elaborado por perito especializado, mas sob a supervisão do administrador judicial.

Deverá ele apurar quaisquer reclamações dos interessados e emitir parecer sobre as mesmas. Essas reclamações serão provavelmente de toda ordem: econômicas, financeiras, operacionais, e outras. E há outro aspecto: poderá ele ser nomeado gestor judicial, com funções gerenciais.

Colocando em prática esse esquema introduzido pela nova lei, o Brasil ver-se-á, a princípio, com algumas dificuldades no encontro de profissionais especializados. O próprio sistema, contudo, provocará o surgimento do quadro de administradores judiciais, peritos e outros profissionais que deverão garantir o esquema.

Essas mesmas dificuldades teve o direito francês ao criar os novos órgãos judiciários, a tal ponto de ter elaborado legislação à parte para regulamentá-los. Surgiu assim em 1985, junto com as leis que deram novos contornos ao Direito dos Procedimentos Concursais, a Lei 85-99, de 25.01.85, regulamentada pelo Decreto 85-1389, de 27.12.85, definindo bem a figura, as funções e a responsabilidade do administrador judicial, dos mandatários-liquidantes e peritos em diagnóstico empresarial.

Posteriormente surgiu o Decreto 86-1176, de 5.11.86, relativo às profissões de administrador judicial e ao mandatário-liquidante, previstos na Lei 66.879, de 29.11.66, relativo às sociedades civis profissionais. Destarte, ficaram os órgãos concursais regulados por legislação própria, em separado da lei concursal, a Lei 85-98. Sugestiva é a denominação de "perito em diagnóstico empresarial", que a nossa lei chama apenas de "perito".

Hoje, na França, funcionam como um cronômetro os feitos concursais. Se o Brasil encontrar dificuldades neste aspecto, teremos legislação modelo para planejarmos as soluções para essas dificuldades.

Não havendo a constituição de Comitê, a fiscalização da gestão do devedor será exercida pelo administrador judicial nomeado pelo juiz no despacho que defere a recuperação judicial, que, na hipótese de afastamento do devedor, assumirá, na qualidade de gestor, a administração da empresa em recuperação, sempre sob a imediata superintendência do juiz. Compete ao administrador judicial, na hipótese de não ser constituído o Comitê, desempenhar as mesmas atribuições deste previstas na Lei de Recuperação de Empresas (art. 66).

É possível momentaneamente que a administração do devedor fique sem o Comitê. Nessas circunstâncias, o administrador judicial enfeixará em suas mãos os poderes do Comitê. É possível, porém, que os dirigentes da empresa em falência sejam afastados da direção. Neste caso, o administrador judicial assumirá as funções deles, passando a chamar-se gestor judicial.

Não é obrigatória a constituição do Comitê, podendo atuar isoladamente o administrador judicial. Se houver Comitê, será o administrador judicial seu presidente; se não houver, assumirá ele as funções do Comitê.

9.2. A remuneração do administrador judicial

A remuneração do administrador judicial na recuperação judicial será fixada pelo juiz com base na qualidade do trabalho realizado e no seu grau de complexidade, não podendo exceder a 5% do valor pago aos credores. Concomitante ao pagamento realizado aos credores, o devedor pagará a remuneração devida ao administrador judicial. Esse mesmo critério de avaliação será também adotado para se avaliar a remuneração dos auxiliares do AJ.

Não terá direito à remuneração o administrador judicial que renunciar sem relevante razão, não cumprir as obrigações fixadas na lei, tiver as suas prestações de contas desaprovadas ou for destituído de suas funções.

O administrador judicial será remunerado pela empresa em recuperação, visto que presta serviços a ela. Deverá ser melhor remunerado do que o antigo comissário, já que este era quase figura decorativa. Entretanto, sua remuneração fica restrita a 5% sobre o valor total dos débitos que a empresa pagará aos credores. A data do pagamento vai coincidir com a do pagamento aos credores e não mensalmente. Como, porém, o pagamento aos credores pode ser feito durante a recuperação, o administrador judicial não será tão prejudicado.

A remuneração dos auxiliares do AJ será fixada pelo juiz, que considerará a complexidade dos trabalhos a serem executados e os valores praticados no mercado para o desempenho de atividades semelhantes, em suma, observando os mesmos critérios adotados para a remuneração do AJ.

Caberá ao devedor ou à massa falida arcar com as despesas relativas à remuneração judicial e das pessoas contratadas para auxiliá-lo (art. 25). Será reservado 40% do montante devido ao AJ para pagamento, por ocasião do encerramento do processo.

9.3. Do Comitê de Credores

Os credores poderão determinar a constituição de Comitê de Credores, quando entender de sua necessidade, ante o grau de complexidade do procedimento concursal em questão, ou em razão de sua avaliação a respeito do porte econômico-financeiro da empresa em concurso. Esse Comitê faz o papel de administrador judicial, mas é órgão colegiado,

137

composto de três membros. Ainda que não tenha sido ele constituído no despacho concedente da recuperação judicial, há possibilidade de ser constituído posteriormente.

Os membros do Comitê, quando este for criado, assumirão suas funções mediante termo nos autos e exercerão a fiscalização da gestão da empresa devedora. O administrador judicial terá a atribuição de co-gerir os negócios da empresa em recuperação, acompanhando todos os atos do devedor, mas sendo supervisionado pelo Comitê.

Se houver requerimento subscrito por credores que representem a maioria dos créditos de uma classe, mesmo sem a realização da assembléia, o juiz nomeará o representante e suplentes da respectiva classe, ainda não representada no Comitê, ou poderá substituí-lo.

Não havendo Comitê de Credores, caberá ao administrador judicial ou, na incompatibilidade deste, ao juiz, exercer suas atribuições (art. 28).

Os membros do Comitê não terão sua remuneração custeada pela empresa em RJ ou pela massa falida, mas as despesas feitas pela realização de qualquer ato previsto na LRE, se devidamente comprovadas e com a autorização do juiz, serão ressarcidas atendendo às disponibilidades de caixa.

9.4. Competência do administrador judicial

O termo "administrador judicial" substitui os de síndico e de comissário, que ficam eliminados na linguagem concursal. Em outras palavras, o AJ atua nos três institutos concursais: recuperação judicial, recuperação extrajudicial e falência. Para cada uma delas, suas funções adquirem matizes especiais, formando-se um bloco de três situações:

– na recuperação judicial e na falência;
– só na recuperação judicial;
– só na falência.

Há para o AJ a tarefa de apresentar ao juiz, para juntada aos autos, até o décimo dia do mês seguinte, conta da administração, que especifique com clareza a receita e a despesa. É obrigação mensal, sem prejuízo da obrigação de prestar contas ao final do processo, ou então quando for substituído, destituído ou renunciar ao cargo. Nesses últimos casos, deverá entregar ao seu substituto todos os bens e documentos da massa em seu poder, sob pena de responsabilidade.

NA RECUPERAÇÃO JUDICIAL E NA FALÊNCIA

1 - Aviso aos credores

No que tange às funções comuns, tanto na recuperação judicial como na falência, o AJ, assim que nomeado, deverá enviar correspondência aos credores, comunicando a data do pedido de recuperação ou da decretação da falência, a natureza, o valor e a classificação dada ao crédito. A relação de credores chega ao AJ de várias maneiras, vale dizer, no pedido de recuperação é juntada pela empresa requerente, no caso de pedido de autofalência a relação deverá constar do pedido. Tratando-se de recuperação extrajudicial, essa função é despicienda, pois os credores já sabem quem sejam eles.

2 – Pedido de explicações

O AJ deve fornecer, com presteza, todas as informações pedidas pelos credores interessados. Por isso deve ele publicar aviso dando seu endereço e a hora disponível para os interessados.

3 – Extrato dos livros

Deve dar extratos dos livros da empresa em concurso, que merecerão fé de ofício, a fim de servirem de fundamento nas habilitações e impugnações. O credor, ao habilitar-se ou impugnar algum crédito, deverá instruir seu feito com a devida documentação; todavia, tendo documentos extraídos da própria contabilidade da empresa em concurso, facilitará o trabalho de todos. Caso seja empresa em recuperação, os documentos podem ser pedidos à própria empresa.

4 – Coleta de informações

O AJ, da mesma forma como tem obrigação de dar informações, tem o direito de exigir informações dos credores da empresa em concurso ou de seus administradores, para o bom andamento do processo. Na hipótese de os credores, a empresa, ou seus administradores recusarem-se a atender o AJ, a requerimento deste, o juiz intimará aquelas pessoas para que compareçam à sede do juízo, sob pena de desobediência, oportunidade em que as interrogará na presença do AJ, tomando-se seus depoimentos por escrito.

5 - Quadro-geral de credores

Cabe ao AJ elaborar a relação de credores e consolidar o QGC.

6. Convocação da assembléia-geral de credores

Deverá requerer ao juiz convocação da assembléia-geral de credores nos casos previstos na Lei ou quando entender necessária sua ouvida para a tomada de decisões.

7 - Contratação de profissionais

Poderá o AJ contratar, mediante autorização judicial, profissional ou empresa especializada para, quando necessário, auxiliá-lo no exercício de suas funções. A respeito das empresas especializadas, já tivemos oportunidade de traçar considerações. Não somente essas empresas dedicadas à administração judicial, mas outras, como por exemplo, de auditoria, de informações, de avaliação de bens e assemelhados.

Por fim, cabe-lhe, em sentido geral, manifestar-se nos casos previstos em lei, ou então, quando o juiz intimá-lo. As funções acima descritas são apenas exemplificativas e não enumerativas.

SÓ NA RECUPERAÇÃO JUDICIAL

1 – Cabe-lhe fiscalizar as atividades da empresa em RJ e cumprimento do plano. Embora ele seja chamado de administrador judicial, na verdade ele não administra, mas apenas fiscaliza a atuação da empresa em recuperação.

2 – Se constatar descumprimento de obrigações assumidas no plano ou alguma grave irregularidade de comportamento, ou se houver reve-

lações de inviabilidade de continuar operando normalmente, o AJ poderá requerer a falência da empresa em recuperação.

3 – Deverá o AJ apresentar mensalmente relatório das atividades da empresa em recuperação, para juntada aos autos.

4 – Outro relatório de sua lavra será sobre a execução do plano de RJ para que possa o juiz decretar o encerramento do processo de RJ. É relatório bem diferente dos previstos no item anterior; estes são mensais e referem-se à atuação da empresa durante a execução do plano. O relatório final já é mais circunstanciado, relatando o comportamento da empresa durante a execução do plano, já cumprido. Ele está previsto no art. 63-III.

SÓ NA FALÊNCIA

No processo falimentar as funções do AJ são bem maiores e normalmente bem demoradas, pois ele é verdadeiro administrador, por administrar e gerir a massa. Além disso, ele é mais cobrado pelo juiz, pelos credores e outros interessados e pelo Comitê de Credores, quando houver. O art. 22 prevê para ele nada menos do que 17 tipos de misteres e vamos apresentar, de forma sintetizada, um bloco deles, mas ressaltando que essa lista é apenas exemplificativa e não enumerativa.

Na falência, o AJ não poderá, sem autorização judicial, após ouvir o Comitê e a empresa em recuperação, no prazo comum de dois dias, transigir sobre obrigações e direitos da massa falida e conceder abatimento de dívidas, ainda que sejam consideradas de difícil recebimento.

Vejamos então, de forma consolidada, as principais funções do AJ na falência.

1 – Ao tomar posse pelo termo de compromisso, o AJ deverá avisar, pelo Diário Oficial, o lugar e a hora em que, diariamente, os credores terão à sua disposição os livros e documentos da empresa falida.

2 – Cabe-lhe examinar a escrituração da empresa falida; é apenas essa a exigência da Lei quanto à contabilidade, mas acreditamos que o termo "examinar" representa ação mais ampla e profunda. A lei antiga exigia a elaboração de laudo-contábil de feitura pelo perito-contador

141

e essa elaboração nos parece ainda necessária no exame da escrituração, pois esse laudo é imprescindível para o desempenho do administrador judicial. Além disso, o laudo é exigido pelo art. 86, quando o AJ for apresentar a exposição circunstanciada.

3 – Deverá levantar todos os processos em que a massa falida for parte e assumir a representação judicial deles. A empresa falida pode sofrer muitos processos, como por exemplo, na Justiça do Trabalho. Como representante legal da massa, o AJ comparecerá aos processos de interesse da massa, representando-a em juízo, contratando, se necessário, advogado cujos honorários serão previamente ajustados e aprovados pelo Comitê de Credores.

4 – Ele receberá toda a correspondência dirigida à empresa falida, devendo inclusive comunicar à Empresa Brasileira de Correios e Telégrafos, para tanto. O que não for do interesse da massa, encaminhará aos antigos dirigentes da empresa falida.

5 – Importante e urgente providência do AJ é a arrecadação dos bens e documentos da empresa falida, lavrando auto de arrecadação. Sobre a arrecadação dedicaremos, logo adiante, capítulo especial.

6 – Deverá avaliar os bens arrecadados, podendo, para tanto, contratar avaliadores, de preferência oficiais, mediante autorização judicial, para a avaliação dos bens, caso entenda não ter condições técnicas para a tarefa. Essa faculdade não foi cometida totalmente ao AJ, o que julgamos certo, pois avaliar bens é tarefa técnica e delicada, devendo ser realizada por peritos. Em todo caso, o AJ poderá contratar avaliadores, na eventualidade de se tornar difícil a tarefa.

7 – Praticará todos os atos necessários conservatórios de direitos e ações, diligenciará a cobrança de dívidas e dará a respectiva quitação. Malgrado uma empresa falida tenha geralmente muitas dívidas, é bem provável que tenha créditos a receber e por isso deve o AJ diligenciar para recebê-los. Poderá remir, em benefício da massa, e mediante autorização judicial, bens apenhados, penhorados ou legalmente retidos. Nota-se a correta terminologia adotada pela LRE, e

por isso será conveniente ressaltar três termos parecidos, mas designam realidades diferentes. São palavras que os filólogos chamam de "parônimas". São elas "apenhada, penhorada e emprenhada" cujos sentidos vamos realçar:

– apenhada – é uma coisa entregue em penhor; apesar de muito parecidas, têm sentido bem diverso;

– penhorada – é uma coisa bloqueada judicialmente para garantia de um direito;

– empenhada – é uma coisa ou uma verba reservada para despesa preestabelecida no orçamento público.

8 – São de iniciativa do AJ os atos necessários à realização do ativo e ao pagamento dos credores, começando pela arrecadação dos bens, avaliação deles, propondo ao juiz a forma de realização, e a nomeação do leiloeiro.

9 – Existem obrigações e responsabilidades do AJ no que tange aos vários relatórios a que está obrigado. Se não apresentar, no prazo estabelecido suas contas, ou quaisquer dos relatórios previstos na LRE, será intimado pessoalmente a fazê-lo no prazo de quinze dias sob pena de desobediência. Decorrido esse prazo, o juiz destituirá o AJ e nomeará substituto para elaborar relatórios e organizar as contas, explicitando as responsabilidades de seu antecessor.

Relatório dos mais importantes deverá ser apresentado, no prazo de quarenta dias, contado da assinatura do termo de compromisso, prorrogável por igual período; é o relatório sobre as causas e circunstâncias que conduziram a empresa à situação de falência, no qual apontará a responsabilidade civil e penal dos envolvidos. Se este relatório apontar responsabilidade penal de qualquer dos envolvidos, o Ministério Público será intimado para tomar conhecimento de seu teor.

10 – É possível que entre os bens arrecadados para a massa falida existam alguns perecíveis, deterioráveis, sujeitos a considerável desvalorização ou que sejam de conservação arriscada ou dispendiosa. Havendo essa hipótese, cabe ao AJ requerer ao juiz a venda antecipada desses bens.

9.5. Competência do Comitê de Credores

Como acontece com o AJ, a competência do Comitê de Credores varia de acordo com o tipo de instituto concursal em andamento. Há duas variantes nesta questão, a saber:

A – na recuperação judicial e na falência – B – na falência

Não havendo Comitê de Credores, caberá ao AJ ou na incompatibilidade deste, pelo juiz, exercer suas atribuições (art. 28). Vamos então descrever as atribuições do Comitê, nas duas versões, descritas no art. 27:

Na recuperação judicial e na falência

Nesses dois institutos, cabe ao Comitê fiscalizar as atividades do AJ e examinar suas contas. O AJ deverá trabalhar, portanto, sob a supervisão do Comitê de Credores e do juiz e, na falta dele, pelo juiz.

Deve zelar pelo bom andamento do processo e do cumprimento da lei, e comunicar ao juiz caso detecte violação dos direitos ou prejuízo aos interesses dos credores. Cabe-lhe apurar quaisquer reclamações dos interessados e emitir parecer sobre as mesmas, e fiscalizar a execução do plano de recuperação apresentado pelo devedor, que ficará à disposição dos credores e do devedor por 60 dias.

É de sua alçada pedir ao juiz a convocação da assembléia-geral de credores, e manifestar-se nas hipóteses previstas na LRE, ou seja, sempre que a Lei preveja seu pronunciamento.

Atenderá a todos os interessados e deverá apurar e emitir parecer sobre quaisquer reclamações que eles apresentarem.

As decisões do Comitê, tomadas pela sua maioria, serão consignadas em livro de atas rubricado pelo juízo da recuperação, que ficará à disposição dos credores e do devedor por 60 dias. No caso de empate ou se não for possível a obtenção de maioria nas decisões do Comitê, o impasse será resolvido pelo administrador judicial ou, na incompatibilidade deste, pelo juiz.

Na recuperação judicial

O Comitê assumirá novas funções no caso de os dirigentes da empresa em recuperação judicial serem afastados e o administrador judicial ser guindado à posição de gestor judicial, os demais membros do Comitê fiscalizarão os atos do administrador judicial.

Na hipótese de os dirigentes da empresa em recuperação judicial serem afastados, os demais membros do Comitê fiscalizarão os atos do administrador judicial, que passará a ser denominado gestor judicial e, será doravante, o único responsável pela gestão dos negócios da empresa. Na hipótese de o administrador judicial recusar ou estar impedido de aceitar o encargo para gerir os negócios da empresa em recuperação, o juiz o destituirá e nomeará, no prazo de 72 horas, contadas da recusa ou da declaração do impedimento nos autos, o gestor judicial para assumir suas funções.

Nesse caso, o Comitê, a quem cabe fiscalizar a administração das atividades da empresa em RJ, apresentando a cada trinta dias relatório de sua situação, terá funções mais elevadas. Deverá submeter à autorização do juiz a alienação de bens do ativo permanente, ou a constituição de ônus reais e outras garantias, e também atos de endividamento necessários à continuação da atividade empresarial durante o período que antecede a aprovação do plano de recuperação judicial.

No art. 27 ficam descritas as atribuições e a competência do Comitê e também do administrador judicial. Nessa descrição, nota-se que vai muito além a competência do Comitê, em relação ao antigo comissário da concordata. Na verdade, existem três órgãos: o Comitê, o administrador judicial e o gestor. Deste último faremos adiante considerações especiais. Há diversificação quanto à competência de cada um deles.

Ao serem nomeados, os membros do Comitê deverão assinar o termo de posse perante o escrivão, como acontecia antigamente com o síndico e o comissário. Ficarão assim empossados no cargo.

A função básica do Comitê será a de fiscalizar a administração da empresa submetida ao regime de recuperação judicial, para evitar que ela se desvie do plano de recuperação. Poderá haver a hipótese de o Comitê fiscalizar a administração da empresa, exercida pelo próprio administrador judicial. Isto acontecerá se os dirigentes da empresa forem afastados da sua administração; neste caso, o administrador judicial assumirá as funções deles: será então o gestor.

Mais do que fiscalizar, o Comitê analisará o plano de recuperação e deverá aprová-lo. Se não houver aprovação do plano apresentado pela empresa, o próprio Comitê elaborará outro. Acreditamos que, nesse caso, o Comitê contrate assessoria especializada. Poderá haver ainda outra terceirização: se o administrador judicial não puder assumir o cargo de gestor, o juiz nomeará outra pessoa para esse cargo. Será então apenas o gestor e não presidente do Comitê.

9.6. A constituição do Comitê

O Comitê será composto por três membros, observando-se, necessariamente nesta composição, um representante de cada grupo de credores, sendo em número de quatro, entre eles o presidente, que será escolhido pelos outros membros. Os representantes dos grupos de credores são três, que apontaremos em seguida. Haverá o representante dos empregados, cuja indicação e de seus dois suplentes serão feitas pelo sindicato representativo da categoria profissional de maior contingente no quadro de empregados da empresa em recuperação.

A constituição do Comitê é feita por deliberação de quaisquer das classes de credores na assembléia-geral, isto é, os próprios credores indicarão os três membros, mas cada um indicado pelos credores de sua classe. A falta de indicação de representantes de qualquer classe não prejudicará a constituição do Comitê, que poderá funcionar com qualquer número inferior a três. Cabe aos próprios membros do Comitê indicar, entre eles, quem será o presidente.

O juiz tem a faculdade de atuar na constituição do Comitê; poderá pedir aos credores a constituição dele se julgar conveniente ao processo. Mediante requerimento subscrito por credores que representem a maioria dos créditos de uma classe, o juiz determina modificações no Comitê, independentemente de realização de assembléia. São medidas como a nomeação do representante e dos suplentes de alguma classe de credores não representada no Comitê; ou então a substituição dos representantes e dos suplentes da respectiva classe. As classes de credores são as seguintes:

Trabalhistas

Haverá o representante dos empregados, cuja indicação e de seus dois suplentes será feita por essa classe de credores. Poderão eles ser representados pelo seu sindicato, mas não indicados por ele. O que irá provocar grande movimentação será a presença no Comitê do representante dos empregados da empresa em recuperação. Essa presença consta da lei francesa e resistiu a todas as revisões do nosso projeto, desde o tempo do Governo Collor. O que não é de se acreditar é que os sindicatos vão-se importar com essa questão. Quando o primeiro anteprojeto da nova lei, elaborado pelo autor deste compêndio, foi entregue à comissão presidida pelo Dr. Raul Bernardo Nelson de Senna, cópia deles foi entregue a dez sindicatos, com as devidas explicações. Nenhum deles se interessou pelo assunto e nem o departamento jurídico desses sindicatos chegou sequer a examinar o anteprojeto, alegando falta de tempo. No antigo regime falimentar, durante mais de meio século, os trabalhadores sempre foram os maiores prejudicados pela falência das empresas, sem que os sindicatos fizessem o mínimo empenho em evitar tais prejuízos.

Quirografários e com privilégios gerais

O segundo grupo de credores a ser representado no Comitê é o dos credores quirografários, havendo dois suplentes. É este o mais importante, em nossa opinião. As preocupações dos credores privilegiados são menores, porque seus créditos estão garantidos. O representante dos empregados, pelos motivos já expostos, pouco vão se empenhar. Já que não têm proteção alguma, os quirografários precisarão de se proteger.

Credores com direitos reais de garantia

Completa-se o Comitê com o representante dos credores privilegiados. No antigo regime eles não participavam do processo, pois seus créditos já estavam garantidos e essa garantia não ficaria suspensa.

Perfil do administrador judicial

O administrador judicial, cuja designação deverá recair sobre profissional idôneo de nível superior, formado preferencialmente nas áreas de direito, economia, administração de empresas ou contabilidade, será nomeado pelo juiz.

O administrador judicial recebe esse nome por ser realmente um administrador, por não se tratar apenas de um fiscalizador, embora seja a tarefa de fiscalizar a principal delas. As designações de "síndico" e de "comissário" estão realmente inadequadas para o novo sistema.

Comissário, em nosso direito, é uma das partes do contrato regulamentado no antigo Código Comercial (de 1850), com o nome de "comissão mercantil". A outra parte era chamada de comitente. Esse tipo de contrato não vem sendo usado há muitos anos. Origina-se esse termo da expressão latina "comissarius", de "comissio", por sua vez, de "commetere", por encarregar uma pessoa a que se atribui a comissão de praticar determinados atos. Era contrato parecido com o de mandato. Esse contrato está agora regulamentado pelo novo Código Civil. Não era essa a função do comissário na antiga concordata, pelo que, já não se justificava essa designação na antiga lei. Hoje em dia, o comissário foi substituído pelo "representante comercial autônomo".

Síndico também não é expressão melhor indicada para quem cuidava da falência. São vários os significados dessa palavra, mas não se aproximam ao do síndico da falência. Se não vejamos:

– Síndico é quem realiza sindicância, tomada de informações; é um tipo de inquérito;
– O síndico de condomínio é um dos condôminos, eleito pelos demais para zelar pelo interesse do condomínio.

As funções do síndico retrocitadas não apresentam similaridade com a do síndico da falência. São, pois, expressões superadas até mesmo perante a antiga lei, como, aliás, várias outras expressões, que a nova lei veio corrigir.

Quando for o caso, compete ao devedor, ao novo administrador nomeado após a destituição do anterior, e a qualquer credor, se for o caso, propor a ação de responsabilidade civil contra o destituído. Fica assim completado o trio de órgãos capacitados a empreender a ação de responsabilidade civil contra o administrador judicial ou qualquer outro membro do Comitê, que tiver sido destituído, por ter causado danos à empresa atingida pelo procedimento falimentar. Não ficou aqui incluído o Ministério Público, uma vez que a tônica do novo Direito da Recuperação Judicial é a de consagrar as relações privadas, entre credores e a empresa em regime falimentar.

9.7. Impedimentos à investidura

Não poderão integrar o Comitê ou exercer as funções de gestor judicial aqueles que, nos últimos cinco anos, tendo exercido o cargo de gestor ou membro do Comitê, em falência ou recuperação judicial anterior, foram destituídos, deixaram de prestar contas dentro dos prazos legais ou tiveram a prestação de contas desaprovada. Fica também impedido de integrar o Comitê ou exercer a função de gestor aquele que tiver relação de parentesco ou afinidade até o terceiro grau com o devedor ou com os representantes legais da empresa devedora, ou deles for amigo, inimigo ou dependente.

O devedor, qualquer credor e o Ministério Público poderão reclamar da nomeação de membros do Comitê ou do administrador judicial, feita em desobediência aos preceitos da Lei de Recuperação de Empresas, no prazo de cinco dias, contados da publicação da nomeação pela imprensa oficial. O juiz decidirá no prazo de 24 horas, sobre a reclamação, de cuja decisão caberá agravo de instrumento.

Julgamos inconveniente impor ao juiz o prazo de 24 horas, para ele tomar decisão. A lei anterior tinha esse defeito: impunha uma série de prazos e eles nunca foram obedecidos. E se não for obedecido, será uma desobediência do juiz? Será ele punido por isso? Ou serão os credores, a quem não cabe culpa?

O art. 199 do Decreto-lei 7.661/45, a antiga Lei Falimentar, estabeleceu o prazo de dois anos para encerrar-se o processo, o que parece absurdo, pelo menos em São Paulo e Rio de Janeiro; nesses Estados o processo falimentar dura em média dez anos. Por causa da inobservância desse prazo, a "indústria de falências" conseguiu a impunidade para os crimes falimentares.

Haverá várias restrições para o candidato ao cargo de administrador judicial ou de membro do Comitê: uns por improbidade e outros por suspeição. Não se concebe a renomeação para esses cargos, de pessoa que se revelou imprópria para ocupá-los. Ainda não temos a regulamentação estabelecida e estabilizada, pelo tribunal de justiça de cada Estado, mas acreditamos que devam ser eliminados do quadro esses colaboradores da justiça que tenham sido destituídos de seu cargo por improbidade ou por incompetência. Por exemplo: o administrador judicial cujas contas não tenham sido aprovadas; neste caso, a simples destituição representará ínfima sanção por improbidade. Impõe-se punição pelo quadro de administradores. Nesse caso, o nome do excluído nem ficará no sorteio e nem será submetido à aprovação do juiz.

Outro impedimento para eles é a existência de forte vínculo entre o membro do Comitê e os dirigentes da empresa em recuperação, apontan-

149

do-se parentesco ou afinidade até o terceiro grau. Existe, pois, um liame afetivo entre o devedor e a pessoa que administrará a empresa, o que acarretará a suspeição, que implicará o impedimento. Neste caso, não deve ser nomeado o membro do Comitê, e, pelo que parece, ficará suspeito também se o administrador judicial renunciar para propiciar a posse de pessoa impedida. Ao nosso modo de interpretar a lei, a possível renúncia do administrador judicial não anula o impedimento.

Também não poderá haver séria conexão entre o membro do Comitê e o administrador judicial: se aquele tiver relação de amizade, inimizade, ou dependência financeira, ficará inibido de compor o Comitê. Os membros do Comitê poderão fiscalizar os atos do administrador judicial e se estes forem dependentes da pessoa fiscalizada, não terão plena liberdade de exercer essa fiscalização.

Qualquer interessado poderá reclamar da nomeação de membros do Comitê ou do administrador judicial. Quem serão esses interessados? Naturalmente os credores habilitados. O Ministério Público tem igualmente interesse no regular andamento do processo. A própria empresa devedora também terá essa faculdade, pois, é parte interessada.

9.8. O gestor judicial

Eis aqui outro órgão criado pelo novo sistema, cargo também eventual. Entre os meios de realização dos procedimentos falimentares figura o de se afastar da direção da empresa em recuperação os dirigentes que a levaram ao estado de crise econômico-financeira ou possam dificultar sua recuperação. Se eles forem afastados, é preciso que alguém assuma suas funções, ou seja, gerir as atividades empresariais. É o gestor judicial. É o próprio administrador judicial que assumirá essas funções e os demais membros do Comitê fiscalizarão seus atos.

Na hipótese do administrador judicial recusar ou estar impedido de aceitar o encargo para gerir os negócios da empresa em recuperação, o juiz o destituirá e nomeará, no prazo de três dias, contados da recusa ou da declaração do impedimento nos autos, o gestor judicial para assumir suas funções nos termos da Lei de Recuperação de Empresas.

Se não houver o Comitê, a administração da empresa em recuperação será exercida pelo administrador judicial já na qualidade de gestor, sob a imediata supervisão do juiz. Em nosso parecer, deveria ser constituído o Comitê, mesmo após a transformação do administrador judicial em gestor. É fora de dúvida que o juiz não terá condições de superintender o trabalho do gestor.

A remuneração do gestor será fixada pelo juiz, observados os termos da legislação trabalhista em vigor, e terá como base os valores praticados no mercado para o desempenho de idênticas funções. Essa remuneração ficará ao cargo da empresa em recuperação, como, aliás, acontecia na lei anterior com o comissário. E também as pessoas eventualmente contratadas para assessorar o gestor, devendo essas pessoas serem contratadas com a autorização do juiz. Nesse caso, também os dirigentes da empresa deverão manifestar-se, já que esses gastos recairão sobre seus interesses.

Malgrado fale a lei em legislação trabalhista, o gestor não é empregado e, portanto, não deve receber salário. Que tipo de remuneração receberá é difícil de dizer, pois há muitos aspectos especiais a considerar. Não poderá ele celebrar contrato de trabalho, pois ele próprio seria o empregador; talvez, se o juiz assinasse pelo empregador. Seu trabalho é temporário e sem data prevista.

O gestor judicial poderá sofrer as restrições e impedimentos semelhantes às existentes para o administrador judicial. Uma delas é a fiscalização pelos membros do Comitê; na hipótese de os dirigentes da empresa em falência serem afastados, os membros do Comitê fiscalizarão os atos do administrador judicial, que passará a ser denominado gestor judicial e será doravante o único responsável pela gestão dos negócios da empresa.

Não poderão exercer a função de gestor aqueles que, nos últimos cinco anos, tenham exercido o cargo de gestor, ou de membro do Comitê, em falência ou recuperação anterior, foram destituídos, deixarem de prestar contas dentro dos prazos legais, ou tiverem a prestação de contas desaprovadas.

Fica também impedido de integrar o Comitê ou exercer função de gestor aquele que tiver relação de parentesco ou afinidade até o terceiro grau com os dirigentes da empresa em falência ou deles for amigo, inimigo ou dependente.

O gestor poderá ser demitido pelo juiz, a pedido fundamentado dos demais membros do Comitê, por omissão, negligência ou prática de ato lesivo à administração da empresa em falência.

9.9. Destituição dos administradores

O devedor, o Ministério Público ou qualquer interessado, poderão requerer, mediante pedido fundamentado, a dissolução do Comitê, quando for o caso, ou a destituição de quaisquer de seus membros ou do administrador judicial por omissão, negligência ou prática de ato lesivo à administração. Os demais membros do Comitê, pelos mesmos motivos e forma, poderão requerer ao juiz a destituição do gestor, que será intimado para apresentar esclarecimentos.

Após intimar o devedor, credores e o Ministério Público para, em cinco dias, se manifestarem sobre o pedido de destituição, em despacho fundamentado, o juiz decidirá. Na destituição, o juiz aplicará ao destituído, se for o caso, a penalidade prevista no art. 95 da Lei de Recuperação de Empresas. Essa penalidade, que também poderá ser aplicada aos dirigentes da empresa em concurso, é a prisão administrativa; poderá ser decretada "ex officio", ou a pedido de qualquer credor regularmente habilitado ou, ainda, a requerimento do representante do Ministério Público, sendo assegurada ao punido a defesa prévia, no termos da Lei Processual Penal.

O juiz pode "ex officio", por motivo justificado, destituir também quaisquer dos membros do Comitê, quando for o caso, ou o gestor.

Da mesma forma que poderá qualquer interessado opor-se à nomeação dos membros do Comitê ou do administrador judicial, poderá opor-se também à manutenção deles, requerendo a destituição. Igualmente, pode o juiz, "ex officio", por motivo justificado, destituir os membros do Comitê ou o administrador judicial, sendo a destituição de um ou de todos os membros do Comitê, pelo que ele se dissolve. No ato da destituição, o juiz nomeará novo AJ.

Para a reconstituição do Comitê, seus membros são da escolha dos interessados e não do juiz. Os credores escolherão seu representante no Comitê e deverão eles ser intimados a indicarem o novo membro.

O ponto básico do problema é então: poderá o juiz de ofício nomear, ao seu arbítrio, o substituto do administrador judicial ou dos membros do Comitê, escolhendo quem lhe aprouver? Em nosso modo de ver, a lei reserva tacitamente essa faculdade ao juiz, segundo a interpretação do art. 31, que veremos adiante. Se cabe ao juiz nomear e destituir o AJ, cabe-lhe também nomear seu substituto.

Destituídos os administradores falimentares, assumirão outros em substituição. A destituição deve ocorrer por motivos seriamente explicáveis, por faltas graves praticadas pelos destituídos, que acarretarão danos à massa. Se esses atos danosos configurarem crimes, responderão eles criminalmente, conforme veremos no estudo dos crimes falimentares.

9.10. Responsabilidades do AJ e dos membros do Comitê

O AJ e os membros do Comitê responderão pelos prejuízos causados à massa falida, à empresa falida ou aos credores por dolo ou culpa, devendo dissidente em deliberação do Comitê consignar sua discordância em ata para eximir-se da responsabilidade.

Tratando-se de processo de falência, se o AJ for destituído, deverá ele prestar contas de sua administração, como se fosse no encerramento do processo. As contas serão prestadas, acompanhadas dos documentos comprobatórios, em autos apartados, que, ao final, serão apensados aos autos da falência.

O juiz determinará a publicação de edital para que os interessados se pronunciem ou queiram impugnar as contas, seguindo-se o feito até a sentença, da qual caberá apelação.

Se a sentença rejeitar as contas do AJ, ela fixará suas responsabilidades e poderá determinar a indisponibilidade ou seqüestro de bens e servirá como título executivo para indenização da massa falida. Poderá ainda o Ministério Público denunciá-lo.

9.11. A empresa especializada em recuperação judicial

A previsão de uma empresa destinada a prestar serviços de administração judicial foi introduzida no projeto da LRE quando já estava ele no Senado. Talvez tenha sido essa iniciativa inspirada pela legislação francesa, que não a previu no início, mas a criou anos mais tarde pelo Decreto 86.1176, de 5.11.86 "relativo às profissões de administrador judicial e ao mandatário-liquidante, previstos na Lei 66.879, de 29.11.66, relativo às sociedades civis profissionais".

Trata-se de empresa prestadora de serviços, que nosso novo Código Civil regulamentou nos arts. 997 a 1.038, com o nome de "sociedade simples". É também chamada da sociedade civil. Assim sendo, o administrador judicial pode ser de dois tipos:

– pessoa física: um profissional idôneo, preferencialmente advogado, economista, administrador de empresas ou contador;
– empresa especializada em administração judicial.

No antigo regime falimentar era nomeado síndico quem requeresse a falência, ou comissário quem fosse o maior credor da concordatária. No regime de recuperação judicial, não se aplica esse critério, o que julgamos salutar. Um banco, por exemplo, requer a falência de uma empresa devedora e, ao ser decretada, ele é nomeado síndico e terá que exercer funções que não são próprias de sua finalidade e de sua estrutura. A sindicância e o comissariado eram função e não profissão. O Direito de Recuperação de Empresas procura olhar o administrador judicial como um profissional especializado. Julgamos também que esse mister é um trabalho bem definido, complexo, e deve ser exercido por quem esteja preparado para exercê-lo.

Parece-nos que a adoção desse tipo de empresa seja um tanto ousado, mas como lutamos, há anos, pelo aprimoramento do Direito Empresarial e pela LRE, só nos resta aplaudir essa idéia do Senado e lutar para que ela frutifique.

Se o AJ for pessoa jurídica deve ser declarado no termo de compromisso o nome do profissional responsável pela condução do processo de recuperação judicial ou de falência, que não poderá ser substituído sem autorização do juiz.

Quanto à nomeação e substituição do AJ, seja pessoa física ou jurídica, continua sendo atribuição do juiz, como acontecia no regime antigo. Poderá o Comitê de Credores opor-se à nomeação, tendo motivos plausíveis, como também poderá pedir ao juiz a destituição caso ele não desempenhe a contento suas funções.

10. DA CONVOLAÇÃO DA RECUPERAÇÃO JUDICIAL EM FALÊNCIA (arts. 73 e 74)

10.1. Causas da convolação

10.2. A sentença convolatória

10.3. Arrecadação insuficiente

10.1. Causas da convolação

O sentido jurídico de convolação implica a mudança de estado jurídico. Convolar núpcias, por exemplo, é o que acontece com um viúvo que se casa novamente; de viúvo para casado. A convolação ocorre também com a empresa em estado de recuperação judicial, mas tem sua falência decretada: mudou seu "status" de empresa solvente para insolvente. Essa convolação é possível, quando a empresa em recuperação judicial dá motivos para não se contar com sua recuperação.

Demonstrando-se, no curso da recuperação judicial, a inviabilidade econômico-financeira da empresa ou o descumprimento do plano já delineado, os credores, em AGC – assembléia-geral de credores poderão requerer a convolação da recuperação judicial em falência. Muitos fatores podem revelar essa inviabilidade da empresa em recuperar-se. O art. 73 traz seis fatores, numa lista mais exemplificativa do que enumerativa, que examinaremos no capítulo seguinte.

A recuperação judicial é a fase de luta da empresa financeiramente abalada para recuperar-se, desde que ela apresente lastro suficiente para o soerguimento. No decorrer dessa fase, porém, é possível que os germens da insolvência a tenham minado de forma profunda, a tal ponto de não se tornar possível a volta ao estado de solvência. Em tal situação, continuar o trabalho de recuperação judicial pode ser até prejudicial à empresa e levá-la à bancarrota. Abre-se então o dilema: haverá conveniência em manter a recuperação judicial ameaçando prejuízos a todos – ou optar pela falência como melhor maneira de evitar mais prejuízos. Poderão os credores tomar essa decisão em assembléia de credores, pedindo ao juiz a decretação da quebra.

A qualquer momento do processo, o administrador judicial poderá demonstrar a inviabilidade econômico-financeira da empresa. Sendo o administrador judicial o acompanhante judicial do processo de recuperação, caberá a ele a vigilância sobre os atos da empresa. Essa missão cabe também aos credores. Ao constatar que a empresa não consegue reunir forças para sua salvação, podem eles requerer a rescisão, ou seja, a convolação da recuperação judicial em falência. Será perda de tempo esperar que fatores aleatórios venham socorrer a empresa que está caminhando para sua extinção.

Outra causa é a ocorrência de prejuízos continuados, com a redução do ativo e aumento significativo do endividamento. O plano de recuperação deve planejar as atividades e os lucros que eles podem proporcionar; os lucros deverão cobrir os furos no orçamento. Se não houver lucros, torna-se difícil a recuperação e se houver prejuízos torna-se impossível. Os prejuízos acumulados vão engrossando o passivo, o que representa suicídio lento da empresa. Impõe-se a falência para evitar males maiores.

Pode ainda acontecer que a empresa demonstre não ter condições de cumprir o plano de recuperação econômico-financeira e de suas eventuais modificações. Haveria necessidade de se elaborar outro plano, que só seria aceito se houvesse garantia de sucesso. Ou o plano foi mal formulado, estremecendo a empresa, ou as circunstâncias anularam o plano, tornando a empresa inviável.

Fator ainda mais grave é se a empresa não tiver cumprido qualquer etapa do plano de recuperação econômico-financeira, salvo caso fortuito ou força maior plenamente justificado e aceito pelo juiz. Neste caso há fatos consumados de descumprimento de obrigação assumida no plano; a empresa tornou-se inadimplente dos compromissos assumidos no processo, cuja sanção prevê a falência.

Igualmente, se houver atraso injustificado na liquidação das obrigações ou descumprimento dos prazos estabelecidos em relação aos credores, novos fornecedores e terceiros. Está havendo o cumprimento do plano, mas cumprimento irregular. Foi dada à empresa a oportunidade de acerto de seu estado de crise econômico-financeira, mas não significa que devam ser dadas oportunidades em cima de outras.

Serão ainda motivos de falência se a empresa devedora não apresentar os documentos prometidos e exigidos por lei, como por exemplo, certidão negativa dos débitos tributários. Poderá, porém, ela celebrar acordo com o fisco, parcelando os débitos tributários, prática essa que equivale a uma concordata com o fisco. Ou então, se ao pedir a recuperação judicial, ficar ela comprometida a apresentar o plano de recuperação e não o apresentar no prazo fixado em lei, ou o plano tiver sido rejeitado pelos credores.

Havendo AGC, esta terá poder competente para deliberar sobre o pedido de falência, desde que a decisão apresente mais da metade do valor total dos créditos presentes à AGC.

Insta ainda notar que há possibilidade de haver certos débitos fora do plano de recuperação judicial. Esses débitos podem ter sido assumidos após a concessão da recuperação judicial, portanto não compreendidos nela. Ao elaborar-se o plano, é possível que alguns

158

débitos não fiquem incluídos nele. Todos eles devem ser pagos no seu vencimento e se não forem pagos poderão ensejar a decretação da falência da empresa devedora.

Na convolação da recuperação em falência, os atos de administração, endividamento, oneração ou alienação praticados durante a recuperação judicial presumem-se válidos, desde que realizados na forma da LRE (art. 74).

Se, durante o período de recuperação, alguns créditos já tiverem sido habilitados e incluídos no quadro geral de credores, esses créditos serão considerados, não havendo necessidade de nova habilitação. Os créditos não habilitados durante a recuperação devem ser declarados, seguindo então o processo normal de habilitação (art. 80).

Causa a que o art. 73 deu grande importância é a desídia da empresa às suas obrigações processuais. Por exemplo, a empresa requer a recuperação judicial, tendo o prazo de 60 dias para apresentar o plano de recuperação. Não o apresenta, porém, nesse prazo, o que dará motivo ao juiz para a decretação da quebra. Ou então, ela apresenta o plano, mas este foi rejeitado pela assembléia-geral dos credores, não restando ao juiz outra alternativa a não ser declarar a falência.

Vamos apontar outra causa semelhante: o plano foi aprovado e a empresa tem o prazo de cinco dias para apresentar certidões negativas dos débitos tributários, conforme exigido no art. 57. Não os junta, entretanto.

Enfim, qualquer ato temerário praticado pela empresa em recuperação judicial, previsto em lei, mormente no art. 94, será suficiente para provocar a quebra. São exemplos desses atos: não pagar no vencimento algum título de crédito, ensejando o protesto; ser executado e não pagar nem nomear bens à penhora; dar garantia real a algum credor no período de recuperação judicial; vender bens de seu ativo fixo.

10.2. A sentença convolatória

Dirimidas as dúvidas, convencido dessas circunstâncias, o juiz ordenará a falência, contendo sua sentença o nome da empresa falida, a data e o horário da decisão, as razões do não prosseguimento de sua atividade, nomeando, desde logo, o administrador judicial para tomar todas as providências, independente de termo de nomeação, e fixando o

159

termo legal da falência. Essa decisão que determina a falência ou a indefere sujeitar-se-á ao recurso de agravo de instrumento.

Diz a lei que será nomeado o administrador judicial, mas já existe essa figura na recuperação judicial. Pensamos que o administrador judicial fique dispensado e nomeado outro. Poderá ser ou não a mesma pessoa, pois não há disposição legal a este respeito. Essa sentença é de rigoroso formalismo. A primeira exigência é de que a sentença traga o nome da empresa falida; em nossa opinião, deverá qualificar bem a empresa, citando outros dados, como por exemplo, o número de registro na Junta Comercial e o CGC.

A delicadeza da questão obriga a ser citada a data e também o horário da decisão. Por que será? – Na convolação da recuperação em falência, os atos de administração, endividamento, oneração ou alienação durante o período de recuperação judicial presumem-se válidos. Porém, se esses atos tiverem sido praticados após a data e hora do despacho, reputam-se como inválidos.

A sentença que decreta ou não a falência deve ser motivada. A falência da empresa, como por diversas vezes foi ressaltado, é medida de largas repercussões econômicas e sociais. Deve, portanto, ser justificada tão drástica decisão. É o empregador que dispensa o trabalho de várias pessoas; é o agente econômico morto, o contribuinte ao fisco eliminado. As atividades produtivas sofrem lesão, por menor que seja.

O termo legal da falência é fixado no despacho. Com esse nome, o direito brasileiro trata de sugestivo, importante e delicado instituto do Direito de Recuperação de Empresas. É o tempo anterior à sentença declaratória da falência; nesse período, que alguns chamam de "período suspeito", ocorrem atos praticados pelos dirigentes da empresa em estado de crise econômico-financeira, que podem ser atacados para atenuar ou anular seus efeitos. São atos praticados no período em que logo após viria a ser declarada falida.

Insta ainda notar que há possibilidade de haver certos débitos fora do plano de recuperação. Esses débitos podem ter sido assumidos após a concessão da recuperação judicial ou extrajudicial, portanto não compreendidos no plano. Ao elaborar o plano, é possível que alguns débitos não sejam incluídos nele. Todos eles devem ser pagos no seu vencimento, ou ensejarão a decretação da falência da empresa devedora.

10.3. Arrecadação insuficiente

Com a sentença convolatória, os bens da empresa falida serão arrecadados e, ato contínuo, alienados, a fim de pagar os credores depois de publicado o quadro-geral de credores.

Comprovado que o custo da falência é incompatível com o ativo da empresa falida, poderá o juiz determinar o encerramento antecipado do procedimento falimentar, publicando-se edital com prazo de vinte dias para manifestação dos interessados, findos os quais proferirá decisão. A empresa em falência pode ser microempresa ou empresa de pequeno porte, de tal forma que apenas algumas coisas, sem valor de venda, resta a arrecadar. Não há como solver os credores e nem mesmo cobrir as despesas do processo de falência.

Assim sendo, será feita liquidação abreviada, convocando-se os credores, por edital, para se manifestarem, e não havendo manifestação, o administrador judicial venderá os bens, se houver, e fará seu relatório final, pedindo o fim do processo. Poderá a empresa falida manifestar-se, e, estando em termos o processo, o escrivão remeterá os autos conclusos ao juiz para a sentença final. É chamada liquidação antecipada ou liquidação abreviada.

11. DA FALÊNCIA (arts. 75 a 82)

11.1. Caracterização do estado de crise econômico-financeira

11.2. Legitimação do pedido de falência

11.3. Sujeito passivo do pedido

11.4. Sujeito ativo do pedido

11.5. A defesa da empresa requerida

11.6. O processamento do pedido

11.7. Objetivo da falência

11.8. Pedido indevido de falência

11.9. O juízo competente da falência

11.10. Antecipação do vencimento

11.11. Os sócios ilimitadamente responsáveis

12.12. Continuação dos negócios na falência

11.1. Caracterização do estado de crise econômico-financeira

Examinamos a convolação da recuperação judicial para a falência, mas agora iremos focalizar a decretação da falência de empresa que não está em fase de recuperação; está ela em situação normal e de solvência para outro de insolvência. Essa convolação se faz com a sentença declaratória e constitutiva, pela qual modifica-se radicalmente o regime jurídico em que a empresa se encontrava.

A falência é o estado em que a empresa se viu colocada por sentença judicial. Houve radical mudança no "status" da empresa, convolando-se a situação de solvência para outra de insolvência. A caracterização do estado de falência é o conjunto de fatores que irão traçar as notas individualizadoras da empresa, após tenha sido ela declarada em falência. A sentença decretatória da falência é marco divisor entre os dois estados pré e pós falimentares, mas, antes da sentença, há outros fatores que deverão ser revelados no decorrer do processo, a fim de que o juiz possa basear sua decisão.

A sentença é a decisão do juiz para a solução do feito. Em termos de Direito de Recuperação da Empresa é ela que decreta a falência e, neste caso, é concomitantemente de dois tipos: declaratória e constitutiva. Declaratória porque declara a existência de um direito, a procedência do direito pretendido pelo autor do pedido. Constitutiva porque não se limita apenas à declaração do direito, mas constitui, cria novo estado, com novas relações jurídicas.

O coroamento final do processo é a sentença; no processo falimentar, ela põe fim ao pedido de falência. Deverá, porém, estar fundamentada, exigência normal de toda sentença, baseada nos fundamentos, nos requisitos da ação normalmente chamados de pressupostos comuns, outros que lhe são específicos, porque darão à sentença os elementos que caracterizarão a recuperação judicial. Os pressupostos básicos previstos pela nossa Lei de Recuperação de Empresas, dos quais já se falou e falaremos com mais ênfase, são os seguintes:

A – Elemento subjetivo: é a empresa mercantil como sujeito passivo do pedido;

B – Elemento objetivo: é causa do pedido, ou seja, razões que revelem o estado de crise econômico-financeira da empresa requerida;

C – O procedimento judicial do pedido de falência.

11.2. Legitimação do pedido de falência

O elemento objetivo é a causa do pedido de falência, causa essa prevista pelo art. 94 da Lei de Recuperação de Empresas e reveladora do estado de crise econômico-financeira, como por exemplo, títulos vencidos e não pagos e protestados. A causa precisa deve estar devidamente comprovada. São várias as causas, sendo a principal a impontualidade no pagamento de obrigações. Será decretada a falência do agente econômico que, sem relevante razão de direito, não paga no vencimento, dívida líquida constante de título executivo que ultrapasse a soma correspondente a 40 salários mínimos, considerado o valor originário.

Para requerer a falência daquele que não paga no vencimento dívida líquida constante de título executivo, deverá o credor instruir o pedido com instrumento representativo dessa dívida, cujo valor originário seja superior a 40 salários mínimos, representado por um ou mais títulos executivos devidamente protestados, acompanhado de certidão de protesto.

Os credores podem reunir-se em litisconsórcio, a fim de perfazer o limite mínimo de 40 salários mínimos para o pedido de falência. Poderão ser juntados assim no pedido de falência títulos de vários credores, ultrapassando o valor de 40 salários mínimos, o valor necessário para o pedido. Na data da promulgação da LRE, 10.2.2005, o salário mínimo era de R$ 260,00. O limite mínimo seria então de R$ 10.400,00. Todavia, o Governo Federal prometeu para o dia 1.5.2005 aumentar o salário mínimo para R$ 300,00, o que fará o limite aumentar para R$ 12.000,00. Louvável o estabelecimento desse limite, dando maior seriedade para o pedido de falência, o que fará diminuir o volume de pedidos.

Houve profunda reformulação nos critérios, em vista de ter sido transformada a antiga falência em processo violento de cobrança, parecendo ação de vingança pela inadimplência do devedor. A exigência de valor mínimo é para assegurar a inadimplência e não desacerto momentâneo da empresa devedora. Esse aspecto foi muito ressaltado no parecer elaborado pela comissão parlamentar encarregada da revisão do projeto, do qual transcrevemos o trecho seguinte:

> "Nossa proposta é de estabelecer verdadeiros entraves para aqueles que desejarem utilizar o pedido de falência como meio de cobrança. Desta forma, o pedido nunca poderá ser inferior a 10.000

UFIR (5.000 UFIR para o caso das microempresas e empresas de pequeno porte), além de estar representado por um ou mais títulos protestados e acompanhados de certidão de protesto de dois ou mais títulos de credores distintos tirados no período de 90 dias anteriores à data do pedido. Acreditamos que, com essas exigências, o pedido de quebra deixará de ser usado como meio indevido de cobrança, evitando que muitas bancarrotas desnecessárias ocorram, além de preservar o importante papel do Poder Judiciário".

Mais adiante, renova o parecer parlamentar essa posição contrária à leviandade com que se requeria a falência de uma empresa, que, muitas vezes, seria altamente inconveniente à economia do país:

> "Não se pode continuar a prática de que muitos credores se utilizam, de fazer da falência um mero meio de cobrança de seus créditos".

Considera-se obrigação líquida, para os efeitos da Lei de Recuperação das Empresas, legitimando o pedido de falência da empresa devedora, a constante dos títulos executivos judiciais e extrajudiciais regularmente protestados. Ainda que líquidos, não legitimam o pedido de liquidação judicial os créditos que não se possam na mesma reclamar. Podemos indicar como títulos executivos extrajudiciais a nota promissória, a letra de câmbio, a duplicata e o cheque; há porém muitos outros assemelhados, variantes desses quatro. Título executivo judicial é ainda a sentença judicial condenando alguém a pagar determinada importância em dinheiro. É também título executivo extrajudicial o contrato assinado e com duas testemunhas, em quem haja obrigação de pagamento de quantia certa e determinada.

Causa de pedido de falência que anteriormente causou polêmica e também conflitos jurisprudenciais foi a duplicata sem aceite. Hoje não há mais dúvidas, porquanto o próprio Supremo Tribunal Federal reconheceu que a duplicata sem aceite será título útil para o pedido, se estiver protestada e acompanhada do comprovante da entrega da mercadoria.

Não é apenas a impontualidade a razão do pedido, pois o art. 77 traz vários outros e deles nos ocuparemos em seguida.

Liquidação de bens

Outra causa para a caracterização da falência é quando a empresa procede à liquidação precipitada, ou lança mão de meios ruinosos ou fraudulentos para realizar pagamentos. É situação difícil de ser comprovada, pelo menos em tempo breve, pois depende de processo com diligências e peritagem. Mesmo assim, já houve casos em São Paulo, provocadores de iniciativa dos credores, como a empresa varejista que fez pela imprensa propaganda de liquidação de estoque pela metade do preço.

É também o caso de empresa que vende seus móveis ou imóveis ou os transfere a terceiros. Está-se descapitalizando e eliminando seu patrimônio e o patrimônio de uma pessoa é a garantia de seus credores. No caso em tela há mais dívida do que patrimônio. É o caso da indústria que aliena sua maquinaria. É situação difícil de ser provada em tempo breve, pois depende de processo com diligências ou peritagem, mas a simples alienação de bens é sinal de descapitalização da empresa.

Prática de fraudes

Ocorre ainda com a empresa que, por atos inequívocos, realiza ou tenta realizar, com o fito de retardar pagamentos ou fraudar credores, negócio simulado ou alienação de parte ou totalidade de seu ativo a terceiros, credores ou não. Consiste assim na prática de fraudes que debilitem a garantia dos credores. Entretanto, leis posteriores e combinação de várias outras leis oferecem "remedium juris" mais eficazes contra tais atos, como a Ação Pauliana e a ineficácia de atos praticados com fraude à execução. Entre esses atos podem ser citados os de forjar balanços, assumir dívidas em conceder créditos temerários, dar garantias a terceiros.

Transferência de estabelecimento

Causa bem complexa é a tentativa de transferência de estabelecimento sem o consentimento de todos os credores, salvo se ficar com bens suficientes para solver o seu passivo. Com que sentido é usado o termo "estabelecimento"? O projeto da Lei de Recuperação das Empresas era anterior ao atual Código Civil e este regulamentou o estabelecimento e lhe deu novo conceito. Ao falar em estabelecimento, quer mais referir-se à transferência de toda a empresa, isto é, os sócios vendem suas quotas a outrem e os novos donos da empresa não pagam. Os novos sócios são os chamados "laranjas". É normalmente suspeita a transferência da propriedade da empresa, quando os novos proprietários dela não honram os compromissos assumidos anteriormente por ela. Trata-se, portanto, da transferência das quotas da sociedade, quando os sócios vendo sua empresa em estado de crise econômico-financeira, retiram-se de cena, transferindo suas quotas a outras pessoas, fazendo com que a empresa tenha sua implosão nas mãos dessas últimas.

Simulação

Semelhante causa da falência é quando a empresa simula a transferência de seu principal estabelecimento, para burlar a legislação, a fiscalização ou prejudicar credores. Há nesse caso a simulação e não a transferência. Em sentido mais amplo esse dispositivo, considera a alienação de todos os valores da empresa, deixando-a sem lastro patrimonial para pagar seus débitos.

Famoso caso de simulação, com prejuízos a milhares de pessoas foi da TELEBRÁS, que transferiu todas as suas ações para outras a ela ligadas, centralizando-as todas em Brasília, de tal forma que se tornaria difícil sua localização.

Consideram-se praticados pelas sociedades os atos de natureza fraudulenta provenientes de seus diretores, dirigentes e liquidantes. Em princípio, a empresa é inerte; ela não tem mãos para assinar compromissos; assinam por ela seus representantes legais.

Concessão de garantia real

Forma de exaurimento patrimonial da empresa observa-se quando ela dá garantia real a algum credor sem ficar com bens livres e desembaraçados de ônus equivalentes às suas dívidas ou tenta essa prática, revelada a intenção por atos inequívocos.

É forma de fraude contra credores, depauperando o patrimônio da empresa, tornando-a incapaz de pagar seus credores. Já falamos diversas vezes a respeito do princípio de que o patrimônio de uma pessoa constitui a garantia de seus credores. Digamos que a empresa tenha imóvel de valor, mas hipoteca-o a um dos credores. Esse imóvel deixou de ser a garantia dos demais credores.

169

Ocultação dos representantes legais

Considera-se em estado de crise econômico-financeira a empresa cujos representantes legais abandonam as atividades, ausentam-se sem deixar representante para administrar o negócio, habilitado com recursos suficientes para pagar os débitos. Eles ocultam-se ou tentam ocultar-se de seu domicílio ou da sede da empresa ou do estabelecimento principal de seu negócio.

Execução frustrada

É motivo de pedido de falência a execução frustrada, da qual fizemos considerações em capítulo especial. Está previsto no inciso II do art. 94, dizendo que o devedor:

"executado por qualquer quantia líquida, não paga, não deposita e não nomeia à penhora bens suficientes dentro do prazo legal".

Neste caso, o requerente deverá instruir a exordial com certidão expedida pelo juízo em que se processa a execução.

Ainda que líquidos, não legitimam pedido de falência os créditos que nela não se possam reclamar; é o caso de contribuições a título gratuito.

Ocultação da empresa

Às vezes, é a própria empresa que desaparece: o oficial de justiça vai entregar citação à empresa no domicílio desta e certifica que ela não mais está lá e ninguém sabe para onde se transferiu. Vai citá-la na pessoa de seus representantes legais e estes não são encontrados. Neste caso, deve ela ser citada por edital.

Em nossa opinião pessoal, ante esse estado, o requerente da falência poderia requerer a imediata decretação, pois está patenteado seu estado de crise econômico-financeira e impossibilidade de continuar operando. Nesse caso, o pedido de falência transforma-se em processo de falência. Não deveria haver outras exigências e outros trâmites. Aliás, não deveria sequer haver a citação por edital, por ser processo dificultoso e custoso. Essa exigência consta porém da tradição processual. A simples certidão do oficial de justiça de que a empresa devedora está desaparecida e ninguém sabe que fim ela levou, revela seu estado caótico.

Infelizmente, tornou-se exigência legal, que se a empresa requerida ou seu representante legal não forem localizados, far-se-á a citação por edital.

Em todos esses casos, o pedido de falência descreverá os fatos que caracterizam a causa do pedido, juntando-se as provas que houver e especificando-se as que serão produzidas.

11.3. Sujeito passivo do pedido

O elemento subjetivo do pedido é o sujeito passivo da ação. A falência atinge apenas a empresa, individual ou coletiva. A mercantilidade da empresa requerida deve ficar provada no pedido de falência, com os atos constitutivos do sujeito passivo e registrados na Junta Comercial. A juntada do contrato social, ou do estatuto, se se tratar de S/A, na instrução do processo é fator importante, porquanto prova a natureza jurídica da empresa e quem são seus representantes legais.

Acreditamos que nossa justiça continue a orientação jurisprudencial de submeter a concurso as "empresas de fato", sem registro, que o Código Civil chama de "sociedade comum" e também "sociedade não personificada". Necessário se torna, nesse caso, ao requerente da falência, provar a existência de fato da empresa cuja falência for requerida; deve ficar evidenciado que essa empresa, mesmo sem registro ou seus atos constitutivos, exerça atividade econômica organizada para a produção e venda de mercadorias e serviços, para a satisfação do mercado consumidor, com intento lucrativo. Por exemplo, a propaganda em jornais divulgando sua atividade de compra e venda por atacado ou a varejo.

Invocando nosso Código Civil, indica ele os diversos tipos de empresa:

– EMPRESÁRIO: é a pessoa individual que se registra na Junta Comercial, para o exercício de atividades empresariais.

– SOCIEDADE EMPRESÁRIA: é a empresa mercantil coletiva, ou seja, formada por duas ou mais pessoas. É o caso da sociedade limitada, da S/A, da sociedade em nome coletivo, da sociedade em comandita simples, da sociedade em comandita por ações.

– SOCIEDADE SIMPLES: é a sociedade que se dedica à prestação de serviços, registrada no Cartório de Registro Civil de Pessoas Jurídicas. Esse modelo societário não fica atingido pela LRE.

11.4. Sujeito ativo do pedido

Quem poderá requerer a falência? Trata-se agora do agente do procedimento falimentar, o requerente do pedido de falência do devedor inadimplente. Normalmente é o credor de crédito líquido e certo, representado por título executivo protestado. Todavia, o agente ativo poderá ser a própria empresa em estado de crise econômico-financeira.

Situação inusitada é a do empresário individual que tiver falecido deixando dívidas e patrimônio capaz de cobrir pelo menos boa parcela da dívida. Abre-se o inventário, mas poderá ser pedida a falência do próprio espólio por credor legalmente habilitado. Poderá ser pedida também pelo inventariante, constituindo, pois, autopedido, e também poderão requerer o cônjuge supérstite e os herdeiros do empresário falecido. Nessas condições, o espólio equipara-se à empresa, para os fins falimentares.

A respeito do requerente da falência, será conveniente relembrar o aspecto que por diversas vezes foi levantado e será novamente lembrado. Trata-se da disposição do art. 101, dizendo que quem por dolo requerer a falência de outrem, será condenado, na sentença que denegar a falência, em primeira ou segunda instância, a indenizar à empresa devedora, apurando-se as perdas e danos na liquidação da sentença.

Se algum credor que requerer a falência não tiver domicílio e bens no Brasil que possam garantir as custas do processo, deverá prestar caução relativa às custas e ao pagamento das verbas da sucumbência e à possível indenização que lhe puder acarretar o precipitado e leviano pedido de falência de outrem.

Se o credor requerente for empresa, deverá apresentar certidão de seu registro na Junta Comercial.

11.5. A defesa da empresa requerida

A LRE reserva à empresa requerida muitos meios de defesa, pois o objetivo da RJ é exatamente evitar a falência. O depósito elisivo foi mantido, e a empresa, tão logo tenha sido citada ou no prazo da contestação, poderá depositar em juízo o valor correspondente ao total do crédito que tiver causado o pedido de falência, acrescido de correção monetária, juros e honorários advocatícios. A falência fica elidida, donde o nome de "depósito elisivo"; não pode mais ser declarada.

Em seguida contesta o pedido, se tiver razões para tanto: se o pedido for julgado procedente, o juiz determinará o levantamento do depósito pelo autor; se o pedido for improcedente, a empresa requerida recuperará o valor do depósito, encerrando-se igualmente o processo.

No prazo de contestação, a empresa requerida poderá pedir a RJ, o que obstará a falência. Segue-se então o processo, transformado em processo de recuperação judicial, seguindo-se as normas examinadas no capítulo sobre a recuperação judicial.

A empresa que tiver sua falência requerida poderá defender-se, opondo exceção, porém, limitada aos casos previstos no art. 96, cabendo a ela o ônus da prova. Para exercer seus direitos de defesa, porém, a empresa requerida deverá garantir o juízo, depositando o valor correspondente ao crédito reclamado, no prazo de defesa. Feito o depósito, a falência não poderá ser decretada e, diante da improcedência de sua defesa, o juiz declarará exigível o crédito e determinará o levantamento da soma em favor do autor da ação.

No regime antigo, e acreditamos que seja o critério mantido no atual regime, os juízes têm sido liberais na garantia de pagamento do crédito reclamado. Pode ser evitado o depósito elisivo, desde que a empresa requerida apresente outra forma de garantia, como fiança bancária ou oferecendo bem idôneo em penhor ou hipoteca, livre e desembaraçado de ônus, e de valor superior ao crédito inadimplido e reclamado no pedido de falência.

Ao garantir o juízo com o depósito elisivo, a empresa requerida poderá impugnar o pedido, oferecendo exceção e alegando a inabilidade do crédito reclamado. Essa defesa fica restrita a razões previstas em lei, que passaremos a relatar.

1. Em primeiro lugar vem a falsidade do título da obrigação. Cabe o ônus da prova ao devedor: "onus probandi incumbit ei qui agit". Comprovada a falsidade do título poderá o requerente incorrer em crime de falsificação documental.

2. O segundo inciso do art. 96 aponta a prescrição da obrigação contida no título, prescrição essa prevista na legislação regulamentadora do título representativo da dívida, como cheque, duplicata e outros. De forma geral, a prescrição dos títulos de crédito é de seis meses para a ação executiva e não podendo ser executado, o título não pode instruir o pedido de falência.

A duplicata, por exemplo, tem o prazo de três anos para ser executada contra o sacado, contado da data do vencimento dela. Passado esse prazo, não é mais título executivo; não pode provocar execução e conseqüentemente o pedido de falência.

O cheque prescreve em seis meses, contados da expiração do prazo de apresentação; este prazo é de um mês a partir da emissão. Conclui-se então que a execução do cheque deva se processar em sete meses a partir da emissão.

Aspecto importante a ser observado com o maior cuidado é o de que a prescrição só se suspende quando o juiz der o despacho acolhendo a execução, o que às vezes pode demorar. Assim sendo, se o pedido de falência for requerido já no final do prazo, é preferível pedir ao juiz para que suspenda o curso da prescrição e só após protocolar o pedido.

3. Vem em seguida a nulidade da obrigação ou do título respectivo. A nulidade do título é discutível, como base de impugnação. Salvo circunstâncias excepcionais, o título só será nulo se houver sentença judicial declarando a nulidade.

Poderá o juiz considerar como nulo o título a que falte requisito formal imprescindível, de tal forma que apresente vício gritante. Por exemplo, a nota promissória na qual não conste a expressão "nota promissória"; é título nulo como nota promissória pois cada título está obrigado a trazer seu nome; se não contiver o nome como se poderá saber que título é e qual a lei que a ele se aplica? Outro exemplo é a nota promissória ao portador; faltou a ela requisito essencial, que a lei exige. Além do título, também a obrigação pode ser nula, como, por exemplo, se for dívida proveniente de jogo de azar.

4. O quarto inciso do art. 96 aponta o pagamento do título; título pago é dívida extinta; não é mais título de crédito, mas documento comprobatório de operação econômica realizada.

5. Há outra forma de a empresa requerida evitar sua falência; é a de pedir a recuperação judicial. Dentro do prazo de contestação, a empresa poderá pleitear sua recuperação judicial, na forma da LRE. Esse pedido segue, porém, os trâmites normais da recuperação judicial, sujeitando-se à aprovação dos credores e do juiz.

6. Finalmente, o inciso VI indica qualquer outro fato que extinga, suspenda ou não legitime o pagamento do título que é reclamado. Há muitas incidências neste inciso e outras causas reveladas mesmo em legislação à margem da Lei de Recuperação das Empresas. É o caso do pedido de falência ser apresentado fora da comarca em que a empresa requerida tem seu principal estabelecimento.

A empresa pode alegar sua imunidade à falência, como as instituições financeiras, as companhias seguradoras, as empresas de aviação mercantil, as associações, as fundações e outras. Apesar dessa previsão legal, vê-se comumente em São Paulo requerimento contra empresas dessa natureza.

Não pode ensejar pedido de falência crédito que não possa ser reclamado nos procedimentos falimentares, como prestação alimentícia, obrigações a título gratuito. Também os débitos da empresa requerida provenientes de penas pecuniárias por infração das leis penais administrativas e policiais.

A antiga Lei Falimentar apontava a empresa que estivesse inativa há mais de dois anos. É esquisita essa disposição, pois, se a empresa assumiu dívidas e emitiu título de crédito, praticou ato que a tirou da inatividade. A atual Lei de Recuperação de Empresas traz essa mesma disposição, devendo a inatividade ser provada por documento hábil da Junta Comercial, mas não prevalecerá se houver provas de atividade posterior. Não será decretada a falência de S/A após liquidado e partilhado o seu ativo nem do espólio após um ano da morte do devedor. Esse fato poderá ser alegado como defesa em caso de pedido de falência.

As formas de defesa, retro-referidas, não obstam a decretação da falência, ao final, se restarem obrigações não atingidas pelas formas de defesa, em montante que supere o limite previsto nessas formas de defesa.

11.6. O processamento do pedido

A ocorrência mais comum de requerimento da falência é a de algum credor requerer a falência da empresa devedora. Far-se-á o pedido mediante a petição inicial subscrita por advogado com poderes especiais para tanto, vale dizer, deve a procuração especificar que o mandato é para requerer a falência da empresa devedora bem identificada. Deverão ser juntados todos os documentos esclarecedores, principalmente os exigidos por lei, como certidão da Junta Comercial, com os dados do contrato social, incluindo-se o nome e qualificação dos dirigentes.

Sendo citada, a empresa devedora terá dez dias para se defender, opondo as exceções já referidas. Deverá, porém, depositar o valor do crédito reclamado. Se o pedido for considerado procedente, a sentença determinará o levantamento do depósito elisivo pelo credor; se o pedido for julgado improcedente a empresa requerida levantará o depósito que fizera. Encerra-se então o processo de pedido de falência.

Os pedidos de falência estão sujeitos a distribuição obrigatória, seguindo rigorosa ordem de apresentação. Esses pedidos serão entregues, imediatamente, pelo distribuidor ao escrivão a quem houverem sido distribuídos. A distribuição do pedido previne a jurisdição para qualquer outro da mesma natureza, relativo à mesma empresa requerida. As ações que devam ser propostas no juízo de falência estão sujeitas à distribuição por dependência (art. 96).

Os processos de falência e os seus incidentes preferem a todos os outros na ordem dos feitos, que qualquer instância. Esse critério revela o interesse judicial no rápido processamento o feito concursal, por série imensa de motivos, como para evitar o desgaste patrimonial, a prescrição e tantos outros.

O procedimento de falência visa a atender aos princípios da economia e celeridade processuais. Sempre no sentido de resolução acelerada dos problemas concursais, poderão os credores, de forma individual ou coletiva, em razão dos custos e no interesse da massa falida, adjudicar, de imediato, os bens arrecadados, pelo valor da avaliação, atendida a regra de classificação e preferência entres eles.

Os bens arrecadados poderão ser dados em pagamento, observada a classificação dos créditos, ou, removidos, desde que haja necessidade de sua melhor guarda e conservação, hipótese em que permanecerão em depósito sob responsabilidade do administrador judicial, mediante compromisso. Compete ao administrador judicial a arrecadação imediata dos bens da empresa falida.

Quem por dolo requerer a falência de outrem, será condenado, na sentença que denegar a falência, em primeira ou segunda instância, e

176

indenizar à empresa requerida, apurando-se as perdas e danos em liquidação de sentença. Houve casos em São Paulo em que foi requerida falência de associação esportiva; também de empresa de transporte aéreo, à qual não se aplicam os procedimentos falimentares. O dolo fica caracterizado. A lei fala apenas em dolo; em caso de culpa, caberá ao prejudicado mover ação de indenização. Se houver dolo, porém, a condenação será feita na própria sentença que julgar improcedente o pedido de falência irregular.

11.7. Objetivo da falência

Procura o Direito de Recuperação da Empresa arredar do procedimento falencial o sucateamento do ativo da empresa falida, o que vinha acontecendo nos últimos anos. O processo falimentar deve dar passos que sempre revelem o empenho de evitar a desvalorização do patrimônio ativo da empresa falida. Esses princípios estão expostos no art.75 da LRE:

"A falência, ao promover o afastamento do devedor de suas atividades, visa a preservar e otimizar a utilização produtiva dos bens, ativos e recursos produtivos, inclusive os intangíveis, da empresa".

Muitas medidas concretas a LRE estabeleceu para viabilizar a celeridade do processo, simplificando certos passos, estabelecendo prazos, diminuindo a intervenção do Ministério Público e restringindo os poderes do juiz. Examinaremos melhor essa questão ao estudarmos as formas de realização do ativo.

11.8. Pedido indevido de falência

O pedido de falência deve estar estribado na lei, observando-se as normas e os pressupostos estabelecidos na LRE. A inobservância dessas disposições poderá acarretar sérias responsabilidades ao infrator. Quem por dolo requerer a falência de outrem, será condenado, na sentença que julgar improcedente o pedido, a indenizar a empresa requerida, apenando-se as perdas e danos em liquidação da sentença. Havendo mais de um autor do pedido, serão solidariamente responsáveis aqueles que se conduziram temerariamente (art. 101).

177

Foi o que aconteceu com a empresa de aviação Transbrasil, à qual não se aplicava a Lei Falimentar, uma vez que as concessionárias de serviços aéreos estavam imunes aos feitos concursais. No atual regime da LRE, as empresas de transportes aéreos não ficam imunes aos efeitos desta Lei. Entretanto, diversos credores requereram a falência da Transbrasil, tendo sido inócuos esses processos e condenados os autores do pedido a pesada indenização. No final de 2004, às vésperas da promulgação da LRE, vários credores requereram a falência da VASP, o que nos leva a crer que incorrerão nas mesmas penas.

Interessante problema será levantado agora com o advento da LRE. Esses pedidos de falência, promovidos no ano passado de 2004, serão julgados quando a LRE já estiver em vigor. Essa indenização será devida se o processo for julgado nos termos da nova Lei?

Diz o art. 192 da LRE:

"Esta Lei não se aplica aos processos de falência ou concordata ajuizados anteriormente ao início de sua vigência, que serão concluídos nos termos do Decreto-lei 7.661, de 21.6.45".

Ao falar em "processos de falência", quererá também se referir a processos de "pedido de falência"? Parece-nos que sim, porque fala, logo em seguida "ajuizados" e não "julgados".

Há ainda outra agravante à responsabilidade do autor temerário. Por ação própria o terceiro prejudicado também pode reclamar indenização dos responsáveis.

11.9. O juízo competente da falência

O juízo da falência é indivisível e competente para conhecer todas as ações sobre bens, interesses e negócios da empresa falida, ressalvadas as causas trabalhistas, fiscais e aquelas não reguladas pela LRE, em que a empresa falida figurar como autora ou litisconsorte ativa. Todas as ações, inclusive as excetuadas retro-referidas, terão prosseguimento com o administrador judicial que deverá ser intimado para representar a massa falida, sob pena de nulidade do processo (art. 76).

Por várias vezes a LRE refere-se ao juízo universal da falência; uma vez protocolado pedido de falência ou de recuperação judicial, fica prevento o juízo para conhecer as demais ações referentes à empresa. Se houver novos pedidos de falência devem eles ser distribuídos para a mesma vara. As demais ações, de execução ou cobrança, terão também idêntico destino. Se estiver correndo em outra vara alguma execução, esta deve ser suspensa, ou então, intentado no juízo universal. É um dos efeitos da sentença declaratória da falência: direito estabelecido do juízo universal.

Há, entretanto, ações para as quais não se observa idêntico critério. Uma delas é a referente a demandas trabalhistas; correm elas em varas próprias, da jurisdição federal, não tendo o juízo universal da falência competência para conhecê-las. Se a ação trabalhista resultar em condenação da empresa falida a pagamento ao empregado, este poderá habilitar seu crédito, reconhecido por sentença, no juízo universal.

É o que ocorre ainda com as execuções fiscais, que deverão correr em varas especializadas e, depois de julgadas, serão cobradas no juízo universal. Igualmente as ações que demandarem quantias ilíquidas ou questões não creditórias. Só após haver decisão que transforme a pretensão em crédito, passarão essas demandas para a cobrança no juízo universal.

Tais causas não poderão prosseguir à revelia da massa falida. Deverá o administrador judicial ser intimado para que se pronuncie nesses processos, sob pena de nulidade deles. A defesa da massa falida será feita então pelo administrador judicial.

Com a formação do juízo universal não poderá juiz de outra vara atender a qualquer pretensão contra a empresa falida; deve ser a ação protocolada no distribuidor e seguida imediatamente para o juízo universal. Se houver vários pedidos de falência, eles seguem a ordem do protocolo. Os processos de falência e os seus incidentes preferem a todos os outros na ordem dos feitos, em qualquer circunstância (art. 179). Predomina o princípio de celeridade que caracteriza os procedimentos concursais.

11.10. Antecipação de vencimento

A decretação da falência determina o vencimento antecipado das dívidas da empresa devedora e dos sócios ilimitada e solidariamente responsáveis, com o abatimento proporcional dos juros, e converte todos os créditos em moeda estrangeira para a moeda do País, pelo câmbio do dia da decisão judicial, para todos os efeitos da LRE (art. 77).

Deve haver abatimento de juros e correção monetária que a empresa tenha pago antecipadamente. Por exemplo: a empresa levantou empréstimo em banco, no dia 10 de janeiro, para vencer-se em 10 de maio, portanto com prazo de quatro meses, dando nota promissória para garantia desse empréstimo. O banco antecipou juros e correção monetária referente aos quatro meses, ou seja, até 10 de maio.

Em 10 de fevereiro a empresa tem sua falência declarada e o vencimento dessa nota promissória foi antecipado para a data da falência, vale dizer, 10 de fevereiro. Ao ser feito o pagamento desse crédito, a contagem dos juros e correção monetária começará em 10 de maio, pois até essa data o banco já tinha recebido.

O crédito habilitado deve ser sempre um crédito líquido e certo. Pois, se é discutível ainda, deverá ser decidido. Por essa razão, crédito em moeda estrangeira não pode ser habilitado: não se trata de crédito líquido, mas dependente de cálculo.

11.11. Os sócios ilimitadamente responsáveis

A antiga Lei Falimentar estabelecia muitas disposições sobre o sócio ilimitamente responsável, e a LRE, de forma bem mais moderada, leva-o em consideração. Na prática, esse tipo de sócio nem existe mais e já fizemos referências a ele neste compêndio. Como, entretanto, ele está previsto na lei e ainda existem vários deles pelo Brasil, a LRE não poderia deixá-lo de lado.

A decisão que decreta a falência da sociedade com sócios ilimitadamente responsáveis também acarreta a falência destes, que ficam sujeitos aos mesmos efeitos jurídicos produzidos em relação à sociedade falida e, por isso, deverão ser citados para apresentar contestação, se assim o desejarem (art. 81). A situação agora se complicou mais ainda. No antigo regime, a falência estendia seus efeitos a esses sócios, mas não os declarava falidos; quem estava falida era a empresa e não seus sócios. Agora, porém, os inclui na falência. É mais um motivo para que essa categoria de sócio tenda a desaparecer. Eles são falidos e seus bens particulares são arrecadados para formar a massa falida. Sofrerão eles o "capitis diminutio" peculiar à empresa falida.

A responsabilidade pessoal dos sócios ilimitadamente responsáveis, dos controladores e dos administradores da sociedade falida, estabelecida nas respectivas leis, será apurada no próprio juízo da falência, independentemente da realização do ativo e da prova da sua insuficiência para cobrir o passivo, observado o procedimento ordinário previsto no Código de Processo Civil (art. 82).

Vai mais além o efeito da falência; esse critério aplica-se também ao sócio que tenha se retirado voluntariamente ou que tenha sido excluído da sociedade há menos de dois anos, quanto às dívidas existentes da data do arquivamento da alteração do contrato social, no caso de não terem sido solvidas até a data da decretação da falência. Diz um provérbio que quando os ratos abandonam o navio é porque ele está prestes a se afundar; se os sócios de uma empresa sentem que ela não tem mais salvação, procuram passá-la adiante e se retiram, inscrevendo "laranjas". Essa prática encontrará agora muitas dificuldades, pelo menos nos dois anos. Passado esse prazo, a nova direção terá tido tempo de resolver a situação, e as dívidas anteriores à saída dos sócios já devem estar pagas.

A ação de responsabilização para esses sócios prescreverá em dois anos, contados da sentença de encerramento da falência. O juiz poderá, de ofício, ou mediante requerimento das partes interessadas, ordenar a indisponibilidade de bens particulares dos réus, em quantidade e valor compatíveis com o dano provocado, até o julgamento da ação de responsabilidade.

11.12. Continuação dos negócios na falência

Segundo o art. 99-XI, a empresa falida poderá dar continuidade às suas operações, se houver conveniência geral, como, por exemplo, um contrato de montagem industrial, cuja maior parte já tiver sido cumprida. É um caso que raramente ocorre, mas é possível que uma empresa seja colhida pela falência, suspendendo alguma operação que poderia trazer benefício a todos os credores.

A continuação do negócio poderá ser requerida pelo AJ e autorizada pelo juiz. Para dirigir as operações ficam impedidos os dirigentes da empresa falida (que a Lei chama de "administradores"), podendo o AJ propor a contratação de um gerente, com conhecimentos técnicos e idoneidade empresarial. O gerente deverá ser profissional remunerado, que trabalhará em conexão com o AJ.

Esse instituto suplementar foi aplicado na falência do Mappin e da Mesbla, cadeias de lojas com vasto estoque de mercadorias à venda.

Essas mercadorias dariam enorme trabalho na administração da falência, e sua liquidação evitou o depósito do estoque, avaliação, leilão e outros gravames.

Infelizmente, a Lei 11.101/05 não regulamentou a contento esta questão, resumindo-se a dizer no art. 99:

> "A sentença que decretar a falência do devedor, dentre outras determinações:
>
> ....
>
> XI – pronunciar-se-á a respeito da continuação provisória das atividades do falido com o administrador judicial ou da lacração dos estabelecimentos, observado o disposto no art. 109 desta Lei".

A antiga Lei Falimentar, no art. 74, trazia ampla regulamentação a este respeito.

12. DA RECUPERAÇÃO EXTRAJUDICIAL (arts. 161 a 167)

12.1. O retorno do acordo particular

12.2. O "modus faciendi" da formulação do pedido

12.3. Créditos integrados no acordo

12.4. O processamento do pedido

12.5. A solução arbitral de divergências

12.1. O retorno do acordo particular

Já na fase final da tramitação do projeto na Câmara dos Deputados, o Banco Central do Brasil propõe a inclusão de novo capítulo, denominado "Da Recuperação Extrajudicial". Foi a ressurreição da antiga "concordata amigável", existente nas leis anteriores ao Decreto-lei 7.661/45, mas abolida por este. Aliás, pelo regime instituído em 1945, a proposta de concordata amigável seria ato de falência, capaz de provocar a quebra da empresa proponente.

É nosso parecer o de que essa medida tem alcance mais profundo do que parece. Impulsiona mais ainda o Direito de Recuperação de Empresas para a posição privatista, situando os procedimentos concursais na área da vida econômica das empresas. O Direito de Recuperação de Empresas caracteriza-se mais como ramo do Direito Empresarial, ocupando-se da situação da empresa em sua fase patológica, vale dizer, no estado de crise econômico-financeira. É sugestivo observar que este novo instituto não exige a presença do Ministério Público, a não ser para a homologação judicial. Embora se trate de iniciativa privada, de relacionamento entre uma empresa privada e seus credores, será submetido o acordo à aprovação judicial.

Tivemos que retroceder nossos estudos à fase anterior a 1945, mormente ao insigne comercialista, Prof. Waldemar Ferreira, a quem se atribuiu a elaboração da Lei Falimentar de 1929. Todavia, o regulamento da recuperação extrajudicial está adaptado aos nossos dias, com matizes próprios, apenas tomando como modelo as antigas normas da concordata amigável. É o que também ocorreu com a Lei de Recuperação da Empresa, original e moderna, mas tomando por base a lei francesa. Vale lembrar que os senadores acharam melhor chamar a lei de "Lei de Recuperação das Empresas". Examinemos, porém, essa inovação, regulamentada pelos arts. 161 a 167.

A convocação, pela empresa devedora, de credores ou de classe de credores, para a apresentação da proposta do plano de recuperação extrajudicial, não caracterizará ato de falência, vale dizer, não constituirá motivo de quebra da empresa, conforme previsto no regime de 1945. A consideração era a de que, se a empresa convoca seus credores e lhes diz que deve mas não pode pagar, seria a mesma coisa que dizer: "estou falida". Só lhe resta então ter sua falência decretada. Houve profunda alteração conceitual entre o antigo e o novo regime concursal.

A regulamentação tornou-se muito liberal, concedendo-se ao devedor e seus credores, como pessoas privadas, ampla liberdade em decidir quais os meios de recuperação adotados. É interessante notar que a empresa devedora não precisa convidar todos os credores, convocando apenas alguns deles, deixando outros fora. Assim, somente os credores que aderirem ao plano ficam sujeitos aos seus efeitos. Os credores que ficarem fora do plano cobrarão seu crédito no vencimento. Poderá também a empresa devedora propor o plano só para uma classe de credores, como os quirografários.

Imaginemos então que uma empresa tenha vários créditos a se vencer no período de cinco meses, mas haja um crédito vencível daí a um ano. Poderá ela celebrar a recuperação extrajudicial com todos os demais credores, com proposta de pagamento em doze prestações mensais. O crédito vencível no prazo de um ano fica fora e será pago no vencimento previsto.

Três tipos de crédito ficam, porém, excluídos legalmente da recuperação extrajudicial: os trabalhistas, os decorrentes de acidentes de trabalho e os tributários. Também não poderá a empresa em crise econômico-financeira requerer a homologação do acordo de recuperação extrajudicial enquanto perdurarem os efeitos de outro, vale dizer, não poderá haver dois planos em andamento.

12.2. O "modus faciendi" da formulação do pedido

Há duas maneiras de se formalizar a recuperação extrajudicial. A empresa interessada convoca seus credores e lhes apresenta o plano de recuperação judicial. Estes poderão deliberar de duas formas: com acordo por instrumento particular, ou então por AGC – assembléia-geral de credores.

A convocação dos credores deverá ser feita publicamente pela empresa devedora em edital. Não diz, porém, o art. 163 se esse edital deverá ser feito no Diário Oficial ou em jornal de circulação na comarca. A assembléia deverá ser realizada na cidade em que estiverem domiciliados os credores que representem a maior parte do passivo admitido à recuperação extrajudicial. Esse critério dá o que pensar. Não deveria ser foro de falência, isto é, o local em que a empresa tem o seu principal estabelecimento? Concede a lei todavia maior comodidade aos credores, embora não haja ainda intervenção judicial. A convocação dessa assembléia obedece à regulamentação dela, estudada em capítulo especial neste compêndio.

Reunidos os credores, quer por instrumento próprio, quer por assembléia-geral, a empresa devedora apresenta seu plano de recuperação, desde que esteja de acordo com as exigências legais para a recuperação. Essas exigências são a importância social e econômica da atividade da empresa, a mão-de-obra e tecnologia empregada, o tempo de constituição e funcionamento do negócio desenvolvido pela empresa, o faturamento anual e nível de endividamento da empresa. Sobre esses requisitos, já tínhamos traçado considerações no capítulo sobre a recuperação judicial.

Celebrado o acordo, a empresa devedora poderá requerer a homologação judicial, na comarca em que estiver localizado seu principal estabelecimento. Juntará, além da documentação do acordo, como o instrumento próprio ou a ata da assembléia geral dos credores que tiver aprovado o plano de recuperação, vários outros documentos. Essa documentação é quase a mesma que a exigida para o pedido de recuperação judicial. Assim está expresso no art. 162:

> "O devedor requererá a homologação em juízo do plano de recuperação extrajudicial, juntando sua justificativa e o documento que contenha seus termos e condições, com a assinatura dos credores que a ele aderiram".

Não será possível o pedido de recuperação extrajudicial se já estiver pendente outro pedido de recuperação extrajudicial ou se a empresa requerente houver obtido recuperação judicial ou homologação de outro plano de recuperação extrajudicial há menos de dois anos. Evita-se assim que o apelo ao novo sistema se transforme em rotina.

O pedido de homologação do plano de recuperação extrajudicial não acarretará suspensão de direitos, ações ou execução nem a impossibilidade do pedido de decretação da falência pelos credores não sujeitos ao plano de recuperação extrajudicial. Como já fora dito, o plano de recuperação extrajudicial pode ser celebrado só com determinados credores, como por exemplo, só com os quirografários, podendo ficar de lado alguns credores de pequena importância. Se esses credores não forem satisfeitos nos seus créditos, poderão requerer a falência da empresa em recuperação judicial.

12.3. Créditos integrados no acordo

Podem sujeitar-se aos efeitos da recuperação extrajudicial quaisquer créditos existentes na data do requerimento, vencidos ou vincendos, salvo os de natureza trabalhista ou tributária, ou decorrentes de acidente de trabalho, com ou sem garantia, incluindo-se os que estejam em execução. Há, porém, alguns aspectos discutíveis a este respeito, dos quais falaremos em breve.

12.4. O processamento do pedido

A princípio, a recuperação extrajudicial era de total liberalidade, mas, ao passar pelo Senado, este estabeleceu algumas exigências e restrições, aceitas pela Câmara dos Deputados, que era a câmara original. Assim, os credores participantes do plano de recuperação extrajudicial adquiriram algumas faculdades de oposição. Além disso, o juiz não terá total autonomia para a homologação, sendo submetido o devedor a certas exigências de ordem legal; as transgressões a essas exigências legais, poderão ser argüidas pelos credores.

Por exemplo: além dos documentos exigidos, a princípio, para o plano, previstos no art. 163, 6º, a empresa requerente deverá juntar mais alguns que eram próprios do plano de recuperação judicial. Deve juntar, mesmo para o plano de recuperação extrajudicial, as demonstrações contábeis relativas ao último exercício social e as levantadas especialmente para instruir o pedido.

Outros documentos ainda deverão instruir o pedido de recuperação extrajudicial: os que comprovem os poderes dos subscritores para novar ou transigir; relação nominal completa dos credores, com a indicação do endereço de cada um, a natureza, a classificação e o valor atualizado do crédito discriminando sua origem, o regime dos respectivos vencimentos e a indicação dos registros contábeis de cada transação pendente.

Além dessas medidas, no prazo do edital, deverá a empresa requerente comprovar o envio de carta a todos os credores sujeitos ao plano, domiciliados e sediados no Brasil, informando a distribuição do pedido, as condições do plano e prazo para a impugnação. Ante essas novas disposições, surgem várias dúvidas. O que significa "todos os credores sujeitos ao plano", que consta do art. 162-1º? Serão os signatários e também os não signatários? Por que deveriam os credores signatários do plano receber carta dando as condições do plano, se eles já o assinaram?

Há impressão de que os credores signatários poderiam impugnar o plano, que eles já tinham aprovado, mas diz a Lei que após a aprovação do plano, não poderão eles mudar seu ponto de vista. Em nosso parecer não será lícito aos credores signatários fazer impugnação ao plano, a menos que se haja revelado alguma fraude.

A Lei, por outro lado, ao mesmo tempo em que concede a faculdade de impugnação, limita bastante essa faculdade. Para opor-se, em sua manifestação, à homologação do plano, os credores somente poderão alegar:

I – Não preenchimento do percentual mínimo previsto no art. 163, isto é, com a assinatura dos credores que representem mais de três quintos de todos os créditos de cada espécie por ele atingidos.

II – Se houver prática de quaisquer atos que possam provocar a falência da empresa requerente, como suspensão de pagamentos, prática de atos fraudulentos, abandono do estabelecimento, e muitos outros, descritos nos arts. 94 e 130.

III – Descumprimento de qualquer outra exigência legal, como apresentação de documentos.

Sendo apresentada impugnação, será aberto o prazo de cinco dias para que a empresa devedora se manifeste sobre essa impugnação; decorrido este prazo os autos vão conclusos ao juiz, para apreciação de eventuais impugnações e decidirá, no prazo de cinco dias, acerca do plano de recuperação extrajudicial. Se houver prova de simulação de créditos ou vício de representação dos credores que subscreveram o plano, a sua homologação será indeferida. Esse indeferimento não impede a empresa requerente de apresentar novo pedido de homologação. Se o plano não for aprovado, devolve-se aos credores signatários o direito de exigir seus créditos nas condições originais, deduzidos os valores efetivamente pagos.

Afora as duas modalidades de acordo, de que acabamos de falar, há possibilidade de realização de outras modalidades de acordo privado entre a empresa devedora e seus credores (art. 167).

Recebido o pedido de homologação, o juiz determinará à empresa requerente que promova à publicação de edital de convocação de todos os credores, signatários e não signatários, para apresentação de impugnações. Trata-se agora de processo judicial malgrado se chame ainda de recuperação extrajudicial. Existe a simbiose de interesse público com o privado. Os credores signatários não necessitarão do edital, já que eles assinaram o plano. Após a distribuição do pedido de homologação, os credores não poderão desistir da adesão ao plano, salvo com a anuência dos demais signatários.

Os credores não signatários poderão impugnar o plano, no prazo de trinta dias contado da publicação do edital, juntando as provas de seu crédito, se o plano contrariar seus interesses, ou houver fraudes. O acordo não será homologado se forem constatadas fraudes várias, como aquelas que possam dar causa de pedido de falência previstas no art. 94, ou então atos que proporcionem ação revocatória ou anulatória, previstos no art. 130. Ainda que tais atos não tenham sido vetados pelos credores, no acordo, poderão ser invocados pelos credores não incluídos. Apresentada impugnação, será aberto o prazo de cinco dias para que o credor se manifeste.

Se o juiz julgar procedente alguma das impugnações, ele rejeitará o plano de recuperação extrajudicial, devolvendo-se aos credores a possibilidade de exigir seus créditos nas condições contratuais originais, deduzidos os valores efetivamente pagos e ressalvados os atos validamente praticados no âmbito da recuperação extrajudicial. Ante o não acolhimento do pedido, o juiz não declarará a falência da empresa requerente, mas apenas tornará possível aos credores a cobrança de seus créditos ou até de requerer a falência da empresa devedora, caso ela não pague seus débitos.

Da decisão cabe apelação sem efeito suspensivo.

Homologado o plano, produz ele efeitos a partir da homologação. É lícito, contudo, que o plano estabeleça a produção de efeitos anteriores à homologação, desde que exclusivamente em relação à modificação do valor ou da forma de pagamento dos credores signatários.

A sentença de homologação do plano de recuperação extrajudicial constituirá título executivo judicial, nos termos do art. 584-III do Código de Processo Civil.

Pelo visto, a empresa devedora poderá requerer a homologação do plano de recuperação extrajudicial com dois tipos de conseqüências:

A – Obrigando a todos os credores abrangidos pelo plano, desde que assinado por credores que representem mais de três quintos de todos os créditos de cada espécie por ele abrangidos. Não serão considerados para fins de apuração desse porcentual os créditos não incluídos no plano de recuperação extrajudicial, os quais não poderão ter seu valor ou condições originais de pagamento alterados. Para fins exclusivos de apuração do porcentual, observam-se os seguintes critérios:

– O crédito em moeda estrangeira será convertido para moeda nacional pelo câmbio da véspera da data da assinatura do plano.

– Não serão computados os créditos detidos pelos sócios da empresa devedora, bem como das controladas, coligadas e controladoras, ou as que tenham sócio ou acionista com participação superior a 10% do capital social da empresa devedora.

B – Abrangendo a totalidade de uma ou mais espécies de créditos ou grupo de credores da mesma natureza e sujeito a semelhantes condições de pagamento. Uma vez que tenha sido homologado o plano, obriga a todos os credores da espécie por ele abrangidos.

Na alienação de bem objeto de garantia real, a supressão da garantia ou sua substituição somente serão admitidas mediante a aprovação expressa do credor titular da respectiva garantia. Essa disposição já constava da antiga Lei Falimentar. Os créditos pignoratícios e hipotecários continuam com sua garantia em vigor. Seja na recuperação extrajudicial, seja na recuperação judicial, seja na falência, não é por haver mudança no "status" da empresa devedora, que as garantias sejam anuladas.

A conservação da garantia, após essa mudança de "status", provocou críticas acerbas de pessoas desavisadas, sob a alegação de que os créditos trabalhistas passariam para segundo plano, em benefício dos bancos. Não se trata, entretanto, de proteger os bancos, mas o crédito. De nada adianta um credor ser diligente e cuidadoso na defesa de seu crédito, se um devedor malandro pudesse se socorrer dos procedimentos concursais para safar-se do pagamento de seus débitos.

Nos créditos em moeda estrangeira, a variação cambial poderá ser afastada se o credor, titular do respectivo crédito aprovar expressamente previsão diversa no plano de recuperação extrajudicial. Esse plano tem sentido nitidamente privado, com autonomia da vontade das partes. Havendo concordância entre o titular do crédito em moeda estrangeira e o devedor e, desde que não prejudique interesse de terceiros, será possível alterar a praxe dessas operações.

É possível que o plano homologado preveja a alienação judicial de filiais ou unidades produtivas isoladas da empresa devedora. Se o plano for homologado, o juiz ordenará a realização dele, inclusive com a alienação de filiais e unidades produtivas isoladas, previstas no plano.

No caso dessa alienação, as disposições previstas no art. 141 aplicam-se a elas, ou seja, os credores sub-rogam-se no produto da venda desses bens. Além disso, o comprador ou cessionário desses bens ficará livre de ônus e não sucederá nas obrigações da empresa em recuperação extrajudicial, nem mesmo nas de natureza tributária, e as derivadas das relações de trabalho ou de acidentes de trabalho.

12.5. A solução arbitral de divergências

A colocação do Direito de Recuperação de Empresas mais na órbita do direito privado, examinando os feitos concursais como fenômenos econômicos, escoimando-o da excessiva conotação processual e penal que sempre o caracterizou, abriu a nova lei a possibilidade da recuperação extrajudicial, como acordo entre o devedor e seus credores. Como se trata de problemas econômicos e direitos disponíveis e transacionáveis entre partes privadas, tornou-se possível, em casos de divergências entre credores para a aprovação do plano, submeter a solução dessas divergências à arbitragem.

Considera-se a arbitragem como sistema alternativo de resolução de pendências na órbita jurídica, fora do Poder Judiciário. As partes envolvidas no litígio escolhem os membros de tribunal formado por elas para resolver suas pendências. Poderá ser também julgador individual, ou então entidade especializada ou órgão arbitral institucional.

Esse sistema, regulamentado no Brasil pela Lei 9.307/96, tem as louváveis características de rapidez, sigilo e baixa contenciosidade, atendendo às exigências de sensatez necessárias para a solução de litígios empresariais. A sentença arbitral produz os mesmos efeitos jurídicos da sentença judicial e não está sujeita a recursos nem à homologação judicial, a não ser no caso específico da recuperação judicial.

192

A execução da sentença arbitral terá que ser feita por via judiciária, mas a dispensa do demorado processo de conhecimento facilita muito a solução dos problemas empresariais, como os a que estamos nos referindo em procedimentos concursais. Não é sem razão que em quase todos os contratos internacionais consta a cláusula arbitral e graças a ela as partes elegem o foro competente para dirimir as divergências surgidas em decorrência da execução ou a interpretação dos contratos.

Especificamente, na recuperação extrajudicial, a utilização da arbitragem é plenamente viável. No acordo celebrado entre a empresa devedora e os credores, em instrumento próprio, para depois ser homologado judicialmente, as partes podem incluir compromisso ou cláusulas arbitrais, estabelecendo que resolução de quaisquer problemas referentes à aprovação ou aplicação do plano pelo sistema arbitral será resolvido por árbitros escolhidos pelas partes. Poderão no próprio acordo nomear os árbitros ou órgãos competentes para tanto, já que não tinham conseguido chegar a acordo quanto à aprovação do plano.

Várias opções podem ser adotadas pelas partes envolvidas da divergência, ou seja, a empresa devedora e os credores ou até os credores entre si. Poderão eles escolher um único juiz arbitral para resolver a aprovação do plano de recuperação extrajudicial, ou tribunal arbitral formado por vários árbitros, facultando-se a eles a escolha do presidente; será então tribunal "ad hoc", isto é, especialmente constituído para essa função, cuja solução provocará a dissolução desse tribunal.

Poderão ainda as partes escolher o "órgão arbitral institucional" encarregado de julgar a questão. Há em São Paulo inúmeras câmaras arbitrais já institucionalizadas, bem como as câmaras arbitrais já institucionalizadas, bem como as câmaras arbitrais das bolsas e das câmaras de comércio, ou ainda a Corte Internacional de Arbitragem, capaz de julgar não só as questões internacionais como também as de direito interno.

13. A DECRETAÇÃO DA FALÊNCIA
(art. 94 a 101)

13.1. A sentença de falência

13.2. Publicidade da sentença

13.3. Indicação dos credores

13.4. Termo legal da falência

13.5. Prazo para a habilitação de créditos

13.6. Nomeação do administrador judicial

13.7. Suspensão das ações

13.8. Salvaguarda dos interesses do devedor

13.9. Lacração do estabelecimento

13.10. Convocação da AGC- assembléia-geral dos credores

13. A DECRETAÇÃO DA FALÊNCIA
(art. 94 a 101)

13.1. A sentença de falência

13.2. Publicidade da sentença

13.3. Indicação dos credores

13.4. Termo legal da falência

13.5. Prazo para a habilitação de créditos

13.6. Nomeação do administrador judicial

13.7. Suspensão das ações

13.8. Salvaguarda dos interesses do devedor

13.9. Lacração do estabelecimento

13.10. Convocação da AGC – assembleia-geral dos credores

13.1. A sentença de falência

A decretação da falência far-se-á por sentença que colocará fim ao procedimento preparatório de falência, quer requerido pela própria empresa, quer por outro interessado. É sentença peculiar, visto que se entende como sentença a decisão do juiz que dá fim ao processo. Esta sentença, porém, dá fim ao pedido de falência, mas por sua vez, dará início ao processo de falência; este último processo começa com a sentença.

A sentença declaratória da falência é do tipo declaratório e constitutivo. É declaratória porque declara a existência do direito pretendido pelo autor; julga o mérito, declarando quem tem razão, reconhecendo o acerto de sua alegação. É constitutiva porque cria novas relações jurídicas e modifica o "status" da empresa requerida; solvente antes da sentença, passou ela a ser insolvente.

A sentença declaratória da falência é peça de rigoroso formalismo, cujos requisitos estão expostos no art. 99 da LRE, afora os estabelecidos, para toda sentença, no art. 485 do Código de Processo Civil. A primeira exigência é a de qualificar bem a empresa em crise econômico-financeira, revelando os nomes dos que forem a esse tempo administradores da empresa. Evita-se assim a confusão com outras empresas que possa haver pelo Brasil com o mesmo nome. Deverá constar também a síntese do pedido. Seguem-se outras conseqüências da sentença, que serão colocadas adiante.

Há peculiaridades causais se a empresa for sociedade em nome coletivo, isto é, em que os sócios terão responsabilidade solidária e ilimitada, deve constar o nome de todos os sócios e respectivos domicílios. Se for S/A idêntica exigência se observa quanto aos diretores e membros do Conselho Administrativo.

A delicadeza da questão obriga a ser citada a hora da declaração da falência. Esse pormenor tem sentido importante. Se houver omissão, entende-se que tenha sido ao meio-dia. Assim sendo, serão nulos os negócios jurídicos e atos praticados pela empresa à tarde e válidos os praticados pela manhã.

Serão comunicados por carta as Fazendas Públicas Federal e de todos os Estados e Municípios em que a empresa falida tiver estabelecimento para que tomem conhecimento da falência,

Da decisão que decreta a falência cabe agravo, e da sentença que julga a improcedência do pedido cabe apelação (art. 100).

O juiz, na sentença, proibirá a prática de qualquer ato de disposição ou oneração de bens da empresa falida, submetendo-os preliminarmente à autorização judicial e do Comitê, se houver, ressalvados os bens cuja venda faça parte das atividades normais da empresa falida, se autorizada a continuação provisória. Na própria sentença o juiz se pronunciará a respeito da continuação dos negócios na falência. A este respeito, já dedicamos estudo especial neste compêndio.

13.2. Publicidade da sentença

Decretada a falência, vão os autos ao cartório judicial, a fim de que as providências determinadas por ela sejam tomadas pelo escrivão. A principal providência é a de dar publicidade à declaração da falência a todos quantos tenham interesse nela, como os credores, os órgãos oficiais e semi-oficiais, os cartórios, a Junta Comercial e demais. As medidas publicitárias são várias, como a afixação da sentença no quadro de aviso do próprio fórum e publicação do resumo da sentença no Diário Oficial e, se possível, em outro jornal. Entretanto, vários jornais publicam diariamente a relação dos pedidos de falência e de concordata, dispensando a publicação de editais em órgão de comunicação.

Caberá ao escrivão efetuar a comunicação da sentença declaratória à Junta Comercial, que providenciará para que nos registros da empresa conste a expressão "falido", a data de sua decretação e o respectivo encerramento quando este se der. Deve a Junta Comercial informar os nomes dos administradores e responsáveis para as demais juntas comerciais de todo o território nacional. É de cinco dias o prazo para o escrivão fazer as publicações.

É enviado ofício à Secretaria da Fazenda e à EBCT – Empresa Brasileira de Correios e Telégrafos; esta última providência visa a evitar que a correspondência caia em mãos estranhas ou vá para o estabelecimento lacrado. Se a empresa for S/A será enviado ofício à Comissão de Valores Mobiliários.

13.3. Indicação dos credores

Se a falência tiver sido pedida pela própria empresa, deverá ela ter incluído a relação nominal dos credores. Se, contudo, o pedido tiver sido feito por outra pessoa, a sentença ordenará que a empresa falida apresente, no prazo máximo de cinco dias, a relação nominal dos credores, indicando endereço de cada um, importância, classificação e natureza dos respectivos créditos. Os dirigentes da empresa sujeitar-se-ão à prisão administrativa, se não cumprirem essa exigência legal.

13.4. Termo legal da falência

Na sentença, o juiz fixará o termo legal da falência, sem poder retroagi-lo por mais de 90 dias contados de pedido de falência, do pedido de recuperação judicial ou do primeiro protesto por falta de pagamento, excluindo-se, para essa finalidade, os protestos que tenham sido cancelados. Com o nome de "termo legal" o direito brasileiro trata de instituto sugestivo, importante e delicado da falência. É o tempo anterior à sentença declaratória; neste período, que alguns chamam de "período suspeito".

Quando a empresa começa a ser acossada pelos credores, os fornecedores relutam em vender-lhe a prazo maior ou em mais quantidade, os bancos lhe restringem o crédito ou aumentam a exigência de garantias, sente-se ela em fase de pressão e depressão.

Há tendência generalizada a conseguir dinheiro a qualquer custo, vendendo seus produtos e bens a preço vil, tomando empréstimos a juros altos, e adotando medidas próprias de fase de desespero. Antigamente, empresários chegavam ao suicídio; até mesmo na fase moderna, em que nossa lei fez degenerar o Direito Falimentar, a ponto de o dirigente da empresa falida ser chamado de "Sua Excelência o Senhor Falido".

Nessa fase, os dirigentes procuram defender seus interesses pessoais, em detrimento da empresa, descapitalizando-a, ou até mesmo apropriando-se dos bens do ativo empresarial. Esses atos temerários corroem o patrimônio da empresa "em estado de crise econômico-financeira; o patrimônio dela, entretanto, não deveria ser depauperado, pois deveria garantir os credores na falência.

Houve por bem nosso direito prever esse fenômeno para prévia defesa dos interesses coletivos, mormente dos credores, fazendo marcar na própria sentença esse prazo. O termo legal da falência não poderia retroagir por mais de 90 dias, contados conforme o tipo de procedimento, a saber:

A – primeiro protesto por falta da pagamento;
B – do requerimento de recuperação judicial na hipótese de convolação desta em falência;
C – do requerimento de autoliquidação judicial.

Algum credor requereu a falência e esta foi decretada: – neste caso, o termo legal é de 90 dias, anteriores ao primeiro protesto sofrido pela empresa falida. Não é o protesto do título que instruir o pedido de falência, mas o primeiro protesto contra a empresa. O primeiro protesto é sinal relevante de que ela já se encontrava em "estado de crise econômico-financeira", portanto no "período suspeito", em que tenderia ela a praticar atos temerários.

Por exemplo: o credor requereu a falência em 10.6.2003, mas ela só foi decretada em 10.12.2003. O período entre essas duas datas não influi na marcação do termo legal. Começa ele a ser contado do dia em que se deu o primeiro protesto, antes que tenha sido requerida a falência. No caso em tela, se a empresa teve primeiro protesto em 15.4.2003, o termo legal começará em 15.1.2003, vale dizer, três meses antes do primeiro protesto.

13.5. Prazo para a habilitação de créditos

A sentença explicitará o prazo para os credores declararem seus créditos, prazo esse não superior a quinze dias, contados da publicação do edital. A declaração dos créditos processa-se de acordo com o exposto no capítulo 5: "Da Verificação dos Créditos".

Considerar-se-ão habilitados os créditos remanescentes da recuperação judicial, quando definitivamente incluídos no quadro-geral de credores, tendo prosseguimento as habilitações que estejam em curso, quando do se tratar de falência resultando da convolação da recuperação judicial.

13.6. Nomeação do administrador judicial

Ao ser decretada a falência, os dirigentes da empresa falida são afastados dela. A sentença proibirá a prática de qualquer ato de disposição ou oneração de bens, a não ser submetendo-os preliminarmente à autorização judicial. Entretanto, não poderá a empresa falida ficar sem alguém que a dirija e administre, ao mesmo tempo em que acione o processo. É o administrador judicial que deverá ser nomeado pelo juiz na própria sentença declaratória da falência. Já foi dedicado capítulo especial ao administrador judicial, que é um órgão da falência.

13.7. Suspensão das ações

A sentença ordenará a suspensão de todas as ações e execuções contra a empresa falida, remetendo-se os respectivos autos ao juízo universal, ou então extinguem-se ou suspendem-se. O credor, contudo, poderá pedir a extinção da ação e reclamar seu crédito no processo falimentar. No caso de execução em que haja bens penhorados e com leilão marcado será esse realizado, entrando seu produto para a massa. Se os bens já tiverem sido arrematados antes da declaração da falência, só entrará para a massa o que sobrar do crédito do exeqüente.

13.8. Salvaguarda dos interesses do devedor

O juiz determinará na sentença as diligências necessárias para salvaguardar os interesses das partes envolvidas inclusive do próprio devedor, vale dizer, da empresa falida. Poderá ordenar a prisão dos dirigentes da empresa falida, quando requerida com fundamento em provas que demonstrem a prática de crime definido na Lei.

Há inúmeras hipóteses de ser a massa falida alvo de ataques ou direitos desrespeitados. A empresa falida poderá ter, por exemplo, vários devedores e estes deverão cumprir seus compromissos para com ela. Não é porque ela entrou em regime falimentar que seus créditos ficam perdoados. Cabe ao administrador judicial exercer ação de cobrança ou execução contra os devedores da empresa falida. Se o administrador judicial julgar que os antigos dirigentes da empresa praticam atos lesivos contra ela, poderá requerer a prisão deles.

13.9. Lacração do estabelecimento

É também medida de salvaguarda dos interesses da empresa falida. O juiz determinará na sentença a lacração do estabelecimento, que permanecerá lacrado até o dia da arrecadação. Excetua-se se houver bens perecíveis ou sujeitos a danos irreversíveis, quando se poderá mostrar imprescindível o arrendamento de outro ponto comercial, inclusive mediante autorização judicial, ouvido o Ministério Público. Poderá o juiz aprovar a continuação das atividades com o administrador judicial. Aliás, assim diz o art. 109:

> "O estabelecimento será lacrado sempre que houver risco para a execução da etapa da arrecadação ou para a preservação dos bens da massa falida ou dos interesses dos credores".

Normalmente, o administrador judicial requer ao juiz a nomeação de arrombador para abrir as fechaduras e cadeados das portas das dependências da empresa falida, trocando-os. Em seguida, o oficial de justiça colocará na porta de entrada o auto de lacração.

13.10. Convocação da AGC – assembléia-geral dos credores

Quando achar conveniente, o juiz poderá determinar a convocação da AGC para a constituição de Comitê de Credores, podendo ainda autorizar a manutenção do Comitê eventualmente em funcionamento na recuperação judicial, que for transformada em falência.

14. DA FALÊNCIA REQUERIDA PELO PRÓPRIO DEVEDOR (arts. 105 a 107)

14.1. Sujeito ativo do autopedido

14.2. Requerimento de autofalência

14.3. Participação dos credores

14.4. Deveres dos dirigentes da empresa

14.1. Sujeito ativo do autopedido

O sujeito ativo do pedido de autofalência judicial é a própria empresa em estado de crise econômico-financeira. A autofalência resulta de processo requerido pela empresa devedora. É passo muito delicado, pelo que deve a procuração passada ao advogado ser bem específica, esclarecendo o tipo de ação. Deve a procuração ser assinada por todos os sócios da empresa. Se algum dos sócios não assinou a procuração, deverá constar nela esse incidente, esclarecendo a recusa do sócio e será ele intimado a manifestar-se. Se for S/A, deve ser juntada a ata da assembléia geral, autorizando o pedido de autofalência.

A empresa em estado de crise econômico-financeira sem as mínimas condições de pleitear a sua recuperação judicial poderá requerer ao juízo sua falência, expondo as razões relevantes do seu pedido, comprovando a impossibilidade do prosseguimento de sua atividade empresarial.

Ocorre quando a empresa confessa a impossibilidade de cumprir os compromissos assumidos e continuar operando. Não é instituto de aplicação freqüente, pois ninguém gosta de confessar a sua incompetência. E para que irá a empresa procurar advogado e empreender processo contra si mesmo, arcando com as custas e sujeitar-se às obrigações e inconvenientes da falência? Será preferível dar tempo ao tempo, e esperar o que possa acontecer, ficando mais fácil para ela, o pedido de algum credor.

Não se defendendo a empresa requerente e não fazendo o depósito elisivo, e estando o pedido em termos, com a certidão do cartório onde se processou a execução, no caso de execução frustrada os autos vão conclusos para o juiz que decretará a falência.

Contudo, de longa data, vem acontecendo os autopedidos. No ano de 1992 várias agências de viagens, algumas delas de primeira linha, requereram falência.

14.2. Requerimento de autofalência

O requerimento de autofalência será distribuído preferencialmente, sendo concedida vista ao Ministério Público. Não estando o requerimento regularmente instruído, o juiz poderá determinar que seja emendado, no prazo de dez dias, sobrestando-se, neste período, qualquer pedido de falência contra a empresa requerente, enquanto não decidida à autofalência.

205

A empresa devedora que requerer ao juiz, a qualquer tempo, a sua falência, apresentará, juntando ao requerimento, as demonstrações financeiras e contábeis referentes aos últimos três exercícios sociais. Juntará, ainda, as levantadas especialmente para instruir o pedido, confeccionados com estrita observância da legislação societária aplicável e compostas obrigatoriamente do balanço patrimonial, da demonstração de lucros ou prejuízos acumulados, demonstração do resultado desde o último exercício social. Como se vê, as exigências são as mesmas para o pedido de recuperação judicial.

Deve ainda juntar relação nominal dos credores, indicando endereço de cada um, importância, classificação e natureza dos respectivos créditos. Não sendo apresentada essa relação, o juiz poderá nomear perito para elaborá-la, dentro do prazo de trinta dias, contado da assinatura de seu termo de nomeação.

Junta ainda relação dos bens que compõem o ativo, com a respectiva estimativa de valor, e documentos comprobatórios de propriedade. É a complementação dos dados de balanço. Os livros contábeis e documentos exigidos por lei serão todos recolhidos ao cartório. Entre os documentos contábeis, obrigatoriamente devem constar as certidões de executivo fiscal dos últimos cinco anos.

Também deve ser juntado o contrato social, e se for S/A o estatuto em vigor, ou não havendo a indicação de todos os sócios, seus endereços e a relação de seus bens pessoais, e a relação dos administradores da empresa nos últimos cinco anos, com os respectivos endereços, suas funções e participação acionária.

Não estando o pedido regularmente instruído, o juiz determinará que seja emendado (art. 106).

A sentença declaratória da autofalência terá os mesmos requisitos da sentença da falência, previstos no art. 99 da Lei de Recuperação das Empresas. Deverão nela constar o nome da empresa falida, a data do horário da decisão, as razões do não prosseguimento das atividades. Na sentença o juiz nomeia o administrador judicial para tomar as providências e fixa o termo legal.

14.3. Participação dos credores

Aos credores incluídos na relação apresentada pela empresa em processo de falência, ou que tenham apresentado a ação de habilitação de crédito, desde o momento da decretação da falência, fica garantido o direito de intervir, como assistente, em quaisquer ações ou incidentes em que a massa falida seja parte ou interessada. Os credores são praticamente partes do processo de autofalência.

Eles podem fiscalizar a administração da massa falida, requerer e promover no processo de autofalência o que for a bem dos interesses deles, sendo as despesas que fizerem indenizadas pela massa, se esta auferir vantagem. Podem ainda examinar em qualquer tempo os livros e papéis da empresa devedora e da administração da massa falida, independentemente de autorização do juiz.

Poderão ainda votar na assembléia-geral dos credores ou da sua classe de credores.

14.4. Deveres dos dirigentes da empresa

Os deveres dos dirigentes da empresa em autofalência são os mesmos da empresa em falência, mas a lei realça dois deveres especiais. Um deles é o de fornecer dados e informes necessários à apuração do ativo e do passivo.

Outro é o de subsidiar o administrador judicial nos incidentes, sempre agindo no interesse da massa falida. Não se sabe ainda quais credores se habilitarão e todos os informes devem ser fornecidos pela empresa requerente.

15. DA ARRECADAÇÃO E CUSTÓDIA DOS BENS (arts. 108 a 114)

15.1. Conceito e sentido da arrecadação

15.2. A custódia dos bens

15.3. O inventário

15.4. Os bens perecíveis

15.1. Conceito e sentido da arrecadação

A arrecadação é o recolhimento, o apossamento que a massa faz de todos os bens, livros fiscais e documentos da empresa falida, entrando assim na posse de seu patrimônio. Pode-se dizer que a arrecadação seja o modo de se constituir a massa falida, isto é, ela, representada pelo administrador judicial, entra na posse do patrimônio da empresa falida. Com a arrecadação forma-se o conjunto de bens que constituirá a garantia dos credores e com a arrecadação dos livros fiscais e contábeis e demais documentos da empresa falida, será possível avaliar a real situação em que se encontra a falência e as causas dessa situação.

A arrecadação deve ser pronta e efetiva, a fim de evitar a evasão de bens. Aliás, logo após a assinatura do termo de nomeação, o administrador judicial efetuará a arrecadação dos bens. Decretada a falência da empresa, todos os seus bens são arrecadados para formar a "universitas júris". Forma-se conjunto de bens móveis, créditos, ações e direitos vários. É um patrimônio destinado a garantir os credores, devendo ser vendidos publicamente, e seu pedido cobrirá os gastos da massa e será rateado entre os credores, na proporção de seus créditos. O produto dos bens, penhorados ou por outra forma apreendidos entrará para a massa, cumprindo ao juiz deprecar, a requerimento do administrador judicial, às autoridades competentes, determinando sua entrega.

Ato contínuo à assinatura do termo de nomeação, o administrador judicial efetuará a arrecadação dos bens de forma individualizada ou relacionados. Arrecadará inclusive os bens dos sócios ilimitadamente responsáveis, no local em que se encontrem, procedendo à apreensão dos documentos da empresa falida, lavrando-se auto circunstanciado.

O auto de arrecadação é o documento comprobatório dessa tarefa, elaborado e assinado pelo administrador judicial e pelo representante da empresa falida (se possível, deve o representante da empresa falida também comparecer e assinar o auto, pois é do interesse dela). O auto de arrecadação é o inventário dos bens, constando nele a enumeração de todos os materiais encontrados, com breve descrição.

É arrecadada toda a documentação encontrada e os livros fiscais obrigatórios e auxiliares da empresa falida, designando-se o estado em que se encontram, número e a denominação de cada um, páginas escrituradas, data do início da escrituração e do último lançamento, e se os livros obrigatórios estão revestidos das formalidades legais. Com os docu-

211

mentos da movimentação financeira fica também arrecadado todo o dinheiro em bancos e do dinheiro que for encontrado.

Incluem-se ainda no inventário os bens da empresa falida em poder de terceiro, a título de guarda, depósito, penhor ou retenção. Situação bem delicada é das duplicatas entregues a bancos em garantia de empréstimos. O banco fica encarregado de cobrar os títulos entregues em caução, e, com os valores recebidos, pagar o empréstimo que concedeu à empresa falida. Nesse caso, é permitido ao banco pagar-se, e deverá ele entregar o título à empresa falida, o que representará alívio no passivo dela.

Não serão arrecadados os bens absolutamente impenhoráveis. Tratando-se de sociedade, ou seja, empresa coletiva, é difícil encontrar bens absolutamente impenhoráveis. No caso de empresário individual, haverá bens impenhoráveis como o imóvel de sua residência, proventos de aposentadoria, objetos de uso pessoal.

Poderá haver, por exemplo, algum veículo em mãos do motorista da própria empresa, o qual deverá ser arrecadado. Devem ser também arrecadados os bens indicados como propriedade de terceiros ou reclamados por estes, mencionando-se essa circunstância. É o caso da máquina copiadora "Xerox"; essa máquina é entregue em depósito nas mãos do usuário, que é obrigado a adquirir o papel e outros insumos da proprietária da máquina. Ao ser decretada a falência, essa máquina copiadora deve ser arrecadada, embora não seja propriedade da empresa falida, mas da Xerox, que reclamará depois a devolução. Serão arrecadados inclusive os bens gravados de ônus, como os penhorados, apenhados ou hipotecados. Todos se incorporarão à massa, que será administrada pelo administrador judicial.

Se necessário, pode o administrador judicial requerer medidas judiciais para assegurar a arrecadação, como mandado de arrombamento da instalação da empresa falida, levando chaveiro especializado e autorizado no mandado, como também providenciar veículo de transporte e pessoas para o deslocamento dos bens. O perito-avaliador efetuará de imediato a avaliação dos bens.

15.2. A custódia dos bens

Custódia representa guarda de coisas ou pessoas com maior segurança. É o caso, por exemplo, de perigoso delinqüente em custódia no

212

presídio, ou de coisa em custódia no cofre-forte. Os bens arrecadados ficarão sobre a guarda do administrador judicial ou de pessoa por ele escolhida, sob a responsabilidade dele, podendo ser a própria empresa falida incumbida da custódia desses bens. Aliás, sempre que necessário, o juiz designará depositário a própria empresa falida e os dirigentes dela deverão acompanhar a arrecadação, antes de o administrador judicial assumir suas funções.

Os bens arrecadados poderão ficar na própria empresa, mas sob a custódia de outro depositário. Decretada a falência, não sendo possível proceder à arrecadação ou concluí-la no mesmo dia em que teve início, será lacrada a sede do estabelecimento e de suas eventuais filiais. Os bens que não se encontrem no foro da empresa serão arrecadados por carta precatória itinerante, isenta de custas e com preferência no cumprimento sob pena de responsabilidade funcional. Conforme forem esses bens arrecadados, serão incorporados ao conjunto geral em que se encontrarem, colocados todos na guarda do depositário.

Naturalmente, a decretação da falência da empresa tirará todos os poderes de seus dirigentes, que não poderão praticar qualquer ato pela empresa; será praticamente a demissão de seus dirigentes. Perde ela o direito de administrar seus bens e deles dispor. A empresa falida é desapossada dos bens, embora não deixe de ser proprietária deles, não pode administrá-los. Entretanto, poderão os dirigentes ser depositários dos bens arrecadados. Eles não administrarão propriamente os bens, mas os guardarão.

Dinheiro em bancos poderá ficar sob a guarda do próprio banco. A imediata arrecadação dos bens da empresa falida, para compor a massa, obedece ao princípio geral do direito, de que o patrimônio do devedor é a garantia dos seus credores. Qualquer pessoa que tiver em seu poder bens sujeitos a arrecadação deve entregá-los ou indicar ao administrador judicial o lugar em que se encontrem, sob pena de sofrer prisão administrativa.

A empresa falida, por seus dirigentes, poderá acompanhar a arrecadação e a avaliação; aliás, é de seu interesse.

Os bens arrecadados poderão ser removidos, desde que haja necessidade de sua melhor guarda e conservação, hipótese em que permanecerão em depósito sob responsabilidade do administrador judicial, mediante compromisso (art. 112).

15.3. O inventário

O inventário é a relação pormenorizada e individualizada dos bens arrecadados, descritos de tal forma que possam depois ser identificados. Tudo o que for arrecadado deverá constar do inventário. Os livros fiscais, por exemplo, serão relacionados e o estado em que se encontrarem deve ser descrito, como a data em que se iniciaram os lançamentos e a do que consta, de tal forma que não haja possibilidade de novos lançamentos.

Em relação aos bens imóveis, o administrador judicial, no prazo de quinze dias após sua arrecadação, exibirá as certidões do registro de imóveis, extraídas posteriormente à decretação da falência, com todas as indicações que nele constarem. Se não forem encontradas as escrituras, poderão ser pedidas outras na circunscrição imobiliária. Assim poderá haver completa descrição deles no inventário.

O auto de arrecadação, composto pelo inventário e respectivo auto de avaliação de bens, será assinado pelo administrador judicial, pelo representante da empresa falida e por outras pessoas que auxiliarem ou presenciarem o ato de arrecadação.

Tratando-se de conjunto simples de bens, poderá ser feita a avaliação na hora, elaborando-se o laudo de avaliação e juntando-o ao inventário para completar o auto de arrecadação. Essa possibilidade é um tanto difícil de acontecer; por exemplo, examinar os livros fiscais e dar parecer sobre eles. Não sendo possível a avaliação dos bens no ato da arrecadação, o administrador judicial requererá ao juiz a concessão de prazo para a apresentação do laudo de avaliação, que não poderá exceder a trinta dias, contados da apresentação do auto de arrecadação.

Além do mais, avaliação não é tarefa fácil, como, por exemplo, avaliar um imóvel: é preciso levar em conta muitos fatores, como a localização, a metragem, a idade da construção, o material empregado, e vários outros. É tarefa para perito-avaliador, que será nomeado pelo juiz por indicação do administrador judicial.

Tudo o que for encontrado será arrecadado e referido no inventário. É o que ocorre com os livros obrigatórios e os auxiliares ou facultativos da empresa falida, designando-se o estado em que se acham, número e denominação de cada um, páginas escrituradas, data do início da escrituração e do último lançamento, e se os livros obrigatórios estão revestidos das formalidades legais.

Entram no inventário dinheiro (em espécie ou depositado em bancos), títulos de crédito (como duplicatas), papéis e outros documentos; e

214

outros bens da empresa falida. Esses bens a que se refere o art. 108-II constituem tudo que for encontrado: móveis e utensílios, maquinaria, estoque de produtos, imóveis, veículos e demais. Tanto quanto possível, esses bens devem ser individualizados.

Serão arrecadados, ainda que simbolicamente, os bens que porventura possam se encontrar em poder de terceiros, a título de guarda, depósito, penhor ou retenção. Vamos encontrar alguns exemplos: um imóvel da empresa falida que esteja alugado a terceiro, duplicatas em bancos para cobrança, mercadoria em Armazéns Gerais, máquinas, veículos e outros, entregues a credor para garantia do crédito dele.

Há também o caso contrário: os bens indicados como propriedade de terceiros ou reclamados por estes, mas que se encontram na posse da empresa falida; serão arrecadados, mencionando-se essa circunstância. É o caso de copiadora xerox, pertencente à Xerox, mas depositada na empresa usuária, que faliu. É também o caso de uma oficina mecânica de automóveis, que faliu, e no momento da falência, estava com vários veículos em conserto. Esses veículos serão arrecadados e entrarão no inventário, embora se saiba que eles pertencem a terceiros e lhes serão devolvidos posteriormente.

15.4. Os bens perecíveis

Os bens perecíveis, deterioráveis, sujeitos a considerável desvalorização, ou que sejam de conservação arriscada ou dispendiosa, poderão se vendidos antecipadamente, após a arrecadação e avaliação, mediante autorização judicial, ouvidos o Comitê e o falido no prazo de 48 horas (art. 113). Deve o administrador judicial pedir a nomeação do perito-avaliador para proceder com urgência à avaliação e requerer ao juiz a homologação do laudo de avaliação e encarecer ao juiz a necessidade de vendê-los antecipadamente.

A empresa falida será intimada para se manifestar sobre a proposta do administrador judicial e o juiz deverá decidir com urgência. Não exige a lei, neste caso, a manifestação do Ministério Público. Como vender, entretanto, esses bens? O leilão será demorado, mas é a única forma prevista em lei.

É o caso de um supermercado fechado e lacrado, com estoque de carne, peixes, queijos, verduras. Ou então farmácia com remédios com prazo de vencimento. O ideal seria permitir a continuação do negócio da empresa falida, sob a supervisão judicial, até o exaurimento do estoque. Ou então aplicar de imediato o esquema autorizado pelo art. 114. O administrador judicial poderá, após laudo contendo o valor do mercado, dar em locação ou celebrar outro contrato referente aos bens do devedor, com o objetivo de produzir renda para a massa falida. Seria exemplo o arrendamento daquele supermercado a outro, operando de forma imediata, mediante autorização do juiz.

A locação ou a contratação não atribui direito de preferência na compra, nem podem importar em disposição total ou parcial dos bens, e será celebrada por tempo indeterminado, não prejudicando a alienação independentemente de sua forma. Assim, no leilão do supermercado, quem fizer o melhor lanço vencerá na arrematação. Contudo, é evidente que o arrendatário terá melhores condições para a arrematação, pois os bens já estão em poder dele.

O bem objeto da contratação poderá ser alienado a qualquer tempo, independentemente do prazo contratado, rescindindo-se, sem direito a multa, o contrato realizado, salvo se houver anuência do adquirente.

16. DA INABILITAÇÃO EMPRESARIAL, DOS DIREITOS E DEVERES DO FALIDO (arts. 102 a 104)

16.1. Deveres da empresa falida

16.2. Sanções pelo descumprimento

16.3. Direitos da empresa falida no processo

16.1. Deveres da empresa falida

A declaração da falência da empresa impõe a ela e a seus dirigentes sérios efeitos e obrigações, chamados vulgarmente de "obrigações do art. 104". A primeira dessas obrigações é o comparecimento dos representantes legais perante o juiz, ou o escrivão, para assinar o termo de comparecimento, desde que intimada da sentença declaratória da falência. Deverão prestar as informações reclamadas pelo juiz, administrador judicial, credor ou Ministério Público sobre circunstâncias e fatos que interessem à falência. Por outro lado, poderá comparecer a todos os atos da falência, podendo ser representado por procurador, quando não for indispensável sua presença.

Nesse depoimento o representante legal dará sua qualificação (nome, nacionalidade, estado civil, profissão e domicílio), apresentando também os documentos de sua identificação, como o CPF e a cédula de identidade, apontará as causas da falência quando requerida por credores, e a situação geral da empresa, como o nome e o endereço dos sócios que a compõem; se for S/A os diretores e administradores. Deve também declarar o nome do contador encarregado da escrituração dos livros obrigatórios, como o "Diário", o "Livro de Registro de Duplicatas" e outros; esses livros devem ser entregues ao Cartório. Também os livros não obrigatórios devem ser entregues, como o livro "Caixa", caso não tiverem ficado na sede da empresa. O nome e endereço do contador é revelação importante, porquanto deverá ele ser intimado a depor no caso de haver ação penal.

Deverá a empresa falida declarar se tem firma inscrita, quando a inscreveu, exibindo a prova. A firma é a assinatura com o nome da empresa feita por qualquer dos sócios dirigentes. Achamos desnecessária essa exigência, pois consta do contrato social se a empresa tem firma e quem assinou. Todavia, por essa exigência legal, devem os dirigentes confirmar a adoção da firma e exibir o contrato social.

Informação ainda exigida é se a empresa falida outorgou mandatos, indicando o seu objeto, o nome e o endereço do mandatário. O mandato é contrato de prestações recíprocas e não se resolve com a falência, podendo continuar a operar. Necessário, pois, que sejam examinados com urgência e por isso revelados imediatamente.

Se os livros de escrituração da empresa forem entregues, serão encerrados pelo escrivão e assinados pelo juiz, para serem encaminhados ao administrador judicial. Se os livros e outros documentos da empresa falida não forem entregues em Cartório, deverão seus dirigentes indicar onde se encontram.

Serão indicados os bens imóveis e móveis que não se encontrarem no estabelecimento. É o caso de veículo em mãos do motorista da empresa ou em oficina de conserto, imóvel em outro local, enfim, os bens que por motivo qualquer estejam em local diverso da sede da empresa, ou em poder de outras pessoas.

Confirmarão os dirigentes se eles participam de outras sociedades, como sócios, e se a própria sociedade faz parte de outras, formando assim grupos de empresas. A comprovação se faz pela entrega do contrato social dessas empresas.

Informarão as contas bancárias, aplicações financeiras, títulos em cobrança, processos em andamento em que a empresa falida seja autora ou ré.

Não poderão os dirigentes da empresa falida ausentar-se da comarca ou do domicílio, pois deverão estar prontos a atender a qualquer intimação judicial, para prestarem novo depoimento, esclarecendo algum aspecto obscuro do processo e auxiliar o trabalho do administrador judicial, ou comparecer a qualquer ato processual. Deverão prestar verbalmente ou por escrito às informações reclamadas pelo juiz, administrador judicial, representante do Ministério Público e credores, sobre circunstâncias e fatos que interessem à falência. Poderão ser representados por procurador, quando ocorrerem motivos justificados.

Quando da decretação da falência e empresa falida é intimada a apresentar a relação de seus débitos, com o nome, endereço dos credores e natureza do débito. Se não tiver ainda entregue, deverá fazê-lo no depoimento.

16.2. Sanções pelo descumprimento

O não cumprimento das obrigações previstas no art. 104-I implica sanção ao representante legal da empresa falida, prevista no parágrafo único do art. 104. Faltando ao cumprimento de qualquer dos deveres que a Lei de Recuperação de Empresas impõe aos dirigentes, após intimados pelo juiz a fazê-lo, responderão por crime de desobediência.

16.3. Direitos da empresa falida no processo

Se o estado de falência impõe obrigações aos dirigentes da empresa falida, também lhes assegura certos direitos, a eles e à própria empresa. Pode a empresa falida representar-se no processo por seus advogados, comparecendo a todos os atos. Poderá ela auxiliar o administrador judicial, agindo em comum acordo com ele, examinar as declarações de crédito apresentadas, assistir ao levantamento, à verificação do balanço e exame nos livros.

Poderá examinar e dar parecer sobre as contas do administrador judicial, e atuar como assistente nas causas em que a massa falida for parte. Se o representante legal auxiliar o administrador judicial com zelo e presteza, poderá pedir ao juiz que lhe seja concedida remuneração pelo auxílio prestado ao administrador judicial, se a situação da massa comportar esse pagamento.

Quando o administrador judicial apresentar suas contas, a empresa falida, por seus dirigentes, poderá opinar sobre elas. É-lhe facultado ainda manifestar-se sempre que for determinado pelo juiz: é um direito e ao mesmo tempo uma obrigação.

Conforme foi referido diversas vezes, a empresa falida fica inabilitada ao exercício de qualquer atividade empresarial e de administrar seus bens, a partir da decretação da falência, até a sentença que extingue suas obrigações (art. 102). A Lei, contudo assegura-lhe o direito de fiscalizar e de requerer a extinção de suas obrigações; esse direito é assegurado pelo art. 103:

> "Desde a decretação da falência ou do seqüestro, o devedor perde o direito de administrar os seus bens e dele dispor.
>
> Parágrafo único – O falido poderá, contudo, fiscalizar a administração da falência, requerer as providências necessárias para a conservação de seus direitos ou dos bens arrecadados e intervir nos processos em que a massa falida seja parte ou interessada, requerendo o que for de direito e interpondo os recursos cabíveis".

17. DOS EFEITOS DA DECRETAÇÃO DA FALÊNCIA SOBRE AS OBRIGAÇÕES DA EMPRESA FALIDA (arts. 115 a 128)

17.1. Dos contratos de prestações recíprocas

17.2. Contrato de compra e venda

17.3. Contrato de locação não residencial

17.4. Contrato unilateral

17.5. Contrato de conta corrente

17.6. Contrato de mandato

17.7. Compensação

17.8. Sociedades coligadas

17.9. Coobrigados solidários

17.10. Os patrimônios de afetação

17.1. Dos contratos de prestações recíprocas

Os contratos bilaterais não se resolvem pela falência e podem ser cumpridos pelo administrador judicial, se o cumprimento reduzir ou evitar o aumento do passivo da massa falida, ou se for necessário à manutenção e preservação de seus ativos, mediante a autorização do Comitê (art. 117). Os efeitos da falência quanto aos contratos estabelecidos pela empresa falida, antes da falência, são bem complexos, já que eles não se resolvem pela falência. Além disso, cada tipo de contrato tem regulamentação própria, além das normas gerais que regem os contratos, razão pela qual a Lei de Recuperação de Empresas examina alguns casos particulares.

Urge, entretanto, estabelecermos idéia de contrato e da característica especial, qual seja a bilateralidade, já que o art. 117 abrange apenas os contratos bilaterais. Dezenas de conceitos de contratos já foram estabelecidos, mas, para mantermos uniformidade de idéias, adotaremos o conceito expresso no art. 1.321 do Código Civil italiano:

Il contrato è l' accordo di due o più parti per costituire, regolare estinguere tra loro um rapporto giuridico patrimoniale.	O contrato é o acordo de duas ou mais partes, para constituir, regular ou extinguir entre elas uma relação jurídica patrimonial.

É bem amplo o Direito Contratual, prevendo contratos de vários tipos, mas é necessário caracterizar bem o contrato bilateral, a que se refere o art. 117 da Lei da Recuperação de Empresas. Fala-se aqui em contrato em que há prestações recíprocas das partes contratantes, ou seja, um contratante cumpre a sua prestação e o outro uma contraprestação. É esse contrato também chamado de comutativo.

Julgamos mais claro chamarmos esse tipo contratual de contrato de prestações recíprocas, ou seja, contratos em que há prestações a cargo de ambas as partes. Vamos tomar como exemplo o contrato de compra e venda, conceituado no art. 481 do novo Código Civil:

> "Pelo contrato de compra e venda, um dos contratantes se obriga a transferir o domínio de certa coisa, e o outro, a pagar-lhe certo preço em dinheiro".

Vê-se que no contrato anterior existem prestações recíprocas entre as partes, a saber:

– VENDEDOR: obriga-se a transferir o domínio de certa coisa ao comprador;

– COMPRADOR: obriga-se a pagar o preço em dinheiro ao vendedor.

Ao regular esta questão, nos arts. 117 a 128, nossa Lei de Recuperação de Empresas estabelece normas gerais sobre os contratos da empresa falida, bem como normas para certos contratos específicos, quais sejam, o de compra e venda, promessa de compra e venda, locação mercantil, conta-corrente, sociedade e mandato. Por esta razão, é conveniente examinar situação em que ficam esses contratos indicados pela lei.

Contra a massa falida não são exigíveis juros vencidos após a decretação da falência, previstos em lei ou em contrato, se o ativo apurado não bastar para o pagamento dos credores subordinados. Excetuam-se dessa disposição os juros das debêntures e dos créditos com garantia real, mas por eles responde exclusivamente o produto dos bens que constituem a garantia (art. 124). Os débitos da empresa falida devem ser pagos com juros e correção monetária. Primeiro, porém, devem ser pagos os débitos pelo valor original. Depois será paga a correção monetária e se não houver dinheiro para ela fica a obrigação da empresa falida. Os juros, contudo, serão pagos se houver dinheiro sobrando; não o havendo fica esse débito remido.

Serão exigíveis, entretanto, os juros sobre os débitos com garantia real e debêntures, como o penhor e a hipoteca, mas só com o produto da coisa dada em garantia. Por exemplo, um débito garantido por hipoteca: executada a hipoteca, o valor original do débito será pago com o produto da arrematação do imóvel que a garantia, e depois será paga a correção monetária. Sobrando dinheiro da alienação do imóvel hipotecado, serão pagos os juros; em caso contrário não serão pagos.

Nas relações patrimoniais não reguladas pela LRE, o juiz decidirá o caso atendendo à unidade, à universalidade do concurso e a igualdade de tratamento dos credores (art. 126). Devem ser observados, neste caso, os princípios expostos no art. 75 da LRE: a falência visa a preservar a otimizar a utilização produtiva dos bens, ativos e recursos produtivos, inclusive os intangíveis da empresa falida. Como bens intangíveis da empresa, consideram-se os bens de propriedade industrial, como marcas, patentes, invenções e o estabelecimento (fundo de comércio).

Conforme foi citado em outras passagens, é possível a falência do espólio. Na falência do espólio, ficará suspenso o processo de inventário, cabendo ao administrador judicial a realização de atos pendentes em relação aos direitos e obrigações da massa (art. 125).

As obrigações da empresa falida só serão exigidas para credores de acordo com as normas estabelecidas pela LRE. A decretação da falência sujeita todos os credores, que somente poderão exercer os seus direitos sobre os bens da empresa falida e do sócio ilimitadamente responsável na forma que a LRE prescrever (art. 115).

A decretação da falência suspende o exercício do direito de retenção sobre os bens sujeitos à arrecadação, os quais deverão ser entregues ao administrador judicial. Direito de retenção é o poder de alguém conservar em sua mão coisa de outrem até que o crédito garantido por essa coisa seja pago, como é o caso do penhor. Assim o credor pignoratício deverá entregar ao administrador judicial a coisa entregue em garantia de seu crédito. Não poderão os sócios ou acionistas da empresa falida exercer direitos de retirada ou de recebimento do valor de suas quotas ou ações, como por exemplo, dividendos ou lucros suspensos.

Se for declarada a falência, é natural que se levantem dúvidas na mente das pessoas que tenham celebrado algum contrato com a empresa falida. Nessas situações, o contratante pode interpelar o administrador judicial, no prazo de 90 dias, contado da assinatura de sua nomeação, para que declare se vai cumprir ou não o contrato. O administrador judicial terá dez dias para pronunciar-se; a declaração negativa ou o silêncio do administrador judicial confere ao contratante o direito à indenização. O valor apurado em processo ordinário constituirá crédito quirografário.

17.2. Contrato de compra e venda

Normalmente, a maioria dos contratos praticados por uma empresa mercantil refere-se à compra e venda. A empresa falida pode ter comprado mercadorias antes de falir ou pode ter vendido seus produtos. A posição dela pode ser, portanto, de comprador ou de vendedor. Como o contrato de venda é complexo de muitas variantes, será conveniente examinar várias facetas.

A – O vendedor poderá suspender a entrega de mercadorias vendidas a uma empresa, que, após essa venda, tenha sua falência decretada. A posição da empresa falida, neste caso, é de compradora. O vendedor não poderá, porém, obstar a entrega, se a empresa falida tiver, antes da falência, já vendido essas mercadorias a terceiros, baseada na fatura ou no conhecimento de transporte, entregues ou remetidas pelo vendedor, sem fraude. Visa assim a lei a preservar os interesses de terceiros, mesmo porque a operação trará lucro para a massa. Poderá, contudo, o vendedor obstar a entrega das mercadorias se o comprador tiver agido fraudulentamente na venda delas.

B – Pode a empresa falida ter vendido uma coisa composta, como, por exemplo, uma máquina cujas peças serão entregues pouco a pouco. Neste caso, ela é vendedora. Digamos que ela tenha já entregue algumas peças. Neste caso, o comprador poderá pôr as peças já recebidas à disposição da massa, ou ficar com elas pagando seu preço. Se já tiver pago o preço delas poderá exercer contra a massa ação por perda e danos.

C – Não tendo a empresa falida entregue coisa móvel que vendera a prestações, e resolvendo o administrador judicial não executar o contrato, o crédito relativo ao valor pago será habilitado na classe própria. Vamos apontar um exemplo: uma loja vende geladeira a prestações, tendo recebido 10% de entrada, porém essa loja tem a sua falência decretada; caberá à loja decidir se cumpre o contrato, entregando a geladeira e lançando o débito ao comprador; ou então poderá dar o contrato por resilido, mas deverá devolver ao comprador qualquer importância que tenha recebido adiantado.

D – A restituição de coisa móvel ao comprador pela empresa devedora com reserva de domínio do vendedor, dar-se-á, se o administrador judicial resolver não continuar a execução do contrato, ouvido o Comitê. Assim sendo, a empresa adquiriu um veículo com reserva de domínio, ou seja, o fornecedor desse veículo transferiu a ela apenas a posse dele, mas o domínio de propriedade ainda é do vendedor, que poderá pedir a devolução do que lhe pertence. O administrador judicial poderá resilir o contrato, devolvendo o veículo ao fornecedor. Evitando assim, que o vendedor peça busca e apreensão do veículo, que não mais é utilizado pela empresa falida, já que suas atividades estão suspensas.

A venda com reserva de domínio é ainda praticada e está regulamentada pelo Código Civil nos arts. 521 a 528, mas ficou muito superada pelo arrendamento mercantil, processo mais seguro e eficaz, tanto para o fornecedor, como para a instituição financeira que financiar a venda.

E – Tratando de coisas vendidas a termo, que tenham cotação em bolsa ou mercado, e não se executando o contrato pela efetiva entrega daquelas e o pagamento do preço, prestar-se-á a diferença entre a cotação do dia do contrato e a da época da liquidação em bolsa ou mercado. Venda desse tipo é realizada costumeiramente na Bolsa de Mercadorias, Bolsa de Cereais e Bolsa Mercantil de Futuros, esta última especializada nesse tipo de operação.

F – Na promessa de compra e venda de imóveis, aplica-se à legislação respectiva, independentemente de qualquer manifestação dos promitentes compradores. A legislação respectiva a que se refere à Lei de Recuperação de Empresas é bem variada. Começou com o Decreto-lei 58/37, regulamentado pelo Decreto 3079/38, complementado pelo Decreto-lei 271/67 e pela Lei 4.380/64, art. 69.

A promessa de compra e venda de imóvel é um contrato preliminar, ou seja, que gera a obrigação de contratar. Por ele, uma parte promete vender um imóvel e a outra promete pagar o preço dele. Quem promete vender é chamado de promitente vendedor e quem promete comprar é chamado de promitente comprador. O contrato de compra e venda do imóvel é o cumprimento da promessa. O contrato de promessa de compra e venda está hoje regulamentado pelo Código Civil nos arts. 462 a 466.

G – Caso haja acordo para compensação e liquidação de obrigações no âmbito do sistema financeiro nacional, nos termos da legislação vigente, a parte não falida poderá considerar o contrato vencido antecipadamente. Nessa hipótese, será liquidado na forma estabelecida nos regulamentos; admite-se a compensação de eventual crédito que venha a ser apurado em favor da empresa falida com créditos detidos pelo contratante.

H – Os patrimônios de afetação, constituídos para cumprimento de destinação específica, obedecerão ao disposto na legislação respectiva, permanecendo seus bens, direitos e obrigações separados dos da empresa falida até o advento do respectivo termo ou até o cumprimento de sua finalidade, ocasião em que o administrador judicial arrecadará o saldo a favor da massa falida ou inscreverá na classe própria o crédito que contra ela remanescer.

17.3. Contrato de locação não residencial

É possível que a empresa falida estivesse instalada em um imóvel amparado pelos arts. 51 e 52 da Lei do Inquilinato (8.245/91), que regulamenta o aluguel de imóveis destinados para fins comerciais e industriais. Esses artigos procuram tutelar o "ponto", que é um bem integrante da chamada Propriedade Intelectual da empresa.

Tratando-se o "ponto" de um patrimônio ativo da empresa falida, portanto uma garantia a mais para os credores, a Lei de Recuperação da Empresa protege o aluguel do imóvel em que estiver o "ponto", dando-lhe prazo maior para sofrer uma ação de despejo.

No contrato de locação, quem aluga (ou loca) chama-se locador (ou senhorio) e quem toma o imóvel em aluguel chama-se locatário ou inquilino. A falência do locador não resolve o contrato de locação e na falência do locatário, o administrador judicial pode, a qualquer tempo denunciar o contrato, indenizando o locador, mediante arbitramento pelo juiz, se houver recusa deste em aceitá-lo.

Havendo contrato de locação, poderá haver a falência da empresa locadora ou locatária. Se a empresa locadora falir não haverá motivo legal para resolução do contrato de locação; a locatária continuará no imóvel e depositará o aluguel na conta judicial da locadora falida.

Se a falência atingir a empresa locatária fica a cargo do administrador judicial optar pela manutenção ou resolução do contrato de locação. Se optar por manter o contrato deverá continuar pagando o aluguel, pois se trata de encargo da massa; não entra na falência. Se o administrador judicial julgar melhor resolver o contrato devolverá o imóvel e se houver necessidade de indenizar o locador, o juiz arbitrará indenização.

17.4. Contrato unilateral

Contrato unilateral é o tipo de contrato em que apenas uma parte assume obrigações. É chamado, no Direito, de "contrato com prestações a cargo de uma só parte". Não são freqüentes tais contratos, mas alguns existem. É o caso do comodato, é um tipo de contrato de locação, mas gratuito: uma parte cede seu imóvel para alguém ocupar, mas não recebe contraprestação. É conceituado no art. 579 do Código Civil:

"O comodato é o empréstimo gratuito de coisas não fungíveis. Perfaz-se com a tradição do objeto".

Outro contrato desse tipo é a doação, um contrato de compra e venda sem que haja o preço: o doador assume a obrigação de transferir ao donatário um bem de seu patrimônio, mas este último não assume qualquer obrigação, nem de pagar o valor do bem recebido e nem sequer se obriga a aceitar a doação. Também é conceituado pelo Código Civil, no art. 538:

"Considera-se doação o contrato em que uma pessoa, por liberalidade, transfere de seu patrimônio bens ou vantagens para o de outra".

O administrador judicial, mediante autorização do Comitê, poderá dar cumprimento a contrato unilateral, se esse fato reduzir ou evitar o aumento do passivo da massa falida, ou for necessário à manutenção e preservação de seus ativos, realizando o pagamento da prestação pela qual está obrigado (art. 118). Digamos que alguém tenha prometido à empresa, que faliu, doar determinado bem. Poderá o administrador judicial exigir que o doador cumpra sua obrigação, uma vez que o bem doado aumentará o patrimônio da massa.

A situação diversa é bem difícil de acontecer. Digamos que a empresa doadora veio a falir; se ela transferir bem de seu patrimônio não irá aumentar o patrimônio da massa, mas diminuí-lo. Além disso, o possível donatário não está obrigado a aceitar a doação.

Examinemos, porém, a aplicação do art. 119 quanto ao comodato. A empresa concedeu imóvel seu em comodato a outrem, ou seja, entregou imóvel a outra pessoa, sem que esta se obrigasse a retribuir. Neste caso, o administrador judicial, mediante autorização do juiz, comunicará ao comodatário sua intenção de reaver o imóvel.

Da mesma forma agirá se a empresa falida for a comodatária. A empresa recebeu imóvel em comodato e veio a falir; o administrador judicial poderá exigir do comodante o cumprimento do contrato entregando a coisa prometida.

17.5. Contrato de conta corrente

A conta corrente é o contrato pelo qual duas partes convencionam remessa recíproca de valores, ou seja cada correntista vai lançando a crédito ou a débito do outro o valor das operações efetuadas entre ambos. Era contrato não previsto pela nossa legislação, mas continua desprovido de regulamentação no novo Código Civil, por motivos ignorados, embora seja contrato importante e de uso bem freqüente. Apesar de não regulamentado, muitas disposições legais fazem referência a ele. Assim fez a LRE ao tratar dele, no art.121:

> "As contas correntes com o devedor consideram-se encerradas no momento de decretação da falência, verificando-se o respectivo saldo".

Os contratos com a empresa devedora consideram-se encerrados no momento da decretação da falência, verificando-se o respectivo saldo após as compensações expressamente previstas na LRE. Se a massa tiver saldo a pagar, o credor deverá habilitar-se na falência, se a massa for credora, deverá exigir de plano o pagamento.

17.6. Contrato de mandato

Este contrato está devidamente regulamentado pelo Código Civil, nos arts. 653 a 692. Mandato é o contrato pelo qual uma pessoa outorga poderes a outrem, para praticar atos em nome dela. Quem confere os poderes chama-se mandante ou outorgante e quem aceita o mandato chama-se mandatário, procurador ou outorgado. É chamado o mandatário de procurador porquanto o instrumento do mandato é a procuração.

A empresa falida poderá conferir mandato a outra empresa ou pessoa física para praticar atos ou realiza negócios em nome dela; nesse caso, ela será o mandante. Poderá também receber mandato de outra empresa para praticar atos em nome da mandante; nesse caso será ela a mandatária.

A empresa devedora poderá ser mandante ou mandatária, e, em cada caso, haverá soluções diferentes. Digamos, por exemplo, que tenha ela recebido poderes de indústria de outro Estado para vender em São

Paulo mercadorias da mandante. Neste caso, a empresa devedora é a mandatária. Se ela falir, o mandato será cancelado, pois empresa falida não poderá exercer atos empresariais ainda que seja em nome de outrem. Pode permanecer o mandato se se tratar de ato não empresarial.

Vejamos, entretanto, a situação diferente em que a mandante vem a falir. O mandato conferido pela empresa devedora, antes da falência, acerca de negócio que interesse à massa falida, cessará seus efeitos com a decretação da falência, cabendo ao mandatário prestar contas de sua gestão até então (art. 120).

Tipo de mandato, merecedor de comentários, é o *"ad juditia"*, ou seja, o mandato outorgado pela empresa a advogado para representá-la em juízo. Com sua falência o mandato extingue-se. O mandatário deve ser pessoa de confiança do mandante, e, após a falência, a empresa falida é representada pelo administrador judicial, que outorgará novo mandato a advogado de sua confiança. É possível que o administrador judicial queira manter o advogado em ação; assim sendo, manterá o mandato até que julgue conveniente revogá-lo.

Para a empresa falida, cessa o mandato ou comissão que houver recebido antes da falência, salvo os que versem sobre matéria estranha à atividade empresarial.

17.7. Compensação

A compensação é uma forma de extinção de obrigações. Não é um contrato, mas a maneira de solucionar contratos, quando um contratante é, ao mesmo tempo credor e devedor do outro contratante. Sobrevindo a falência de uma empresa que tenha dívidas para com outra e, ao mesmo tempo, for credora desta última, as duas obrigações extinguem-se, até onde se compensarem.

Compensam-se, com preferência sobre todos os demais credores, as dívidas do devedor, vencidas até o dia da decretação da falência, provenha o vencimento da sentença de falência ou não, obedecidos os requisitos da legislação civil (art. 122). A compensação é, portanto, prévia, devendo ser elaborada antes de ser lançada no rol de credores, ou devedores.

Há duas exceções na compensação de créditos. Uma delas é no caso de ser o crédito transferido para a massa após a decretação da falência; neste caso o credor deverá habilitar seu crédito. Há também uma exceção da exceção: excetua-se o crédito que tiver sido incluído na massa, em conseqüência de fusão, incorporação ou cisão. Seria então crédito implícito na contabilidade da empresa falida e, portanto, poderá ser compensado.

Outra hipótese em que não caberia compensação é a do crédito suspeito. É o crédito que tiver surgido quando a empresa já estava em estado de crise econômico-financeira, já revelado e comentado; ou então, se revela sintomas de fraude ou dolo.

Casos existem em que haja acordo entre as partes contratantes para compensação e liquidação de obrigações no âmbito do sistema financeiro nacional, nos termos da legislação vigente. O sistema financeiro nacional é constituído principalmente pelos bancos, o que nos leva a crer que estas disposições se aplicam às operações bancárias.

Nesses casos, a parte não falida poderá considerar o contrato vencido antecipadamente, hipótese em que será liquidado na forma estabelecida em regulamento. Esses contratos são comuns em operações de mercado de capitais. Pode-se fazer a compensação de eventual crédito que venha a ser apurado em favor da empresa falida com créditos detidos pelo contratante.

Os patrimônios de afetação, constituídos para cumprimento de destinação específica, obedecerão o disposto na legislação respectiva. Os bens, direitos e obrigações do patrimônio de afetação permanecerão separados dos da empresa falida até o advento do respectivo termo ou até o cumprimento de sua finalidade. Chegando a esse ponto, o administrador judicial arrecadará o saldo a favor da massa falida ou inscreverá na classe própria o crédito que contra ela permanecer.

17.8. Sociedades coligadas

Poderá a empresa falida fazer parte de grupo societário, o que ocorre comumente. Há os conglomerados societários, como nos grandes grupos empresariais. Uma sociedade é então sócia de outra ou tem como sócias outras empresas. Caso a sociedade coligada entre em regime falimentar é questão contratual, específica de contrato de sociedade; dependerá muito do que diz o contrato social, e, no silêncio, do contrato, da lei.

Digamos que a empresa tenha sua falência decretada, mas ela era dona da quota de outra empresa. Essa quota é um bem de propriedade da empresa falida, devendo por isso ser arrecadada para formar a massa. Entretanto, a quota nem sempre representa o valor exato da parcela do capital. Haverá necessidade então de se apurar os valores pertencentes à massa para incorporar-se a ela. É o que diz o art. 123:

> "Se o falido fizer parte de alguma sociedade como sócio comanditário ou cotista, para a massa falida entrarão somente os haveres que na sociedade ele possuir e forem apurados na forma estabelecida no contrato ou estatuto social".
>
> "Se o contrato ou o estatuto social nada disciplinar a respeito, a apuração far-se-á judicialmente, salvo se, por lei, pelo contrato ou estatuto, a sociedade tiver que liquidar-se, caso em que os haveres do falido, somente após o pagamento de todo o passivo da sociedade entrarão para a massa falida."

Nos casos de condomínio indivisível de que participe o falido, o bem será vendido e deduzir-se-á do valor arrecadado o que for devido aos demais condôminos, facultada a estes a compra da quota-parte do falido nos termos da melhor proposta obtida.

17.9. Coobrigados solidários

O credor de coobrigados solidários cujas falências sejam decretadas têm o direito de concorrer, em cada uma delas, pela totalidade de seu crédito, até recebê-lo por inteiro, quando então comunicará ao juízo. Obrigações que tenham sido extintas por sentença ficam fora (art. 127).

Devedor solidário é aquele que responde pelo total da dívida, embora haja outros devedores. É o caso, por exemplo, dos sócios de uma empresa de forma societária de "Sociedade em Nome Coletivo". Digamos que a empresa "Ulpiano, Modestino & Papiniano" tenha sua falência declarada; sua falência acarreta também a de Ulpiano, de Modestino e de Papiniano, seus três sócios.

O credor da empresa será também credor de cada um dos sócios solidários, ou seja, poderá habilitar seu crédito nos quatro processos, pelo valor total. Se ele receber de uma das massas, deverá desistir das demais habilitações. Digamos ainda que a massa de Ulpiano pagou o valor total desse débito; neste caso terá ela o direito de regresso contra os demais coobrigados, para receber na proporção da responsabilidade de cada um, ou seja, exceto a parte de Ulpiano; se a soma dos valores pagos ao credor em todas as massas coobrigadas exceder o total do crédito, o valor será proporcionalmente devolvido às massas.

Vamos expressar esse exemplo em números. Gaio é o titular de um crédito de R$ 40.000,00 contra a empresa falida e habilitou esse crédito de R$ 40.000,00 na falência da empresa e dos três sócios solidários. Ulpiano pagou os R$ 40.000,00, saindo da relação jurídica. Ulpiano porém cobrará da empresa, de Modestino e de Papiniano os R$ 30.000,00.

Se Ulpiano receber acima desse valor, ou seja, de R$ 30.000,00 deverá devolver às massas, na mesma proporção.

Se os coobrigados eram garantes uns dos outros, o excesso recebido por Ulpiano pertencerá, conforme a ordem das obrigações, às massas que tiverem o direito de ser garantidas.

Os coobrigados solventes e os garantes do devedor ou dos sócios ilimitadamente responsáveis podem habilitar o crédito correspondente às quantias pagas ou devidas, se o credor não se habilitar no prazo legal (art. 128).

17.10. Os patrimônios de afetação

Termo incluído à última hora e que poderá dar margem a larga aplicação é o de "patrimônios de afetação". O que isto pode significar? O Direito Administrativo define a fundação como um "patrimônio afetado a determinado fim". Afetado tem, nessa frase, o sentido de "destinado", "vinculado", como é também o caso de um bem dado em penhor ou em hipoteca. O sentido que lhe dá o inciso IX do art. 119 parece não ser diferente pelo que diz: *"os patrimônios de afetação, constituídos para cumprimento de destinação específica".*

Podemos classificar como patrimônios de afetação os bens entregues em garantia de determinado débito; eles têm a destinação específica de garantir o cumprimento de uma obrigação. Vamos apontar um exemplo: os bancos realizam operações de empréstimo de dinheiro (mútuo), com garantia de duplicatas emitidas pelo mutuário. O banco vai recebendo o valor delas, mantendo-as em conta vinculada até o cumprimento da obrigação, momento em que essas duplicatas terão cumprido sua finalidade. Sendo o débito pago com o valor das duplicatas, o AJ recolherá o saldo para a massa falida. Se o valor das duplicatas recebidas pelo banco não bastar para a satisfação de seu crédito, o AJ inscreverá o que faltar na classe correspondente, ou seja, como crédito do banco. A classe própria, ao nosso modo de ver, será a de quirografários, pois este saldo está despido de privilégios.

Essa disposição foi incluída silenciosamente no pacote de medidas assecuratórios de direitos dos bancos, o que gerou onda de protestos e críticas. Alegam, porém, os defensores dessas medidas que o alvo foi o de valorizar o crédito e não os bancos. Não se justifica que a falência anule as garantias de um crédito, pois seria fatal para a instituição creditória. Se um credor, ao conceder um crédito, exige garantias para que ele seja cumprido, é porque é diligente na defesa de seu crédito. Se a falência colocar essa diligência nas mesmas condições dos credores liberais, poderia o instituto falimentar servir de arma para fraude.

Por essas disposições, ficam *"permanecendo esses bens, direitos e obrigações separados dos da empresa falida até o advento do respectivo termo ou até o cumprimento de sua finalidade"*. Formam então um bloco de bens à parte e vinculado ao crédito que eles garantiram.

Vamos ressaltar que o crédito com garantia real não é adotado apenas pelos bancos, mas qualquer credor poderá exigir essa garantia ao conceder o crédito. Ressaltamos ainda que as garantias reais não eram anuladas pelo regime falimentar anterior à LRE, mas escoavam-se no emaranhado dos demorados passos processuais.

18. DA INEFICÁCIA E DA REVOGAÇÃO DE ATOS PRATICADOS ANTES DA FALÊNCIA (arts. 129 a 138)

18.1. Atos revogáveis

18.2. Ação revocatória

18.3. A ineficácia como defesa

18.4. Atos praticados por imposição de medida judicial

18.5. Distinção das ações concursais

18.6. Renúncia à herança ou a legado

18.1. Atos revogáveis

A empresa é um organismo vivo, com as naturais mutações. Nasce, evolui e morre, tendo a sua fisiologia e também suas fases patológicas. O Direito de Recuperação da Empresa é o direito da fase patológica da empresa mercantil e procura resolver essa fase doentia, retirando-a do mercado, com a falência, ou procurando salvá-la, com a recuperação judicial ou extrajudicial.

A insolvência não surge *ex abrupto,* mas vai minando as forças da empresa, perturbando a ação de seus dirigentes, ao criar continuamente problemas de solução cada vez mais difícil. Vem a fase em que a empresa tende a cair nas mãos da agiotagem, a realizar negócios de afogadilho, que a levam a lento suicídio.

Por outro lado, os dirigentes da empresa abalada, ao sentirem as nuvens negras sobre ela, procuram salvar o que é seu e deixar o ônus da insolvência para terceiros. O patrimônio da empresa fica normalmente ameaçado e facilmente se esvai, desfalcando assim a garantia dos credores.

Cuida a Lei de Recuperação de Empresas de corrigir essas distorções, procurando defender os interesses da massa falida, evitando que alguns espertos locupletem, em detrimento dos que contribuíram para a formação do ativo da empresa. Prevê então dois tipos de atos que possam ocorrer na fase pré-falimentar, lesivos aos interesses das empresas; e as medidas tendentes a anular os efeitos desses atos. Assim sendo, procura a lei restabelecer a integridade do patrimônio da empresa levada à falência, para garantia dos credores.

Um desses atos é o pagamento de uma dívida não vencida, no termo legal. Se uma empresa tem vários credores e não consegue pagá-los, por estar às vésperas da falência, que justificativa pode encontrar para pagar uma dívida por vencer? Evidencia-se a fraude, ou, pelo menos, um protecionismo ao felizardo credor que conseguir o que os outros não conseguem.

Também se inclui entre os atos suspeitos e temerários o pagamento de dívidas já vencidas, mas de forma diferente da prevista no contrato que as criaram. Uma dívida deve ser paga não apenas num prazo convencionado, mas também na forma e no lugar convencionados. Vamos citar um exemplo: uma dívida está vencida, e a empresa devedora não tem dinheiro suficiente para pagá-la. Liquida, porém, essa dívida, com a venda, ao credor, de um imóvel ou então matéria-prima de que dispõe.

Trata-se, pois, de uma dação em pagamento, desfalcando o ativo da devedora.

Poderá também a devedora, em vez de vender um imóvel ao credor, hipotecá-lo, para garantir uma dívida. É outro ato suspeito, pois desfalcou seu patrimônio em benefício de um credor, em detrimento dos demais, dentro do termo legal. É uma assunção indevida de ônus reais, constituindo um direito real de garantia, gravando um bem que viria, mais tarde, constituir a massa.

Não pode a empresa constituir direito real de garantia, inclusive retenção, tratando-se de dívida contraída anteriormente. Se os bens dados em hipoteca forem objeto de outras posteriores, massa falida receberá a parte que devia caber ao credor da hipoteca revogada.

Mais grave ainda será o registro de venda de imóveis e averbação de direitos reais após a decretação da falência, embora já estivessem encaminhados antes da quebra. Ato suspeito parecido é o registro de direitos reais e de transferência de propriedade entre vivos, por título oneroso ou gratuito, e a averbação relativa a imóveis realizados após a falência, salvo se tiver havido prenotação anterior. Neste caso houve o desfalque do patrimônio da empresa falida, ou melhor, da massa. Além do mais, ao ter sua falência declarada, a empresa não poderia praticar atos jurídicos, ainda mais de disposição patrimonial. A ineficácia poderá ser declarada pelo juiz, de ofício, alegada em defesa ou pleiteada mediante ação própria ou incidentalmente no curso do processo.

Incluem-se ainda entre os atos suspeitos, os havidos a título gratuito, como doação, cessão de direitos, garantias e dívidas de terceiros. Por exemplo, uma empresa, já em fase de insolvência, avaliza uma nota promissória, ou faz doação de um veículo que não pretenda mais usar.

É também o caso de um empresário individual, que renuncia a herança ou a legado, até dois anos antes da decretação de sua falência. Como se sabe, a empresa individual (que o novo Código Civil chama de "empresário") é constituída de uma só pessoa. Os bens particulares da pessoa física do empresário comunicam-se com os da empresa. Nesses termos, se a empresa individual for à falência, seus bens serão arrecadados e com eles também os bens particulares, como um automóvel, um apartamento na praia e outros.

Os bens particulares do empresário constituem assim garantia de seus credores. Imaginemos que esse empresário receba herança e renuncia a ela, fazendo com que essa herança passe para seus filhos. Entretanto tem ele sua falência decretada, deixando muitas dívidas e sem bens que permitam o pagamento delas, contudo, poderia ter ele bens para a cobertura dessas dívidas, se não tivesse renunciado à herança.

O último tipo de ato suspeito, ou seja, o previsto no inciso VI do art. 129, incide quando uma empresa transfere seu estabelecimento para outrem, embora tenha dívidas a solver. Trata-se da venda de praticamente todo o ativo da empresa, deixando-a sem condições de operar. Parece ser o caso mais grave entre os atos suspeitos de uma empresa periclitante. Normalmente, o estabelecimento representa tudo de uma empresa, só restando dela o seu passivo.

Nossa justiça não costuma estender a aplicação desse dispositivo para a transferência das quotas, por parte dos sócios. Com a transferência das quotas, transfere-se para terceiros toda a empresa, inclusive o estabelecimento. Prevalece, entretanto, a interpretação de que o estabelecimento continua sendo da empresa, mudando apenas os donos. O que ocorre, normalmente, é que os sócios de uma empresa em vias de quebra safam-se das conseqüências de uma possível sentença declaratória da falência de sua empresa, transferindo-a para indivíduos sem eira nem beira, vulgarmente denominados como "laranjas", que não assumirão a responsabilidade pelos prejuízos causados aos credores.

Todos os atos retro-referidos, que tenham sido aprovados pelo juiz e previstos no plano da recuperação judicial aprovado, ou na proposta de recuperação extrajudicial homologada, serão insuscetíveis de revogação. Qualquer desses atos, para que fossem praticados durante o período de recuperação, teriam sido aprovados pelos credores e representante do Ministério Público, e também pelo juiz em que estiver correndo o feito falimentar.

Vamos citar como exemplo: a empresa Alfa Ltda. requereu recuperação judicial, ou então realizou a recuperação extrajudicial com seus credores, tendo requerido ao juiz para que homologasse esta última. No plano de recuperação estava a venda de imóvel da empresa devedora, para desafogo financeiro. Quando os credores aprovaram o plano, aprovaram também essa venda. Ao concretizar essa previsão, a empresa em recuperação teve ainda a aprovação judicial. Não se justificaria a anulação da venda nem a consideração de sua ineficácia, pois o dinheiro entrou para o caixa da empresa recuperada. Se os dirigentes da empresa tiverem desviado esse dinheiro em benefício próprio, não poderia ter responsabilidade o terceiro adquirente de boa-fé, nem prejudicado por atos de outrem.

Para esclarecer melhor a questão da transferência do estabelecimento (ou fundo de comércio), prevista no inciso VI do art. 129, parece-nos conveniente traçarmos algumas considerações sobre o "estabelecimento", uma vez que não era ele examinado pela nossa legislação, mas teve sua previsão no novo Código Civil, nos arts. 1.142 a 1.149.

O estabelecimento é o conjunto de bens organizados pelo empresário para o exercício de suas atividades. A expressão "empresa" é aqui utilizada no sentido de "empresário", também chamado de "empresa individual", mas poderá ser ainda "empresa coletiva", quer "sociedade empresária", quer "sociedade simples". A empresa é chamada ainda de "agente econômico" e "unidade produtiva", pela nossa Lei de Recuperação de Empresas.

O estabelecimento é o conjunto de bens "organizado", ou seja, cujos componentes são logicamente encadeados para que a empresa possa funcionar e prosperar. Esse conjunto de bens pode ser de bens corpóreos, concretos, como móveis e imóveis, maquinarias, matéria-prima, produtos acabados. Pode também ser de bens incorpóreos, abstratos, como patentes, marcas de produtos, métodos de trabalho, "Know How", conceito e bom nome, e outros desse tipo. Importante fator do estabelecimento, principalmente na atividade varegista, é o "ponto", o local em que se situa a empresa, e que exerça força de atração da clientela.

Esse conjunto de bens forma a *"universitas facti"* (universalidade de fato), isto é o conjunto de bens organizado pela vontade da empresa. É também chamado de "fundo de comércio". Há, portanto, dois valores: a empresa e o estabelecimento, sendo este propriedade da empresa. Pode então a empresa transferir ela própria, ou seja, suas quotas e suas ações; ou então poderá ela transferir o seu estabelecimento.

Essa transferência está prevista em nossa Lei de Recuperação de Empresas como um dos meios de recuperação da empresa. Contudo, o que se cogita aqui é a transferência, ou da empresa ou do estabelecimento, antes de ser pedida à recuperação judicial ou falência.

A notificação da ineficácia da transferência irregular do estabelecimento será feita judicialmente ou pelo oficial de registros de títulos e documentos.

18.2. Ação revocatória

Para anular os efeitos danosos desses atos, à formação da massa falida, foi criada a AÇÃO REVOCATÓRIA, típica do Direito de Recuperação de Empresas. Convém caracterizar bem esta ação, segundo o próprio nome: revocatória e não revogatória. Também se distingue da ação pauliana, própria do direito civil. A expressão "revocatória" origina-se etimologicamente de "vocare" (= chamar), visto que essa ação visa a chamar de volta ao patrimônio da falida um bem que foi dela desgarrado de forma suspeita.

O fundamento da ação revocatória está no art. 129 da Lei de Recuperação de Empresas, ao dizer que são ineficazes, ou seja, não produzem efeito relativamente à massa, tenha ou não o contratante conhecimento do estado econômico do devedor, seja ou não intenção deste fraudar credores. Não especifica este artigo quem seja o contratante: a empresa insolvente ou o terceiro que com ela contrata. Refere-se, entretanto, este artigo a um ato que não esteja caracterizado pela fraude, mas que, mesmo assim, desgasta o patrimônio da empresa que faliu.

Segundo a própria expressão utilizada pelo art. 129, os atos "são ineficazes relativamente à massa falida, tenha ou não o contratante conhecimento do estado de crise econômico-financeira do devedor, seja ou não intenção deste fraudar credores", ou seja, não serão eles anulados, mas serão ineficazes em relação à massa. Embora válidos, eles não terão o efeito de desfalcar a massa, devendo ser arrecadados os bens e irem a leilão. O terceiro envolvido nos atos poderá reclamar seus direitos de ressarcimento perante o juízo de falência.

Um segundo tipo de ação revocatória é previsto pelo art. 130: quando o ato for fraudulento, com a manifesta intenção de prejudicar credores. Não é muito fácil a ocorrência desse tipo de ação, uma vez que o ônus da prova cabe à massa, que será a Autora da Ação. O que interessa à massa é recapturar os bens alienados e não apurar culpas, razão pela qual será preferível optar pelo art. 129, mais seguro.

A ação revocatória é de rito ordinário, proposto perante o próprio juízo. O Autor da ação é a massa, representada pelo síndico. Esta ação pode ser proposta pelo administrador judicial, pelo Ministério Público ou qualquer credor, no prazo de três anos, contados da falência. Serão réus da ação todos os que participaram do ato atacado ou tenham colhido benefícios dele. Estão eles apontados no art. 133:

A – contra todos os que figuraram no ato, ou que por efeito dele foram pagos, garantidos ou beneficiados;
B – contra os terceiros adquirentes, se tiverem conhecimento, ao se criar o direito, da intenção do devedor de prejudicar os credores;
C – contra os herdeiros ou legatários das pessoas acima referidas.

A sentença que julgar a ação revocatória, quer nos termos do art. 129, quer nos termos do art. 130, ou seja, sem ou com intenção de prejudicar credores estará sujeita ao recurso de apelação. No caso de ação revocatória baseada no art. 129, sem a caracterização de fraude, a apelação só será recebida, no efeito devolutivo. Contudo, se for ação baseada no art. 130, com a caracterização de fraude, a apelação recebida no duplo efeito, suspensivo e devolutivo.

Com a procedência da ação revocatória, o juiz determinará a restituição dos bens em espécie à massa falida, com todos os acessórios ou o valor de mercado, acrescidos das perdas e danos (art. 135). O terceiro contratante de boa-fé poderá, a qualquer tempo propor ação de perdas e danos contra o devedor e seus garantes. Além, disso, poderá ele habilitar-se na falência, pelo valor que tiver pago à empresa falida. Se o preço da venda tiver entrado para o caixa da empresa falida e houver dinheiro em caixa, a massa restituirá ao terceiro de boa-fé. É garantido ao terceiro de boa-fé a qualquer tempo, propor ação de perdas e danos contra o devedor (art. 136-2º).

O juiz, na forma da lei processual civil, poderá antecipar total ou parcialmente os efeitos da tutela pretendida. Poderá a requerimento da parte interessada, ordenar, como medida cautelar, na forma da lei processual civil, o seqüestro dos bens retirados do patrimônio do devedor que estejam em poder de terceiros (art. 137).

As medidas retro-apontadas são cautelares. Enquanto corre a ação revocatória na justiça, os bens irregularmente transferidos poderão sumir ou destruir-se e a sentença que os defende poderá tornar-se inócua. O remédio preventivo de potenciais prejuízos à massa será a adoção de medidas cautelares, como o seqüestro dos bens retirados suspeitamente do patrimônio da empresa, depois falida, e colocado sob a guarda de depositário nomeado pelo juiz.

18.3. A ineficácia como defesa

A ineficácia pode ser oposta como defesa em ação ou execução que será recebida como impugnação. Antes que a massa falida tome a iniciativa da ação revocatória, pode ela ser acionada, por algum interessado, a respeito dos bens objetos de revocação. Sendo acionada, poderá ela opor defesa, alegando a ineficácia da transferência dos bens a terceiros.

Parece-nos que a defesa equivale à ação revocatória. Se a massa contesta a ação contra ela alegando ineficácia do ato que transferiu bens a terceiros e o juiz repele a contestação, dando a ação como procedente, a massa falida perde direito à ação revocatória, pois a questão já está julgada. Se, porém, o juiz acatar a defesa da massa falida, dará pela improcedência da ação. Em nosso parecer, a sentença produzirá efeito apenas contra o autor da ação e não *erga omnes*. Por essa razão, julgamos necessário empreender a ação revocatória para a recuperação de bens transferidos para outras pessoas.

18.4. Atos praticados por imposição de medida judicial

O ato pode ser revogado ou declarado ineficaz, embora para a celebração dele houvesse precedido sentença executória, ou fosse conseqüência de medida judicial assecuratória para a garantia da dívida ou de seu pagamento. Revogado o ato, ficará rescindida a sentença que o motivou.

Eis aqui delicada questão: revogar ou declarar ineficaz ato de disposição patrimonial, que ela tiver praticado em obediência a determinação judicial, além disso, necessário se torna observar que os atos passíveis de ineficácia, que tenham sido aprovados pelo juiz e previstos no plano de recuperação judicial aprovado ou na proposta de recuperação extrajudicial homologada, serão insuscetíveis de revogação. Para a compreensão do problema teremos que examinar hipóteses de atos potencialmente atingidos pela lei. Os atos em questão podem ser desses tipos:

I – pagamento de dívidas não vencidas realizadas pelo devedor no termo legal, por qualquer meio extintivo do direito de crédito, ainda pelo desconto no próprio título;

II – o pagamento de dívidas vencidas e exigíveis realizadas dentro do termo legal, por qualquer forma que não seja a prevista pelo contrato, ressalvadas aquelas expressamente previstas em plano de recuperação judicial aprovado ou em proposta de recuperação extrajudicial homologada;

III – a constituição de direito real de garantia, inclusive a retenção, dentro do termo legal, tratando-se de dívidas contraídas anteriormente; se os bens dados em hipoteca forem objeto de outras posteriores, a massa falida receberá a parte que devia caber ao credor da hipoteca revogada.

Exemplo 1

Digamos, por exemplo, que a empresa Beta Ltda. tenha sido executada por Gama Ltda., e houve penhora de equipamento industrial, devidamente aprovada pelo juiz da execução. Logo em seguida, Beta Ltda. tem sua falência decretada e a penhora se deu no termo legal. O juiz aprovara, porém, a adjudicação, do bem penhorado, a Gama Ltda., que se tornou proprietária do bem.

A massa falida moveu ação revocatória contra Gama Ltda. obtendo a procedência da ação, anulando os efeitos da sentença judicial que determinou a adjudicação. Assim sendo, a sentença do juiz da falência anulou os efeitos do juiz da execução. É situação inusitada. A sentença revocatória foi, ao mesmo tempo, ação rescisória, voltando o bem à massa falida.

Exemplo 2

Delta Ltda. sofreu ação ordinária movida por Ypsilon Ltda., referente a contrato não adimplido e foi condenada a pagar indenização em dinheiro. Entretanto, deu um veículo em pagamento dessa dívida. Fez, portanto, o pagamento de dívida dentro do termo legal, de forma diversa da que fora previsto pelo contrato. O pagamento fora feito com homologação por sentença judicial.

Era ato perfeito e acabado. Apesar disso, Delta Ltda. teve sua falência decretada e a massa moveu ação revocatória contra Ypsilon Ltda. e a sentença judicial declarou ineficaz o pagamento feito. Suspendeu assim os efeitos da sentença judicial que aprovara o pagamento. É a sentença de um juiz contra outro, o que para os processualistas, constitui aberração.

18.5. Distinção das ações concursais

Examinaremos duas versões da ação revocatória previstas na Lei de Recuperação de Empresas, uma no art. 129, outra no art. 130. Existe, todavia, outra ação com os mesmos fundamentos, denominada de ação pauliana (por ter sido criada pelo jurista romano Paulo). Trata-se, porém, de ação civil, visando a anular efeitos de atos praticados em "fraude contra credores". Não está ela compreendida na Lei de Recuperação de Empresas.

Vamos relatar o evento em que poderá ser invocada a ação pauliana. Ulpiano é cidadão empreendedor e bem conceituado no meio em que vive. Possui diversos imóveis alugados, exerce atividades com transportes, tendo cinco caminhões utilizados em seu trabalho. Possui contas em vários bancos e utiliza diversos cartões de crédito. A partir de certo momento, começa a levantar empréstimos e fazer compras a crédito, formando vultoso passivo.

Ao chegar o vencimento de seus compromissos, ele não paga, alegando dificuldades. Os credores exercem execução sobre seu patrimônio, mas não tem ele bens a penhorar. A casa em que mora foi transferida para seu filho. Os cinco caminhões não mais pertencem a ele, pois foram transferidos a Modestino. Os imóveis foram transferidos a Gaio e Papiniano. Ulpiano ficou sem nada, sem que os credores soubessem, pois ao concederem crédito a Ulpiano, ele tinha sugestivo patrimônio, o que inspirou confiança a quem lhe adiantou o dinheiro.

É a hora da ação pauliana. Salustiano, um dos credores move a ação pauliana contra Ulpiano e os demais que com ele fraudaram. Visa a ação pauliana a anular a alienação dos bens transferidos. Trata-se de ação civil e dirigida contra o devedor e terceiro com quem ele tiver contratado, por haver pressuposto de *"consilium fraudis"*, ou seja, o intuito de fraudar os credores. A ação revocatória nunca é dirigida contra o devedor, pois ele é o próprio autor da ação, agora como massa falida.

A ação revocatória, baseada no art. 129, não é caracterizada pelo *"consilium fraudis"* e não visa à anulação, mas à ineficácia dos atos de disposição patrimonial: eles são válidos mas seus efeitos não se operam perante a massa falida. O bem transferido vai para a massa.

A ação revocatória baseada no art. 130, não deixa de ser revocatória, mas exige a comprovação da fraude. Surgem então algumas questões que devemos estabelecer:

– a ação revocatória, nos termos do art. 129 (sem fraude) declara ineficaz o ato;

– a ação revocatória, nos termos do art. 130 (com fraude) revoga o ato.

O art. 138 diz que "o ato pode ser declarado ineficaz ou revogado", e, em seguida, diz "revogado o ato ou declarada sua ineficácia". Há pois dois efeitos distintos na sentença. Além disso, diz o título da seção IX: "Da ineficácia e da revogação de atos praticados antes da falência". Parece-nos difícil imaginar uma situação ou um fato processual que se amolde a esse artigo, que achamos melhor transcrever:

> "O ato pode ser declarado ineficaz ou revogado, ainda que praticado com base em decisão judicial, observado o disposto no art. 131.
> Parágrafo único – Revogado o ato ou declarada sua ineficácia, ficará rescindida a sentença que o motivou".

O que o art. 131 diz é que não pode ser declarado ineficaz nem revogado o ato que estiver previsto no plano de recuperação judicial. Isto é natural, pois, se foi previsto no plano aprovado pelos credores e homologado pelo juiz, não haveria lógica na sua anulação.

Contudo, quando diz que um ato pode ser "anulado ou declarado ineficaz, ainda que praticado com base em decisão judicial", deixa-nos perplexos. Que decisão judicial pode ser esta? De quem será essa sentença. O juiz da falência rescindirá a sentença de outro juiz? – Essa última hipótese nos parece absurda.

Acreditamos então que só possa ser a sentença do mesmo juiz. Mesmo assim, ficaremos confusos. Por exemplo: durante o período da recuperação judicial, a empresa em regime concursal vende determinado bem, com aprovação dos credores, sendo a operação homologada por sentença judicial. Posteriormente, a empresa em recuperação tem sua falência declarada, e a venda daquele bem sofre ação revocatória, sendo anulada; essa anulação rescinde a sentença judicial que houvera homologado a venda.

Não nos parece lógica essa decisão; o terceiro de boa-fé, que adquiriu o bem estava lastreado pela aprovação judicial, senão ele não o compraria. Está, portanto, prejudicado pela anulação de um ato jurídico perfeito e acabado e, acima de tudo, aprovado judicialmente. Talvez

250

se pudesse admitir essa anulação em ação anulatória específica para aquele ato.

Apesar disso, a Lei dá o nome de ação revocatória aos dois tipos de ação. Damos, entretanto, ao termo "revogação" o sentido de anulação, desfazimento, uma vez que só pode ser feita a revogação de um ato pela pessoa que o praticou.

18.6. Renúncia à herança ou a legado

Considera-se ato suspeito a renúncia à herança ou a legado, até dois anos antes da decretação da falência. Essa renúncia pode ocorrer com o empresário individual, mas até com a sociedade, pois não é vedado a ela receber herança de alguém que venha a falecer.

Digamos que o empresário individual Ernesto Faria tenha recebido herança de seu falecido pai, e tenha renunciado a ela. Após essa renúncia, no prazo inferior a dois anos, Ernesto Faria, que era empresário individual, devidamente registrado na Junta Comercial, tem sua falência decretada. Se tivesse recebido a herança sua falência poderia ter sido evitada, ou teria ele patrimônio capaz de suportar as dívidas.

É sabido que o patrimônio do empresário individual comunica-se com o patrimônio da pessoa física, vale dizer, a empresa Ernesto Faria, e a pessoa física do componente dela, fundem os respectivos patrimônios. Ora se a pessoa física Ernesto Faria deixou de receber a herança de seu pai, terá patrimônio reduzido para formar a massa falida.

19. DO COMITÊ E DO ADMINISTRADOR JUDICIAL NA FALÊNCIA

19.1. Necessidade da administração

19.2. A nomeação do administrador judicial

19.3. Deveres e atribuições

19.4. Remuneração do administrador judicial

19.5. Restrições ao cargo

19.6. O relatório do administrador judicial

19.7. O Comitê de Credores

19.8. Prestação de contas

19.1. Necessidade da administração

Já houvéramos falado sobre esses dois órgãos de administração, com referência à recuperação judicial, mas agora se trata da atuação deles no que tange à falência, mais precisamente ainda à massa falida. Deles cuidam os arts. 21 a 34 da Lei de Recuperação da Empresa. Rememos essa questão ao capítulo 9º, em que fizemos amplo estudo sobre o AJ e o Comitê de Credores, nas três áreas: recuperação judicial, recuperação extrajudicial e falência.

A falência implica na morte da empresa. Decretada a falência, os dirigentes da empresa falida são imediatamente afastados e não podem praticar quaisquer atos em nome da empresa. As atividades da empresa falida ficam suspensas e suas instalações lacradas. Os livros contábeis são recolhidos e encerrados; a maioria dos contratos fica rescindida e os pagamentos são suspensos.

Os bens são arrecadados, para constituir a massa falida. A massa é o conjunto de bens arrecadados de uma empresa falida, formando uma *universitas juris*. Destina-se a uma existência efêmera; os bens serão, em breve, vendidos em leilão e o valor auferido será distribuído aos credores, na proporção de seus créditos.

Embora alguns afirmem não ter a massa personalidade jurídica, é ela sujeito de direitos, tanto que pode ser autora em ações judiciais, como na ação revocatória, como ré em ações várias, como nos Embargos de Terceiro. Para poder agir e sofrer ações, a massa deverá ter seu representante legal: o administrador judicial. Por outro lado, esse conjunto de bens forma um patrimônio que precisa ser conservado e administrado; seu administrador é o administrador judicial.

A administração da falência é exercida por um administrador judicial ou pelo Comitê de Recuperação Judicial, sob a imediata direção e superintendência do juiz. O administrador judicial é assim administrador da falência e não só da massa, pois que o procedimento falimentar é movido principalmente por ele, até o seu ponto final. Ao examinarmos os deveres e atribuições do administrador judicial, notaremos que muito variada é a sua participação e não apenas a de zelar pelo patrimônio da massa. Aliás, falências há em que não se arrecadam bens, não chegando a constituir-se a massa. É o administrador judicial quem representa a massa em juízo ou fora dele; aciona o processo e responsabiliza-se pelo seu mau andamento; promove a venda dos bens, como *bonorum emptor*.

19.2. A nomeação do administrador judicial

No regime antigo, deveria ser nomeado síndico quem requeresse a falência ou fosse o maior credor, mas no sistema novo ainda é uma incógnita. Na França, essa questão ficou estabelecida por legislação especial. Começou com a Lei 85-99 de 25.01.85, relativa aos administradores judiciais, mandatários-liquidantes e peritos em diagnóstico empresarial; essa Lei foi regulamentada pelo Decreto 85.1389, de 27.12.85. Posteriormente, o Decreto 86-1176 de 05.11.86, complementou o esquema. Essa legislação poderá ser muito útil aos tribunais de justiça para a regulamentação do problema.

O administrador judicial tomará posse por termo nos autos, que deverá ser lavrado e assinado por ele, no prazo de setenta e duas horas; contados a partir de sua notificação. Se ele recusar o encargo, deverá encaminhar ao juiz petição fundamentada, também no prazo de setenta e duas horas, contados a partir de sua notificação.

Mesmo nomeado o administrador judicial, o juiz, de ofício, ou a pedido a assembléia geral dos credores, poderá determinar a constituição de Comitê de Credores, quando entender de sua necessidade, ante o grau de complexidade do procedimento concursal em questão; ou em razão de sua avaliação a respeito do porte econômico-financeiro da empresa falida.

Diz o art. 99-IX que a sentença que decretar a falência da empresa devedora nomeará o administrador judicial. Essa afirmação nos leva a crer que o juiz escolherá o administrador judicial, que, pelo jeito, fica ao seu critério.

19.3. Deveres e atribuições

Bem vasta é a gama dos deveres e atribuições do administrador judicial, expostos em vários artigos da Lei de Recuperação de Empresas, mas, especificamente no art. 22. Vão-se revelando na atividade dele, de tal maneira que o cargo se torna muito complexo, com funções administrativas, processuais, contábeis, informativas, representativas.

Precisará fornecer, com presteza, todas as informações pedidas pelos credores interessados sobre a falência e a administração de massa falida, e dar extrato dos livros da empresa falida, que merecerão fé de ofício, a fim de servirem de fundamento nas verificações e impugnações de crédito. Na nossa Lei a expressão um pouco superada "fé de ofício", coloca em dúvida em qual sentido está empregada, já que tem ela dois sentidos mais usuais. Num sentido, fé de ofício é um tipo de prontuário, o registro de fatos importantes na vida profissional de alguém. Acreditamos, contudo, que tenha o sentido de "fé pública" e deveria ter sido utilizada essa expressão. O que deve estar no espírito da Lei é que as informações fornecidas pelo administrador judicial e os extratos dos livros fiscais da empresa devedora merecem fé pública.

Deverá ele exigir dos credores e dos procuradores ou administradores que serviram aos interesses da empresa falida, quaisquer informações verbais ou por escrito. Para inteirar-se da situação da massa ou da empresa falida e fazer seus relatórios é muitas vezes imperioso que o administrador judicial consulte as pessoas que tenham celebrado contratos com a empresa falida, funcionários, gerentes ou administradores, sobre as operações realizadas ou o destino de certos bens.

Por petição específica, levada a despacho, o administrador judicial comunicará ao juiz qual o montante total dos créditos declarados; também confrontará o valor desses créditos com o total do passivo informado na petição da empresa devedora. Esta comunicação se impõe, em vista da possibilidade de créditos indicados no passivo da empresa falida serem impugnados.

Cabe ao administrador judicial indicar ao juiz o perito avaliador e contador, que serão nomeados pelo juiz. O perito avaliador será o encarregado de avaliar os bens arrecadados para fazerem parte do acervo da massa falida. O perito contador encarregar-se-á de examinar a escrituração contábil da empresa falida e dar o laudo do que ele apurou da documentação. Eles ainda fornecerão laudos nas ações de restituição, nas habilitações de crédito, nos embargos de terceiro, e em qualquer execução em que a massa tenha interesse.

Precisará relacionar as ações relativas à massa falida em andamento e adotar as providências que se fizerem necessárias para o ajuizamento no interesse dela. Nessas ações, a massa falida poderá ser autora ou ré e será o administrador judicial o representante legal dela. É de seu alvitre impulsionar essas ações, atendendo ao interesse da massa falida.

Se houver assembléia-geral dos credores, poderá o administrador judicial requerer ao juiz a convocação dela, quando a lei o exigir ou quando ele achar necessário que a assembléia-geral dos credores tenha que tomar decisões.

O administrador judicial exerce pessoalmente as suas funções e não pode delegá-las, exceto para atos determinados, com prévia autorização do juiz. Não poderá ser substituído sem licença do juiz o representante legal da pessoa jurídica que for administrador judicial. Conforme vimos diversas vezes, é possível que o administrador judicial seja pessoa jurídica. Neste caso, essa pessoa jurídica, valer dizer, a empresa especializada em administração judicial, ao assinar o termo de compromisso, deverá declarar o nome de seu representante legal, ou seja, a pessoa que a representará perante juízo e outras pessoas.

19.4. Remuneração do administrador judicial

Extensa é a gama de atribuições do administrador judicial, sua responsabilidade, a delicadeza de muitas funções. Natural que ele faça jus a uma remuneração pela massa, a quem ele serviu por tempo geralmente longo. Essa remuneração é arbitrada pelo juiz, atendendo à diligência e ao trabalho do administrador judicial, à responsabilidade da função e à importância da massa. Apesar do arbítrio concedido ao juiz, vê-se ele inibido por tetos estabelecidos pelas normas que regulamenta essa questão em seu *caput* e cinco incisos.

Seguindo então os critérios adotados para o administrador judicial na recuperação judicial, a remuneração dele na falência não poderá ultrapassar a 5% do valor a ser pago aos credores. O pagamento ao administrador judicial será realizado junto com os credores. Não fará jus à remuneração o administrador judicial que tiver renunciado a seu cargo, for destituído ou tiver suas contas rejeitadas. Conforme já fora mencionado, a remuneração do administrador judicial constitui encargo da massa e goza de preferência sobre a maioria dos pagamentos.

19.5. Restrições ao cargo

Bem amplas são as atribuições e poderes do administrador judicial e do comitê, mas sofrem eles algumas restrições e impedimentos: não poderá ser nomeado quem tiver incompatibilidade com o cargo ou seja impedido por lei especial. É o caso de parentes próximos dos sócios da empresa falida, amigo ou dependente, o cessionário de créditos, quem já fora administrador judicial inidôneo de outra falência, ou em caso em que não poderia ser empresário, tais como funcionário público, militar, quem tiver contra si mandados de prisão ou tenha sido condenado por crime falimentar, de prevaricação, de peita ou suborno, de concussão, de peculato, contra a economia popular, a fé pública ou crimes contra a propriedade alheia, como roubo, furto, apropriação indébita, estelionato e outros semelhantes.

Também fica vedada a nomeação de quem tenha sido condenado por prática de crime que vede, ainda que temporariamente, o acesso a cargo público.

Não poderá ser administrador judicial ou membro do comitê quem nos últimos cinco anos, tenha exercido o cargo de administrador judicial ou de membro do comitê, em falência ou recuperação judicial anterior, tiver sido destituído, tenha deixado de prestar contas dentro dos prazos legais ou tiver a prestação de contas desaprovada.

A empresa falida, qualquer credor ou representante do Ministério Público poderá reclamar da nomeação do administrador judicial ou dos demais membros do comitê, feita em desobediência aos preceitos da Lei de Recuperação de Empresas, no prazo de cinco dias, contados da publicação da nomeação pelo Diário Oficial.

Não faz a Lei de Recuperação de Empresas exigência de ser o administrador judicial pessoa física, podendo ser pessoa jurídica, desde que seja da confiança do juiz e se comprometa a prestar contas de sua administração, sempre que houver recebimento, sob pena de destituição. Não veda a lei o exercício do cargo por mulheres, mas não se conhecia até pouco tempo em São Paulo qualquer síndica até o surgimento da atual Lei de Recuperação da Empresa. Não é legalmente obrigatório que seja advogado, mas todos os síndicos existentes em São Paulo são advogados. E nem poderia ser diferente, porquanto a função exige seguros conhecimentos do Direito de Recuperação de Empresas, bem como de diversos ramos do Direito. Importa por isso repetir que o Direito de Recuperação de Empresas é chamado por alguns de Direito Concursal, não só porque adota o concurso de credores, mas porque há o concurso de vários outros ramos do Direito. Interessante notar que a nova Lei prevê a possibilidade de se constituir empresa especializada em administração judicial, a exemplo do adotado pela legislação francesa.

Além desses aspectos, os procedimentos falimentares têm nítida conotação processual e o conhecimento dos trâmites e meandros judiciários dificilmente poderão ser assimilados por quem não for advogado.

Com o surgimento do novo sistema falimentar francês, o Direito Falimentar passou a chamar-se "Droit des Procedures Concoursalles" (= Direito dos Procedimentos Concursais), o que demonstra a íntima conexão com o Direito Processual.

O novo sistema concursal brasileiro, inspirado no modelo francês, conserva o sentido processual. Todavia, ante a consideração de que a falência é fenômeno de ordem econômica e não penal, e sendo de maior interesse de pessoas privadas, como empregados, bancos, fornecedores, é de se acreditar que haja maior tendência para o Direito Empresarial e venha a justificar-se o exercício das funções do administrador judicial por empresário ou economistas.

O administrador judicial não poderá transigir sobre créditos e negócios da massa falida e conceder abatimento sem autorização judicial, ainda que sejam considerados de difícil recebimento, ouvindo sempre o Comitê e o devedor. Fica assim o administrador judicial um tanto amarrado nas conversações para acertos de débitos da massa.

19.6. O relatório do administrador judicial

O administrador judicial está obrigado a três importantes relatórios, entre eles o relatório anteriormente chamado de "Exposição Circunstanciada", esse relatório deve ser elaborado pelo administrador judicial no prazo de noventa dias, contados a partir da assinatura do termo de compromisso. É dirigido ao juiz da falência; se houver o Comitê, será então dirigida aos membros dele.

Deverá o administrador judicial indicar nesse relatório as causas e circunstâncias da falência e examinará os atos praticados pela empresa falida e pelos seus administradores no exercício de seus cargos e funções na hipótese de ocorrer falência que suceda a recuperação judicial da empresa.

Esse relatório será mais tarde invocado no art. 193, que será estudado no exame dos crimes falimentares. Havendo crimes falimentares o prazo para a apresentação do relatório será de trinta dias.

19.7. O Comitê de Credores

Como ocorre no procedimento da recuperação judicial, será possível haver no procedimento de falência o Comitê de Credores. Se houver essa conveniência, o juiz convocará a assembléia-geral de credores, ou poderão eles pedir ao juiz essa convocação. A assembléia-geral de credores elegerá então os membros do Comitê para atuar na falência. Esse Comitê será estruturado de forma semelhante ao Comitê de recuperação judicial.

A competência legalmente prevista para esse Comitê será a de acompanhar e fiscalizar o processo de falência e a gestão da massa falida pelo administrador judicial. Poderá requerer ao administrador judicial o exame dos livros e documentos, informações e esclarecimentos, bem como poderá propor formas alternativas de realização do ativo.

Pode acontecer que a assembléia-geral de credores não se instale, pela não convocação, por ausência de "quorum" ou por qualquer outra razão. Se não for possível a eleição dos membros do Comitê, caberá ao administrador judicial ou ao juiz, conforme o caso, exercer as atribuições que caberiam a esses órgãos de representação dos credores.

Aspecto importante nos deixa em dúvida quanto à eficácia do Comitê. Na recuperação judicial o administrador judicial é o presidente do Comitê e presumimos que assim será na falência.

19.8. Prestação de contas

Como administrador de patrimônio alheio e sujeito ao controle judicial, o administrador judicial terá de prestar contas de sua administração. Como guarda de valores, depositário de bens, representante legal da massa perante terceiros, promotor da venda de bens, pagador de contas e dos débitos, promovedor do andamento do processo falimentar, o administrador judicial manipula valores, pode causar prejuízos à massa, por sua má administração ou por infringir qualquer disposição da Lei de Recuperação de Empresas.

Por essa razão, o administrador judicial deverá prestar contas de sua atuação em três situações:

a – quando renunciar ao cargo;

b – quando for substituído ou destituído;

c – quando terminar a liquidação da massa e fizer o relatório final.

As contas do administrador judicial deverão ser apresentadas em autos apartados, instruídas com os documentos probatórios. Apresentadas as contas, o escrivão fará publicar edital, avisando os interessados de que as contas se encontram em cartório, para o exame e pronunciamento dos interessados, podendo eles impugná-las, no prazo de dez dias. Se houver impugnações, o administrador judicial poderá contestá-las. Após as diligências necessárias e ouvindo o representante do Ministério Público, o juiz julgará as contas por sentença, aprovando-as ou rejeitando-as. Dessa sentença caberá apelação. Solucionando o processo de prestação de contas, serão os autos apensados aos da falência.

A falta de apresentação das contas ou a não aprovação delas pelo juiz poderá acarretar sérias conseqüências, entre as quais o não recebimento da remuneração e as restrições para a nomeação de nova sindicância. A mais grave sanção, contudo, será a possibilidade de sua prisão por até sessenta dias.

20. DA REALIZAÇÃO DO ATIVO
(arts. 139 a 148)

20.1. Sentido de realização

20.2. Modalidades de realização do ativo

20.3. Formação do pecúlio

20.4. Formas de venda dos bens

20.5. Venda por leilão

20.6. Venda por propostas

20.7. Venda por pregão

20.8. Venda do estabelecimento

20.9. Outras formas de realização

20.1. Sentido de realização

Em sentido contábil e jurídico, realizar é transformar bens em dinheiro. Em termos de Direito de Recuperação da Empresa, a realização é o ato pelo qual os bens que formam a massa falida serão alienados, para se apurar o numerário destinado à satisfação dos credores. Liquidar é desfazer-se dos bens. Para muitos, liquidação e realização têm o mesmo sentido: saem da contabilidade da massa falida os bens e entra nela o correspondente valor financeiro.

Logo após a arrecadação dos bens, com a juntada do respectivo auto ao processo de falência, será iniciada a realização do ativo, segundo o art. 139. Pelo espírito e pelo teor da nova Lei de Recuperação de Empresas, será medida urgente, uma vez que logo que a falência for decretada, deverá ser promovida a arrecadação, e, tão logo seja ela feita, inicia-se a realização. Há realmente empenho do novo Direito de Recuperação de Empresas em acelerar esse passo do procedimento concursal.

Importante medida adotada pela nova lei é que a venda, quando realizada em hasta pública, estará livre de qualquer ônus e não acarretará a sucessão. Esse critério valoriza e agiliza a realização do ativo. Anteriormente, havia a sucessão de dívidas e encargos dos bens da massa, o que afugentava os eventuais arrematantes. Assim, por exemplo, se fosse vendido um automóvel em leilão, o arrematante teria que pagar eventuais multas, indenizações, penhoras, e outros encargos que gravassem esse carro.

A realização do ativo terá início independentemente da formação do quadro-geral de credores.

20.2. Modalidades de realização do ativo

O novo Direito de Recuperação de Empresas, no art. 140, introduziu várias formas de realização do ativo, o que dá grande maleabilidade ao sistema. A primeira hipótese é a alienação da empresa, com a venda de seu estabelecimento em bloco. O estabelecimento, também chamado de fundo de comércio, é o conjunto dos bens materiais, como estoque de produtos, móveis e utensílios, imóveis e matéria-prima. Os bens imateriais podem ser o nome de guerra, ou insígnia, o "ponto" (localização da empresa), patentes e outros. Constitui esses bens o patrimônio ativo da empresa falida.

Poderemos tomar como exemplo o sugestivo patrimônio desperdiçado do Mappin. Era cadeia de lojas, muito organizada, com vários pontos de venda, numerosa clientela, funcionários bem treinados e tantos outros valores materiais e imateriais agregados ao seu patrimônio. Poderia facilmente ser vendida essa massa falida e não faltavam interessados.

Entretanto esse vultoso patrimônio foi reduzido a sucata. Houve prejuízos de várias ordens; milhares de empregados ficaram sem emprego. A perda dos credores deverá ser quase total. O trabalho judicial será sobrecarregado por muitos anos.

Tudo porque, anteriormente, a Lei Falimentar, o Decreto-lei 7661/45 não previa essa solução e, mesmo que fosse ela adotada, surgiriam muitos entraves, a venda só poderia ser realizada após o pagamento dos impostos e taxas sociais. Em segundo lugar, o arrematante da massa, ou seja, o comprador seria o sucessor de todas as dívidas, e o montante dessas é uma incógnita. E assim o Brasil amargou perdas imensas, além de ficar desprovido de empresa considerada padrão nos serviços que prestava. Idêntico fenômeno ocorreu com a Mesbla.

Vamos apontar outro exemplo, prestes a ocorrer. Os jornais têm apresentado o drama de nossa principal empresa de navegação aérea, a Varig, em estado pré-falimentar e sem perspectivas de salvação. Todavia, tem essa empresa extraordinário estabelecimento, vale dizer, fundo de comércio formado por valores de natureza intelectual, como mão-de-obra altamente especializada, formada por pilotos, comissários de bordo, mecânicos de manutenção e tantos outros. Tem ela a concessão para operar linhas aéreas para quase todo o Brasil e quase todo o mundo. Tem ela unidades produtivas nas grandes capitais do Brasil e do mundo. É de louvável organização. Tem capacidade de gerar lucros imediatos.

Todo esse potencial está condenado a transformar-se em danos gerais e vasta sucata. A causa dessa tragédia é nosso sistema falimentar engessado por lei anacrônica e refratária à realidade atual da economia brasileira e à vida empresarial. Felizmente, há uma luz no fim do túnel acesa pela Lei de Recuperação de Empresas.

Vamos relatar outra solução: pode haver a alienação da empresa, com a venda de suas filiais ou unidades produtivas isoladamente. Por exemplo, o Mappin poderia ter vendido unidades bem produtivas e ter conservado fechadas aquelas de fraco potencial, conservando inclusive o título do estabelecimento, marca, nome chamariz de forte atração. Faria assim também a Mesbla.

A Varig poderia vender as unidades do Norte e Nordeste, aliviando seus encargos, diminuindo o número de seus funcionários e arrecadando numerário que dariam cobertura a débitos inconvenientes, principalmente os mais custosos.

A terceira alternativa é a alienação em bloco dos bens que integram cada um dos estabelecimentos do devedor. Não se trata de se desfazer de unidades produtivas, mas dos bens estáticos; ou então a alienação parcelada ou individual dos bens.

A quarta possibilidade é a alienação parcelada ou individual dos bens. Parece ser esta a solução ideal, vedada pelos costumes arraigados do regime anterior; por este a realização do ativo deveria ser realizada em bloco e em fase já adiantada do processo. Esse critério, além de provocar retardamento provoca a deterioração do patrimônio da empresa falida. Havendo a maleabilidade da nova lei, é possível promover a desmobilização dos bens, de acordo com a conveniência.

Essa maleabilidade da nova lei abre o leque das possibilidades de rápida transformação de bens materiais e imateriais em dinheiro. Poderão ser aplicadas simultaneamente as quatro opções, num "mix", surgindo assim nova opção. Se convier à realização do ativo, ou em razão de oportunidades, pode ser adotado mais de uma forma de alienação. Se houver o Comitê de credores poderá este deliberar a respeito da forma de realização do ativo, ou então a assembléia-geral dos credores. É outra vantagem: a assembléia-geral dos credores é órgão quase soberano, e suas decisões poderão ser aplicadas quase de imediato.

Como se vê a rapidez é colorário da realização do ativo. Por isso, inclusive, poderá ele iniciar-se independentemente da formação do quadro geral dos credores. Às vezes, torna-se necessário evitar que a empresa pare de funcionar, por haver alguma operação produtiva já contratada e em andamento. Será então aproveitada a mão-de-obra e matéria-prima destinada a essa operação. A alienação da empresa terá assim por objeto o conjunto de determinados bens e contratos de trabalho necessários à operação rentável da unidade de produção, que poderá compreender ainda determinadas obrigações.

A alienação da empresa terá por objeto o conjunto de determinados bens necessários à operação rentável da unidade de produção, que poderá compreender a transferência de contratos específicos. Se houver venda de um imóvel, por exemplo, a sentença judicial, que homologar sua transferência, servirá de título para ser registrado na circunscrição imobiliária.

Assim, nas transmissões de bens alienados, que dependam de registro público, a este servirá como título suficiente o mandato judicial respectivo.

Na alienação conjunta ou separada de ativos, inclusive da empresa ou de suas filiais, promovida de várias formas, todos os credores, observada a ordem de preferência definida no art. 83, sub-rogam-se no produto da realização do ativo (art. 141). Em outras palavras, o dinheiro proveniente da alienação dos bens entram para a massa, para atender aos direitos dos credores.

O objeto da alienação estará livre de qualquer ônus e não haverá sucessão do arrematante nas obrigações do devedor, inclusive as de natureza tributária, as derivadas das relações de trabalho e as decorrentes de acidentes do trabalho. Este aspecto é por demais importante e dele já falamos várias vezes. Tão grande foi sua importância que provocou até alterações no Código Tributário Nacional. Tem como princípio o expresso no art. 75, de valorizar e otimizar a massa falida, fazendo com que se torne atraente aos potenciais arrematantes. No regime anterior, quem arrematasse o patrimônio da empresa falida era obrigado a assumir as dívidas tributárias e trabalhistas dela. Ninguém iria arrematar empresas em tais condições, a menos que descontasse do preço da arrematação o valor estimado das dívidas. Trata-se de grande conquista, louvando-se a autuação do Ministério da Fazenda, abrindo mão de importante privilégio do fisco, em prol da valorização da massa.

Não haverá sucessão de dívidas trabalhistas e serão elas pagas pela massa. Se o arrematante ficar com o estabelecimento, poderá ficar com os empregados, celebrando com eles novo contrato de trabalho, responsabilizando-se com o ônus a partir dele, mas não assumindo as dívidas do antigo empregador, ou seja, anteriores à arrematação.

Este critério não será, entretanto, aplicado se o arrematante tiver ligação com a empresa falida ou com seus antigos dirigentes. É o caso de parentes em linha reta ou colateral até o 4º grau, consangüíneo ou por afinidade, de sócio ou titular de pessoa jurídica falida, como também se for pessoa jurídica controlada ou controladora da pessoa jurídica falida; ou então se for identificado como agente do falido com o objetivo de fraudar a sucessão.

20.3. Formação do pecúlio

Conforme fora dito, a desmobilização do ativo poderá ser processada mesmo antes da formação do quadro-geral dos credores. Será ela iniciada assim que se complete a arrecadação dos bens com a juntada do respectivo auto de arrecadação ao processo falimentar.

Conforme o ativo vá sendo realizado, o fruto da arrematação vai formando o pecúlio, destinado a ser distribuído aos credores. Na alienação conjunta ou separada de ativos, inclusive a alienação da empresa ou de suas filiais promovida sob qualquer das modalidades de realização, de que estamos falando, todos os credores sub-rogam-se no produto da realização do ativo.

As quantias em dinheiro, recebidas a qualquer título, serão depositadas imediatamente em conta remunerada de instituições financeiras federais, estaduais ou privadas, conforme os requisitos da lei ou das normas de organização judiciária. Em São Paulo a Caixa Econômica Estadual é a escolhida para esse mister.

Deverá ser aberta conta judicial, com finalidade específica, para depositar a quantia pertencente a credor que não procedeu ao levantamento de seu pagamento, expedindo-se edital com prazo de trinta dias. Se não houver manifestação do credor, far-se-á o depósito de imediato antes do encerramento da falência. Evitar-se-á destarte que a omissão do credor emperre o encerramento da falência.

O administrador judicial fará constar do relatório de que trata o art. 22-III-p, ou seja, a conta demonstrativa da administração, que especifique com clareza a receita e a despesa, os valores eventualmente recebidos no mês vencido, explicitando a forma de distribuição dos recursos entre os credores.

20.4. Formas de venda dos bens

De várias formas será possível transferir os bens da massa para transformá-los, em dinheiro, conforme julga conveniente o administrador judicial ou, se houver, o Comitê de Credores, propondo ao juiz, que poderá optar por três formas; leilão, propostas e pregão, previstas no art. 142.

O primeiro passo a ser dado será a avaliação dos bens arrecadados, por perito especializado, proposta pelo administrador judicial e nomeado pelo juiz; o valor da avaliação é a oferta inicial. Em qualquer das três formas, deverá haver publicação do edital de leilão, publicado em jornal de ampla circulação, com quinze dias de antecedência, em se tratando de bens móveis, e com trinta dias, na alienação dos demais ativos, facultada a divulgação por outros meios que contribuam para o amplo conhecimento da venda.

Qualquer que seja a forma de realização do ativo adotada fica a massa falida dispensada da apresentação de quaisquer certidões negativas. Essa singela disposição tem extraordinário alcance. A obtenção de certidões negativas é tarefa, senão impossível, pelo menos dificílima. Poderiam elas até mesmo inviabilizar qualquer operação.

O laudo de avaliação poderá ser impugnado pela empresa falida, pelo administrador judicial, credor ou pelo representante do Ministério Público, no prazo de cinco dias, contados da intimação de sua juntada aos autos. Não havendo impugnação acerca da avaliação, ou julgado a que tiver sido oferecido, haverá a alienação, em uma das três modalidades previstas pela lei, ou seja, leilão por lances orais, propostas fechadas, ou pregão. Da mesma forma se for outra modalidade de venda do ativo, autorizada pelo juiz.

Transcorrido o prazo de quarenta e oito horas da alienação, sob qualquer das modalidades acima referidas, havendo impugnação pelos credores interessados ou pelo representante do Ministério Público, os autos serão conclusos ao juiz; este decidirá no prazo de cinco dias, validando ou não a venda efetuada.

O fruto das arrematações, e demais quantias em dinheiro, recebidas a qualquer título, serão depositadas dentro de vinte e quatro horas seguintes, em instituições financeiras federais, estaduais ou privadas, conforme normas definidas pelo Comitê de Credores. Se houver de ser feito algum pagamento, deverá ser feito por intermédio de cheque nominal, que será assinado pelo administrador judicial após a autorização do juiz. Esse critério rompe o privilégio anterior da Caixa Econômica, que mantém no próprio fórum uma agência destinada ao recolhimento desses depósitos.

Esses depósitos formarão o pecúlio destinado à distribuição proporcional aos credores, do que nos referimos há pouco. Estes deverão depois requerer o levantamento do que lhes cabe. Será aberta conta judicial, com finalidade específica, para depositar a quantia pertencente a credor que não procedeu ao levantamento de seu pagamento, expedindo-se edital com prazo de trinta dias e não ocorrendo a manifestação deste, far-se-á depósito de imediato, antes do encerramento da falência.

Em qualquer das três modalidades de alienação podem ser apresentadas impugnações por qualquer credor, pela empresa falida ou pelo Ministério Público, no prazo de 48 horas da arrematação. Nesse caso, os

270

autos vão conclusos ao juiz, que, no prazo de cinco dias, decidirá sobre as impugnações. Se julgá-las improcedentes, ordenará a entrega dos bens ao arrematante, respeitadas as condições estabelecidas no edital.

20.5. Venda por leilão

Normalmente, os bens são vendidos em leilão público, realizado no setor de hastas públicas, por leiloeiro oficial, indicado pelo administrador judicial, em data marcada no edital, que será publicado no prazo mínimo de dez dias. Em comarcas menores, em que não haja leiloeiro oficial, fará o leilão o porteiro dos auditórios.

Ao leilão deverá estar presente o representante do Ministério Público. Se houver leilão de imóveis, o edital deverá ser publicado no prazo mínimo de vinte dias. Os bens da massa são geralmente leiloados englobadamente, mas é possível haver vários leilões com a venda em separado dos bens; por exemplo, os imóveis num dia e os móveis no outro.

A alienação do bem em leilão público dar-se-á pelo maior lance oferecido, mas o bem somente será entregue ao arrematante decorrido o prazo de quarenta e oito horas; após constatado o efetivo pagamento do preço final do bem. Segundo as normas dos leilões judiciais, é feito o primeiro leilão, em que os bens só podem ser arrematados desde que haja o preço mínimo da avaliação. Não havendo arrematação, será realizado o segundo leilão, que poderá vender os bens a qualquer preço. Acreditamos que essas normas continuem a ser seguidas.

No leilão por lances orais, aplicam-se, no que couber, as regras do Código de Processo Civil.

20.6. Venda por propostas

Em vez do leilão, pode o administrador judicial optar pela realização do ativo por proposta de compra. É um tipo de concorrência pública, em que os interessados na compra dos bens apresentam propostas em envelope lacrado. O preço mínimo deverá ser o da avaliação feita pelo perito e constante do quadro-geral dos credores. As propostas são entregues ao escrivão em envelope lacrado, mediante recibo.

Os envelopes serão abertos pelo juiz, na presença do administrador judicial, do representante do Ministério Público e de outros interessados. Vencerá a melhor proposta, e o escrivão lavrará o auto respectivo, assinado por todos os presentes. Todas as propostas são juntadas nos autos. Escolhida a proposta, será expedido o alvará para que o vencedor entre na posse dos bens. Ao requerer o alvará, o vencedor deverá depositar o preço oferecido. A venda dos bens pode ser feita englobada ou separadamente (art. 116, *caput*).

As propostas serão abertas pelo juiz no dia, hora e local designados no edital, lavrando o escrivão o auto respectivo, assinado pelos presentes, e juntando as propostas aos autos de falência.

20.7. Venda por pregão

A venda por pregão constitui forma híbrida de venda, misturando-se as duas anteriores. Consta então de duas fases.

A primeira fase corresponde ao recebimento das propostas, de acordo com as normas da venda por propostas.

A segunda fase é a do leilão, por lances orais. Contudo, só poderão participar desse leilão aqueles que tiverem apresentado propostas não inferiores a 90% da maior proposta ofertada. Fica, portanto, restringido o montante de arrematantes.

Recebidas e abertas as propostas, os ofertantes que tenham apresentado ofertas que representem 90% da principal, serão notificados para o leilão. O valor da principal oferta será o lance inicial e se não houver outro lance fica ele obrigado a arrematar os bens leiloados. A certidão judicial do pregão é título executivo para a cobrança do valor ofertado, que será empreendida pelo administrador judicial.

Caso não compareça ao leilão o ofertante da maior proposta e não seja dado lance igual ou superior ao valor por ele ofertado, fica ele obrigado a prestar a diferença verificada. A certidão exarada pelo juiz constitui título executivo para a cobrança dos valores pelo administrador judicial.

20.8. Venda do estabelecimento

Havendo motivos justificados o juiz poderá autorizar mediante requerimento fundamentado do administrador judicial outras formas de

272

realização do ativo, de acordo com o art. 157. Ao dizer "outras formas", quer a Lei dizer que será válido outro modo qualquer, além dos já previstos legalmente, como a venda da própria empresa, ou do estabelecimento, ou então de alguma de suas unidades produtivas. Poderá haver outros modos, surgidos conforme a ocasião.

Se houver a venda da empresa ou de negócio do devedor, de um ou mais estabelecimentos e dos bens em geral, por qualquer modo de venda (leilão, proposta ou pregão), o esquema segue as normas gerais. Deve haver a avaliação prévia por perito avaliador, cujo laudo será aprovado pelo juiz. O laudo de avaliação poderá ser impugnado pela empresa falida, pelos credores, pelo Ministério Público ou até pelo administrador judicial, no prazo de cinco dias, contados da juntada do laudo aos autos do processo.

Não havendo impugnação acerca da avaliação, ou se a impugnação oferecida for julgada improcedente, haverá a alienação, qualquer que seja a forma de venda adotada. Transcorrido o prazo de quarenta e oito horas da alienação – caso tiver havido impugnação – os autos irão conclusos ao juiz, para o julgamento, decidindo em cinco dias, validando ou não a venda efetuada. Da decisão do juiz caberá agravo, que só poderá ser interposto pelo impugnante.

20.9. Outras formas de realização

Sendo a venda da massa realizada por outras formas de realização do ativo, que não sejam as previstas especificamente na lei, será necessária a aceitação dos credores que representarem mais de 2/3 do crédito. Essa decisão dos credores deverá ser homologada pelo juiz. Deve ser reduzida a instrumento público ou particular, devendo ser publicado aviso para a ciência dos credores que não tenham assinado o instrumento, os quais poderão, em cinco dias, impugnar a deliberação somente quanto à inexistência de quorum.

O *"modus faciendi"* dessa publicação não está esclarecida na Lei, o que nos leva a crer que possa resumir-se pela intimação determinada pelo juiz no Diário Oficial. Após a publicação será concedida vista ao representante do Ministério Público, para que ofereça sua manifestação com referência a deliberação dos credores.

A nova lei, contudo, reforça bastante os poderes outorgados aos credores para lutarem por seus direitos e intervirem no andamento do processo falimentar, seja com o Comitê de Credores seja com a assembléia-geral de credores. Abre-se assim o verdadeiro concurso de credores, estabelecendo-se a solidariedade entre eles e a adoção de objetivo comum.

Entre as diversas outras formas de realização do ativo, figura a constituição de sociedade cooperativa formada por trabalhadores da própria empresa, podendo contar com a participação dos sócios dela, para dar continuidade às atividades empresariais. Poderão eles utilizar seus créditos derivados das relações de trabalho, preferencialmente, para a aquisição ou arrendamento da empresa.

Havendo motivos justificados, o juiz poderá autorizar, mediante requerimento fundamentado do administrador judicial, outras formas de realização do ativo previstas pela LRE; neste caso, não haverá necessidade da aceitação de 2/3 dos credores.

Se os trabalhadores da empresa falida quiserem constituir sociedade para assumir ou adquirir a empregadora, poderão utilizar seus créditos derivados das relações de trabalho, preferencialmente, para a aquisição de bens da empresa. Abre assim a nova lei oportunidade para que possam os empregados agir no processo de recuperação judicial da empresa; no antigo regime eram eles marginalizados do procedimento falimentar.

A aquisição da empresa falida por sociedade de empregados ou credores segue o critério expresso no art. 141, pelo qual não haverá responsabilidade, dos adquirentes, pelas dívidas tributárias anteriores. Em qualquer forma de realização do ativo fica a massa falida dispensada da apresentação de certidões negativas.

Não sendo aprovada pela assembléia-geral dos credores a proposta alternativa de realização do ativo, caberá ao juiz decidir a forma que será adotada, levando em conta a manifestação do administrador judicial e do Comitê. Destarte, evita-se o impasse, prolongando o processo, resolvendo de imediato o passo referente à realização do ativo.

Em qualquer modalidade de alienação, o Ministério Público será intimado pessoalmente, sob pena de nulidade.

O juiz homologará qualquer outra modalidade de realização do ativo, desde que aprovada pela AGC, inclusive com a constituição de sociedade de credores ou dos empregados da própria empresa falida, dos atuais sócios ou de terceiros. A sociedade retro-referida ficará submetida à série de exigências previstas no art. 141, como por exemplo, não ficar livre da sucessão de dívidas e responsabilidades o arrematante que for sócio da empresa falida ou parente próximo.

21. DO PAGAMENTO AOS CREDORES DA FALÊNCIA (arts. 149 a 153)

21.1. Encargos da massa

21.2. Dívidas da massa

21.3. Pagamento aos credores da falência

21.4. Encerramento da falência

21.1. Encargos da massa

Realizado o ativo da empresa falida, ou seja, quando os bens de diversos tipos forem transformados em dinheiro, resta agora aplicar esse dinheiro. A liquidação dos bens visa a aplicar o produto deles no pagamento do passivo, ou seja, satisfazer os direitos dos credores. Poder-se-ia dizer, mais ou menos, que a liquidação dos bens destina-se à liquidação do quadro-geral dos credores. São duas fases distintas do procedimento falimentar, mas conexas e conseqüentes: uma é o fim, outra é o meio.

Contudo, débitos muito variados vão-se formando no decorrer do procedimento falimentar, que a lei chama de "encargos e dívidas da massa". São débitos contraídos pela própria massa, portanto, após a decretação da falência e no decorrer do processo, necessários para o andamento do feito e para o procedimento falimentar chegar ao seu final de forma mais rápida e segura. Essas obrigações são de dois tipos: encargos e dívidas.

Os encargos são as custas necessárias ao andamento do processo. Assim, para se fazer a arrecadação, há necessidade de um táxi para levar o oficial de justiça. Se o estabelecimento da empresa estiver fechado e abandonado, é preciso levar um chaveiro para arrombar a porta e trocar a fechadura. Alguns materiais devem ser removidos do local do estabelecimento e levados a um depositário que recebe uma remuneração para guardá-los. O exame dos livros e a elaboração do laudo contábil são feitos por um perito-contador indicado pelo administrador judicial, com remuneração devida. O mesmo acontece com o avaliador dos bens. A correspondência que o administrador judicial envia aos interessados consome selos e o Poder Judiciário não tem verbas para a cobertura das despesas com a administração da falência. Há impostos e taxas a pagar, cujo inadimplemento poderá acarretar multas contra a massa.

Essas despesas são consideradas extraconcursais, ou seja, não entram no conjunto dos pagamentos. São elas as custas judiciais de processos em que a massa falida ou a empresa falida tenham sido vencidas, e as remunerações devidas ao administrador judicial, bem como os seus auxiliares, se tiver havido antes recuperação judicial. São ainda despesas extraconcursais os tributos e obrigações incidentes na fase de recuperação judicial ou mesmo no transcorrer da falência.

As despesas cujo pagamento antecipado seja indispensável à administração da falência, inclusive na hipótese de continuação provisória das atividades após a falência, serão pagas pelo administrador judicial com os recursos disponíveis em caixa.

21.2. Dívidas da massa

As dívidas da massa são obrigações contraídas por ela, por decisão própria, a fim de financiar operações de interesse da massa. Digamos que uma empresa falida tivesse um imóvel alugado e foi a massa obrigada a contratar advogado para exercer ação de despejo; assumiu a massa voluntariamente uma dívida. Poderá contratar outro advogado para uma ação revocatória, assumindo nova dívida. Poderá a empresa falida ter uma duplicata a receber e contratar uma empresa de cobrança para cobrá-la ou executá-la.

São as obrigações resultantes de atos válidos praticados no âmbito da recuperação judicial ou da falência, como os acima mencionados. Excetuam-se se tais atos constituírem crimes previstos em lei.

21.3. Pagamento aos credores da falência

Realizadas as restituições, pagos os créditos extraconcursais, e consolidado o quadro geral de credores, as importâncias recebidas com a realização do ativo serão destinadas ao pagamento dos credores, atendendo à classificação dos créditos na ordem de preferência, prevista no art. 83, respeitados os demais dispositivos da LRE e as decisões judiciais que determinam reserva de importâncias (art. 149).

Havendo reservas de importâncias, os valores a ela relativos ficarão depositados até o julgamento definitivo do crédito e, no caso de não ser este finalmente reconhecido, no todo ou em parte, os recursos depositados serão objeto de rateio suplementar entre os credores remanescentes.

Os credores que não procederem, no prazo fixado pelo juiz, ao levantamento dos valores que lhes couberam em rateio, serão intimados a fazê-lo no prazo de 60 dias. Decorrido esse prazo, os recursos serão objeto de rateio suplementar entre os credores remanescentes.

Para melhor compreensão do problema acima descrito, vamos dar um exemplo: Modestino é empregado de uma empresa contra a qual move um processo, reclamando pagamento de R$ 10.000,00. A empresa, porém, veio a falir e o processo de falência vai correndo, enquanto que seu processo na Justiça do Trabalho vai a passo de tartaruga. O processo falimentar está no fim e vai começar o pagamento dos credores, antes que seja julgado o processo trabalhista, sem que Modestino possa habilitar seu crédito. Pede então ao juiz da falência para fazer reserva de R$ 10.000.00 para garantir seu crédito e o juiz faz a reserva.

Finalmente a Justiça do Trabalho reconhece o crédito reclamado por Modestino e com essa sentença ela o habilita no juízo da falência de sua empregadora. Ficou garantido assim o pagamento do crédito de Modestino, mesmo que já tenham sido pagos os credores.

Se o crédito de Modestino não for reconhecido judicialmente, a reserva cessa, com os R$ 10.000,00, submetidos ao rateio suplementar entre os credores remanescentes da falência. Se Modestino, entretanto, não habilitar seu crédito dentro de 60 dias, essa importância volta para a massa, para ser distribuída entre os credores, perdendo Modestino a oportunidade de receber seu crédito.

São considerados como credores da falência aqueles que tinham essa condição antes da sentença declaratória da falência. Os encargos e dívidas da massa são contraídos após a falência, mas as dívidas da falência são assumidas pela empresa ainda solvente, no exercício de suas atividades empresariais, tais como desconto de duplicatas, empréstimos bancários, ou compra da matéria-prima. Forma-se então um grupo de credores classificados pelo art. 83 em quatro categorias, dos quais nos ocuparemos:

a – créditos decorrentes por contrato de trabalho, por salário e por indenizações, inclusive as derivadas de acidentes de trabalho;

b – créditos tributários, independentemente da sua natureza e tempo de constituição;

c – créditos com direitos reais de garantia;

d – créditos com privilégio especial;

e – créditos com privilégio geral;

f – créditos quirografários;

g – créditos subordinados.

a – Os *créditos trabalhistas* vêm antes de todos os credores da falência, por ter sido um dos pontos básicos do Direito de Recuperação de Empresas. O Poder Público relutou, mas acabou cedendo, em troca da salvaguarda dos privilégios dos bancos. Comprometeu-se então o Governo Federal a enviar mensagem ao Congresso Nacional para modificar artigo do Código Tributário Nacional que exigia preferência absoluta. Realmente, não tinham os empregados qualquer esperança de receber seus direitos no regime de 1945. A Lei de Recuperação de Empresas ofereceu-lhes essa esperança. Os créditos trabalhistas de natureza estritamente salarial vencidos nos três meses anteriores à decretação da falência, até o limite de cinco salários mínimos por trabalhador, serão pagos tão logo haja disponibilidade em caixa (Art. 151). Não haverá assim necessidade de se aguardar a fase final do processo. Protege, contudo, aqueles que ganhem relativamente pouco. O salário mínimo vigente no momento da promulgação da Lei era de R$ 260,00, o que fixará a garantia de pagamento imediato no limite de R$ 1.300,00. Representa limite baixo para o custo de vida do momento. Não deixa, entretanto, de ser uma garantia para quem ganha pouco: não pesará para a massa e teria mesmo que ser pago com prioridade.

b – Os *créditos fiscais*, independentemente de sua natureza ou tempo de constituição teriam, teoricamente, maior preferência, uma vez que predomina o interesse coletivo. Débitos da empresa falida para com o INSS, por exemplo, seriam para garantir a manutenção de idosos, inválidos e outras pessoas incapazes de obter ganhos. Os tributos destinam-se a manter escolas, hospitais e outros serviços sociais.

c – *Credor com garantia real* é quem estiver com o crédito garantido por coisas, como na hipoteca, no penhor e, mais raramente, na anticrese. Vendidas essas coisas, o produto delas cobrirá imediatamente o crédito que elas garantiram. Por exemplo, se for vendido em leilão um imóvel hipotecado para garantir uma dívida, o produto da arrematação desse imóvel pagará essa dívida. Se sobrar dinheiro, irá para a massa, em benefício de outros credores; se faltar, o credor poderá habilitar o saldo como quirografário.

d – *Credor com privilégio especial* é quem estiver protegido pela lei, com a vinculação de certas coisas ao seu crédito. É o caso, por exemplo, do locador de um imóvel a uma empresa falida; a venda do mobiliário que guarnece esse imóvel terá seu produto aplicado no pagamento de aluguéis. Esse tipo de privilégio especifica quais são os bens vinculados ao crédito.

Os créditos com privilégio especial estão previstos, de forma clara, no art. 964 do Código Civil. São direitos creditórios específicos decorrentes de algum bem ou alguma questão específica. Vamos citar os casos referidos pelo próprio Código Civil:

a – As custas e despesas judiciais feitas por colaborador da massa com o trabalho de arrecadação e liquidação de bens da massa. Por exemplo, a empresa transportadora que houver removido bens da massa.

b – Sobre a coisa salvada, o credor por despesas de pagamento.

c – Sobre a coisa beneficiada, o credor por benfeitorias necessárias ou úteis. Por exemplo: a empresa falida tinha imóveis que houvera alugado a outra empresa; a inquilina fora obrigada a fazer obras de manutenção nesse imóvel para impedir que ele se deteriorasse. Tornou-se a empresa inquilina credora por esses gastos no imóvel da empresa falida.

d – Sobre os prédios rústicos ou urbanos, fábricas, oficinas, ou quaisquer outras construções, o credor de materiais, dinheiro, ou serviços para a edificação, reconstrução ou melhoramento. São as pessoas que de alguma forma contribuíram para que a empresa falida pudesse construir e montar suas instalações e após concluir essas obras veio a falir. A venda dessas construções e montagens fica vinculada a esses credores, ou seja, o dinheiro que for apurado com a venda desses bens vai a quem investiu neles, o que parece eqüitativo.

e – Sobre os frutos agrícolas, o credor por sementes, instrumento e serviços à cultura, ou à colheita. Há certo paralelismo entre esse item e o anterior, mas aqui se trata de empresa agrícola que veio a falir. Por exemplo, a empresa que fez a colheita de duas toneladas de feijão, mas teve a sua falência decretada antes que pudesse vender a sua colheita. Ao ser vendido esse lote de feijão, fica reservada a verba para pagar o fornecedor das sementes que tiverem propiciado o plantio e a colheita desses feijões.

Esse exemplo retrata bem o sentido do privilégio especial: o fornecedor das sementes de feijão tem privilégio específico sobre os feijões resultantes das sementes por ele fornecidas.

f – Sobre as alfaias e utensílios de uso doméstico, nos prédios rústicos e urbanos, o credor de aluguéis, quanto às prestações do ano corrente e do anterior. Devemos esclarecer certos termos aplicados neste item: prédio urbano é localizado na área urbana da cidade e rústico é o localizado em subúrbio ou fora de perímetro urbano. Alfaia é o objeto utilizado numa residência, escritório ou fábrica, como ornamento e uso para serviços.

É o exemplo do proprietário de uma casa que ele alugou para empresa, depois falida. Nessa casa, a empresa tinha montado uma unidade produtiva, móveis, máquinas e outros bens. Ao falir deixou ela aluguéis atrasados, e, mesmo depois de falida continuou nesse imóvel. Os bens que guarneciam esse imóvel, ao serem leiloados, deverão garantir o pagamento dos aluguéis atrasados.

g – Sobre os exemplares de obra existente na massa do editor, o autor dela, ou seus legítimos representantes, pelo crédito fundado contra aquele no contrato de edição. Vejamos como pode acontecer essa incidência: a editora publica livro de certo autor e depois vem a falir. Alguns livros dessa edição tinham sido vendidos, mas bom lote deles ainda estava no estoque quando a editora quebrou. O estoque vendido em leilão vai proporcionar verba para pagar os direitos autorais do autor desses livros.

h – Sobre o produto da colheita para a qual houver concorrido cóm o seu trabalho, e precipuamente a quaisquer outros créditos, ainda que reais, o trabalhador agrícola, quanto à dívida dos seus salários. Este inciso incide em empresa agrícola que produz, por exemplo, dez toneladas de milho empregando vários trabalhadores rurais. Antes de se desfazer dessa colheita, tem ela sua falência decretada e o saldo da colheita é arrematado em leilão. O valor da arrematação desse cereal deve ser aplicado no pagamento da remuneração dos trabalhadores rurais que tenha proporcionado a colheita arrematada.

Nota-se em todos esses casos, que mantém entre si alguma analogia, a vinculação de valores apurados na arrematação de certos bens, a credores que tiverem sido causa da obtenção desses bens pela empresa falida.

Ao serem arrematados esses bens, o valor por eles apurado é aplicado no pagamento dos créditos a que estavam eles vinculados; se faltar dinheiro, o credor poderá habilitar o resíduo como quirografário; se sobrar dinheiro, será o resíduo incorporado à massa.

e – *Credor com privilégio geral* é quem receberá do que sobrar dos dois anteriores. O privilégio é o direito de receber antes dos quirografários, uma vez que não há determinados bens vinculados aos créditos, como no privilégio especial. Não sobrando dinheiro suficiente para o pagamento total, será feito por rateio; o privilégio geral é estabelecido pela Lei de Recuperação de Empresas e leis especiais. Incluem-se nesse privilégio os débitos para com a Seguridade Social.

Esses créditos não são vinculados a determinados bens, mas à massa, de forma genérica. O credor com privilégio geral receberá depois do credor com privilégio especial, e antes dos quirografários. O privilégio geral é estabelecido pela Lei de Recuperação de Empresas e leis especiais, principalmente pelo Código Civil, no art. 965; esse artigo aponta os seguintes casos:

a – O crédito por despesa de seu funeral, feito segundo a condição da morte e o costume do lugar. Ocorrerá apenas quanto ao empresário individual falido, cujo enterro foi coberto por alguém, que se tornou credor dele e, portanto, de seu espólio.

b – O crédito por custas judiciais, ou por despesas com a arrecadação e liquidação da massa. Tem aplicação muito genérica esse item, mas podemos indicar como exemplo as despesas que tenha feito o representante do Ministério Público, o administrador judicial, ou o OJ para fazer a arrecadação, ou por advogado em defesa dos interesses da massa.

c – Os créditos por despesas obrigatórias e urgentes pelo devedor individual falido, como despesas com o luto de seu cônjuge e dos filhos, tratamento da doença que o vitimou no semestre anterior à sua morte, bem como os gastos necessários à manutenção do devedor falecido e sua família, no trimestre anterior ao falecimento. Esse privilégio só vigora se as despesas forem moderadas e o devedor falido não tinha recursos.

d – O crédito pelos impostos devido à Fazenda Pública, no ano corrente e no anterior. Todavia, são créditos tributários e devem se enquadrar na preferência sobre todos os créditos, logo abaixo dos trabalhistas.

f – *quirografários* são os credores destituídos de vantagens, constituindo geralmente a maioria. Pode-se dizer que quirografário é regra; privilegiado é a exceção. A maioria deles é constituída de fornecedores, bancos e prestadores de serviços, cujos créditos estão lastreados por duplicatas, notas promissórias, letras de câmbio e alguns contratos. Com o pagamento dos quirografários fica liquidado o quadro-geral dos credores e os demais débitos da empresa falida.

g – *Créditos subordinados* são os acessórios dos créditos previstos em lei ou em contrato. São também subordinados os créditos, de qualquer natureza, dos administradores da empresa falida, sem vínculo trabalhista, ou seja, que não forem funcionários, bem como dos cotistas, acionistas, controladores e diretores. É o caso, por exemplo, de adiantamento feito por sócio-gerente da empresa, para que ela pudesse fazer pagamento urgente antes de falir.

Os credores restituirão em dobro as quantias recebidas, acrescidas dos juros, se ficar evidenciado dolo ou má-fé na constituição do crédito ou da garantia (art. 152).

21.4. Encerramento da falência

Como todo processo judicial, o processo falimentar destina-se a ter um final, da forma mais justa. O encerramento de todo processo, por princípio, ocorre com a sentença declaratória da sua extinção. Esta é a finalidade da sentença e seu próprio conceito; segue o art. 162 de nosso Código de Processo Civil, ao dizer que a sentença é ato pelo qual o juiz põe termo ao processo, decidindo ou não o mérito da causa. Como procedimento judicial, o processo falimentar tem seu início com a sentença

284

declaratória da falência e seu termo com a sentença de encerramento. É o ato final do juiz e do processo; após ele nada mais pode ser feito no processo. Os processos de extinção das obrigações e o de reabilitação são processos distintos, que não correm nos autos da falência.

É preciso que os bens da massa tenham sido realizados e o fruto dessa realização distribuído aos credores. A esse estágio do processo, o administrador judicial deverá prestar contas da sua administração, com os documentos comprobatórios. A prestação de contas do administrador judicial é examinada em autos apartados, que serão apensados aos da falência posteriormente. O escrivão faz publicar aviso de que as contas se acham em cartório, e poderão ser impugnadas pela empresa falida e demais interessados, no prazo de dez dias. Não havendo impugnação, ouvido o representante do Ministério Público, o juiz aprovará por sentença as contas do administrador judicial, contra qual caberá apelação.

Uma vez aprovadas as contas, o administrador judicial deverá fazer o relatório final, no prazo de dez dias. Esse relatório deverá ser minucioso, devendo constar obrigatoriamente qual foi o montante do ativo da massa e quanto foi apurado na sua realização, o montante do passivo e aplicação do dinheiro obtido, ou seja, os pagamentos feitos aos credores. Demonstrará ainda as responsabilidades com que continuará a empresa falida, declarando cada uma delas per si. Assim sendo, se faltar dinheiro para o pagamento total das dívidas, o administrador judicial apontará quanto cabe a cada credor, a fim de que o escrivão expeça certidão a cada um, contando a quantia por que foi admitido o credor, e por que causa, quanto lhe pagou a massa no rateio e quanto sobrou para lhe pagar na data do encerramento. Essa certidão é um título executivo, que facultará ao credor a execução do saldo. Se todos os credores forem pagos e sobrar algum dinheiro, será a sobra entregue a empresa falida (art. 166).

Apresentado o relatório final do administrador judicial e estando em termos o processo, deverá o juiz encerrar, por sentença, o processo da falência (art. 156). A sentença de encerramento será publicada por edital e dela caberá apelação.

A sentença de encerramento da falência, após seu trâmite em julgado, produz vários efeitos. O primeiro é a devolução dos livros fiscais e contábeis da empresa falida, que foram arrecadados; se os dirigentes da empresa estiverem respondendo por crime falimentar, os livros permanecem em cartório até o final do processo criminal. O segundo efeito é proporcionar aos atingidos pela falência a faculdade de poder requerer a extinção das obrigações. O terceiro efeito é o recomeço da prescrição dos débitos da empresa falida; como se sabe, a sentença que declara a falência suspende o período prescricional, mas a sentença que encerra a falência faz o período recomeçar.

Pagos todos os credores, o saldo, se houver, será entregue à empresa falida (art. 153).

22. DA EXTINÇÃO DAS OBRIGAÇÕES
(arts. 158 a 160)

22.1. Objetivos

22.2. Formas de pagamento

22.3. Processamento do pedido

22.1. Objetivos

Encerrada a falência, extingue-se o processo. As obrigações da empresa falida permanecem, entretanto. Se não houver possibilidade de pagar todos os credores, continuam eles com seus créditos contra a empresa falida, que poderão ser executados. Todavia, de nada adiantará essa execução, uma vez que a devedora não tem patrimônio para ser penhorado, nem possibilidade de reconstruí-lo, pois não pode voltar às atividades. O processo de falência é um processo de execução coletiva e os credores querem a integral solução de seus créditos, o que raramente ocorre; há normalmente solução apenas parcial.

As limitações de direito impostas à empresa falida e aos sócios solidários e ilimitadamente responsáveis não ficam liberadas com o encerramento da falência se não houver o integral resgate de todas as dívidas. Aliás, neste aspecto, há muita semelhança entre a execução coletiva e a execução singular. Se um credor executa um devedor inadimplente, penhorando e leiloando todos os bens, sendo pago apenas parcialmente, a execução encerra-se, porque não há mais bens a serem penhorados. Se houver ainda um saldo a pagar, essa dívida não fica redimida, só porque o processo de execução foi encerrado. O mesmo acontece na execução coletiva.

A empresa individual ou coletiva que tiver falido, o sócio solidário e ilimitadamente responsável, ou em certos casos o sócio-gerente de uma sociedade limitada, ou o diretor de uma S/A, enfim qualquer pessoa que tenha sido atingida pelos efeitos da falência, sofrendo assim um *capitis diminutio,* poderá lutar para remover esses efeitos. Os efeitos principais da falência sobre essas pessoas são a limitação para o exercício da atividade empresarial e a posição conservada de devedor inadimplente.

Essa luta é que é chamada de extinção das obrigações. Desenrola-se em dois campos: o primeiro representa uma situação de fato, em que o devedor salda todos os seus débitos e obtém a prescrição deles. Contudo a extinção das obrigações não se opera automaticamente, com o pagamento ou a prescrição. A luta deve também se desenvolver no campo jurídico, com o processo judicial, e só com a sentença que declarar extintas as obrigações poderão os atingidos voltar às atividades empresariais. Caso se trate de um empresário respondendo ainda a ação penal ou que tenha sido condenado por crimes previstos na LRE, é o ponto de partida para empreender outro processo, chamado de reabilitação, agora na área penal.

22.2. Formas de pagamento

As obrigações da empresa falida permanecem depois do encerramento da falência, mas podem ser extintas de quatro maneiras, previstas no art. 158, a saber:
1 – pelo pagamento de todos os créditos;

2 – pelo pagamento, depois de realizado todo o ativo, de mais de 50% dos créditos quirografários, sendo facultado ao falido o depósito da quantia necessária para atingir essa porcentagem se para tanto não bastou a integral liquidação do ativo;

3 – o decurso do prazo de cinco anos, contados do encerramento da falência, se o falido não tiver sido condenado por prática de crime previsto na LRE;

4 – o decurso do prazo de dez anos, contados do encerramento da falência, se o falido tiver sido condenado por prática de crime previsto na LRE.

O pagamento é a forma natural de se extinguir obrigações e todas as obrigações se contraem com o destino de serem cumpridas de acordo como foram contraídas, observando-se o tradicional princípio do "pacta sunt servanda".

A segunda forma será a do pagamento feito parcialmente, mas nos termos da Lei: de mais de 50% dos créditos quirografários, depois de realizado todo o ativo. Os demais créditos, como os tributários e os trabalhistas, devem ser pagos integralmente. Se, com a realização do ativo a massa não conseguiu pagar a metade dos débitos quirografários, a empresa falida poderá suprir a diferença, depositando-a em juízo.

As outras duas formas baseiam-se na prescrição: de 5 e 10 anos. A prescrição relativa às obrigações do devedor recomeça a correr a partir do dia em que transitar em julgado a sentença do encerramento da falência.

22.3. Processamento do pedido

As normas básicas do processamento do pedido de extinção das obrigações constam do art. 159 da Lei de Recuperação de Empresas e da regulamentação geral do Código de Processo Civil. O juízo competente é forçosamente o juízo universal da falência. A empresa falida, coletiva ou individual, formulará seu pedido em petição instruída com os documentos necessários, mormente as provas de que as dívidas estão pagas e as obrigações extintas de fato, seja pelo pagamento, seja pela prescrição, pela novação, ou qualquer outro meio de solução das dívidas.

O processo correrá em autos separados. Recebendo a petição, o juiz determinará a publicação no Diário Oficial e em outro jornal de grande circulação, dando o prazo de trinta dias para que os interessados se pronunciem ou oponham-se ao pedido. Se ninguém se opuser, o juiz proferirá a sentença extintória em cinco dias. Se houver impugnação de algum credor ou de outro interessado, poderá haver audiência e após o juiz dará a sentença.

Da sentença cabe apelação, no prazo de quinze dias, nos termos do art. 508 do Código de Processo Civil. Se não houver recurso, com o trânsito em julgado da decisão, os autos serão apensados aos da falência. A sentença que declarar extintas as obrigações será publicada por edital no Diário Oficial e em jornal de grande circulação na comarca do juízo falimentar. Será ela também comunicada aos mesmos órgãos aos quais foi comunicada a sentença declaratória da falência, como a Junta Comercial, a Secretaria da Fazenda e outros órgãos.

Com a sentença, as dívidas da empresa falida ficam extintas; poderá ela voltar às atividades, com o passivo em zero. Vimos assim que há duas facetas da extinção: a de fato e a de direito. A extinção de fato se dá com o pagamento de todas as dívidas ou com a prescrição delas. A de direito se dá com o processo judicial de extinção das obrigações, culminado com a sentença extintória. Desde já, porém, torna-se necessário distinguir a extinção das obrigações da reabilitação do falido, questão que será analisada em outro capítulo. Após o trânsito em julgado da sentença que declarar extintas as obrigações da empresa falida ou do sócio ilimitadamente responsável, os autos serão apensados aos da falência.

Verificada a prescrição ou extintas as obrigações nos termos da Lei de Recuperação de Empresas, o sócio solidário da sociedade falida também poderá requerer que seja declarada por sentença a extinção de todas as suas obrigações. Trata-se de outro processo, diverso do que já foi requerido pela empresa devedora. De acordo com o que já foi comentado, a falência de uma empresa atinge os bens dos sócios solidários, que são arrecadados para a massa.

A prescrição relativa às obrigações do devedor recomeça a correr a partir do dia em que transitar em julgado a sentença do encerramento da falência.

23. DA REABILITAÇÃO DO DEVEDOR

23.1. Os vários tipos de reabilitação

23.2. A reabilitação do empresário individual

23.3. A reabilitação da sociedade falida

23.1. Os vários tipos de reabilitação

Houve por bem a Lei de Recuperação de Empresas incluir Seção especial denominada "Da reabilitação do devedor". A antiga lei não tinha essa seção, mas estabelecia normas para a reabilitação do devedor na seção referente à extinção das obrigações do falido.

A questão é um pouco complexa, porquanto a reabilitação pode ser de empresário individual ou de sociedade. Além disso, poderá haver a reabilitação civil e a criminal. Há efeitos jurídicos diferenciados conforme se apresentam esses quatro casos. Por exemplo, a reabilitação civil deverá ser requerida ao juízo da falência, isto é, ao juízo civil. Por outro lado, a reabilitação penal deverá ser requerida ante o juízo criminal que tiver condenado o devedor.

Será concedida a reabilitação ao devedor falido desde que ele pague integralmente os créditos admitidos à falência, os juros correspondentes, as dívidas e encargos da massa falida e despesas processuais. Em outras palavras, indenizou os prejudicados pelos danos causados. Além disso, o pedido de reabilitação deve ser antecedido pelo pedido de extinção das obrigações, vale dizer, o primeiro é condição para que o segundo se processe.

A reabilitação faz cessar a incapacidade pessoal, quer do empresário, quer da sociedade. A principal incapacidade é a de exercer atividades empresariais. Poderão eles montar novo estabelecimento e prosseguir sua atividade.

Foi porém abolida essa sessão, não vigorando na LRE, razão pela qual, ficou fundida a reabilitação do devedor na extinção de suas obrigações. Acreditamos assim que a extinção das obrigações acarreta fatalmente a reabilitação civil, bastando para os devedores obter certidão judicial dessa extinção.

Quanto à reabilitação da órbita penal, devemos remeter o assunto para a justiça criminal, saindo a matéria, portanto, fora do Direito de Recuperação da Empresa.

Diz o art.102 que – "o falido fica inabilitado para exercer qualquer atividade empresarial a partir da decretação da falência e até a sentença que extingue suas obrigações". Ora, se ele volta a ser "habilitado" ao exercício das atividades empresarias, presumimos que ficou então reabilitado. Diz ainda o parágrafo único do art. 102 que "findo o período de inabilitação, o falido poderá requerer ao juiz que proceda à respectiva anotação em seu registro". A reabilitação deverá, pois, ser requerida; não será automática. Quando fala a Lei em "seu registro" acreditamos que seja o registro na Junta Comercial e demais órgãos públicos.

Mais adiante, o art. 153 diz que após o pagamento de todos os credores, se sobrar dinheiro, será devolvido ao falido, o que nos leva à conclusão de que ele está reabilitado, tanto que adquiriu direito ao crédito.

A reabilitação da empresa falida provoca ainda a reabilitação do sócio de responsabilidade ilimitada, pelo que diz o art. 160: - "verificada a prescrição ou extintas as obrigações nos termos desta Lei, o sócio de responsabilidade ilimitada poderá requerer que seja declarada por sentença a extinção de suas obrigações na falência".

É mais outro fundamento de que a extinção das obrigações equivale à reabilitação.

23.2. A reabilitação do empresário individual

A reabilitação do empresário individual poderá ser requerida por ele próprio; se já for falecido, por seus sucessores ou qualquer interessado. Antes de tudo, deverá ele requerer a extinção das obrigações. Cremos que não há necessidade de novo processo para a reabilitação, porque a declaração da extinção das obrigações já pode declarar reabilitado o devedor.

Se o empresário individual tiver sido condenado por crime falimentar, a situação é outra. Deverá ele requerer a extinção das obrigações, perante a vara da falência. Obtida a sentença com trânsito em julgado, irá esta instruir o pedido de reabilitação criminal; será esse processo aberto perante a vara criminal que tiver condenado o requerente.

23.3. A reabilitação da sociedade falida

Haverá, neste caso, apenas a reabilitação civil, pois não se pode condenar à prisão a empresa coletiva. "Societas delinquere non potest" é o brocardo conhecido na antiga Roma.

Poderá ela requerer a extinção das obrigações e pedir que o juiz também a declare reabilitada; poderá ela voltar as atividades normais. É conhecido em São Paulo o caso de uma empresa muito tradicional, cuja reabilitação foi requerida pelo neto do fundador, a fim de restaurar o nome da empresa, que também era o da sua família.

Há cerca de vinte anos quebrou em São Paulo o COMIND, banco muito tradicional, antigo e de largo conceito. Aguarda esse banco em liquidação, o momento propício para reabilitar-se e voltar a funcionar.

24. DO PLANO ESPECIAL DA RECUPERAÇÃO JUDICIAL PARA MICROEMPRESAS E EMPRESAS DE PEQUENO PORTE (arts. 70 a 72)

24.1. Aspectos conceituais
21.2. O pedido de recuperação judicial

24.1. Aspectos conceituais

Dedica a Lei de Recuperação de Empresas seção própria para sua aplicação à Microempresa e a Empresa de Pequeno Porte. São elas atualmente descritas e regulamentadas pela Lei 9.841/99. São empresas geralmente dirigidas pelo próprio empresário ou componentes de sua família. Gozam elas de tratamento diferenciado e simplificado, nos campos administrativo, fiscal, previdenciário, trabalhista, creditício e de desenvolvimento empresarial.

Microempresa (ME): o empresário individual ou sociedade que tiver receita bruta anual igual ou inferior a R$ 244.000,00 (m/m R$ 20.334,00 mensais). Deverá ela no nome incluir a sigla "ME".

Empresa de pequeno porte (EPP): é o empresário individual ou sociedade que tiver faturamento bruto anual de R$ 1.200.000,00 (R$ 100.000,00) por mês. No seu nome deverá constar a expressão "EPP".

Essa classificação resulta da lei e deverão elas ter registro próprio como empresa de sua categoria. Portanto esta seção da Lei de Recuperação de Empresas aplica-se exclusivamente às empresas que a Lei 9.841/99 considera dessas duas categorias e estejam registradas como tal.

24.2. O pedido de recuperação judicial

O plano de recuperação judicial dessas empresas segue as normas gerais, expressas no capítulo referente à recuperação judicial, mas com algumas peculiaridades. Uma delas é a de que o plano abrangerá exclusivamente os créditos quirografários. Ficam, porém, excluídos outros débitos, como os decorrentes do adiantamento de contrato de câmbio, de repasse de recursos oficiais, os de propriedade fiduciária, de arrendamento mercantil e outros dessa natureza. A questão desses créditos está prevista nos parágrafos 3º e 4º do art. 49 da LRE e já foram alvo de comentários neste compêndio.

O plano deverá prever o parcelamento em até trinta e seis parcelas mensais, iguais e sucessivas, corrigidas monetariamente e acrescidas de juros de 12%. O pagamento da primeira parcela será no prazo máximo de 180 dias, contados da distribuição do pedido de recuperação judicial.

Ao fazer o pedido da recuperação judicial, a ME ou a EPP deverão apresentar o plano de recuperação judicial ou apresentá-lo no prazo de

60 dias a partir da publicação da decisão que deferiu o processamento da recuperação judicial. Se não atender a essa exigência legal, poderá ter sua falência decretada. Segue o mesmo critério das demais, previsto no art. 53.

Vamos repetir que o plano só atingirá os créditos quirografários; os credores não atingidos pelo plano especial não terão seus créditos habilitados na recuperação judicial. As ações e execuções por créditos não abrangidos pelo plano não sofrerão suspensão do curso da prescrição; elas continuam normalmente.

Como a recuperação judicial da ME e da EPP é mais simples, não haverá convocação da assembléia-geral dos credores para deliberar sobre o plano e o juiz concederá a recuperação judicial se atendidas as demais exigências da LRE. Os credores poderão se manifestar sobre o pedido de recuperação judicial feito pela ME ou EPP. O pedido de recuperação judicial com base neste plano especial não acarreta a suspensão do curso da prescrição nem das ações e execuções por créditos não abrangidos pelo plano.

Concedida a recuperação judicial, a empresa não poderá aumentar suas despesas nem contratar empregados, sem autorização do juiz, ouvido o administrador judicial, e, caso houver, o Comitê de Credores.

Não será concedida a recuperação judicial se houver objeção de credores titulares de mais da metade dos credores; nessa hipótese, o juiz decretará a falência da empresa.

25. O PROCEDIMENTO PENAL
(arts. 183 a 188)

25.1. Natureza jurídica

25.2. Formação do processo

25.3. A denúncia

25.4. Efeitos da denúncia

25.5. Prescrição dos crimes previstos na LRE

25.1. Natureza jurídica

Houve profunda reformulação jurídica com a LRE no que tange ao processo penal. Não mais existe a simbiose entre justiça civil e justiça penal, mas, como se trata de crime, a questão é da competência da justiça criminal, ficando então abolido o tão discutido "inquérito judicial".

Compete ao juízo criminal da jurisdição em que tenha sido decretada a falência ou concedida a recuperação judicial ou homologado o plano de recuperação judicial conhecer da ação penal pelos crimes previstos na LRE (art. 183). Há possibilidade, portanto, de haver crimes cometidos durante o processo de recuperação judicial ou depois de decretada a falência.

A natureza jurídica desse procedimento é marcantemente penal, malgrado os crimes tenham sido apontados no processo falimentar e a denúncia ser feita ainda na área cível.

25.2. Formação do processo

A apuração dos crimes inicia-se com a "Exposição do Administrador Judicial". Decretada a falência, deve o administrador judicial apresentar em cartório, até trinta dias o relatório da situação da empresa, em autos apartados, exposição circunstanciada. Nesse relatório o administrador judicial exporá as causas da falência, o procedimento do empresário ou da sociedade por seus representantes legais, antes e depois da sentença declaratória, e de outras pessoas responsáveis. Apontará os atos que possam constituir crime relacionado com a recuperação judicial ou com a falência, ou delito comum conexo a eles. Apontará os possíveis agentes dos crimes apurados (Art. 186).

Com base nas conclusões decorrentes de sua exposição, o administrador judicial indicará os responsáveis por esses crimes e pela falência da empresa, e, em relação a cada um descreverá o respectivo tipo legal aplicável. O pedido será instruído com laudo do perito-contador encarregado do exame da escrituração da empresa falida. Ainda que não sejam encontrados documentação e livros fiscais, o que pode acontecer, o laudo do perito-contador é obrigatório, nem que seja para dizer que nada foi encontrado.

Ao se dizer que a exposição do administrador judicial deverá ser "circunstanciada", esclarece que é pormenorizada, com a análise dos fatos. Esse relatório só poderá ser feito numa fase bem adiantada do procedimento

303

falimentar; será preciso que os bens já tenham sido arrecadados, e tenha sido elaborado o quadro-geral de credores, os livros da empresa já tenham sido examinados pelo perito-contador, que elaborará o laudo contábil.

A exposição circunstanciada será o segundo relatório do administrador judicial. Deverá ele fazer o primeiro relatório, fazendo exposição semelhante. Essa primeira exposição do administrador judicial deverá ser feita no prazo de noventa dias, contados a partir da assinatura do termo de compromisso.

A segunda exposição do administrador judicial deve conter os mesmos elementos da primeira, mas será mais minuciosa, sendo por isso chamada de "circunstanciada". O prazo para a sua apresentação é de noventa dias a contar da entrega da primeira exposição. Podemos dizer então que o prazo máximo para a entrega da "Exposição Circunstanciada" será de cento e vinte dias a contar da posse do administrador judicial.

Compete ao juiz da falência ou da recuperação judicial conhecer da ação penal pelos crimes previstos na Lei da Recuperação Judicial. Esses crimes são de ação pública incondicionada. Mais precisamente, esta ação não está condicionada a pedido de qualquer interessado, mas é movida diretamente pelo Ministério Público, por sua iniciativa. Oficia, na ação penal, o representante do Ministério Público que atuar no processo de falência.

25.3. A denúncia

Se não houver provas ou se estas já tiverem sido produzidas, vão os autos ao Representante do Ministério Público, que poderá oferecer denúncia ou não. Se o Representante do Ministério Público achar que não houve crimes falimentares, não encontrando fundamento para a denúncia, não a faz. Neste caso, os autos ficam em cartório, à disposição do administrador judicial ou dos credores; se estes não se conformarem com o parecer do Curador de Massas Falidas. Poderão destarte oferecer queixa-crime contra os dirigentes da empresa falida.

É possível, porém, que o juiz não se conforme com o parecer do representante do Ministério Público, por ser de opinião de que estão patenteados crimes falimentares. Remeterá então os autos para o procurador-geral, que poderá adotar o parecer do promotor ou oferecer denúncia. Tais casos não são muito comuns, sendo o oferecimento da denúncia a regra geral. O que não condiz com a realidade do funcionamento judiciário em São Paulo, contudo, são os prazos estabelecidos para as várias manifestações. Raramente são eles cumpridos.

Todavia, na maior parte das vezes, o representante do Ministério Público apresenta a denúncia. Recebida ela, o juiz determinará a remessa dos autos ao juízo criminal para o prosseguimento da ação, submetida daí por diante ao Direito Penal.

Recebida a denúncia feita pelo Curador de Massas Falidas, designação aplicada ao representante do Ministério Público, esse processo passa a ser regido pelo Código de Processo Penal, em seus arts. 531 a 540. Nota-se aí a simbiose entre o Direito Empresarial e o Direito Penal; esse processo inicia-se com o rito previsto no Código de Processo Civil e após o recebimento da denúncia, terá o rito do Código de Processo Penal.

É possível que o representante do Ministério Público deixe de apresentar denúncia. Nessa omissão, poderão o administrador judicial, ou qualquer credor, tomar a iniciativa de propor a ação penal por meio de queixa, o que substituirá a denúncia, seguindo o processo. Ainda que o processo penal se inicie por iniciativa do Ministério Público, o administrador judicial, qualquer credor habilitado ou terceiro interessado podem intervir como assistente, em qualquer fase do processo.

Os crimes previstos na Lei de Recuperação da Empresa são de ação penal pública incondicionada (art. 184).

Não se esgota com a exposição circunstanciada a oportunidade de o Ministério Público oferecer denúncia. Intimado da sentença que decreta a falência ou concede a recuperação judicial, o Ministério Público, verificando a ocorrência de qualquer crime previsto na LRE, promoverá imediatamente a competente ação penal ou, se entender necessário, requisitará a abertura de inquérito policial (art. 187).

Nota-se, pelo que se vê acima descrito, que o Ministério Público dirigir-se-á diretamente ao juiz criminal para promover a ação penal; sai imediatamente da área cível para a criminal. Sempre que houver indício de crime, o Ministério Púbico poderá ser notificado e ele próprio deverá agir se descobrir esses indícios.

Outra inovação: se o Ministério Público julgar necessário, antes de iniciar a ação penal, poderá requisitar junto à Polícia, a abertura de inquérito policial. Aplica-se, portanto, nesse caso, subsidiariamente, as normas do Código de Processo Penal, no que não forem incompatíveis com a LRE.

O prazo para a apresentação da denúncia regula-se também pelo CPP, previsto no art. 46 deste último. Se o Ministério Público constatar indícios de crime, logo no início do procedimento concursal, poderá aguardar a apresentação da exposição circunstanciada e, entendendo que esta aponte algum crime, oferecerá denúncia em quinze dias,

A ação penal será intentada no juízo criminal pelo Ministério Público; caso não a faça, poderá qualquer interessado fazê-lo, mediante queixa. Tanto a denúncia, feita pelo Ministério Público, quanto a queixa, por pessoa privada, serão acompanhadas das cópias necessárias dos autos do processo de falência. Trata-se de novo processo e, por isso, deverá ser instruído com todas as provas possíveis.

Intimado da sentença que decreta a falência ou concede a recuperação judicial, o Ministério Público, verificando a ocorrência de qualquer crime previsto na LRJ, promoverá de imediato a competente ação penal ou, se entender necessário, requisitará a abertura de inquérito policial (art. 187). O representante do Ministério Público poderá considerar insuficientes as provas para a ação penal, motivo pelo qual pede abertura de inquérito policial, para melhor averiguação. Essa medida vem abreviar os trâmites dos procedimentos concursais.

Nota-se que esta questão está prevista na LRE; contudo, aplicam-se subsidiariamente as disposições do Código de Processo Penal, no que não forem incompatíveis (art. 188) com ela. Entretanto a própria LRE faz remissões à legislação penal, já que a natureza da questão é eminentemente penal.

Importante e delicada disposição consta do art. 187-2º: em qualquer fase processual, surgindo indícios dos crimes previstos na LRE, o juiz da falência ou da recuperação judicial cientificará o Ministério Público. Interpretamos essa disposição como o fracionamento da ação penal a um crime ou grupo de crimes. Assim sendo, o representante do Ministério Público, ao ser comunicado da existência de crime, poderá dar início à ação penal, sem precisar da exposição circunstanciada, ou de bloco de crimes. Poderão ser abertos vários processos penais, se as delongas que caracterizavam os procedimentos da antiga Lei Falimentar.

Vejamos o prazo para o oferecimento da denúncia: o art. 187-1º da LRE remete a matéria ao art. 46 do Código de Processo Penal, vale dizer, o prazo de cinco dias se o autor estiver preso. Entretanto, poderá o Ministério Público, estando o réu solto ou afiançado, decidir aguardar a apresentação da exposição circunstanciada, tendo então o prazo de 15 dias para oferecer denúncia.

Por derradeiro, vamos lembrar que a Lei não fala em "crimes falimentares", mas "crimes previstos por esta Lei". Louvável essa terminologia por vários motivos: em primeiro lugar, pode haver crime na fase da

306

recuperação judicial, sem haver falência; em segundo, o termo "falimentar", "falência" e outros derivados perderam parcialmente expressão e significado no novo ramo do Direito Empresarial, criado com a LRE.

25.4. Efeitos da denúncia

A denúncia feita pelo Curador, ou queixa-crime feita pelo administrador judicial ou credores, acarreta a Ação Penal contra os dirigentes da empresa falida. Poderão ser condenados inclusive à prisão. A condenação impedirá legalmente o empresário de exercer profissões cujo registro exija atestado de antecedentes, como leiloeiro, corretor de imóveis, corretor de seguros, e várias outras.

A condenação dos dirigentes de uma empresa falida, ou a simples abertura de inquérito judicial contra eles, acarreta sanções também contra a empresa. Não poderá a empresa falida requerer recuperação judicial, com a qual poderia solucionar sua falência.

Ao ser decretada a falência de uma empresa, a falência se estende aos seus sócios. Os efeitos da falência estendem-se aos sócios solidários. Esta possibilidade é muito remota, pois os sócios solidários não permitiriam que sua empresa fosse a falência, pois sabem que seriam atingidos. Por esta razão, desapareceram quase totalmente as empresas com sócios solidários, como as "sociedades em nome coletivo".

Sai então da vara cível e vai para a criminal. Apesar de transcorrer até então na vara cível, aplicam-se aos crimes previstos na LRE as normas do Código Penal e do Código de Processo Penal. Assim por exemplo, se o agente do crime falimentar praticar crimes continuados, ou seja, praticar dois ou mais crimes da mesma espécie será aplicada a ele pena de um só crime. Se os crimes continuados forem diferentes, será a pena mais grave.

Quando os crimes forem distintos um do outro serão do tipo que o Código Penal no art. 69 considera "concurso material". Nesse caso, aplicam-se cumulativamente as penas privativas de liberdade em que haja incorrido.

Pelo que parece a Lei de Recuperação da Empresa, ao remeter para o Código Penal certos aspectos dos crimes, quis evitar a distorção das penas pela justiça civil. Tornou-se agora o comportamento dos empresários que incorrerem em crimes falimentares bem mais sérios.

Parece-nos que agora os efeitos da falência não param nela, mas se estendem às pessoas que tenham participado da sua bancarrota. É o que diz o art. 179:

"Na falência e na recuperação judicial de sociedade, os seus sócios, diretores, gerentes, administradores e conselheiros, de fato ou de direito, bem como o administrador judicial e o gestor judicial, equiparam-se ao devedor ou falido para todos os efeitos penais decorrentes desta Lei, na medida de sua culpabilidade".

Em seguida, o art. 180 diz que: - "a sentença que decreta a falência ou concede recuperação judicial é condição objetiva de punibilidade das infrações penais descritas nesta Lei". A prática de infração penal é própria de pessoas físicas; por isso, a elas se dirige a sanção penal. E chegaremos à mesma conclusão a respeito dos efeitos da condenação por crimes previstos na LRE como o impedimento para o exercício de cargo ou função em Conselho de Administração, diretoria ou gerência das sociedades sujeitas à LRE, bem como à impossibilidade de gerir empresa por mandato ou gestão de negócio. Portanto, as pessoas físicas é que ficam inabilitadas ao exercício das atividades empresariais.

A inabilitação para o exercício das atividades empresariais atinge a pessoa da empresa falida, mas, como seus dirigentes a ela se equiparam para os efeitos penais, infere-se que eles estão inabilitados também.

Esses efeitos não são automáticos, devendo ser motivadamente declarados na sentença, e perdurarão até cinco anos após a extinção da culpabilidade, podendo, contudo, cessar antes pela reabilitação penal.

Assim que transitar em julgado a sentença condenatória, será notificada a Junta Comercial, como também outros órgãos para que tomem as medidas necessárias para impedir novo registro em nome dos inabilitados. A Lei não fala em Junta Comercial, mas no "Registro de Empresas", a exemplo do novo Código Civil. Como registro de empresas, consideramos a Junta Comercial, devendo ser incluídos também outros registros oficiais.

25.5. Prescrição dos crimes previstos na LRE

Este aspecto era o calcanhar de Aquiles na Lei Falimentar (a de 1945). A LRE arredou esse problema, declarando no art. 182 que a prescrição dos crimes previstos na LRE reger-se-á pelas disposições do Código Penal. Começa a correr do dia da decretação da falência ou da concessão da recuperação judicial.

Como se trata de matéria penal, preferimos não entrar em considerações sobre esse problema, que atormentou o Direito Falimentar por várias décadas.

26. DOS CRIMES PREVISTOS NA LEI DE RECUPERAÇÃO DE EMPRESAS (arts. 168 a 178)

26.1. Crime punido com detenção
26.2. Crimes punidos com reclusão

26.1. Crime punido com detenção

A LRE prevê uma série escalonada de crimes, numa clara imitação do Código Penal. Vem de longa data essa previsão e na antiga Lei Falimentar havia também essa série. Obedece a questão de ordem prática, pois, no exame desses crimes haverá necessidade de remissão à LRE. Mesmo assim, nota-se o esforço da Lei no sentido de arredar da legislação civil essa questão e levá-la ao âmbito da legislação penal. A antiga Lei considerava dois tipos de crimes: punidos com detenção e os mais graves punidos com reclusão. A lei atual unificou as sanções, predominando a reclusão. São, ao todo, 11 crimes, sendo 10 punidos com reclusão e apenas um punido com detenção.

A Lei dá a esse crime o título de "omissão de documentos contábeis obrigatórios". É o único crime punido com detenção, expresso no art. 178:

> "Deixar de elaborar, escriturar ou autenticar, antes ou depois da sentença que decretar a falência ou a recuperação judicial, os documentos de escrituração contábil obrigatória.
>
> Pena: detenção de um a dois anos, e multa, se o fato não constitui crime mais grave."

Trata-se de omissão, de ausência de contabilidade, tendo como origem o não cumprimento de um dever legal, que causou prejuízos a terceiros. Nossa Lei prevê vários crimes de prática de contabilidade viciada, mas este é da falta de contabilidade. É não ter os livros fiscais obrigatórios ou, ainda que os tenha, estiverem em branco ou faltando dados importantes.

Todavia, a Lei faz outra ressalva: "se o fato não constitui crime mais grave". Assim sendo, esse tipo de crime incidirá na maior parte dos casos, em pena de reclusão. Poderá ser simples desídia e isso será revelado no decorrer do processo concursal. Destina- se muitas vezes a encobrir outros crimes e terá como conseqüência dar prejuízos mais amplos.

26.2. Crimes punidos com reclusão

Os arts. 168 a 177 capitulam como crimes mais graves certos atos praticados com visível má-fé, com deliberada e ponderada intenção de obter ilícita vantagem. Nota-se claramente que os atos condenados com detenção previstos no art. 178 são praticados por desídia, ignorância ou em fase de desespero do autor. Já nos arts. 168 a 177 se notam crimes de teor doloso, de "animus fraudanti". Por essa razão, a pena é mais pesada, ou seja, de um a quatro anos de reclusão, enquanto nos crimes do art. 178 são de seis meses a três anos de detenção.

1. Diz o art. 168 que será punido com reclusão o devedor que praticar, antes ou depois da falência, da concessão da recuperação judicial ou homologação da recuperação extrajudicial, ato fraudulento de que resulte ou possa resultar prejuízo aos credores, com o fim de obter ou assegurar vantagem indevida para si ou para outrem. A pena por esse crime é de três a seis anos de reclusão, e multa.

Aliás, a nova lei é mais rigorosa neste aspecto, tanto que retirou a pena de detenção, e passou para a de reclusão, vários crimes. O tempo de prisão teve sensível aumento. Não é de se dizer que a lei antiga fosse branda, mas criou-se irregularmente e ilicitamente um esquema de garantir a impunidade aos crimes falimentares. Esta é a razão primordial por que não houve prisão por crimes falimentares, pelo menos em São Paulo e no Rio de Janeiro. Esperamos que a nova lei traga mais seriedade no trato dos crimes previstos na LRE e possa pelo menos atuar a vigor da "indústria de falências".

Entre os muitos crimes que possam se amoldar ao art. 168 indica eles alguns contaminados pelo "animus fraudandi", e de natureza mais contábil. É o caso da elaboração de escrituração mercantil ou balanço com dados inexatos ou omissão de publicação deste, omissão na escrituração contábil de lançamento que dela devia constar ou alteração da escrituração verdadeira; fraude de dados contábeis ou negociais, armazenados em suporte informático; simulação de despesas, dívidas ativas ou passivas, ou perdas, para a obtenção de crédito; ou simulação de capital. Ou então destrói, apaga ou inutiliza total ou parcialmente os documentos contábeis obrigatórios.

Tais irregularidades podem ser apuradas no exame do balanço: uma empresa tem registrado no seu balanço vultoso capital; entretanto seu ativo móvel e imóvel revela-se de valor diminuto; quase nada tem de produto e matérias-primas, ou duplicatas a receber. O capital lançado no balanço é inexistente, fictício, portanto.

Essa pena de reclusão de dois a três a seis anos e multa, é aumentada de um terço até a metade se o devedor manteve ou movimentou recurso ou valor paralelamente à contabilidade exigida pela legislação. É a chamada "caixa dois".

Incidirão nas mesmas penas os contadores, auditores, técnicos contábeis e outros profissionais que concorrerem para os comportamentos criminosos, descritos no art. 168. Terão eles pactuado com a fraude ou estabelecido "consilium fraudis", para lesar os credores, ainda que não fique provado terem agido em benefício próprio. Note-se que o "caput" do art. 168 fala em obter para si "ou para outrem" vantagem ilícita. Participaram, pois, esses profissionais do crime descrito.

Todavia, na prática falimentar o que se tem visto é que a empresa capitulada nessas irregularidades dá sumiço em sua documentação, tornando-se difícil apurar-se esses crimes. Infelizmente a lei nova omitiu essa questão, enquanto a lei antiga havia previsto, malgrado de forma lacônica no art. 186: "inexistência dos livros obrigatórios". Todavia, o art. 178 capitula o crime denominado "omissão dos documentos contábeis obrigatórios", ou seja, deixar de elaborar, escriturar ou autenticar, antes ou depois da sentença que decretar a falência, conceder a recuperação judicial ou homologar o plano de recuperação judicial, os documentos de escrituração contábil obrigatórios. Ora, se não há livros obrigatórios e documentos, é lógico que deixou cumprir as obrigações previstas nesse artigo. A pena para esse crime é detenção de um a dois anos e multa, se o fato não constitui crime mais grave.

Tratando-se de falência de microempresa ou de empresa de pequeno porte, e não se constatando prática habitual de comportamento fraudulento por parte da ME ou EPP falidas, poderá o juiz reduzir a pena de reclusão de um a dois terços ou substituí-la pelas penas restritivas de direitos, pela de perda de bens e valores ou pelas de prestação de serviços à comunidade ou a entidades públicas. A ME e a EPP mereceram da LRJ tratamento diferenciado e geralmente os crimes cometidos são de muita gravidade e de efeitos mais mitigados.

2. Vejamos outros crimes previstos com reclusão, previstos no art. 169. Referem-se eles a atentados contra a propriedade industrial. É violar, explorar ou divulgar, sem justa causa, sigilo empresarial ou dados confidenciais sobre operações ou serviços, contribuindo para a condução da empresa a estado de inviabilidade econômica ou financeira. A pena para esse crime é a reclusão de dois a quatro anos, e multa. Está este comportamento delituoso previsto na Lei da Proprie-

313

dade Industrial, no art.195. A pena desse crime é de dois a quatro anos de reclusão e multa.

3. Pelo art. 170 será punido com igual pena o crime de divulgar ou propalar, por qualquer meio, informação falsa sobre empresa em recuperação judicial, com o fim de levá-la à falência ou obter vantagem. Cabe aqui uma dúvida: quem incorreria neste crime? Os dirigentes da empresa não teriam interesse em levá-la à falência, ou desmoralizar aquilo que é seu, desvalorizando seu patrimônio. Ao que parece, seriam pessoas externas. Ao nosso modo de ver, este tipo de crime corresponde ao previsto no art. 195 da Lei da Propriedade Industrial (Lei 9.279/96) e deve atingir também empregados da empresa falida ou terceiros que assim agirem, geralmente os concorrentes.

4. O art. 171 prevê crime mais grave, malgrado seja com a mesma pena: será o de sonegar ou omitir informações ou prestar informações falsas no processo de falência, de recuperação judicial ou extrajudicial, com o fim de induzir a erro o juiz, o Ministério Público, os credores, a assembléia-geral dos credores, o Comitê ou o administrador judicial. A pena será neste caso de dois a quatro anos de reclusão, e multa. Será o caso de apresentar balanços com lançamentos falsos, prestar depoimentos falsos, negar a existência de fatos ocorridos ou de bens desviados. Incluem-se: sonegar ou recusar informações no procedimento de recuperação judicial ou de falência. São atos de má-fé processual.

5. Pelo art. 172 há também crimes de natureza patrimonial: praticar qualquer ato de disposição ou oneração patrimonial ou gerador de obrigações, destinado a pagar ou favorecer um ou vários credores, em prejuízo dos demais, antes ou depois da sentença que decretar a falência, conceder a recuperação judicial ou homologar plano de recuperação extrajudicial. A pena é de reclusão de dois a cinco anos e multa. É muito extensa a variação de tais crimes, como, por exemplo, transferir bens às vésperas da recuperação judicial ou da falência; assumir dívidas desnecessárias, dar garantia real a algum credor, desfalcando assim à garantia dos demais credores. Igualmente, o pagamento antecipado de alguns credores em prejuízo de outros. É maneira desleal, traiçoeira e fraudulenta de a empresa agir e, portanto, urge que seus agentes, ou seja, os dirigentes dessa empresa tenham sanções pesadas. Assim, uma empresa à beira da

falência tem muitos débitos não vencidos para certo credor, evitando que ele seja colhido pela falência. É liberalidade muito suspeita, e sujeita também o credor beneficiado não só às sanções penais, mas à reparação de danos, com a devolução à massa do valor recebido. Conforme fora dito, não só o devedor incorre em crime falimentar, mas também o credor. Ambos romperam o *"par conditio creditorum"*. A pena para esses crimes é de dois a cinco anos de reclusão, e multa.

6. Desvio, ocultação ou apropriação de bens – É o título previsto no art. 173. Consta de apropriar-se, desviar ou ocultar bens pertencentes ao devedor sob recuperação judicial ou à massa falida, inclusive por meio da aquisição por interposta pessoa. A pena é a comum: de dois a quatro anos, e multa.

7. De dois a quatro anos e multa também será a pena pelo crime de adquirir, receber, usar ilicitamente, bem que sabe pertencer à massa falida ou influir para que terceiro de boa-fé o adquira, receba ou use. É crime apontado no art. 174. O agente do ato delituoso, neste caso, não será o dirigente da empresa falida mas alguém de fora dela. Podendo ser algum parente do dirigente. Terá participado do desvio de bens da massa.

Um tanto vago ficou caracterizado o crime de gerir fraudulentamente a empresa, sendo a pena aumentada de um sexto a um terço se da gestão fraudulenta resultar a falência da empresa. Neste caso, a pena será a de reclusão de dois a seis anos, e multa. Esta questão exposta no art. 217 exige algumas considerações. Se este artigo diz que a pena aumentará se o crime provocar a falência da empresa, dá a entender que não aumentará se não a provocar. Se assim for, não há crime falimentar porque não há falência.

Poderia ser crime cometido durante a recuperação judicial ou recuperação extrajudicial, sem que haja falência. Ao nosso modo de ver só há crime falimentar se houver falência. Se for cumprida a recuperação judicial ou a recuperação extrajudicial, os credores foram satisfeitos e portanto não houve prejuízo a eles, não podendo reclamar. Se o dirigente da empresa prejudicou sua empresa, cabe aos outros sócios reclamar, mas não se trata de crime falimentar. Se os dirigentes da empresa geriram fraudulentamente a empresa deles, sem causar prejuízos a outrem, não há crime, pois não é possível alguém roubar a si próprio. Quando se fala em fraude, deve-se entender "fraude contra credores".

8. Pelo art. 175 também pode incorrer em crime falimentar o próprio credor, ou pretenso credor. Se ele apresentar em recuperação judicial, extrajudicial ou falência, declaração de crédito, fizer reclamação falsa, ou juntar a elas título falso ou simulado. A pena será de reclusão de dois a quatro anos, e multa. Alguém pretende receber da empresa em recuperação judicial ou em falência crédito irregular ou inexistente, usando para tanto documentos forjados. É crime com características de estelionato. Seu autor está passando por credor sem direito de créditos. A pena é de dois a quatro anos de reclusão e multa.

9. Crime introduzido no direito, pelo art. 176, é o do inabilitado ou incapacitado por decisão judicial, nos termos da Lei. Como se sabe, quem for condenado por crime previsto na Lei, não pode exercer atividades empresariais, e a desobediência à condenação por sentença constitui crime, punido com a costumeira pena de dois a quatro anos e multa.

10. Finalmente, o décimo crime punido com reclusão é o art. 177, crime esse que já era capitulado na antiga Lei: adquirir o juiz, o representante do Ministério Público, o administrador judicial, o gestor judicial, o perito, o avaliador, o oficial de justiça, escrivão, ou o leiloeiro, por si ou por interposta pessoa, bens da massa falida ou de devedor em recuperação judicial, ou, em relação a estes, entrar em alguma especulação de lucro, quando tenham atuado nos respectivos processos.

316

27. RESPONSABILIDADE ILIMITADA DOS DIRIGENTES

27.1. Alvos da responsabilidade

27.2. A situação do sócio retirante

27.3. A apuração da responsabilidade ilimitada

27.1. Alvos da responsabilidade

O antigo sistema falimentar dedicava excessiva relevância ao sócio solidário da empresa, o que seria de se esperar, pois na época em que foi promulgada a Lei de 1945, era a responsabilidade que predominava. A nova Lei de Recuperação de Empresas leva o problema em consideração, sem a antiga preocupação uma vez que permanecem em nosso Direito Societário algumas empresas com esse tipo de responsabilidade.

A lei atual estabelece responsabilidade ilimitada também para o acionista controlador da S/A, o que representa inovação. O conceito de Acionista Controlador é encontrado no art. 116 da Lei das S/A e sua responsabilidade e atos pelos quais responde são enumerados no art. 117. Acomodando-se às rígidas disposições do art. 116 da Lei da S/A, podemos considerar o acionista controlador como aquela pessoa que detenha a maioria do capital votante da S/A, e, em conseqüência do domínio das ações, exerce o poder de mando no funcionamento da companhia.

Ele tem o poder de eleger ou substituir os administradores, impor o orçamento da empresa, determinar as atividades operacionais. É praticamente o dono da empresa, pois, ainda que todos os demais acionistas se unam contra ele não chegarão a contar votos que suplantem seu adversário na votação de alguma questão de ordem.

A sentença que decreta a falência da sociedade com sócios ilimitadamente responsáveis, diretores e administradores solidários por lei, também acarreta a falência destes, que ficam sujeitos aos mesmos efeitos jurídicos produzidos em relação à sociedade em falência, e, por isso, deverão também ser citados para apresentar defesa. Os sócios com responsabilidade ilimitada, os diretores e administradores solidários por lei, que serão previamente citados, poderão exercer o direito de defesa que a Lei de Recuperação da Empresa assegura à sociedade em falência. A Lei fala apenas em responsabilidade ilimitada e não solidária.

Necessário se torna melhor explicação a respeito da responsabilidade ilimitada e solidária, já que é o assunto discutido nesta Lei, de que estamos tratando. Normalmente elas existem em conjunto, mas são diferentes. Ilimitada é quando não tem limite; por ela o sócio responde pela totalidade das dívidas; se for limitada, o sócio responde só até seu montante no capital. É o que ocorre na sociedade limitada, assim chamada porque a responsabilidade dos sócios fica limitada à sua quota no capital. Assim acontece com a sociedade simples e com a S/A.

Na responsabilidade ilimitada, cada sócio responde pelo total das dívidas da sociedade, qualquer que seja o valor de sua quota.

A solidariedade é o vínculo jurídico existente na pluralidade de sujeitos ativos ou passivos, de uma obrigação. Por ela, a dívida ou a obrigação não podem ser fracionados e são considerados na totalidade. Assim, numa dívida de R$ 30.000,00 dividida em três devedores, cada um deve pagar o valor total da dívida e não R$ 10.000,00 cada um.

A responsabilidade solidária é também ilimitada, isto é, toda a dívida deve ser paga por um só, que poderá depois exigir dos demais. A responsabilidade solidária e ilimitada observa-se na sociedade em nome coletivo e na sociedade em comandita simples como se vê no art. 1.039 do Código Civil.

> "Somente pessoas físicas podem tomar parte na sociedade em nome coletivo, respondendo todos os sócios, solidariamente e ilimitadamente, pelas obrigações sociais."

Por essa razão, os efeitos da falência se transmitem a esses sócios. Os bens deles são arrecadados para a massa e eles deverão depor em juízo e responderão civil e criminalmente pelos atos da empresa; ficam eles co-devedores das dívidas da massa.

Se a sociedade em nome coletivo entra em falência, suas dívidas estendem-se aos seus sócios. Cada sócio responde por toda a dívida da empresa e seus bens ficam vinculados ao pagamento dela. Os sócios solidários têm as mesmas obrigações da sociedade de que fazem parte. Se ela não tem dinheiro para pagar as dívidas, os sócios solidários deverão cobrir essa deficiência, respondendo inclusive com seus bens.

27.2. A situação do sócio retirante

Esse critério aplica-se também ao sócio que tenha se retirado voluntariamente ou que tenha sido excluído da sociedade, a menos de dois anos, quanto às dívidas existentes na data do arquivamento da alteração do contrato, no caso de não terem sido solvidas até a data da decretação da falência. Vamos citar exemplo a esse respeito: Ulpiano era sócio da empresa Alfa Ltda., mas retirou-se dela e o aditivo ao contrato de desligamento foi registrado na Junta Comercial em 10.01.2002. Em 10.07.2003 foi decretada a falência dessa empresa, portanto, 18 meses após a saída de Ulpiano. A responsabilidade de Ulpiano vigora para as dívidas existentes até 10.01.2002. Não responde ele por dívidas assumidas pela empresa após a sua saída.

27.3. A apuração da responsabilidade ilimitada

A responsabilidade ilimitada dos controladores e administradores da sociedade por ações e dos sócios-gerentes da sociedade limitada, estabelecidas nas respectivas leis, bem como a dos sócios comanditários e do sócio oculto, previstas em lei, serão apuradas no próprio juízo da falência, independentemente da realização do ativo e da prova da insuficiência para cobrir o passivo.

A apuração dessas responsabilidades é feita no próprio juízo universal, em processo específico, de rito ordinário, mas apenso os autos da falência. Segue esse processo as normas do Código de Processo Civil e da LRE. A ação deve ser empreendida pelo administrador judicial ou qualquer interessado.

Por requerimento das partes interessadas, ou de ofício o juiz poderá, na sentença que decretar a falência, ordenar a indisponibilidade dos bens particulares dos réus, compatíveis com o dano provocado, até o julgamento da ação de responsabilização.

A petição inicial, instruída com os documentos pertinentes, mencionará os fatos e indicará as provas, inclusive rol de testemunhas, que serão ouvidas na instrução. O réu será citado para comparecer à audiência de instrução e julgamento e apresentar defesa, com produção de prova, se necessário, no prazo de 15 dias. Encerrada a instrução, será aberta vista ao Ministério Público e o juiz proferirá decisão.

O prazo decadencial para interpor a ação de responsabilização será de dois anos, contados do trânsito em julgado da sentença que decretará a falência. Essa decadência não se estende, ao nosso modo de ver, à faculdade de apresentação queixa-crime ao final do processo, nem à do administrador judicial em pedir abertura de falência.

28. DOS RECURSOS CONCURSAIS

Sendo os procedimentos concursais sujeitos ao contraditório e de forte conteúdo processual sujeitam-se ao duplo grau de jurisdição, cabendo então três tipos de recurso:

A – apelação;
B – agravo de instrumento;
C – embargos de terceiros.

São eles utilizados de acordo com o conteúdo da sentença:

A – sentença que não declara a falência – cabe apelação;
B – sentença que declara a falência – cabe agravo de instrumento.

APELAÇÃO

A apelação é um recurso previsto no art. 100 contra a sentença que não decretar a falência. Essa sentença não terá autoridade de coisa julgada. Ele julga improcedente o pedido de falência, ou seja, não decreta falência da empresa requerida, extinguindo o feito, o que não impede o possível novo requerimento com base em outros motivos.

Sendo a falência procedimento submetido ao exame de seu mérito, o juiz deverá chegar a uma das soluções para extinguir o feito: decreta a falência da empresa requerida ou não a decreta.

Não sendo decretada a falência, cabe recurso de apelação à parte derrotada no feito, ou seja, ao credor que tiver requerido a falência da empresa devedora. Naturalmente, essa apelação tem efeito apenas devolutivo e não suspensivo; assim sendo, a requerida poderá continuar operando normalmente.

A razão desses critérios é a de que não decretar a falência da empresa, os resultados não são desastrosos, como se fosse a falência decretada. A empresa continua operando e se não cumprir seus compromissos, poderá sofrer novos pedidos de falência.

Digamos que algum credor tenha requerido a falência da empresa devedora mas juntou duplicata não protestada, o que provocou a improcedência do pedido. A sentença não faz coisa julgada e nada impede que o credor desentranhe essa duplicata, proteste-a e entre com novo pedido, instruída pela mesma duplicata mas agora protestada. Poderá também o pedido ser empreendido por outro credor, ou o mesmo credor requerer com base em outro título.

Cabe apelação contra a sentença que julgar a ação revocatória (art. 135), a sentença que encerrar a falência (art. 154-6º), a extinção das obrigações (art. 159-5º), que julgar o pedido de restituição (art. 90), e contra a sentença que julgar a impugnação da homologação do pedido de recuperação extrajudicial.

A apelação e o agravo de instrumento são previstos no art. 100:

"Da decisão que decreta a falência cabe agravo, e da decisão que julga a improcedência do pedido cabe apelação".

AGRAVO DE INSTRUMENTO

Caberá contra a sentença que declarar a falência da empresa devedora; o agravo de instrumento é previsto no art. 100 da Lei de Recuperação de Empresas, podendo a empresa devedora, credores ou terceiro prejudicado agravar. Tanto quanto a apelação, o agravo de instrumento não tem efeito suspensivo. Poderá, portanto, haver três sujeitos para o agravo. Parece estranho que possa o credor requerente da falência agravar da sentença que atendeu ao seu pedido. Contudo, é possível que ele não concorde com algum aspecto da sentença, como, por exemplo, o termo legal.

Embora o agravo não suspenda o curso da falência, não poderão ser vendidos os bens da massa, enquanto não for julgado o agravo. Procura-se assim evitar os efeitos danosos de liquidação dos bens, pois se for reformada a sentença, a empresa não teria condições de voltar a operar sem seu ativo. Só poderão ser vendidos os bens perecíveis ou de difícil manutenção.

É estranho também caber agravo de sentença, pois o normal seria a apelação. É que a apelação tem curso mais demorado na instância superior e mesmo que reforme a sentença, poderá não dar tempo à empresa para retomar sua atividade normal. Com o agravo, o juiz poderá reformar a sentença que decretou a falência, ou mantê-la, evitando efeitos danosos da paralisação das atividades da empresa. Tudo voltará então ao estado anterior.

É utilizado ainda o agravo contra a decisão que conceder a recuperação judicial, podendo ser interposto por qualquer credor e pelo Ministério Público (art. 59-2º) e a habilitação de crédito (art. 17).

EMBARGOS DE TERCEIRO

Ficou bastante restrito este tipo de recurso na nova Lei. Foi só adotado pelo art. 93, referente ao pedido de restituição.

29. PEDIDO DE FALÊNCIA POR EXECUÇÃO FRUSTRADA

Eis a questão nunca interpretada corretamente e nunca aplicada no regime legal anterior. Talvez melhor esclarecido pela nova Lei de Recuperação de Empresas, esse instituto possa ser mais aplicado e compreendido. É o requerimento da falência com base na execução frustrada contra o devedor. O credor moveu execução contra o seu devedor, empresa mercantil ou civil, enquadrada como "agente econômico". Essa execução foi infrutífera, pois a empresa devedora não tinha bens que pudessem ser penhorados e excutidos para a cobertura da dívida.

Ora, empresa que tem dívidas e não pode pagar porque não tem dinheiro nem patrimônio é empresa comprovadamente insolvente e sem condições de sobrevivência. Na execução está o título executivo extrajudicial protestado, comprovando a dívida líquida e certa inadimplida. Há a certidão do oficial de justiça declarando que não há bens à penhora. Está provada a insolvência dessa empresa.

Em nossa opinião por motivo de lógica e economia processual, o credor poderia pedir a falência da empresa devedora no próprio processo de execução, que seria transformado em pedido de falência. Todavia, pelos antecedentes sob a égide do antigo regime falimentar e pela interpretação do art. 98, a prudência nos ensina que deve ser seguido método mais trabalhoso. Precisaria ele ser citado novamente para a nova ação? Diz o art. 98: "citado, o devedor poderá apresentar contestação no prazo de dez dias". Assim sendo, o devedor poderá ter sido citado no processo de execução, mas como o processo agora é de falência, deveria ele ser citado para este e ter novo prazo para contestação.

Deverá o credor pedir a extinção do feito, pedindo antes as contas de liquidação homologadas por sentença; essa sentença dá o valor total do débito. Extrai xerox das peças primordiais do processo, mormente a sentença homologatória do débito. Pede a certidão do cartório de inteiro teor do processo.

A sentença deve ser protestada. Muitos estranham o protesto de sentença judicial, mas esta é um título executivo judicial capaz de ensejar o pedido de falência. Exige a lei que o título seja protestado, não fazendo menção de que seja apenas o título executivo extrajudicial. Neste caso, a insolvência de devedor já está provada.

Causa referida no inciso II do art. 94 é o pedido de falência por execução frustrada: "será decretada a falência do agente econômico que, executado por qualquer quantia, não paga, não deposita e não nomeia à penhora bens suficientes dentro do prazo legal". Expressão muito louvável para designar a empresa é encontrada na nova lei e com outros documentos elucidativos do novo sistema: "agente econômico".

A moderna economia de todos os países repousa na ação das empresas. É a empresa que impulsiona todas as atividades produtivas e assegura o processo dos países hodiernos. Da eficiência de suas empresas resulta a posição dos países no quadro da economia mundial. Não é por mera coincidência que os países do primeiro mundo são aqueles cujas empresas adquiriram alto grau de eficiência, como o Japão, os EUA, a Coréia e alguns países europeus. Por esta razão, o moderno Direito Empresarial elaborou doutrina avançada sobre o estabelecimento e o aviamento como valores do Direito da Propriedade Industrial importantíssimo na empresa moderna.

Assim sendo, o Direito de Recuperação de Empresas, ramo específico do Direito Empresarial procurou eliminar da vida empresarial as empresas que revelam incapacidade de nela permanecer. E deve cumprir rápido essa missão, para evitar maiores prejuízos, inclusive aos próprios dirigentes dela, que ficam dando murros em ponta de faca.

Todavia, a empresa que possa ser útil à economia coletiva é um "agente econômico" e precisa ser salva por vários fatores, entre os quais pagar seus débitos. Nenhum proveito traz ao credor a bancarrota de seus devedores: teria ele um crédito congelado. É porque o credor deve sempre clamar "saúde", quando seu devedor espirra.

Esse pensamento norteou a elaboração do anteprojeto da Lei previsto pela comissão parlamentar revisora do projeto, exposto no parecer:

> "Já é consenso na legislação de importantes países a noção de que é a própria empresa que rege a atividade econômica, e sua preservação se constitui na idéia básica, diante de um panorama de crise econômica. Tanto é assim que os autores mais avançados na matéria, como os franceses, cuja Lei recente data de 1985 e já conta com várias modificações, não falam mais nos termos falência e concordata. A nova versão da Lei Francesa fala simplesmente de recuperação ou liquidação de empresas".

E mais adiante, encarece a necessidade de cortar o mal pela raiz:

> "A principal conquista que teríamos neste novo conceito de recuperação de empresa seria a verdadeira valorização da continui-

dade das atividades produtivas, pois só seria elegível à recuperação aquela empresa que se mostrasse viável. O jogo do "faz-de-conta" terminaria em definitivo, pois a empresa que não reunisse condições para a recuperação estaria fadada a imediata liquidação, sem haver qualquer possibilidade de lesar os interesses dos trabalhadores e credores, além de se arrastar num processo moroso por anos e anos, emperrando a máquina judiciária".

Ressalta ainda que a empresa é uma "unidade produtiva" e sua importância não se resume na satisfação dos interesses dos credores, mas se alarga no campo dos interesses coletivos, como se vê:

> "Nos concursos de nosso tempo palpitam e se enfrentam interesses de tanta ou maior significação que os particulares dos credores, tais como os interesses gerais do tráfico mercantil, os da manutenção de um certo nível ou volume de atividades em setores chave da economia, ou os de defesa do trabalho ou do emprego".

Isto posto, examinaremos a situação da empresa que não pagou no vencimento dívida líquida e certa. O credor moveu contra ela execução individual; mas ela não pagou e não tinha bens para serem penhorados, em garantia da dívida. A precariedade dessa empresa é atestada pela certidão de execução frustrada pelo oficial de justiça.

Examinemos outra hipótese: a empresa sofre ação de execução, mas o oficial de justiça vai citá-la no domicílio dela e constata que ela não mais está lá; pede informes aos vizinhos e ninguém sabe o paradeiro. É empresa desaparecida. O oficial de justiça vai procurar os sócios no endereço constante do contrato social e eles "estão em lugar incerto e não sabido".

O que fazer com tais empresas? São elas "agentes econômicos" e "unidade produtiva?" Não se pode nem falar em liquidá-las, pois, na prática, não mais existem.

Pela lógica e economia processual, deveria ser dispensado todo o trâmite de extinção do processo de execução e transformá-lo em pedido de falência. Trata-se, porém, de outro processo e se torna imperiosa a citação do devedor para o pedido de falência. É a razão pela qual essa disposição se torna inócua; seria colocar dinheiro bom em cima de dinheiro ruim.

30. DOS ATOS PROCESSUAIS E RESPECTIVOS PRAZOS

36. DOS ATOS PROCESSUAIS
E RESPECTIVOS PRAZOS

Por diversas vezes fizemos referências do profundo conteúdo processual do Direito de Recuperação de Empresas, que já havia, aliás, no antigo regime. A falência resulta de sentença judicial, que encerra processo e dá início a outro. É encerrada com o encerramento do processo de falência, submetido que é à norma do Código de Processo Civil e, ainda mais conforme vimos ao Código de Processo Penal. Portanto o Código de Processo Civil é fonte subsidiária de Lei de Recuperação de Empresas.

Essa conotação processual era patente no Decreto-lei 7.661/45 e continua firme na Lei de Recuperação de Empresas. Com o surgimento do novo sistema falimentar por força da legislação francesa passou o Direito Falimentar a chamar-se "DROIT DES PROCEDURES CONCOURSALLES" (= Direito dos Procedimentos Concursais), o que denota a submissão ao processo.

Com a depreciação do termo "falência", não se justificaria mais a denominação de Direito Falimentar, razão pela qual o anteprojeto inicial, elaborado pelo autor desse compêndio e entregue à comissão nomeada pelo Governo Collor, em 1992, propunha a adoção do nome francês dado ao novo direito, isto é, Direito dos Procedimentos Concursais. Todavia, a comissão parlamentar encarregada de dar o parecer referente ao projeto em andamento na Câmara dos Deputados preferiu a expressão "Direito Concursal". No Relatório entregue ao Poder Executivo pelo combativo presidente dessa comissão, deputado Osvaldo Biolchi, consta diversas vezes a denominação "Direito Concursal".

Contudo, no final da tramitação, o projeto foi retirado da pauta de votação e enviado ao Banco Central para que este fizesse sua revisão. Esta autarquia introduziu várias modificações e restaurou o termo "falência". Após esse retorno da palavra ao projeto, voltou a possibilidade de se manter a designação de "Direito Falimentar", já tradicional e difícil de ser arredado. Nossa opinião, porém, é a de ser mantida a designação francesa, ou então, Direito Concursal, proposto pela comissão.

Entretanto, nota-se na lei francesa que o instituto fundamental do novo direito é a recuperação judicial. A falência é instituto subsidiário e residual, só sobrevindo em circunstâncias excepcionais. É, portanto, mais lógico, então o direito emergente da Lei de Recuperação da Empresa de "Direito de Recuperação da Empresa", uma vez que o nome de Direito dos Procedimentos Concursais não tem encontrado guarida em nossos legisladores.

Estudamos em capítulo anterior os recursos concursais, previstos pela Lei de Recuperação de Empresas como os de apelação, agravo de instrumento e embargos de terceiro. Todos esses recursos estão regulamentados pelo Código de Processo Civil e as normas processuais e os prazos estão nele previstos.

APELAÇÃO – segue as normas estabelecidas nos arts. 513 a 521 do Código de Processo Civil, mas seu prazo é estabelecido no art. 508, como sendo de quinze dias, a partir da intimação da sentença. Esse é também o prazo para resposta.

AGRAVO DE INSTRUMENTO – o prazo para o agravo é de dez dias, previsto no art. 522 do Código de Processo Civil.

EMBARGOS DE TERCEIRO – também é de dez dias o prazo para oposição, conforme o art. 738.

Em segunda instância, o relator terá o prazo de dez dias para o exame dos autos, e, na sessão de julgamento, a cada uma das partes será concedida a palavra pelo prazo de quinze minutos. O acórdão proferido em recurso de agravo de instrumento pode ser executado mediante certidão do julgado ou comunicação do resultado pelo tribunal.

Os prazos marcados na Lei de Recuperação de Empresas serão contínuos e peremptórios; não sofrerão suspensão nos feriados ou nas férias forenses e começarão a produzir efeito no dia imediato após a publicação no órgão oficial, a citação, intimação, interpelação ou comunicação pessoal feita ao destinatário.

Essas publicações referidas pela Lei de Recuperação de Empresas serão feitas preferencialmente no Diário Oficial e, se o devedor ou a massa falida comportar, em jornal ou revista de circulação regional ou nacional, bem como em quaisquer outros periódicos de circulação nacional. O prazo máximo para enviar as publicações é de cinco dias, contados do recebimento das matérias ou dos autos em cartório. Deverá assim haver presteza no trabalho do escrivão.

A publicação dos atos e termos do processo em que seja conveniente maior divulgação, mediante proposta do Comitê, do administrador judicial ou de qualquer interessado, devidamente autorizado pelo juiz, poderá ser feita empregando-se outros meios idôneos de comunicação. Nas publicações o nome da empresa deverá conter a inscrição de "recuperação judicial de", ou "recuperação extrajudicial de" ou "falência de", conforme o caso (art. 191).

336

31. AS DISPOSIÇÕES FINAIS E TRANSITÓRIAS DA LEI DA RECUPERAÇÃO DE EMPRESAS (arts. 189 a 201)

31.1. A sobrevivência do Decreto-lei 7.661/45

31.2. A vigência da Lei

31.3. A designação de "devedor"

31.4. Publicações

31.5. Aguardo de leis subsidiárias

31.6. As obrigações nas câmaras de compensação

31.7. Das normas processuais

31.8. Contratos de arrendamento mercantil

31.9. Empresas impedidas de obter recuperação judicial

31.1. A sobrevivência do Decreto-lei 7.661/45

O advento da nova lei não tira totalmente os efeitos da lei anterior, que deverá permanecer durante muito tempo, porquanto os processos falimentares em andamento continuarão regidos pelo Decreto-lei 7.661/45; a nova lei só se aplicará aos processos abertos a partir de sua entrada em vigor (art. 192). De forma mais precisa, o Decreto-lei 7.661/45 fica revogado, mas será ainda aplicado aos processos anteriores à LRE. A Lei aplicar-se-á, porém, à falência declarada de uma empresa que estava anteriormente em concordata.

Há, entretanto, a abertura concedida pelo art. 192-2º: a existência de pedido de concordata anterior à vigência da LRE não obsta o pedido de recuperação judicial pelo devedor que não houver descumprido obrigação no âmbito da concordata. Fica vedado, contudo, o pedido baseado no plano especial de recuperação judicial para microempresas e empresas de pequeno porte. Nesses termos, uma empresa que estava em concordata antes da LRE, ao ser ela promulgada e entrado em vigor, poderá pedir a recuperação judicial, transformando a concordata em recuperação judicial. Ficará impedida se tiver transgredido os termos da concordata, como por exemplo, se já estava vencido o pagamento da primeira parcela e a concordatária não depositou o valor da parcela. Nesse caso, deferido o processamento da RJ, o processo de concordata será extinto e os créditos submetidos à concordata serão inscritos por seu valor original na RJ, deduzidas as parcelas pagas pelo concordatário. Assim sendo, os processos de concordata terão prazo mais breve, devendo ela desaparecer de forma rápida.

Fica vedada, porém, a concessão de concordata suspensiva nos processos de falência em curso.

31.2. A vigência da lei

A Lei de Recuperação de Empresas entrou em vigor no prazo de cento e vinte dias, a partir de sua publicação. A "vacatio legis" proposta no anteprojeto era de sessenta dias, passando a cento e oitenta no decorrer das discussões, e nos estertores da tramitação do projeto ficou quatro meses (art. 201, o último da Lei).

Julgamos a vacância desta lei demasiadamente longa, tendo-se em vista a situação dramática em que se encontrava o regime falimentar brasileiro.

31.3. A designação de "devedor"

Apesar de ser lei inovadora, foi conservada a designação de "devedor" dada à empresa em regime concursal. Preferimos não usar essa indicação, por ser superada e de uso genérico.

Importante será considerar que sempre que a Lei de Recuperação de Empresas se referir à denominação "devedor" entenda-se que essa expressão aplica-se também aos sócios solidários, vale dizer, ilimitadamente responsáveis, diretores e administradores por lei considerados devedores solidários atingidos pela recuperação judicial ou falência.

Assim diz o art. 190:

> "Todas as vezes que esta Lei se referir a devedor ou falido, compreender-se-á que a disposição também se aplica aos sócios ilimitadamente responsáveis."

31.4. Publicações

Ressalvadas as disposições específicas da Lei, as publicações ordenadas serão feitas preferencialmente na imprensa oficial e, se o devedor ou a massa falida comportar, em jornal ou revista de circulação regional ou nacional, bem como em quaisquer outros periódicos que circular em todo o país. As publicações ordenadas na Lei conterão a epígrafe "recuperação judicial de", "recuperação extrajudicial de" ou "falência de" (art. 191).

Outrossim, medida de caráter informativo ou publicitário é apontada no art. 196, pelo qual os Registros de Empresa manterão banco de dados público e gratuito, disponível na rede mundial de computadores, contendo a relação de todos os devedores falidos ou em recuperação judicial. Os Registros de Empresa deverão promover a integração de seus bancos de dados em âmbito nacional.

Registro de Empresa primordial é a Junta Comercial, que sempre averba no registro de uma empresa o seu "status": "falida", "em recuperação judicial", "em recuperação extrajudicial". Doravante dará maior publicidade a esses registros, orientando melhor a coletividade nacional. Como estamos na era da globalização, exige a Lei esses dados na "rede mundial de computadores".

31.5. Aguardo de leis subsidiárias

A Lei de Recuperação de Empresas exclui de sua aplicação a empresa pública e a sociedade de economia mista. Também estão fora de seu âmbito alguns tipos de empresa privada, como as instituições financeiras privadas, como também as públicas; é o caso dos bancos e das cooperativas de crédito. Situam-se nesse grupo ainda os consórcios, as sociedades de previdência privada, sociedades operadoras de plano de assistência à saúde, as companhias seguradoras e as de capitalização.

O estado de crise econômico-financeira de tais empresas é tratado de forma específica, que deverão sofrer algumas alterações. Como são leis mais antigas, acredita-se que sejam substituídas por novas. Enquanto não forem elas modificadas ou substituídas, continuarão sendo aplicadas. São as seguintes leis:

– Decreto-lei 73, de 21.11.66 – Dispõe sobre o Sistema Nacional de Seguros e Resseguros e regula as operações de seguros e resseguros;

– Lei 6.024/74 – que dispõe sobre a intervenção e a liquidação extra-judicial de instituições financeiras;

– Lei 9.514/97 – que dispõe sobre o sistema de Financiamento Imobiliário c institui a alienação fiduciária de coisa imóvel;

– Decreto-lei 2.321/87 – que institui, em defesa das finanças públicas, regime de administração especial temporária, nas instituições financeiras privadas e públicas não federais.

31.6. As obrigações nas câmaras de compensação

O disposto na Lei não afeta obrigações assumidas no âmbito das câmaras ou prestadoras de serviços de compensação e de liquidação financeira, que serão ultimadas e liquidadas pela câmara ou prestador de serviços, na forma de seus regulamentos (art. 193).

O produto da realização das garantias prestadas pelo participante das câmaras ou prestadores de serviços de compensação e de liquidação financeira submetidos ao regime de que trata a Lei, assim como os títulos, valores mobiliários e quaisquer outros de seus ativos objetos de compensação ou liquidação, serão destinados à liquidação das obrigações assumidas no âmbito das câmaras ou prestadoras de serviços (art. 194).

Os serviços a que se refere a Lei são muito especificados, aplicados principalmente no mercado de capitais, nas operações de bolsa, e formas de pagamento em cheque. Prática muito usual em nossos dias, por exemplo, é a de se fazer pagamentos parcelados, em vários cheques, para apresentação futura no banco, geralmente pela câmara de compensação do Banco do Brasil.

31.7. Das normas processuais

Os procedimentos concursais dão ao Direito da Recuperação de Empresas nítida conotação processual, pois são processos judiciais, visto que só o Judiciário pode:

– decretar a falência;
– conceder a recuperação judicial;
– homologar a recuperação extrajudicial.

Por essa razão, aplica-se o Código de Processo Civil, no que couber, aos procedimentos previstos na LRE. Em compensação, o Código de Processo Penal não mais fica atrelado aos procedimentos concursais, ficando então revogado o capítulo denominado "Do Processo e do Julgamento dos Crimes de Falência", arts. 503 a 512. Deixou então de ser um processo especial, seguindo-se as normas gerais do Código de Processo Penal, como se fossem crimes comuns.

31.8. Contratos de arrendamento mercantil

Preocupação constante da LRE é a preservação das garantias do crédito. Afora as diversas disposições, nesse sentido, no art. 199 ficou previsto o contrato de arrendamento mercantil de aeronaves ou de suas partes. Esse contrato não poderá ser suspenso, tanto na RJ como na falência de empresa de transportes aéreos. Essas empresas são previstas pelo Código Brasileiro de Aeronáutica (Lei 7.565/86). O contrato de

342

arrendamento mercantil deve ser mantido. É deveras importante essa disposição, pois a LRE surgiu no momento em que as empresas de navegação aérea estavam passando por difícil e periclitante situação.

31.9. Empresas impedidas de obter recuperação judicial

Critério aparentemente inocente foi estabelecido pelo art. 198, mas que, no momento da promulgação da LRE provocou sérios impactos. Vejamos o que diz ele:

> "Os devedores proibidos de requerer concordata nos termos da legislação específica em vigor na data da promulgação desta Lei ficam proibidos de requerer recuperação judicial ou extrajudicial nos termos desta Lei".

Ante o exposto, a sociedade cooperativa, por exemplo, ficará impedida da obtenção desse "favor legis", uma vez que a Lei que a regulamenta, a Lei 5.764/71, diz, no art. 4º que ela não está sujeita à falência. Se não está sujeita à falência, entende-se que também não estará sujeita à concordata. Pelo mesmo motivo, a empresa de transportes aéreos estaria nessa mesma condição.

Todavia, o art. 199 estabeleceu uma exceção ao disposto no art. 198:

> "Não se aplica o disposto no art. 198 às sociedades a que se refere o art. 187 da Lei 7.565, de 19 de dezembro de 1986".

Essas sociedades são as empresas aéreas, impedidas de obter concordata. Em outros termos, as empresas de transporte aéreo ficam atingidas pela LRE. Por ocasião da promulgação da LRE, em 9 de fevereiro de 2005, o vice-presidente da república e o chefe da Casa Civil estavam intermediando a passagem das empresas de transporte aéreo para as empresas estrangeiras e temiam que a nova lei perturbasse as negociações, o que os levou a impedir a promulgação da LRE no prazo constitucional. Felizmente prevaleceu o bom senso e a esperada Lei surgiu em 10.2.2005.

32. APLICAÇÕES ESPECIAIS DA FALÊNCIA

32.1. Empresas concessionárias de serviços públicos

32.2. Falência do empresário individual

32.3. Insolvência civil

32.4. Falência de sociedade anônima

32.5. Falência da sociedade em nome coletivo

32.1. Empresas concessionárias de serviços públicos

Exemplos dessas empresas são as numerosas empresas concessionárias de transportes coletivos de passageiros. Algumas delas detêm privilégio de explorar o transporte coletivo de passageiros para determinadas regiões. Também são concessionárias de serviços públicos as empresas de navegação aérea, como a Varig, a Tam, a Vasp e outras menores.

A falência de empresa desse tipo acarretará sérios prejuízos aos usuários de seus serviços, ou seja, uma coletividade. É preciso, então, que a Justiça evite os efeitos danosos da falência sobre o interesse coletivo, destituído de culpa na derrocada da empresa que recebeu do Poder Público a concessão para prestar serviços à comunidade. Nesse aspecto, havia disposições especiais em nossa Lei de Recuperação de Empresas, para preservar os interesses da população, fazendo o processo falimentar seguir rito especial.

Agora a situação se modifica pelo curto e singelo art. 195:

"A decretação da falência das concessionárias de serviços públicos implica extinção da concessão, na forma da lei".

Fica assim aliviado o Judiciário das conseqüências dessa modalidade de falência. Todavia, há um aspecto a ser considerado: o art. 198 diz que os devedores proibidos de requerer concordata nos termos da legislação específica em vigor ficam proibidos de requerer recuperação judicial ou extrajudicial nos termos da Lei. É o caso da sociedade cooperativa: a lei que a regulamenta a exclui da falência e da concordata. Ficará fora portanto dos novos procedimentos concursais.

Diz o art. 199 que o disposto no art. 198 não se aplicam às sociedades a que se refere a Lei 7.565/86. Esse decreto-lei é o que veda às empresas que explorem serviços aéreos, de qualquer natureza ou de infra-estrutura aeronáutica, acesso à concordata. Assim sendo, as empresas de navegação aérea como Varig, Tam, Vasp e outras congêneres poderão pedir a recuperação judicial. Na RJ ou na falência dessas empresas, em nenhuma hipótese ficará suspenso o exercício de direitos derivados de contrato de arrendamento mercantil (leasing) de aeronaves ou de suas partes. Permanecem, portanto, em vigor esses contratos.

Ao nosso modo de ver, a LRE revoga tacitamente o Decreto-lei. 669/69, que impedia a concordata a empresas aéreas. Como, porém, a concordata é instituto abolido no direito brasileiro, o Decreto-lei 669/69 tornou-se inócuo.

32.2. Falência do empresário individual

Nos dias modernos é muito difícil encontrar empresas individuais, pois seria inclusive imprudente alguém registrar-se e operar em nome próprio. O motivo principal é a impossibilidade de separar o patrimônio da pessoa física do patrimônio do empresário. Apesar de haver casos cada vez mais raros, a Lei da Recuperação Judicial, bem como o próprio Código Civil, no capítulo referente ao Direito de Empresa, dá a essa figuração jurídica muito realce. Deve ser por influência do passado, quando no Brasil era bem comum a figura do empresário e raramente as empresas.

Desse anacronismo não escapou nem mesmo a lei francesa que diz no art. 2º que a recuperação judicial se aplica a todo "comerciante" e "artesão". Ora, artesão é o artífice, artista, como um torneiro mecânico, um serralheiro, um marceneiro. Executa ele trabalho individual e não em equipe. É reflexo do superado Código Comercial francês, de 1808, o chamado Código Napoleão Bonaparte.

O Código Civil italiano também padece desse anacronismo, por ser de 1942, portanto de mais de sessenta anos. O art. 2.083 considera os artesãos *"piccoli imprenditori"* (= pequenos empresários). Apesar disso os exclui da falência.

Malgrado esteja escasseando no Brasil esse tipo de empresa, revigorou-se ela desde que surgiu o estatuto da microempresa e da empresa de pequeno porte. Por influência do art. 2.082 do Código Civil italiano, o nosso abre o capítulo do Direito de Empresa.

O que caracteriza essa empresa é ter ela um único componente, um só empresário, e o nome dela corresponder ao do empresário. Há duas pessoas nela: o cidadão e o empresário. Torna-se muito difícil separar as duas pessoas e o patrimônio de ambas. Assim, caso seja comprado um veículo utilitário por Edgar Pontes, que está registrado na Junta Comercial, com esse nome, até que ponto poder-se-á dizer que esse veículo pertence ao cidadão Edgar Pontes ou à empresa Edgar Pontes? Poderá ela ser penhorada por uma dívida particular do cidadão Edgar Pontes, quando foi ela adquirida pela empresa Edgar Pontes?

Por essas razões e outras mais, há ampla confusão no patrimônio de ambos, constituindo assim um patrimônio comum. As responsabilidades também são comuns, ou seja, o sr. Edgar Pontes responde juridicamente pelas obrigações contraídas, quer em seu nome particular quer em nome de sua empresa. A Lei de Recuperação de Empresas não faz discriminação entre as duas pessoas, pelo que se nota em diversas de suas disposições. Assim sendo, o patrimônio da pessoa natural e da empresa é uno. A responsabilidade pelas dívidas é uma também.

32.3. Insolvência civil

Recebe o nome de insolvência civil a situação falimentar em que se encontra uma associação, a sociedade civil (chamada agora de "sociedade simples" pelo novo Código Civil) ou uma pessoa natural, não atingidas portanto pela Lei de Recuperação de Empresas, que regulamenta institutos tipicamente empresariais. Os critérios adotados são semelhantes ao do instituto falimentar, mas adaptados a uma situação específica. Não sendo regulamentada pela Lei de Recuperação de Empresas, a previsão desse instituto é feita pelo Código de Processo Civil, no título IV, denominado "Da Execução por Quantia Certa contra Devedor Insolvente", abrangendo os arts. 748 a 790.

Raras vezes é utilizada, por ser um instituto pouco divulgado, até mesmo no ensino do direito. Alguns casos conhecidos em São Paulo são de empresários cujas empresas faliram. Quando uma empresa vai à quebra, arrasta muitas vezes a pessoa de seus dirigentes, que se comprometem pessoalmente, sendo atingidos pela insolvência civil. Fazemos, em nossos estudos, análises da falência como instituto tipicamente empresarial, de tal forma que não nos alongaremos nesta questão, por considerá-la objeto de estudo do Direito Processual Civil.

32.4. Falência de sociedade anônima

As S/A sujeitam-se à falência, e a regulamentação geral da Lei de Recuperação da Empresa aplica-se-lhes normalmente, observadas as peculiaridades desse tipo de sociedade. Destarte, para o pedido de recuperação judicial, a S/A será representada no processo por seus Diretores e deverá ter aprovação da assembléia-geral, pois segundo o art. 122-IX da Lei das S/A, compete exclusivamente à Assembléia Geral autorizar os administradores a confessar falência e pedir recuperação judicial. A S/A está sujeita aos efeitos da LRE, qualquer que seja o seu objeto social.

32.5. Falência da sociedade em nome coletivo

A sociedade em nome coletivo é um tipo de sociedade mercantil prevista nos arts. 1.039 a 1.043 do Código Civil, muito comum antigamente e mais escassa no Brasil atual. É fácil distinguir esse tipo de sociedade pelo nome: traz o nome dos sócios e a expressão "& Cia.", mas nunca "Ltda.". Exemplo: Barros, Monteiro & Cia. Conforme o nome diz, essa sociedade adota a *firma social* e seu nome é também chamado de "razão social".

A característica primordial dessa sociedade é a de que os sócios são *ilimitada e solidariamente* responsáveis pelas obrigações assumidas em nome da sociedade. Destarte, se um dos sócios apõe a firma social num documento, a obrigação assumida abrange não só a sociedade, mas todos os sócios. Em caso de falência, são eles atingidos e permanecem obrigados pessoalmente.

A Lei Falimentar italiana (Regio Decreto 267, de 16.3.42), base primordial da influência sobre a nossa antiga lei, dispõe sobre o sócio ilimitadamente responsável, segundo estabelece o art. 147:

La sentenza che dichiara il fallimento della società con soci a responsabilità illimitata produce anche il fallimento dei soci illimitamente responsabili.	A sentença que declara a falência da sociedade com sócios de responsabilidade ilimitada produz também a falência dos sócios ilimitadamente responsáveis.

A LRE, em palavras diferentes, deixa patente a equiparação da pessoa à empresa, no caso de falência, no art. 190:

> "Todas as vezes que esta Lei se referir a devedor ou falido, compreender-se-á que a disposição também se aplica aos sócios ilimitadamente responsáveis".

É sugestivo frisar que a LRE não chama sócio "solidário", mas "ilimitadamente responsável". O art.190 tem o significado bem prático: não foi necessário fazer essa afirmação a todo momento, como fazia a antiga Lei.

33. ATRIBUIÇÕES DO MINISTÉRIO PÚBLICO NA LEI DE RECUPERAÇÃO DE EMPRESAS

33.1. Atribuições genéricas

33.2. Atribuições específicas na Lei de Recuperação de Empresas

33.3. A relevância do Ministério Público nos procedimentos concursais

33.1. Atribuições genéricas

Muitos passos do procedimento falimentar passam sob o crivo do Ministério Público, alguns de caráter mais exigente, outros mais complementares. A sentença que concede a Recuperação Judicial, ou a sentença que declara a falência, são mais exigentes e a presença do Ministério Público se torna obrigatória.

Pode ser considerada genérica também a faculdade de o Ministério Público em toda ação proposta pela massa falida ou contra ela. Será o caso, por exemplo, de ação de despejo contra a massa ou desta contra o inquilino de um de seus imóveis. Na recuperação judicial e na falência poderá intervir o Ministério Público como assistente, nas ações trabalhistas ou fiscais em curso, ou sobre quantia ilíquida.

33.2. As atribuições específicas na Lei de Recuperação de Empresas

As funções específicas são as mais importantes e por isso obrigatórias. Estão previstas na própria Lei. Normalmente, as atribuições genéricas são facultativas e as obrigatórias específicas. Vejamos então, no teor da Lei e no decorrer do processo, quais as intervenções nela previstas, ou seja, as específicas:

Sentença declaratória da falência

A sentença declaratória da falência poderá ser atacada por agravo e assim que houver a contestação dos embargos pelo embargado, o juiz abrirá vistas ao representante do Ministério Público, de acordo com o art. 100.

Verificação dos créditos

Ao ser apresentada e publicada a relação de credores da empresa falida, pode o Ministério Público, como também qualquer credor, a empresa falida ou os sócios dela, ou acionistas caso seja S/A, impugnar qualquer crédito habilitado (art. 8º). Caso houver audiência, deverá o representante do Ministério Público estar presente, mas, cuja ausência, não impedirá o juiz de proferir a sentença.

Após a sentença o Ministério Público terá a faculdade, de até o encerramento da recuperação judicial ou da falência, pedir a exclusão, outra classificação ou a retificação de qualquer crédito, nos casos de descoberta de falsidade, dolo, simulação, fraude, erro essencial, ou, ainda, documentos ignorados na época do julgamento do crédito ou da inclusão no quadro-geral de credores.

Contra a decisão judicial que conceder a recuperação judicial caberá agravo, que poderá ser interposto pelo MP e qualquer credor (art. 59-2º).

Oposição ao administrador judicial ou membros do Comitê

Poderá o Ministério Público requerer substituição do administrador judicial ou dos demais membros do Comitê se a nomeação for feita em desobediência aos preceitos da Lei de Recuperação de Empresas (art. 30-2º).

Depoimento do representante legal da empresa falida

Pelo art. 104, inc. VI, o representante legal da empresa falida está obrigado a comparecer em juízo e prestar verbalmente, ou por escrito, informações sobre as causas da falência e circunstâncias e fatos que interessem à falência. Nas declarações do art. 104, inciso VI, o representante do Ministério Público poderá pedir informações sobre esses aspectos.

Na alienação do ativo

Em qualquer das modalidades de alienação do ativo (leilão, propostas fechadas ou pregão) poderão ser apresentadas impugnações por quaisquer credores, pelo devedor ou pelo Ministério Público, no prazo de 48 horas da arrematação, hipótese em que os autos serão conclusos ao juiz, que, no prazo de cinco dias, decidirá sobre as impugnações e, julgando-as improcedentes, ordenará a entrega dos bens ao arrematante, respeitadas as condições estabelecidas no edital (art. 143).

Ação penal

Segundo o art. 187, cabe ao Ministério Público intentar ação penal contra os autores de crimes falimentares, denunciando-os perante o juízo criminal da jurisdição em que tenha sido declarada a falência (art. 189).

354

Se ele não oferecer denúncia, poderão oferecer queixa o administrador judicial ou qualquer credor habilitado. Incumbi-lhe requerer os meios de prova e as diligências necessárias à apuração dos fatos. Se não houver provas a produzir, ou tenham sido realizadas as deferidas, o Ministério Público deverá oferecer denúncia contra os responsáveis pelo crime ou pedir a apensação dos autos ao processo de falência.

Se o representante do Ministério Público (promotor) não oferecer denúncia e o juiz não se conformar, poderá determinar a remessa dos autos ao Procurador Geral de Justiça, para que este se pronuncie. O Procurador Geral de Justiça é considerado também órgão do Ministério Público.

Incidência em crime previsto na Lei

Incidirá em crime falimentar o representante do Ministério Público se adquirir, por si ou por interposta pessoa, bens da massa falida ou de empresa em recuperação judicial, ou em relação a estes, entrar em alguma especulação de lucro, quando tenham atuado nos respectivos processos (art. 177).

Neste caso, o representante do Ministério Público deverá pronunciar-se como réu em processo, em vez de ser como autor.

33.3. A relevância do Ministério Público nos procedimentos concursais

Os mais conceituados mestres dos procedimentos concursais têm debatido a relevância do Ministério Público nos procedimentos especializados, sem que se chegue a conclusões definitivas. É necessário primeiro localizar o Direito da Recuperação Judicial no âmbito do direito. Já se chegou à segura e definitiva posição do Direito da Recuperação Judicial, como já acontecera no antigo Direito Falimentar como ramo do Direito Empresarial, uma vez que ele se ocupa exclusivamente da empresa.

O Direito Empresarial, por sua vez, faz parte do Direito Privado. As empresas são pessoas jurídicas de Direito Privado, pelo que se nota do art. 44 do Novo Código Civil, ainda que sejam as estatais. Os direitos referidos no Direito Empresarial são disponíveis e transacionáveis, por vigorar no Direito Empresarial o regime de liberdade e livre iniciativa. O dinamismo da atividade empresarial exige liberdade e improvisação.

O antigo regime falimentar brasileiro, instituído pelo Decreto-lei 7.661/45, seguia o critério tradicional, vindo da Idade Média, conservando a conotação publicista e penal, justificando a intensa participação do Ministério Público nos procedimentos falimentares. Este atua em defesa do Estado e de pessoas mais fracas, impedindo a prevalência do mais forte.

Não é, porém, o que ocorre no Direito de Recuperação de Empresas, em que as relações jurídicas foram estabelecidas entre partes com o mesmo poder de barganha, cada um podendo defender seus interesses sem a proteção do Estado. Que necessidade haverá pois da presença do Ministério Público se o Estado não participa dos procedimentos concursais? A favor de quem interfere o Ministério Público? Da empresa devedora? Dos credores? Ante essas dúvidas, parece ser dispensável sua presença. Carvalho de Mendonça, maiúscula figura do Direito Empresarial, foi um dos partidários da exclusão do Ministério Público nos procedimentos concursais.

Em compensação, Trajano de Miranda Valverde, insigne especialista dos procedimentos concursais considera o Ministério Público como curador da lei e dos interesses coletivos. Constitui a garantia da fiel execução da lei. Pelo menos nos aspectos penais sua presença é obrigatória, pois só ele pode fazer a denúncia.

Muita razão tem Miranda Valverde neste aspecto, mas a Lei assegura a presença do Ministério Público nos procedimentos concursais, de conotação penal, como nas ações penais por crimes previstos na LRE. Contudo, com todo respeito ao consagrado mestre, se prevalecer seus argumentos, em todo e qualquer processo deveria estar presente o Ministério Público.

Há outra discussão a respeito da atuação do Ministério Público em manter a regularidade e a perfeição dos procedimentos concursais. A presença do Ministério Público não impediu a formação da próspera e lucrativa "indústria de falências". Antes, porém, teve ele efetiva participação no desenvolvimento dessa atividade criminosa, mancomunado com a magistratura. A impunidade aos crimes falimentares foi conseguida graças à efetiva atuação do Ministério Público, atropelando a lei com interpretações distorcidas a respeito da contagem do tempo da prescrição dos crimes falimentares. Nos grandes golpes e nas sugestivas "araras", os criminosos saem ilesos. Raríssimas vezes os credores conseguem recuperar seus créditos. Eternizam-se os feitos falimentares, observando prazos entre dez e quinze anos para se chegar ao fim. Raríssimas vezes algum criminoso da "indústria de falências" pagou pelos seus crimes, justificando o aforismo de "Sua Excelência o Senhor Falido".

Essas críticas, como várias outras no mesmo sentido, referem-se, entretanto, à atuação do Ministério Público, à sua eficácia. É um problema que pode ser examinado e nos parece muito relativo: o Ministério Público pode atuar com eficiência em alguma época e tornar-se ineficaz em outras, num Estado da Federação ou em outro, já que é um órgão estadual.

A discussão doutrinária é mais elevada, porém: haverá necessidade e conveniência do Ministério Público nos procedimentos falimentares ou não? Em nosso parecer, ela se revela desnecessária e devemos apresentar as razões causadoras dessa impressão. Os credores concorrem no processo com seus advogados e portanto estão habilitados a defender seus direitos.

Argumentam alguns que a falência é uma chaga social, eliminando do mercado uma entidade produtiva e contribuinte do erário. É um empregador a menos, aumentando o desemprego e causando comoção social. O pronunciamento de um representante do Ministério Público afirma que "sem dúvida alguma, os institutos da falência e da concordata, embora de cunho predominantemente privado, refletem-se no mundo econômico-social, obrigando o Estado a exercer estrita vigilância sobre o processo, com o intuito de impedir prejuízos ao crédito e à economia em geral. É o Ministério Público, sem dúvida, o instrumento mais eficaz de que se vale o Estado, no desempenho dessa tarefa. E o órgão da lei e fiscal de sua execução deve estar aparelhado para o exercício de sua missão".

Em nossa opinião, há realmente muitos poderes do Ministério Público para acompanhar, a todo momento, o processo, quer poderes genéricos, como diz o art. 4º, quer específicos, como previstos em muitos artigos, comentados neste capítulo. Todavia, parece-nos dispensável a presença do Ministério Público, pois o Estado não está diretamente ligado ao processo; não estão em jogo direito de menores e incapazes, mas empresariais.

34. OS ÓRGÃOS DOS PROCEDIMENTOS CONCURSAIS

34.1. O que se entende como órgãos dos procedimentos concursais

34.2. O juiz

34.3. O Ministério Público

34.4. O administrador judicial

34.5. O Comitê de Credores

34.6. O escrivão

34.7. Os credores

34.8. A empresa falida

34.9. Os peritos

34.10. O gestor judicial

34.1. O que se entende como órgãos dos procedimentos concursais

A Lei de Recuperação de Empresas não se refere especificamente a órgãos dos procedimentos concursais, como a de outros países. A lei francesa de "Recuperação e Liquidação Judicial" (Lei 85-98), traz logo no início a seção "Les Organes de la Procedure", indicando quais são esses órgãos e breve relato de suas funções.

Descreve, porém, nossa Lei a participação de várias pessoas, quer na administração da recuperação judicial quer da falência, ou nos impulsos dos procedimentos concursais. São muitos esses órgãos, como o Juiz, o administrador judicial, o representante do Ministério Público, o escrivão, a assembléia-geral de credores, os credores e o Comitê de Credores ou o administrador-gestor, a própria empresa em regime concursal, os peritos. No decorrer deste trabalho foram feitos referências a todos eles.

O órgão concursal é constituído de uma pessoa, como o juiz ou administrador judicial, ou de várias pessoas como a assembléia geral dos credores, o comitê de credores e peritos de várias modalidades. Órgão é a instituição legalmente estruturada, com o encargo de exercer certas funções. Por meio dele se exercem e se executam ações diversas: é portanto executor ou realizador. Etimologicamente esse termo originou de "organum" = instrumento. Destarte, o órgão dos procedimentos concursais é o instrumento de que se serve a lei para acionar o processo concursal e levá-lo a bom termo.

As funções exercidas pelos órgãos concursais são de natureza variada: executoras, fiscalizadoras, técnicas, promotoras, administrativas, decisórias. O extraordinário Dicionário Contemporâneo da Língua Portuguesa (Caldas Aulete), que consideramos o mais indicado para os assuntos jurídicos, traz várias concepções de órgãos, todas elas bem aplicáveis à compreensão dos órgãos dos procedimentos concursais:
– cada uma das partes de um aparelho, destinadas a exercer uma função especial;
– instrumento;
– parte de um organismo ou corpo vivo que exerce função especial (a reunião dos órgãos que concorrem para a mesma função tem o nome de aparelho. Exemplo: o aparelho digestivo, o aparelho respiratório);
– diz-se de tudo que serve de instrumento ou meio para conseguir alguma coisa. Exemplo: a instrução pública é o órgão principal de uma civilização.

Concluímos assim que o conjunto de órgãos dos procedimentos concursais é o aparelhamento estatal legalmente constituído, com funções específicas ou genéricas, para o exercício da função geral de aplicar o Direito de Recuperação de Empresas.

A Lei de Recuperação de Empresas prevê e regulamenta especificamente vários órgãos, o Comitê e o Administrador Judicial, em duas versões: um para a recuperação judicial e outro para a falência.

34.2. O juiz

O juiz é o órgão máximo da recuperação judicial, da recuperação extrajudicial e da falência, tanto que todos os demais órgãos giram em torno dele. Uma sentença sua dá início aos procedimentos concursais; outra sentença dá fim a ele. O art. 22, abrindo o capítulo referente ao administrador judicial, considera o juiz como o fiscalizador do trabalho do administrador judicial, como se vê:

> "Ao administrador judicial compete, sob a fiscalização do juiz e, quando houver, do Comitê............."

É dupla a função do juiz. Em primeiro lugar, ele é diretor direto dos procedimentos concursais; toma iniciativa, intimando pessoas várias a tomar medidas e pronunciar-se. Como superintendente, ele supervisiona o trabalho do administrador judicial e de outros órgãos dos procedimentos concursais. Embora a lei diz que ele exerça a "fiscalização", na verdade ele exerce a "supervisão".

É ele quem nomeia o administrador judicial e o fará na própria sentença declaratória da abertura do procedimento concursal ou então determinará a constituição do Comitê de Recuperação. Na sentença, além da nomeação, o juiz determinará uma série de providências, na qual se incluirão: a abertura de prazo para que os credores se manifestem, a fixação do termo legal, a suspensão das ações ou execuções contra a empresa em estado de crise econômico-financeira, a apresentação do laudo econômico-financeiro, a expedição de editais.

A decretação de quaisquer dos procedimentos concursais é decisão do juiz em que a empresa devedora tiver seu principal estabelecimento. Recebendo a petição inicial, o juiz mandará citar a empresa devedora para os termos da ação, que poderá ter ou não procedência. Poderá o juiz "ex offício", ou a requerimento do credor, ordenar o seqüestro dos bens da empresa devedora, nomeando depositário para esses bens.

Ao decretar a falência, será o juiz universal, sendo-lhe encaminhados todos os processos referentes à massa. Devem-lhe prestar esclarecimentos os representantes legais da empresa falida, podendo o juiz fazê-los responder por crime de desobediência caso não cumpram as obrigações exigidas pelo art. 104 poderá também arbitrar módica remuneração ao falido, caso colabore com a administração da massa falida.

Os peritos, o contador o avaliador, são nomeados pelo juiz, que lhes fixará o prazo para a apresentação do laudo, embora sejam eles indicados pelo administrador judicial.

Importante faculdade tem o juiz: a de determinar o afastamento dos dirigentes da empresa em recuperação, nomeando o administrador-gestor, que deverá gerir doravante a empresa, sob a imediata supervisão do juiz.

Como juiz universal, julga as ações atingidas pela "vis atrativa" do seu juízo, entre elas a ação revocatória, caso houver. Como superintendente dos procedimentos concursais, arbitra a remuneração do administrador judicial e julga as contas deles (art. 144). Poderá autorizar a continuação do negócio da empresa falida ou cassar essa autorização.

Na realização do ativo, o juiz marcará a venda dos bens, por leilão ou propostas, nomeando o leiloeiro, por indicação do administrador judicial. Após essa venda dos bens e julgadas as contas do administrador judicial e o relatório final dele, o juiz encerrará o processo de falência por sentença. Após o encerramento, poderá declarar extintas as obrigações da empresa falida, em processo especial. Como também da empresa em recuperação judicial, desde que esta tenha sido cumprida.

34.3. O Ministério Público

Fizemos, no capítulo antecedente, amplas explanações sobre as atribuições do Ministério Público na Lei de Recuperação de Empresas. Vamos agora considerá-lo como órgão da administração dos procedimentos concursais. Exerce o Ministério Público função mais técnica. Examina ele o enquadramento a cada passo processual à lei.

Verdade é que sua atuação tornou-se mais restrita no Direito de Recuperação de Empresas, tendo em vista a tendência ao privatismo no novo direito. Os procedimentos concursais resultam de fenômenos econômicos ocorridos da vida da empresa, visando a regular o relacionamento com seus credores. Mais precisamente, examina a situação da empresa quando se encontra no "estado de crise econômico-financeira", ou, como diz o art. 3º da lei francesa, "impossibilité de faire face au passif exigible avec son passif disponible" (impossibilidade de fazer face ao passivo exigível com seu ativo disponível).

Não tendo mais aquela forte conotação penal, fiscal e processual do antigo Direito Falimentar, não se justificaria realmente tanta participação nos procedimentos concursais.

Não exerce controle e supervisão sobre o juiz, o administrador judicial ou Comitê de Credores, mas presta sua colaboração para que a administração da empresa em regime concursal tramite na base da lei. Em vários passos, presta assessoria jurídica à administração da falência. Variadas são, entretanto, suas funções, razão pela qual sua atuação se diferencia. A ação exercida apresenta-se como:

– ATUAÇÃO FORMAL: em que age como parte adjunta. São a maioria dos casos; é quando é "ouvido" antes de o juiz tomar suas decisões.

– ATUAÇÃO MATERIAL: em que age como parte principal. Estes casos são mais restritos; neles o Ministério Público é parte nas ações. Exemplo deste caso é a denúncia, iniciando a ação penal.

Em outras ocasiões, ele é o fiscal da lei, como na denúncia, e tomando conhecimento de certos atos concursais, ainda que seja depois das decisões do juiz, ou sem que possa recorrer das decisões judiciais. Entretanto, mesmo que não possa recorrer, poderá emitir parecer contrário à decisão que examinar.

O representante do Ministério Público assume às vezes sérias responsabilidades, como aliás, todos os órgãos da falência. É o que acontece no art. 177, a respeito dos crimes falimentares, dizendo que será punido com detenção o representante do Ministério Público, o juiz, o administrador judicial e outros órgãos que adquirirem bens da massa falida.

A participação mais incisiva do MP nos feitos concursais observa-se quanto a possíveis crimes verificado no âmbito descrito por esses processos. Nesse aspecto atua ele na verificação de fatos antes de aberto o processo e vai além do encerramento dele.

O representante do Ministério Público pode agir por iniciativa própria, fazendo a denúncia e iniciando a ação penal; ou então atenderá a pedido dos interessados. Poderá inclusive requerer a aventura de inquérito policial junto às autoridades policiais, já que não mais existe o inquérito judicial na alçada civil.

364

Como tutor dos interesses coletivos, atua ele quando sentir possíveis prejuízos à sociedade, ao Poder Público, ou se alguma lei estiver sendo transgredida, ou em defesa da ordem jurídica e social e dos direitos individuais indisponíveis. Exemplo deste último item é o de menores e órfãos, cujos interesses estejam afetados pela falência de uma empresa.

Sua ação deve ser pronta, imediata, como diz o art. 187:

> "Intimado da sentença que decreta a falência, ou concede a recuperação judicial, o Ministério Público, verificando a ocorrência de qualquer crime previsto nesta Lei, promoverá imediatamente a competente ação penal ou, se entender necessário, requisitará a abertura de inquérito policial".

É principalmente nas sentenças que sua intervenção se torna necessária. É o caso previsto no art. 19, em que, antes ou depois da sentença que aprovar a inclusão de um crédito, poderá pedir a exclusão desse crédito, se for observada alguma irregularidade.

Tem ele a faculdade prevista no art. 30-2º, de requerer ao juiz a substituição do administrador judicial ou de membros do Comitê de Credores, se eles tiverem sido nomeados em desobediência aos preceitos da Lei de Recuperação de Empresas. É um dos casos de infração à lei.

Atenção especial é exigida dele no momento da realização do ativo, com a venda de bens por qualquer das modalidades de alienação prevista na LRE. Poderá ele impugnar a venda, se notar a existência de qualquer irregularidade (art. 143).

Poderá ainda impugnar a relação de credores juntada pela empresa devedora, apontando a ausência de qualquer crédito ou manifestando-se contra a legitimidade, importância ou classificação de crédito relacionado (art. 8º).

Cabe ainda ao MP interpor agravo contra a decisão judicial que conceder a recuperação judicial (art. 59).

34.4. O administrador judicial

O capítulo 9º deste compêndio foi dedicado ao administrador judicial, do qual traçamos informações mais pormenorizadas. É órgão muito importante, principalmente administrativo. Atua ele nos três tipos de procedimentos concursais: a recuperação judicial, a recuperação extra-judicial e a falência. Difere a sua atuação de acordo com o tipo de procedi-mento: nos dois primeiros atua ele como fiscal, acompanhando e contro-lando a atuação dos dirigentes da empresa em concurso. Na falência, administra ele a empresa falida, já que os antigos administradores são afastados. Em muitas passagens, provoca ele novos impulsos ao processo, movimentando outros órgãos. É o que acontece com os relatórios, mais precisamente três, obrigatórios, dos quais faremos algumas considerações:

1º - Exposição Circunstanciada

A EXPOSIÇÃO CIRCUNSTANCIADA é o primeiro relatório do administrador judicial, elaborado no período de averiguações, em duas vias, no qual, considerando as causas da falência, o procedimento da empresa e de seus dirigentes, antes e depois da sentença declaratória e outras informações pormenorizadas a respeito do comportamento 'da empresa falida, seus dirigentes e outros responsáveis, se houver, por atos que possam constituir crime, relacionado com a recuperação judicial, a recuperação extrajudicial e a falência, ou delito comum conexo a estes.

Esse relatório provocará a manifestação do Ministério Público, que poderá requerer a abertura do Inquérito Judicial, a contestação dos acusados e a decisão do juiz, no caso de o próprio administrador judicial não requerer.

2º - Relatório de Falência após a Recuperação Judicial

Também chamado relatório do art. 22, é feito numa fase mais adiantada do procedimento falimentar, quando já tiver sido elaborado o quadro-geral de credores. Nesse relatório ao juiz ou aos credores membros do Comitê, o administrador judicial exporá as causas e circunstâncias da falência e examinará os autos da empresa falida e de seus administradores, no exercício de seus cargos e funções. Para não ser confundido com o relatório do art. 213, esse relatório só é feito quando a falência suceder à recuperação judicial.

3º - Relatório Final

É peça importante para o encerramento da falência. Deve ser apre-sentado após a liquidação do ativo. Dependendo desse relatório final, poderá o juiz encerrar o processo falimentar por sentença. Nele o administrador judicial fará a prestação de contas de sua atuação. Falam dele os arts. 155 e 156.

34.5. O Comitê de Credores

Eis aqui o órgão recente cuja eficácia será demonstrada só na sua aplicação. É o reflexo do "comitê d'entreprise" (comitê de empresa), previsto na lei francesa e provocou a reação desfavorável ao primeiro projeto da nova lei, elaborado por comissão do Governo Federal, presidida pelo Dr. Raul Bernardo Nelson de Senna. Foi depois retirado no projeto seguinte, chamado projeto Bumachar, e desde então encontrou este projeto melhor acolhida.

Na fase final do Projeto de lei 4.376/93, retornou o Comitê de Credores, sem provocar as violentas refutações que houvera sofrido no início. É aplicado ele nos vários procedimentos concursais: na recuperação judicial, na recuperação extrajudicial e na falência.

Suas funções são as mesmas do administrador judicial; a empresa em concurso poderá ter só o administrador judicial ou o Comitê de Credores, conforme o caso recomende. Como se trata de inovação, sem experiência no direito brasileiro, procuramos fazer amplas explanações sobre o Comitê de Credores, baseados na vivência francesa, mormente nas obras do Profº. IVES GUYON, da Universidade de Panthéon Sorbonne, de Paris, expostas no capítulo 9.

34.6. O escrivão

Os procedimentos concursais têm muita conotação processual; aliás são processos. O andamento desses processos tem íntima conexão com os serviços administrativos prestados pelo cartório adjunto à Vara da Recuperação Judicial, chefiado pelo escrivão. A lei invoca várias vezes as providências tomadas por ele, de tal forma que constitui autêntico órgão da recuperação judicial.

É principalmente no caso de haver falência que realça mais a sua participação. Fará ele o resumo da sentença decretatória da falência e o afixará no quadro de avisos do fórum e na pasta da empresa. Em seguida, o escrivão remeterá esse resumo ao Ministério Público, à Junta Comercial e à EBCT (Empresa Brasileira de Correios e Telégrafos). Providenciará a publicação do resumo no Diário Oficial. Enviará ofício também a Secretaria da Receita Federal e outros órgãos públicos.

Cabe ao escrivão intimar o administrador judicial de sua nomeação e atendê-lo para a assinatura do termo de compromisso de bem e fielmente desempenhar o cargo e assumir todas as responsabilidades inerentes à qualidade de administrador. Normalmente, é o escrivão quem toma o depoimento dos representantes legais da empresa falida, por delegação do juiz, referente ao art. 104 da Lei de Recuperação de Empresas.

Quando o administrador judicial apresentar as contas, ficarão elas sob a responsabilidade do escrivão, que, em três dias, publicará aviso pelo Diário Oficial, colocando-as à disposição da empresa falida e dos credores, pelo prazo de quinze dias, quando poderão apresentar impugnações.

Quando da realização do ativo, efetuando-se a venda por propostas ou pregão, estas serão recebidas pelo escrivão que dará recibo da entrega, e marcará o dia para abertura dos envelopes lacrados, pelo juiz, devendo o escrivão lavrar o auto respectivo, assinado pelos presentes, e juntando as propostas aos autos da falência.

Da mesma forma que os demais órgãos concursais, poderá o escrivão responder por crimes falimentares. É o caso previsto na Lei, pelo qual o escrivão não poderá adquirir bens da massa falida ou da empresa em recuperação judicial, por si ou por interposta pessoa, ou, em relação esses bens, entrar em alguma especulação de lucro, quando tenham autuado nos respectivos processos.

34.7. Os Credores

É marcante a presença dos credores nos procedimentos concursais; nos três: recuperação judicial, recuperação extrajudicial e falência. Quem irá requerer a falência do devedor inadimplente será o credor; só ele é o sujeito ativo do pedido de falência.

Aberto o procedimento concursal, a ele podem recorrer todos os credores. São eles portanto os autores do processo, pois serão as vítimas, os principais prejudicados. Apresenta cada credor seu crédito, abrindo processo paralelo ao do concurso, para verificação, aprovação e inclusão no quadro-geral de credores. Poderá um credor impugnar o crédito de outro.

Afora as diversas intervenções legalmente possíveis de cada credor, poderão eles atuar em conjunto, graças à assembléia geral de credores, órgão competente para deliberar sobre o plano de recuperação judicial, sobre a proposta de recuperação extrajudicial, a falência, e demais incidentes processuais. Tão complexa é a atuação da assembléia-geral de credores, que achamos preferível dedicar-lhe, logo em seguida, estudo especial.

Poderão ainda os credores constituir sociedade para gerir a empresa em concurso, sendo esta uma das formas de recuperação judicial. Poderão propor outras formas de recuperação judicial, ou impugnar o pedido apresentado pela empresa devedora. Poderão fiscalizar a administração do administrador judicial, vetar suas contas e pedir sua destituição.

No caso da recuperação extrajudicial, será acordo entre a empresa devedora e os credores, por meio de instrumento próprio, ou então firmado em juízo. Poderá qualquer credor impugnar esse acordo. Se houver constatado ato ou fato que possa afetar o cumprimento da recuperação, quer judicial, quer extrajudicial, poderá qualquer credor requerer a rescisão dela.

É marcante também a interferência dos credores na falência da empresa devedora. Decretada a falência, poderá o credor não julgar conveniente e agravar de instrumento. Será marcado o prazo para os credores declararem seus créditos e serão suspensas as execuções que os credores moverem contra a empresa que tiver a falência decretada. Medida introduzida pela Lei de Recuperação de Empresas foi a possibilidade de os credores requererem a adjudicação, de imediato, dos bens arrecadados, pelo valor da avaliação, atendida a regra de classificação e preferência entre eles. Visa essa medida a facilitar a resolução do processo concursal, atendendo à economia processual e ao interesse geral.

Desde que eles tenham apresentado seus créditos, ficam-lhes garantidos o direito de intervir em quaisquer ações e incidentes em que a massa seja parte ou interessada. Podem também fiscalizar a administração do administrador judicial, requerer e promover nos procedimentos concursais o que for a bem do interesse deles. Poderão ainda examinar a contabilidade da empresa falida. É lhes facultado requerer ação revocatória (art. 132) e propor ação rescisória. Se o administrador judicial é o órgão da administração, os credores são os órgãos da fiscalização.

34.8. A empresa falida

A própria empresa em concurso é também órgão concursal, podendo propor ações. No regime de recuperação judicial e recuperação extrajudicial não perde ela sua personalidade jurídica, nem a posse e propriedade de seus bens. No regime de falência, também não perde a personalidade jurídica, que fica apenas "congelada". Também não perde a propriedade dos bens, mas é desapossada deles.

Tem a empresa falida e seus representantes legais várias obrigações, grande parte delas previstas no art. 104, por outro lado, tem ela o direito de fiscalizar a administração da massa, de requerer providências conservatórias dos bens arrecadados e o que for a bem de seus direitos e interesses. Pode intervir, como assistente, nos processos em que a massa seja parte ou interessada e interpor recursos cabíveis. Se colaborar com a administração da falência e for diligente no cumprimento de seus deveres, pode requerer ao juiz que lhe arbitre módica remuneração.

Após o encerramento da falência, a empresa falida poderá pedir a extinção das obrigações. Poderá então voltar à atividade normal. O sócio solidário da empresa falida também poderá requerer que seja declarada por sentença a extinção de todas as suas obrigações.

34.9. Os peritos

O perito é um profissional especializado num determinado ramo de conhecimento, encarregado de examinar alguma questão exigente de seus conhecimentos técnicos. Deverá elaborar um laudo de exame realizado para facultar decisões de outros órgãos, mormente do juiz.

Nos procedimentos concursais realçam-se dois tipos de perito: o contador e o avaliador. Sua função é a de examinar a documentação da empresa em concurso, os livros fiscais e toda a escrituração. Do seu exame deverá elaborar o "laudo contábil".

O perito avaliador é encarregado de atribuir um valor aos bens da empresa em concurso, mormente para os bens arrecadados e destinados a leilão. Esse leilão será feito a partir do preço indicado no laudo de avaliação. Não é trabalho fácil, pois deverá às vezes estimar o valor de conjunto complexo de bens, como móveis e imóveis, produtos industrializados, matéria-prima, veículos, máquinas e equipamentos industriais. É possível até que tenha que avaliar o valor do ponto, ou de patente ou marca.

Os interessados em apresentar o "laudo econômico-financeiro" ou "laudo de avaliação de bens", deverão apresentar ao juiz suas propostas, contendo:

I – qualificação profissional e experiência anterior;

II – metodologia a ser empregada na elaboração dos laudos;

III – a proposta de honorários e sua forma de pagamento.

Sobre as propostas apresentadas pelos potenciais peritos, poderão manifestar-se os credores, o administrador judicial ou o Comitê e, não havendo impugnação, o juiz designará o perito, ou peritos, encarregados da elaboração do "laudo de avaliação de bens" para a empresa em recuperação judicial; fixará a sua remuneração e o prazo para a apresentação do laudo. O perito-economista será intimado para a posse e deverá assinar o termo em dois dias. Não discrimina a lei, entretanto, o perito que irá elaborar o "laudo de avaliação dos bens".

Esses peritos terão livre acesso aos livros contábeis e documentos da empresa em concurso, na forma autorizada pelo juiz, podendo requisitar todas as informações e esclarecimentos de que necessitam para a realização de seu trabalho.

O perito designado para a avaliação dos bens da empresa devedora, dentro do prazo marcado pelo juiz, que não poderá ser superior a sessenta dias contados da assinatura do termo de compromisso, entregará em cartório o respectivo laudo, contendo a transcrição da coisa avaliada, fundamentando os motivos que o levaram a concluir acerca do valor por ele definido, bem como qualquer outro subsídio que seja hábil à formação do livre convencimento do juízo. Poderá ele elaborar laudo único para diversos bens, ou separá-los de acordo com a sua conveniência.

Os credores poderão apresentar aos peritos as informações e os documentos que considerarem relevantes para a elaboração dos respectivos laudos e pareceres, inclusive para auxiliar o administrador judicial na elaboração do quadro-geral de credores.

Interessante é notar que o perito pode ser pessoa física ou jurídica, como os escritórios e empresas especializadas nesses serviços. Existem em São Paulo várias empresas de porte e de elevada metodologia, incluindo-se várias multinacionais.

Não se pode incluir como órgão dos procedimentos concursais o perito que elaborar o "plano de recuperação judicial", para o pedido de recuperação judicial. Trata-se de plano econômico-financeiro de planejamento dos pagamentos das dívidas da potencial recuperação judicial. Não é elaborado por perito nomeado pelo juiz, mas contratado pela empresa em dificuldade, antes de apelar para o judiciário. A lei francesa chama-o de "bilan économique et social et projet de plan de redressement de e'entreprise" (balanço econômico e social e projeto de plano de recuperação da empresa).

34.10. O gestor judicial

É órgão criado pela Lei de Recuperação de Empresas, aplicado quando os dirigentes da empresa em concurso forem afastados, assumindo o lugar deles o administrador-gestor. Sobre essa nova figura, emitimos nossa opinião no capítulo 9, no item 9.4.

372

35. ASSEMBLÉIA GERAL DE CREDORES (arts. 35 a 46)

35.1. Histórico do instituto

35.2. Competência na recuperação judicial

35.3. Competência na recuperação extrajudicial

35.4. Competência na falência

35.5. Convocação e deliberações

35.6. Aprovação do plano de recuperação judicial

35.7. A representação dos trabalhadores na assembléia pelo sindicato

35.8. Sinopse da questão

35.1. Histórico do instituto

Órgão concursal bem sofisticado acabou entrando na Lei de Recuperação de Empresas na fase final do projeto quando menos se esperava. Entrou firmemente regulamentado por capítulo envolvendo os arts. 35 a 46 e no decorrer do texto do projeto da lei, na última versão do projeto.

A eficácia da AGC- assembléia-geral de credores será aferida com a aplicação da lei, porquanto não foi ela acionada até agora, pois está surgindo com a promulgação da lei. A lei francesa criou duas assembléias, uma dos assalariados e outra dos demais credores. Pelo que se nota da jurisprudência, ambos têm demonstrado efetividade, mas estamos em estágio ainda aquém do que foi atingido pelos assalariados franceses.

Para melhor compreensão deste problema será conveniente rememorarmos o histórico da instituição desse órgão em nossa lei. Em 1992, o governo Collor constituiu comissão destinada a examinar nossa legislação falimentar, tendo esta solicitado sugestões junto à coletividade jurídica. O autor deste compêndio enviou a essa comissão, presidida pelo Dr. Raul Bernardo Nelson de Senna dois anteprojetos, um calcado na lei italiana e outro na lei francesa, a Lei 85-98, de 25 de janeiro de 1985. Como o anteprojeto era quase a transcrição da lei francesa, estava nela inserida como órgão do procedimento concursal a assembléia-geral de credores.

A douta comissão assimilou ainda a "Reorganização Societária" do direito norte-americano, apresentando projeto de lei com bem regulamentada assembléia-geral de credores. Levado esse projeto à Câmara dos Deputados pelo Poder Executivo, desencadeou-se sobre ele violenta reação desfavorável, principalmente por causa da assembléia-geral de credores. As críticas eram insatisfatórias a respeito da lei, mas a assembléia-geral de credores estava na berlinda de todas as críticas. Um juiz de São Paulo, por exemplo, alegou não haver no fórum espaço suficiente para reunião de credores e nem tempo suficiente para as deliberações. Neste aspecto, parece que as opiniões eram unânimes e algumas com fundamento. Havia dúvidas quanto à receptividade e assimilação dessa assembléia pelos credores, ante a apatia até agora demonstrada pelos credores nos procedimentos concursais.

Ante manifestações tão desfavoráveis, julgou melhor o Governo Collor retirar o projeto para que fosse revisto pela comissão, principalmente no que tangia à assembléia-geral de credores. Contudo, foi deposto o Governo Collor e a comissão foi praticamente dissolvida. O novo governo, porém, achou melhor levar avante esse projeto e nomeou nova comissão para que o revise. Surgiu

375

então novo projeto, apresentado pelo Dr. Alfredo Bumachar Filho, bem mais simplificado e prático, eliminando a assembléia-geral de credores.

Encaminhado o projeto à Câmara dos Deputados, sofreu muitas emendas, de tal forma que foi elaborado substitutivo, que recebeu o nome de seu relator, o deputado Osvaldo Biolchi. O substitutivo não restaurou, entretanto, a assembléia-geral de credores. Assumindo o novo governo federal, em 2003, foi o projeto encaminhado ao Banco Central, que o modificou bastante, criando, por exemplo, a recuperação extrajudicial e ressuscitando a assembléia-geral de credores. Não houve mais qualquer reação contra ela e assim o projeto foi aprovado pela Câmara dos Deputados, em exaustiva sessão, de 15 de outubro de 2003, com a assembléia-geral de credores. Foi mantida a AGC também na aprovação do Senado, em 7.7.2004 e na aprovação final pela Câmara dos Deputados, em 14.12.2004. Subindo à sanção presidencial, foi promulgada a Lei 11.101, de 9.2.2005.

Ficou ela regulamentada em capítulo próprio, na sessão V, "Da Assembléia Geral dos Credores", tomando os arts. 35 a 46. Não é de instituição obrigatória, mas facultativa; poderá deliberar sobre o plano de recuperação judicial e sobre a proposta de recuperação extrajudicial. Tem ainda competência para atuar na falência da empresa.

35.2. Competência na recuperação judicial

Falemos antes na atuação mais importante da assembléia-geral de credores, que é na recuperação judicial. Ela aprova ou rejeita o plano de recuperação judicial apresentado pela empresa em concurso, podendo propor plano alternativo. Na apresentação do plano, se algum credor o impugnar, o juiz convocará a assembléia-geral de credores, para que esta decida sobre viabilidade do plano. Poderá mesmo a assembléia-geral de credores apresentar plano alternativo de recuperação judicial. Ao aprovar o plano, poderá ela indicar o membro do Comitê de Credores, caso este não esteja já constituído. Se o plano for aprovado pela assembléia-geral de credores, o juiz o deferirá.

A assembléia-geral de credores terá, a qualquer tempo, durante o processamento da recuperação judicial, a faculdade de deliberar sobre a possível convolação da recuperação judicial em falência.

Poderá deliberar sobre a constituição do Comitê de Credores, a escolha de seus membros e sua substituição, e o nome do gestor judicial, quando do afastamento dos dirigentes da empresa em recuperação judicial. Poderá deliberar sobre possível pedido ao juiz para a substituição do AJ, mas não poderá indicar seu substituto, cuja nomeação fica a critério do juiz.

Se a empresa devedora requerer a recuperação judicial e apresentar o plano, não poderá depois se arrepender e retirá-lo, a não ser com a concordância da AGC.

Cabe-lhe enfim deliberar sobre qualquer matéria que possa afetar os interesses dos credores.

35.3. Competência na recuperação extrajudicial

Na recuperação extrajudicial deliberará sobre o acordo de recuperação extrajudicial apresentado pela empresa devedora, aprovando-a ou rejeitando-a, e produzir os documentos que comprovem a aprovação da proposta de recuperação extrajudicial apresentada pela empresa devedora.

No decorrer do processo terá faculdades idênticas às da recuperação judicial.

35.4. Competência na falência

Na falência, poderá deliberar a respeito da realização do ativo. No procedimento de falência, a assembléia-geral de credores poderá ser instalada por convocação do juiz, ou por iniciativa própria, ou a pedido do credor. Poderá ela eleger os membros do Comitê de Credores. Suas funções incluirão ainda: acompanhar e fiscalizar o processo de falência, fiscalizar a gestão da massa falida pelo administrador judicial e requerer ao administrador judicial o exame de livros e documentos, informações e esclarecimentos. Poderá ainda propor formas alternativas de realização do ativo. A realização do ativo está prevista nos arts. 154 e seguintes da Lei de Recuperação de Empresas. A forma normal de realização do ativo é a venda dos bens por leilão, proposta ou pregão. Existem, porém, várias outras alternativas, que poderão ser escolhidas pela assembléia-geral de credores, já que ela é competente para deliberar sobre qualquer outra matéria que possa afetar os interesses dos credores.

35.5. Convocação e deliberações

A AGC será convocada pelo juiz por edital publicado no órgão oficial e em jornais de grande circulação nas localidades da sede e das filiais, com a antecedência mínima de quinze dias (art. 36). Houve muitas críticas quanto a essa exigência, por ser ela dispendiosa, principalmente para uma empresa em estado de crise econômico-financeira. As despesas com a convocação e a realização da AGC correm por conta da empresa devedora.

Porém, trata-se de importante decisão a ser tomada pelos credores; não se vislumbra maneira mais rápida e eficaz para lhes dar conhecimento do pedido de recuperação judicial. Poderá a convocação da AGC ser feita por credores que representem 25% do valor dos créditos de uma determinada classe; ou então se for requerida por Comitê de Credores; neste caso caberia a eles essas despesas.

O edital de convocação deverá conter o local, data e hora da assembléia em 1^a e 2ª convocação, a ordem do dia, e o local em que os credores poderão, se for o caso, obter cópia do plano de recuperação judicial a ser submetido à deliberação da assembléia. A sessão em segunda convocação só poderá ser realizada no mínimo cinco dias após a primeira.

Cópia do aviso de convocação da assembléia deverá ser afixada de forma ostensiva na sede e filiais da empresa devedora.

A assembléia será presidida pelo administrador judicial, que designará um secretário dentre os credores presentes. Instalar-se-á em primeira convocação, com a presença mínima de credores titulares de mais da metade dos créditos de cada classe, computados pelo valor. Não havendo quorum, será realizada a segunda convocação, no mínimo cinco dias após a primeira, com qualquer número de credores presentes.

Para participar da assembléia, cada credor deverá assinar a lista de presença, que será encerrada no momento da instalação.

O credor poderá ser representado na AGC por mandatário ou representante legal, desde que entregue ao administrador judicial, até 24 horas antes da data prevista no aviso de convocação, documento hábil que comprove seus poderes, ou a indicação das folhas dos autos do processo em que se encontre o documento.

O voto do credor será proporcional ao valor de seu crédito nas votações em geral. Todavia, nas deliberações sobre o plano de recuperação judicial, deverá ele ser aprovado por maioria simples dos credores titulares de créditos derivados da legislação do trabalho ou decorrentes de acidentes de trabalho, independentemente do valor de seu crédito. No Direito de Recuperação de Empresas os empregados são considerados classe de credores politicamente mais fraca; por isso, a Lei concede-lhes tutela mais benfazeja.

378

No que tange aos créditos trabalhistas, o critério é o de que os titulares de créditos derivados da legislação do trabalho, ou decorrentes de acidente de trabalho votam com o total de seu crédito, independentemente do valor.

Os titulares dos créditos com garantia real votam com a sua classe até o limite do valor do bem gravado; e com as classes dos quirografários, com privilégio especial e com privilégio geral ou subordinados, votam pelo restante do valor de seu crédito.

Na escolha dos representantes de cada classe no Comitê de Credores, somente os respectivos membros poderão votar (art. 44).

Do ocorrido na assembléia, lavrar-se-á ata que conterá o nome dos presentes e as assinaturas do presidente, do representante legal da empresa devedora e de dois membros de cada uma das classes votantes, e que será entregue ao juiz, juntamente com a lista de presença, no prazo de 48 horas. Assim sendo, se estiverem presentes à assembléia as três classes de credores, deverá haver oito assinaturas, a saber:

1 – do presidente;

1 – do representante legal da empresa devedora;

2 – dos membros da classe dos credores trabalhistas;

2 – dos membros da classe dos titulares de créditos com garantia real ou que gozem de privilégio especial;

2 – dos membros da classe de credores quirografários ou que gozem de privilégio geral.

A votação

Terão direito a voto na AGC as pessoas arroladas no quadro-geral de credores; se não houver ainda o QGC, as pessoas constantes na relação de credores apresentada pela empresa devedora no requerimento de recuperação judicial ou pelo administrador judicial.

Poderão ainda votar os titulares dos créditos que estejam habilitados na data da realização da assembléia, ou que tenham sido admitidos ou alterados por decisão judicial, inclusive as que tenham obtido reservas de importâncias. Os retardatários, isto é, os que não se habilitaram no prazo legal não terão direito a voto.

Também não terão o direito a voto e não serão considerados para fins de verificação do quorum de instalação e de deliberação os titulares dos créditos excetuados na forma do art. 49-3º, como os de proprietário fiduciário de bens móveis ou imóveis, de arrendador mercantil e outros dessa natureza.

Examinaremos agora a situação delicada em que se encontra o direito brasileiro pela criação da "indústria das liminares". Nossa justiça toma decisões sem ouvir a parte contrária, não dando ensejo de defesa por parte dos prejudicados. As assembléias de credores, por exemplo, ficariam em situação de insegurança, pois qualquer credor ou outro interessado, insatisfeito com alguma decisão da assembléia, poderia obter liminar judicial, suspendendo essa decisão. Por essa razão procurou a Lei resguardar a segurança da realização da assembléia e suas decisões, desde que estas apresentem fundamento legal.

As decisões da AGC não serão invalidadas em razão de posterior decisão judicial acerca da existência, quantificação ou classificação de créditos (art. 39-2º). No caso de posterior invalidação de deliberação da assembléia, ficam resguardados os direitos de terceiros de boa-fé, respondendo os credores que aprovaram a deliberação pelos prejuízos comprovados, causados por dolo ou culpa (art. 39-3º).

Não se furta assim a assembléia de ter suas decisões apreciadas pela Justiça, mas mediante processo regular, com a observância do princípio do contraditório e respeito às normas processuais. Qualquer decisão da assembléia poderá ser invalidada pela Justiça, portanto, e, se os credores tomaram decisão em prejuízo de terceiros, responderão eles pela reparação de danos.

"Não será deferido provimento liminar, de caráter cautelar ou antecipatório dos efeitos da tutela, para a suspensão ou adiamento da assembléia-geral de credores em razão de pendência de discussão acerca da existência, a quantificação ou a classificação dos créditos."

Assim diz o art. 40. Se não houvesse essa disposição, os credores teriam que obter previamente licença judicial para a realização da assembléia.

Nas deliberações, considerar-se-á aprovada a proposta que obtiver votos favoráveis de credores que representem mais da metade do valor dos créditos presentes à assembléia-geral.

Muda esse critério quando a proposta versar sobre três questões:

A – aprovação do quadro-geral de credores;
B – composição do Comitê de Credores;
C – forma alternativa de realização do ativo.

Os sócios da empresa em concurso (ou acionistas, se for S/A), bem com as sociedades coligadas, controladoras, controladas, ou as que tenham sócio ou acionista com participação superior a 10% do capital social da empresa devedora, ou aquelas em que ela ou algum de seus sócios ou acionistas detenham participação superior a 10% do capital social, poderão participar na assembléia-geral de credores, sem ter direito a voto e não serão considerados para fim de verificação do quorum de instalação. Essa disposição também se aplica ao cônjuge ou parente, consangüíneo ou afim, colateral até o segundo grau, ascendente ou descendente do representante legal da empresa em concurso, bem como do acionista controlador, de diretor ou membro do Conselho Deliberativo ou Conselho Fiscal, ou que tenham cargos semelhantes na sociedade em concurso e às sociedades em que quaisquer dessas pessoas exerçam essas funções (art. 43).

Vamos esmiuçar, melhor esta questão. Como já visto, existem três classes de credores na assembléia-geral de credores:

1 – credores trabalhistas;
2 – credores com direitos reais de garantia ou que gozem de privilégios especiais;
3 – credores quirografários, subordinados ou que gozem de privilégios gerais.

As despesas com a convocação e a realização da AGC correm por conta do devedor ou da massa falida, salvo se convocada em virtude de requerimento do Comitê de Credores, ou por credores que representam 25% do valor total dos créditos de uma determinada classe.

Instalando-se a assembléia, nela poderão ser discutidos interesses exclusivos de uma classe de credores, ou então interesses de todos os credores. Conforme o caso, a assembléia terá matizes especiais:

a) quando se discutir interesse específico de uma das classes, só os credores componentes dessa classe poderão votar;
b) se a reunião discutir restrição ou supressão de direitos, garantias ou vantagens de uma classe, a provação exigirá maioria absoluta dos créditos dessa classe;
c) se a reunião versar sobre interesse geral de todos os credores, todos eles poderão votar.

Os credores que terão direito a voto são os que constarem no quadro-geral de credores, ou caso não tenha sido formado ainda, na relação de credores juntada no pedido de recuperação judicial e na relação de empregados. Incluir-se-ão ainda os créditos que já estejam habilitados. A assembléia-geral de credores poderá ser convocada mesmo antes da formação definitiva do quadro-geral de credores; neste caso será formada pelos créditos já habilitados, ou pela relação de credores e de funcionários, juntada pela empresa devedora.

35.6. Aprovação do plano de recuperação judicial

Passo importante da assembléia-geral de credores é o exame do plano de recuperação judicial apresentado pela devedora. Deve ele ser aprovado por todos os credores. Em cada classe o plano deverá ser aprovado pela maioria simples dos credores presentes, tanto em cada classe como no cômputo geral. Assim sendo, precisará ele ser aprovado por maioria simples dos créditos dos credores trabalhistas; mais de 50% dos créditos com direitos reais de garantias ou privilégios especiais; mais de 50% dos créditos quirografários, subordinados ou com privilégios gerais. Naturalmente, o cômputo geral deverá dar mais de 50% do total dos créditos.

Vamos explicar melhor a alternativa de aprovação do plano de recuperação judicial. Será ele aprovado pela assembléia-geral de credores desde que tenha obtido, de forma cumulativa:

a) o voto favorável dos credores trabalhistas, por maioria simples;

b) o voto favorável dos credores que representem mais de 50% do valor dos créditos em cada uma das outras duas classes de credores, e por maioria simples dos devedores presentes.

Podemos estabelecer exemplo no caso de o plano de recuperação judicial tiver a votação abaixo:

– 52% na classe trabalhista;

– 52% na classe privilegiada;

– 35% na classe quirografária.

Nesse caso, o plano não estaria aprovado, pois o total dos créditos totais daria 46%.

Entretanto, se o voto favorável atingir a:

– 52% na classe trabalhista;

– 52% na classe privilegiada;

– 48% na classe quirografária.

Estaria então o plano aprovado.

O juiz somente pode aprovar o plano aprovado pelos credores neste último sistema, se ele não oferecer tratamento favorecido para determinados credores no âmbito de uma mesma classe. Estaria neste caso o princípio da eqüidade, a "pars condítio creditorum" sendo arranhado.

Se o plano não for aprovado no prazo de cento e oitenta dias, seja porque tenha sido ele rejeitado, seja porque não tenha havido acordo entre as partes envolvidas (os credores e o devedor) o juiz decretará a falência da empresa em concurso.

A aprovação de forma alternativa de realização do ativo na falência, dependerá do voto favorável de credores que representem 2/3 dos créditos presentes à AGC. As formas alternativas são as previstas no art. 145, como a assimilação da empresa devedora por sociedade constituída de empregados ou de credores dela.

No que tange aos trabalhadores, porém, a aprovação é por maioria simples dos credores presentes, independentemente do valor de seu crédito.

A assembléia delibera sobre a constituição do Comitê de Credores e poderá escolher os membros dele e sua substituição. Poderá ainda pedir a substituição do administrador judicial. Se os dirigentes de uma empresa em recuperação judicial forem afastados, a AGC indicará o gestor judicial para substituí-los.

Se a empresa devedora requerer o pedido de recuperação judicial e o processamento desse pedido tiver sido deferido pelo juiz, não poderá ela desistir, a menos que a AGC tenha aprovado a desistência.

Como órgão representativo dos credores, tem a AGC poderes bem amplos e a própria Lei lhe faculta a manifestação em vários artigos, em matéria que possa afetar os interesses dos credores.

35.7. A representação dos trabalhadores na assembléia pelo sindicato

Os sindicatos dos trabalhadores poderão representar seus associados titulares de créditos derivados da legislação do trabalho ou decorrentes de acidentes do trabalho, que não comparecerem à assembléia, pessoalmente ou por procurador. Para exercer essa prerrogativa, o sindicato deverá apresentar ao AJ, até dez dias antes da assembléia, a relação dos associados que pretende representar.

O trabalhador que conste da relação de mais de um sindicato deverá esclarecer até 24 horas antes da assembléia, qual sindicato o representa, sob pena de não ser representado em assembléia por nenhum deles.

Desde o início da discussão do projeto da nova lei concursal, e já constava do anteprojeto inicial com base na lei francesa, o reforço dos poderes do trabalhador nos procedimentos concursais e do sindicato dele. Contudo, se foi de grande relevância essa disposição na França, o Brasil deve pairar muitas dúvidas quanto à atuação dos sindicatos na defesa dos trabalhadores no âmbito concursal. O trabalhador sempre foi o maior prejudicado no antigo sistema e nunca teve voz ativa nos processos, sem que os sindicatos tomassem qualquer iniciativa nesse sentido. Na tramitação do projeto da lei de recuperação de empresas no Congresso Nacional, houve total omissão dos sindicatos na defesa das disposições favoráveis aos trabalhadores. Cópia do projeto foram entregues aos dez principais sindicatos de São Paulo, todos eles quedando-se inertes.

Em todo caso, o trabalhador terá duas opções: ou se faz representar por seu advogado, ou comparece pessoalmente, ou integra-se na representação coletiva de sua classe profissional, por meio de seu sindicato.

35.8. Sinopse da questão

Como se trata de instituição nova e ainda não testada, sem ter havido decisão judicial ou jurisprudencial, será conveniente estabelecer alguns lembretes sobre a assembléia-geral de credores:

– trata-se de órgão dos procedimentos concursais, aplicáveis aos três institutos do regime: recuperação judicial, recuperação extrajudicial e falência;
– os credores em assembléia são divididos em três classes;
– há diferenças de atribuições da assembléia geral de credores em cada um dos três procedimentos;
– há também diferenças nas deliberações de acordo com as classes de credores;
– a assembléia geral de credores foi instituída e regulamentada pela Lei de Recuperação de Empresas, na sessão V, ocupando os arts. 35 a 46;
– é inovação no direito brasileiro, sob a influência, a princípio da lei francesa (Lei 85/98) e depois da "Reorganização Societária", do direito norte-americano.

ADENDO

LEI Nº 11.101,
DE 9 DE FEVEREIRO DE 2005.

O PRESIDENTE DA REPÚBLICA Faço saber que o Congresso Nacional decreta e eu sanciono a seguinte Lei:

CAPÍTULO I
DISPOSIÇÕES PRELIMINARES

Art. 1º Esta Lei disciplina a recuperação judicial, a recuperação extrajudicial e a falência do empresário e da sociedade empresária, doravante referidos simplesmente como devedor.

Art. 2º Esta Lei não se aplica a:

I – empresa pública e sociedade de economia mista;

II – instituição financeira pública ou privada, cooperativa de crédito, consórcio, entidade de previdência complementar, sociedade operadora de plano de assistência à saúde, sociedade seguradora, sociedade de capitalização e outras entidades legalmente equiparadas às anteriores.

Art. 3º É competente para homologar o plano de recuperação extrajudicial, deferir a recuperação judicial ou decretar a falência o juízo do local do principal estabelecimento do devedor ou da filial de empresa que tenha sede fora do Brasil.

Art. 4º (VETADO)

CAPÍTULO II
DISPOSIÇÕES COMUNS À RECUPERAÇÃO JUDICIAL E À FALÊNCIA

Seção I
Disposições Gerais

Art. 5º Não são exigíveis do devedor, na recuperação judicial ou na falência:

I – as obrigações a título gratuito;

II – as despesas que os credores fizerem para tomar parte na recuperação judicial ou na falência, salvo as custas judiciais decorrentes de litígio com o devedor.

Art. 6º A decretação da falência ou o deferimento do processamento da recuperação judicial suspende o curso da prescrição e de todas as ações e execuções em face do devedor, inclusive aquelas dos credores particulares do sócio solidário.

§ 1º Terá prosseguimento no juízo no qual estiver se processando a ação que demandar quantia ilíquida.

§ 2º É permitido pleitear, perante o administrador judicial, habilitação, exclusão ou modificação de créditos derivados da relação de trabalho, mas as ações de natureza trabalhista, inclusive as impugnações a que se refere o art. 8º desta Lei, serão processadas perante a justiça especializada até a apuração do respectivo crédito, que será inscrito no quadro-geral de credores pelo valor determinado em sentença.

§ 3º O juiz competente para as ações referidas nos §§ 1º e 2º deste artigo poderá determinar a reserva da importância que estimar devida na recuperação judicial ou na falência, e, uma vez reconhecido líquido o direito, será o crédito incluído na classe própria.

§ 4º Na recuperação judicial, a suspensão de que trata o **caput** deste artigo em hipótese nenhuma excederá o prazo improrrogável de 180 (cento e oitenta) dias contado do deferimento do processamento da recuperação, restabelecendo-se, após o decurso do prazo, o direito dos credores de iniciar ou continuar suas ações e execuções, independentemente de pronunciamento judicial.

§ 5º Aplica-se o disposto no § 2º deste artigo à recuperação judicial durante o período de suspensão de que trata o § 4º deste artigo, mas, após o fim da suspensão, as execuções trabalhistas poderão ser normalmente concluídas, ainda que o crédito já esteja inscrito no quadro-geral de credores.

§ 6º Independentemente da verificação periódica perante os cartórios de distribuição, as ações que venham a ser propostas contra o devedor deverão ser comunicadas ao juízo da falência ou da recuperação judicial:

I – pelo juiz competente, quando do recebimento da petição inicial;

II – pelo devedor, imediatamente após a citação.

§ 7º As execuções de natureza fiscal não são suspensas pelo deferimento da recuperação judicial, ressalvada a concessão de parcelamento nos termos do Código Tributário Nacional e da legislação ordinária específica.

§ 8º A distribuição do pedido de falência ou de recuperação judicial previne a jurisdição para qualquer outro pedido de recuperação judicial ou de falência, relativo ao mesmo devedor.

Seção II
Da Verificação e da Habilitação de Créditos

Art. 7º A verificação dos créditos será realizada pelo administrador judicial, com base nos livros contábeis e documentos comerciais e fiscais do devedor e nos documentos que lhe forem apresentados pelos credores, podendo contar com o auxílio de profissionais ou empresas especializadas.

§ 1º Publicado o edital previsto no art. 52, § 1º, ou no parágrafo único do art. 99 desta Lei, os credores terão o prazo de 15 (quinze) dias para apresentar ao administrador judicial suas habilitações ou suas divergências quanto aos créditos relacionados.

§ 2º O administrador judicial, com base nas informações e documentos colhidos na forma do **caput** e do § 1º deste artigo, fará publicar edital contendo a relação de credores no prazo de 45 (quarenta e cinco) dias, contado do fim do prazo do § 1º deste artigo, devendo indicar o local, o horário e o prazo comum em que as pessoas indicadas no art. 8º desta Lei terão acesso aos documentos que fundamentaram a elaboração dessa relação.

Art. 8º No prazo de 10 (dez) dias, contado da publicação da relação referida no art. 7º, § 2º, desta Lei, o Comitê, qualquer credor, o devedor ou seus sócios ou o Ministério Público podem apresentar ao juiz impugnação contra a relação de credores, apontando a ausência de qualquer crédito ou manifestando-se contra a legitimidade, importância ou classificação de crédito relacionado.

Parágrafo único. Autuada em separado, a impugnação será processada nos termos dos arts. 13 a 15 desta Lei.

Art. 9º A habilitação de crédito realizada pelo credor nos termos do art. 7º, § 1º, desta Lei deverá conter:

I – o nome, o endereço do credor e o endereço em que receberá comunicação de qualquer ato do processo;

II – o valor do crédito, atualizado até a data da decretação da falência ou do pedido de recuperação judicial, sua origem e classificação;

III – os documentos comprobatórios do crédito e a indicação das demais provas a serem produzidas;

IV – a indicação da garantia prestada pelo devedor, se houver, e o respectivo instrumento;

V – a especificação do objeto da garantia que estiver na posse do credor.

Parágrafo único. Os títulos e documentos que legitimam os créditos deverão ser exibidos no original ou por cópias autenticadas se estiverem juntados em outro processo.

Art. 10. Não observado o prazo estipulado no art. 7º, § 1º, desta Lei, as habilitações de crédito serão recebidas como retardatárias.

§ 1º Na recuperação judicial, os titulares de créditos retardatários, excetuados os titulares de créditos derivados da relação de trabalho, não terão direito a voto nas deliberações da assembléia-geral de credores.

§ 2º Aplica-se o disposto no § 1º deste artigo ao processo de falência, salvo se, na data da realização da assembléia-geral, já houver sido homologado o quadro-geral de credores contendo o crédito retardatário.

§ 3º Na falência, os créditos retardatários perderão o direito a rateios eventualmente realizados e ficarão sujeitos ao pagamento de custas, não se computando os acessórios compreendidos entre o término do prazo e a data do pedido de habilitação.

§ 4º Na hipótese prevista no § 3º deste artigo, o credor poderá requerer a reserva de valor para satisfação de seu crédito.

§ 5º As habilitações de crédito retardatárias, se apresentadas antes da homologação do quadro-geral de credores, serão recebidas como impugnação e processadas na forma dos arts. 13 a 15 desta Lei.

§ 6º Após a homologação do quadro-geral de credores, aqueles que não habilitaram seu crédito poderão, observado, no que couber, o procedimento ordinário previsto no Código de Processo Civil, requerer ao juízo da falência ou da recuperação judicial a retificação do quadro-geral para inclusão do respectivo crédito.

Art. 11. Os credores cujos créditos forem impugnados serão intimados para contestar a impugnação, no prazo de 5 (cinco) dias, juntando os documentos que tiverem e indicando outras provas que reputem necessárias.

389

Art. 12. Transcorrido o prazo do art. 11 desta Lei, o devedor e o Comitê, se houver, serão intimados pelo juiz para se manifestar sobre ela no prazo comum de 5 (cinco) dias.

Parágrafo único. Findo o prazo a que se refere o **caput** deste artigo, o administrador judicial será intimado pelo juiz para emitir parecer no prazo de 5 (cinco) dias, devendo juntar à sua manifestação o laudo elaborado pelo profissional ou empresa especializada, se for o caso, e todas as informações existentes nos livros fiscais e demais documentos do devedor acerca do crédito, constante ou não da relação de credores, objeto da impugnação.

Art. 13. A impugnação será dirigida ao juiz por meio de petição, instruída com os documentos que tiver o impugnante, o qual indicará as provas consideradas necessárias.

Parágrafo único. Cada impugnação será autuada em separado, com os documentos a ela relativos, mas terão uma só autuação as diversas impugnações versando sobre o mesmo crédito.

Art. 14. Caso não haja impugnações, o juiz homologará, como quadro-geral de credores, a relação dos credores constante do edital de que trata o art. 7º, § 2º, desta Lei, dispensada a publicação de que trata o art. 18 desta Lei.

Art. 15. Transcorridos os prazos previstos nos arts. 11 e 12 desta Lei, os autos de impugnação serão conclusos ao juiz, que:

I – determinará a inclusão no quadro-geral de credores das habilitações de créditos não impugnadas, no valor constante da relação referida no § 2º do art. 7º desta Lei;

II – julgará as impugnações que entender suficientemente esclarecidas pelas alegações e provas apresentadas pelas partes, mencionando, de cada crédito, o valor e a classificação;

III – fixará, em cada uma das restantes impugnações, os aspectos controvertidos e decidirá as questões processuais pendentes;

390

IV – determinará as provas a serem produzidas, designando audiência de instrução e julgamento, se necessário.

Art. 16. O juiz determinará, para fins de rateio, a reserva de valor para satisfação do crédito impugnado.

Parágrafo único. Sendo parcial, a impugnação não impedirá o pagamento da parte incontroversa.

Art. 17. Da decisão judicial sobre a impugnação caberá agravo.

Parágrafo único. Recebido o agravo, o relator poderá conceder efeito suspensivo à decisão que reconhece o crédito ou determinar a inscrição ou modificação do seu valor ou classificação no quadro-geral de credores, para fins de exercício de direito de voto em assembléia-geral.

Art. 18. O administrador judicial será responsável pela consolidação do quadro-geral de credores, a ser homologado pelo juiz, com base na relação dos credores a que se refere o art. 7º, § 2º, desta Lei e nas decisões proferidas nas impugnações oferecidas.

Parágrafo único. O quadro-geral, assinado pelo juiz e pelo administrador judicial, mencionará a importância e a classificação de cada crédito na data do requerimento da recuperação judicial ou da decretação da falência, será juntado aos autos e publicado no órgão oficial, no prazo de 5 (cinco) dias, contado da data da sentença que houver julgado as impugnações.

Art. 19. O administrador judicial, o Comitê, qualquer credor ou o representante do Ministério Público poderá, até o encerramento da recuperação judicial ou da falência, observado, no que couber, o procedimento ordinário previsto no Código de Processo Civil, pedir a exclusão, outra classificação ou a retificação de qualquer crédito, nos casos de descoberta de falsidade, dolo, simulação, fraude, erro essencial ou, ainda, documentos ignorados na época do julgamento do crédito ou da inclusão no quadro-geral de credores.

§ 1º A ação prevista neste artigo será proposta exclusivamente perante o juízo da recuperação judicial ou da falência ou, nas hipóteses previstas no art. 6º, §§ 1º e 2º, desta Lei, perante o juízo que tenha originariamente reconhecido o crédito.

§ 2º Proposta a ação de que trata este artigo, o pagamento ao titular do crédito por ela atingido somente poderá ser realizado mediante a prestação de caução no mesmo valor do crédito questionado.

Art. 20. As habilitações dos credores particulares do sócio ilimitadamente responsável processar-se-ão de acordo com as disposições desta Seção.

Seção III
Do Administrador Judicial e do Comitê de Credores

Art. 21. O administrador judicial será profissional idôneo, preferencialmente advogado, economista, administrador de empresas ou contador, ou pessoa jurídica especializada.

Parágrafo único. Se o administrador judicial nomeado for pessoa jurídica, declarar-se-á, no termo de que trata o art. 33 desta Lei, o nome de profissional responsável pela condução do processo de falência ou de recuperação judicial, que não poderá ser substituído sem autorização do juiz.

Art. 22. Ao administrador judicial compete, sob a fiscalização do juiz e do Comitê, além de outros deveres que esta Lei lhe impõe:

I – na recuperação judicial e na falência:

a) enviar correspondência aos credores constantes na relação de que trata o inciso III do **caput** do art. 51, o inciso III do **caput** do art. 99 ou o inciso II do **caput** do art. 105 desta Lei, comunicando a data do pedido de recuperação judicial ou da decretação da falência, a natureza, o valor e a classificação dada ao crédito;

b) fornecer, com presteza, todas as informações pedidas pelos credores interessados;

c) dar extratos dos livros do devedor, que merecerão fé de ofício, a fim de servirem de fundamento nas habilitações e impugnações de créditos;

d) exigir dos credores, do devedor ou seus administradores quaisquer informações;

e) elaborar a relação de credores de que trata o § 2º do art. 7º desta Lei;

f) consolidar o quadro-geral de credores nos termos do art. 18 desta Lei;

g) requerer ao juiz convocação da assembléia-geral de credores nos casos previstos nesta Lei ou quando entender necessária sua ouvida para a tomada de decisões;

h) contratar, mediante autorização judicial, profissionais ou empresas especializadas para, quando necessário, auxiliá-lo no exercício de suas funções;

i) manifestar-se nos casos previstos nesta Lei;

II – na recuperação judicial:

a) fiscalizar as atividades do devedor e o cumprimento do plano de recuperação judicial;

b) requerer a falência no caso de descumprimento de obrigação assumida no plano de recuperação;

c) apresentar ao juiz, para juntada aos autos, relatório mensal das atividades do devedor;

d) apresentar o relatório sobre a execução do plano de recuperação, de que trata o inciso III do **caput** do art. 63 desta Lei;

III – na falência:

a) avisar, pelo órgão oficial, o lugar e hora em que, diariamente, os credores terão à sua disposição os livros e documentos do falido;

b) examinar a escrituração do devedor;

c) relacionar os processos e assumir a representação judicial da massa falida;

d) receber e abrir a correspondência dirigida ao devedor, entregando a ele o que não for assunto de interesse da massa;

e) apresentar, no prazo de 40 (quarenta) dias, contado da assinatura do termo de compromisso, prorrogável por igual período, relatório sobre as causas e circunstâncias que conduziram à situação de falência, no qual apontará a responsabilidade civil e penal dos envolvidos, observado o disposto no art. 186 desta Lei;

f) arrecadar os bens e documentos do devedor e elaborar o auto de arrecadação, nos termos dos arts. 108 e 110 desta Lei;

g) avaliar os bens arrecadados;

h) contratar avaliadores, de preferência oficiais, mediante autorização judicial, para a avaliação dos bens caso entenda não ter condições técnicas para a tarefa;

i) praticar os atos necessários à realização do ativo e ao pagamento dos credores;

j) requerer ao juiz a venda antecipada de bens perecíveis, deterioráveis ou sujeitos a considerável desvalorização ou de conservação arriscada ou dispendiosa, nos termos do art. 113 desta Lei;

l) praticar todos os atos conservatórios de direitos e ações, diligenciar a cobrança de dívidas e dar a respectiva quitação;

m) remir, em benefício da massa e mediante autorização judicial, bens apenhados, penhorados ou legalmente retidos;

n) representar a massa falida em juízo, contratando, se necessário, advogado, cujos honorários serão previamente ajustados e aprovados pelo Comitê de Credores;

394

o) requerer todas as medidas e diligências que forem necessárias para o cumprimento desta Lei, a proteção da massa ou a eficiência da administração;

p) apresentar ao juiz para juntada aos autos, até o 10º (décimo) dia do mês seguinte ao vencido, conta demonstrativa da administração, que especifique com clareza a receita e a despesa;

q) entregar ao seu substituto todos os bens e documentos da massa em seu poder, sob pena de responsabilidade;

r) prestar contas ao final do processo, quando for substituído, destituído ou renunciar ao cargo.

§ 1º As remunerações dos auxiliares do administrador judicial serão fixadas pelo juiz, que considerará a complexidade dos trabalhos a serem executados e os valores praticados no mercado para o desempenho de atividades semelhantes.

§ 2º Na hipótese da alínea *d* do inciso I do **caput** deste artigo, se houver recusa, o juiz, a requerimento do administrador judicial, intimará aquelas pessoas para que compareçam à sede do juízo, sob pena de desobediência, oportunidade em que as interrogará na presença do administrador judicial, tomando seus depoimentos por escrito.

§ 3º Na falência, o administrador judicial não poderá, sem autorização judicial, após ouvidos o Comitê e o devedor no prazo comum de 2 (dois) dias, transigir sobre obrigações e direitos da massa falida e conceder abatimento de dívidas, ainda que sejam consideradas de difícil recebimento.

§ 4º Se o relatório de que trata a alínea *e* do inciso III do **caput** deste artigo apontar responsabilidade penal de qualquer dos envolvidos, o Ministério Público será intimado para tomar conhecimento de seu teor.

Art. 23. O administrador judicial que não apresentar, no prazo estabelecido, suas contas ou qualquer dos relatórios previstos nesta Lei será intimado pessoalmente a fazê-lo no prazo de 5 (cinco) dias, sob pena de desobediência.

Parágrafo único. Decorrido o prazo do **caput** deste artigo, o juiz destituirá o administrador judicial e nomeará substituto para elaborar relatórios ou organizar as contas, explicitando as responsabilidades de seu antecessor.

Art. 24. O juiz fixará o valor e a forma de pagamento da remuneração do administrador judicial, observados a capacidade de pagamento do devedor, o grau de complexidade do trabalho e os valores praticados no mercado para o desempenho de atividades semelhantes.

§ 1º Em qualquer hipótese, o total pago ao administrador judicial não excederá 5% (cinco por cento) do valor devido aos credores submetidos à recuperação judicial ou do valor de venda dos bens na falência.

§ 2º Será reservado 40% (quarenta por cento) do montante devido ao administrador judicial para pagamento após atendimento do previsto nos arts. 154 e 155 desta Lei.

§ 3º O administrador judicial substituído será remunerado proporcionalmente ao trabalho realizado, salvo se renunciar sem relevante razão ou for destituído de suas funções por desídia, culpa, dolo ou descumprimento das obrigações fixadas nesta Lei, hipóteses em que não terá direito à remuneração.

§ 4º Também não terá direito a remuneração o administrador que tiver suas contas desaprovadas.

Art. 25. Caberá ao devedor ou à massa falida arcar com as despesas relativas à remuneração do administrador judicial e das pessoas eventualmente contratadas para auxiliá-lo.

Art. 26. O Comitê de Credores será constituído por deliberação de qualquer das classes de credores na assembléia-geral e terá a seguinte composição:

I – 1 (um) representante indicado pela classe de credores trabalhistas, com 2 (dois) suplentes;

II – 1 (um) representante indicado pela classe de credores com direitos reais de garantia ou privilégios especiais, com 2 (dois) suplentes;

III – 1 (um) representante indicado pela classe de credores quirografários e com privilégios gerais, com 2 (dois) suplentes.

§ 1º A falta de indicação de representante por quaisquer das classes não prejudicará a constituição do Comitê, que poderá funcionar com número inferior ao previsto no **caput** deste artigo.

§ 2º O juiz determinará, mediante requerimento subscrito por credores que representem a maioria dos créditos de uma classe, independentemente da realização de assembléia:

I – a nomeação do representante e dos suplentes da respectiva classe ainda não representada no Comitê; ou

II – a substituição do representante ou dos suplentes da respectiva classe.

§ 3º Caberá aos próprios membros do Comitê indicar, entre eles, quem irá presidi-lo.

Art. 27. O Comitê de Credores terá as seguintes atribuições, além de outras previstas nesta Lei:

I – na recuperação judicial e na falência:

a) fiscalizar as atividades e examinar as contas do administrador judicial;

b) zelar pelo bom andamento do processo e pelo cumprimento da lei;

c) comunicar ao juiz, caso detecte violação dos direitos ou prejuízo aos interesses dos credores;

d) apurar e emitir parecer sobre quaisquer reclamações dos interessados;

e) requerer ao juiz a convocação da assembléia-geral de credores;

f) manifestar-se nas hipóteses previstas nesta Lei;

II – na recuperação judicial:

a) fiscalizar a administração das atividades do devedor, apresentando, a cada 30 (trinta) dias, relatório de sua situação;

b) fiscalizar a execução do plano de recuperação judicial;

c) submeter à autorização do juiz, quando ocorrer o afastamento do devedor nas hipóteses previstas nesta Lei, a alienação de bens do ativo permanente, a constituição de ônus reais e outras garantias, bem como atos de endividamento necessários à continuação da atividade empresarial durante o período que antecede a aprovação do plano de recuperação judicial.

§ 1º As decisões do Comitê, tomadas por maioria, serão consignadas em livro de atas, rubricado pelo juízo, que ficará à disposição do administrador judicial, dos credores e do devedor.

§ 2º Caso não seja possível a obtenção de maioria em deliberação do Comitê, o impasse será resolvido pelo administrador judicial ou, na incompatibilidade deste, pelo juiz.

Art. 28. Não havendo Comitê de Credores, caberá ao administrador judicial ou, na incompatibilidade deste, ao juiz exercer suas atribuições.

Art. 29. Os membros do Comitê não terão sua remuneração custeada pelo devedor ou pela massa falida, mas as despesas realizadas para a realização de ato previsto nesta Lei, se devidamente comprovadas e com a autorização do juiz, serão ressarcidas atendendo às disponibilidades de caixa.

Art. 30. Não poderá integrar o Comitê ou exercer as funções de administrador judicial quem, nos últimos 5 (cinco) anos, no exercício do cargo de administrador judicial ou de membro do Comitê em falência ou recuperação judicial anterior, foi destituído, deixou de prestar contas dentro dos prazos legais ou teve a prestação de contas desaprovada.

398

§ 1º Ficará também impedido de integrar o Comitê ou exercer a função de administrador judicial quem tiver relação de parentesco ou afinidade até o 3º (terceiro) grau com o devedor, seus administradores, controladores ou representantes legais ou deles for amigo, inimigo ou dependente.

§ 2º O devedor, qualquer credor ou o Ministério Público poderá requerer ao juiz a substituição do administrador judicial ou dos membros do Comitê nomeados em desobediência aos preceitos desta Lei.

§ 3º O juiz decidirá, no prazo de 24 (vinte e quatro) horas, sobre o requerimento do § 2º deste artigo.

Art. 31. O juiz, de ofício ou a requerimento fundamentado de qualquer interessado, poderá determinar a destituição do administrador judicial ou de quaisquer dos membros do Comitê de Credores quando verificar desobediência aos preceitos desta Lei, descumprimento de deveres, omissão, negligência ou prática de ato lesivo às atividades do devedor ou a terceiros.

§ 1º No ato de destituição, o juiz nomeará novo administrador judicial ou convocará os suplentes para recompor o Comitê.

§ 2º Na falência, o administrador judicial substituído prestará contas no prazo de 10 (dez) dias, nos termos dos §§ 1º a 6º, do art. 154 desta Lei.

Art. 32. O administrador judicial e os membros do Comitê responderão pelos prejuízos causados à massa falida, ao devedor ou aos credores por dolo ou culpa, devendo o dissidente em deliberação do Comitê consignar sua discordância em ata para eximir-se da responsabilidade.

Art. 33. O administrador judicial e os membros do Comitê de Credores, logo que nomeados, serão intimados pessoalmente para, em 48 (quarenta e oito) horas, assinar, na sede do juízo, o termo de compromisso de bem e fielmente desempenhar o cargo e assumir todas as responsabilidades a ele inerentes.

Art. 34. Não assinado o termo de compromisso no prazo previsto no art. 33 desta Lei, o juiz nomeará outro administrador judicial.

Seção IV
Da Assembléia-Geral de Credores

Art. 35. A assembléia-geral de credores terá por atribuições deliberar sobre:

I – na recuperação judicial:

a) aprovação, rejeição ou modificação do plano de recuperação judicial apresentado pelo devedor;

b) a constituição do Comitê de Credores, a escolha de seus membros e sua substituição;

c) (VETADO)

d) o pedido de desistência do devedor, nos termos do § 4º do art. 52 desta Lei;

e) o nome do gestor judicial, quando do afastamento do devedor;

f) qualquer outra matéria que possa afetar os interesses dos credores;

II – na falência:

a) (VETADO)

b) a constituição do Comitê de Credores, a escolha de seus membros e sua substituição;

c) a adoção de outras modalidades de realização do ativo, na forma do art. 145 desta Lei;

d) qualquer outra matéria que possa afetar os interesses dos credores.

Art. 36. A assembléia-geral de credores será convocada pelo juiz por edital publicado no órgão oficial e em jornais de grande circulação nas localidades da sede e filiais, com antecedência mínima de 15 (quinze) dias, o qual conterá:

I – local, data e hora da assembléia em 1ª (primeira) e em 2ª (segunda) convocação, não podendo esta ser realizada menos de 5 (cinco) dias depois da 1ª (primeira);

II – a ordem do dia;

III – local onde os credores poderão, se for o caso, obter cópia do plano de recuperação judicial a ser submetido à deliberação da assembléia.

§ 1º Cópia do aviso de convocação da assembléia deverá ser afixada de forma ostensiva na sede e filiais do devedor.

§ 2º Além dos casos expressamente previstos nesta Lei, credores que representem no mínimo 25% (vinte e cinco por cento) do valor total dos créditos de uma determinada classe poderão requerer ao juiz a convocação de assembléia-geral.

§ 3º As despesas com a convocação e a realização da assembléia-geral correm por conta do devedor ou da massa falida, salvo se convocada em virtude de requerimento do Comitê de Credores ou na hipótese do § 2º deste artigo.

Art. 37. A assembléia será presidida pelo administrador judicial, que designará 1 (um) secretário dentre os credores presentes.

§ 1º Nas deliberações sobre o afastamento do administrador judicial ou em outras em que haja incompatibilidade deste, a assembléia será presidida pelo credor presente que seja titular do maior crédito.

§ 2º A assembléia instalar-se-á, em 1ª (primeira) convocação, com a presença de credores titulares de mais da metade dos créditos de cada classe, computados pelo valor, e, em 2ª (segunda) convocação, com qualquer número.

§ 3º Para participar da assembléia, cada credor deverá assinar a lista de presença, que será encerrada no momento da instalação.

§ 4º O credor poderá ser representado na assembléia-geral por mandatário ou representante legal, desde que entregue ao administrador judicial, até 24 (vinte e quatro) horas antes da data prevista no aviso de convocação, documento hábil que comprove seus poderes ou a indicação das folhas dos autos do processo em que se encontre o documento.

§ 5º Os sindicatos de trabalhadores poderão representar seus associados titulares de créditos derivados da legislação do trabalho ou decorrentes de acidente de trabalho que não comparecerem, pessoalmente ou por procurador, à assembléia.

§ 6º Para exercer a prerrogativa prevista no § 5º deste artigo, o sindicato deverá:

I – apresentar ao administrador judicial, até 10 (dez) dias antes da assembléia, a relação dos associados que pretende representar, e o trabalhador que conste da relação de mais de um sindicato deverá esclarecer, até 24 (vinte e quatro) horas antes da assembléia, qual sindicato o representa, sob pena de não ser representado em assembléia por nenhum deles; e

II – (VETADO)

§ 7º Do ocorrido na assembléia, lavrar-se-á ata que conterá o nome dos presentes e as assinaturas do presidente, do devedor e de 2 (dois) membros de cada uma das classes votantes, e que será entregue ao juiz, juntamente com a lista de presença, no prazo de 48 (quarenta e oito) horas.

Art. 38. O voto do credor será proporcional ao valor de seu crédito, ressalvado, nas deliberações sobre o plano de recuperação judicial, o disposto no § 2º do art. 45 desta Lei.

Parágrafo único. Na recuperação judicial, para fins exclusivos de votação em assembléia-geral, o crédito em moeda estrangeira será convertido para moeda nacional pelo câmbio da véspera da data de realização da assembléia.

Art. 39. Terão direito a voto na assembléia-geral as pessoas arroladas no quadro-geral de credores ou, na sua falta, na relação de credores apresentada pelo administrador judicial na forma do art. 7º, § 2º, desta Lei, ou, ainda, na falta desta, na relação apresentada pelo próprio devedor nos termos dos arts. 51, incisos III e IV do **caput**, 99, inciso III do **caput**, ou 105, inciso II do **caput**, desta Lei, acrescidas, em qualquer caso, das que estejam habilitadas na data da realização da assembléia ou que tenham créditos admitidos ou alterados por decisão judicial, inclusive as que tenham obtido reserva de importâncias, observado o disposto nos §§ 1º e 2º do art. 10 desta Lei.

§ 1º Não terão direito a voto e não serão considerados para fins de verificação do quorum de instalação e de deliberação os titulares de créditos excetuados na forma dos §§ 3º e 4º do art. 49 desta Lei.

§ 2º As deliberações da assembléia-geral não serão invalidadas em razão de posterior decisão judicial acerca da existência, quantificação ou classificação de créditos.

§ 3º No caso de posterior invalidação de deliberação da assembléia, ficam resguardados os direitos de terceiros de boa-fé, respondendo os credores que aprovarem a deliberação pelos prejuízos comprovados causados por dolo ou culpa.

Art. 40. Não será deferido provimento liminar, de caráter cautelar ou antecipatório dos efeitos da tutela, para a suspensão ou adiamento da assembléia-geral de credores em razão de pendência de discussão acerca da existência, da quantificação ou da classificação de créditos.

Art. 41. A assembléia-geral será composta pelas seguintes classes de credores:

I – titulares de créditos derivados da legislação do trabalho ou decorrentes de acidentes de trabalho;

II – titulares de créditos com garantia real;

III – titulares de créditos quirografários, com privilégio especial, com privilégio geral ou subordinados.

§ 1º Os titulares de créditos derivados da legislação do trabalho votam com a classe prevista no inciso I do **caput** deste artigo com o total de seu crédito, independentemente do valor.

§ 2º Os titulares de créditos com garantia real votam com a classe prevista no inciso II do **caput** deste artigo até o limite do valor do bem gravado e com a classe prevista no inciso III do **caput** deste artigo pelo restante do valor de seu crédito.

Art. 42. Considerar-se-á aprovada a proposta que obtiver votos favoráveis de credores que representem mais da metade do valor total dos créditos presentes à assembléia-geral, exceto nas deliberações sobre o plano de recuperação judicial nos termos da alínea *a* do inciso I do **caput** do art. 35 desta Lei, a composição do Comitê de Credores ou forma alternativa de realização do ativo nos termos do art. 145 desta Lei.

Art. 43. Os sócios do devedor, bem como as sociedades coligadas, controladoras, controladas ou as que tenham sócio ou acionista com participação superior a 10% (dez por cento) do capital social do devedor ou em que o devedor ou algum de seus sócios detenham participação superior a 10% (dez por cento) do capital social, poderão participar da assembléia-geral de credores, sem ter direito a voto e não serão considerados para fins de verificação do quorum de instalação e de deliberação.

Parágrafo único. O disposto neste artigo também se aplica ao cônjuge ou parente, consangüíneo ou afim, colateral até o 2º (segundo) grau, ascendente ou descendente do devedor, de administrador, do sócio controlador, de membro dos conselhos consultivo, fiscal ou semelhantes da sociedade devedora e à sociedade em que quaisquer dessas pessoas exerçam essas funções.

Art. 44. Na escolha dos representantes de cada classe no Comitê de Credores, somente os respectivos membros poderão votar.

Art. 45. Nas deliberações sobre o plano de recuperação judicial, todas as classes de credores referidas no art. 41 desta Lei deverão aprovar a proposta.

§ 1º Em cada uma das classes referidas nos incisos II e III do art. 41 desta Lei, a proposta deverá ser aprovada por credores que representem mais da metade do valor total dos créditos presentes à assembléia e, cumulativamente, pela maioria simples dos credores presentes.

§ 2º Na classe prevista no inciso I do art. 41 desta Lei, a proposta deverá ser aprovada pela maioria simples dos credores presentes, independentemente do valor de seu crédito.

§ 3º O credor não terá direito a voto e não será considerado para fins de verificação de quorum de deliberação se o plano de recuperação judicial não alterar o valor ou as condições originais de pagamento de seu crédito.

Art. 46. A aprovação de forma alternativa de realização do ativo na falência, prevista no art. 145 desta Lei, dependerá do voto favorável de credores que representem 2/3 (dois terços) dos créditos presentes à assembléia.

CAPÍTULO III
DA RECUPERAÇÃO JUDICIAL

Seção I
Disposições Gerais

Art. 47. A recuperação judicial tem por objetivo viabilizar a superação da situação de crise econômico-financeira do devedor, a fim de permitir a manutenção da fonte produtora, do emprego dos trabalhadores e dos interesses dos credores, promovendo, assim, a preservação da empresa, sua função social e o estímulo à atividade econômica.

Art. 48. Poderá requerer recuperação judicial o devedor que, no momento do pedido, exerça regularmente suas atividades há mais de 2 (dois) anos e que atenda aos seguintes requisitos, cumulativamente:

I – não ser falido e, se o foi, estejam declaradas extintas, por sentença transitada em julgado, as responsabilidades daí decorrentes;

II – não ter, há menos de 5 (cinco) anos, obtido concessão de recuperação judicial;

III – não ter, há menos de 8 (oito) anos, obtido concessão de recuperação judicial com base no plano especial de que trata a Seção V deste Capítulo;

IV – não ter sido condenado ou não ter, como administrador ou sócio controlador, pessoa condenada por qualquer dos crimes previstos nesta Lei.

Parágrafo único. A recuperação judicial também poderá ser requerida pelo cônjuge sobrevivente, herdeiros do devedor, inventariante ou sócio remanescente.

Art. 49. Estão sujeitos à recuperação judicial todos os créditos existentes na data do pedido, ainda que não vencidos.

§ 1º Os credores do devedor em recuperação judicial conservam seus direitos e privilégios contra os coobrigados, fiadores e obrigados de regresso.

§ 2º As obrigações anteriores à recuperação judicial observarão as condições originalmente contratadas ou definidas em lei, inclusive no que diz respeito aos encargos, salvo se de modo diverso ficar estabelecido no plano de recuperação judicial.

§ 3º Tratando-se de credor titular da posição de proprietário fiduciário de bens móveis ou imóveis, de arrendador mercantil, de proprietário ou promitente vendedor de imóvel cujos respectivos contratos contenham cláusula de irrevogabilidade ou irretratabilidade, inclusive em incorporações imobiliárias, ou de proprietário em contrato de venda com reserva de domínio, seu crédito não se submeterá aos efeitos da recuperação judicial e prevalecerão os direitos de propriedade sobre a coisa e as condições contratuais, observada a legislação respectiva, não se permitindo, contudo, durante o prazo de suspensão a que se refere o § 4º do art. 6º desta Lei, a venda ou a retirada do estabelecimento do devedor dos bens de capital essenciais a sua atividade empresarial.

§ 4º Não se sujeitará aos efeitos da recuperação judicial a importância a que se refere o inciso II do art. 86 desta Lei.

§ 5º Tratando-se de crédito garantido por penhor sobre títulos de crédito, direitos creditórios, aplicações financeiras ou valores mobiliários, poderão ser substituídas ou renovadas as garantias liquidadas ou vencidas durante a recuperação judicial e, enquanto não renovadas ou substituídas, o valor eventualmente recebido em pagamento das garantias permanecerá em conta vinculada durante o período de suspensão de que trata o § 4º do art. 6º desta Lei.

Art. 50. Constituem meios de recuperação judicial, observada a legislação pertinente a cada caso, dentre outros:

I – concessão de prazos e condições especiais para pagamento das obrigações vencidas ou vincendas;

II – cisão, incorporação, fusão ou transformação de sociedade, constituição de subsidiária integral, ou cessão de cotas ou ações, respeitados os direitos dos sócios, nos termos da legislação vigente;

III – alteração do controle societário;

IV – substituição total ou parcial dos administradores do devedor ou modificação de seus órgãos administrativos;

V – concessão aos credores de direito de eleição em separado de administradores e de poder de veto em relação às matérias que o plano especificar;

VI – aumento de capital social;

VII – trespasse ou arrendamento de estabelecimento, inclusive à sociedade constituída pelos próprios empregados;

VIII – redução salarial, compensação de horários e redução da jornada, mediante acordo ou convenção coletiva;

IX – dação em pagamento ou novação de dívidas do passivo, com ou sem constituição de garantia própria ou de terceiro;

X – constituição de sociedade de credores;

XI – venda parcial dos bens;

XII – equalização de encargos financeiros relativos a débitos de qualquer natureza, tendo como termo inicial a data da distribuição do pedido de recuperação judicial, aplicando-se inclusive aos contratos de crédito rural, sem prejuízo do disposto em legislação específica;

XIII – usufruto da empresa;

XIV – administração compartilhada;

XV – emissão de valores mobiliários;

XVI – constituição de sociedade de propósito específico para adjudicar, em pagamento dos créditos, os ativos do devedor.

§ 1º Na alienação de bem objeto de garantia real, a supressão da garantia ou sua substituição somente serão admitidas mediante aprovação expressa do credor titular da respectiva garantia.

§ 2º Nos créditos em moeda estrangeira, a variação cambial será conservada como parâmetro de indexação da correspondente obrigação e só poderá ser afastada se o credor titular do respectivo crédito aprovar expressamente previsão diversa no plano de recuperação judicial.

Seção II
Do Pedido e do Processamento da Recuperação Judicial

Art. 51. A petição inicial de recuperação judicial será instruída com:

I – a exposição das causas concretas da situação patrimonial do devedor e das razões da crise econômico-financeira;

II – as demonstrações contábeis relativas aos 3 (três) últimos exercícios sociais e as levantadas especialmente para instruir o pedido, confeccionadas com estrita observância da legislação societária aplicável e compostas obrigatoriamente de:

a) balanço patrimonial;

b) demonstração de resultados acumulados;

c) demonstração do resultado desde o último exercício social;

d) relatório gerencial de fluxo de caixa e de sua projeção.

III – a relação nominal completa dos credores, inclusive aqueles por obrigação de fazer ou de dar, com a indicação do endereço de cada um, a natureza, a classificação e o valor atualizado do crédito, discriminando sua origem, o regime dos respectivos vencimentos e a indicação dos registros contábeis de cada transação pendente;

IV – a relação integral dos empregados, em que constem as respectivas funções, salários, indenizações e outras parcelas a que têm direito, com o correspondente mês de competência, e a discriminação dos valores pendentes de pagamento;

V – certidão de regularidade do devedor no Registro Público de Empresas, o ato constitutivo atualizado e as atas de nomeação dos atuais administradores;

VI – a relação dos bens particulares dos sócios controladores e dos administradores do devedor;

VII – os extratos atualizados das contas bancárias do devedor e de suas eventuais aplicações financeiras de qualquer modalidade, inclusive em fundos de investimento ou em bolsas de valores, emitidos pelas respectivas instituições financeiras;

VIII – certidões dos cartórios de protestos situados na comarca do domicílio ou sede do devedor e naquelas onde possui filial;

IX – a relação, subscrita pelo devedor, de todas as ações judiciais em que este figure como parte, inclusive as de natureza trabalhista, com a estimativa dos respectivos valores demandados.

§ 1º Os documentos de escrituração contábil e demais relatórios auxiliares, na forma e no suporte previstos em lei, permanecerão à disposição do juízo, do administrador judicial e, mediante autorização judicial, de qualquer interessado.

§ 2º Com relação à exigência prevista no inciso II do **caput** deste artigo, as microempresas e empresas de pequeno porte poderão apresentar livros e escrituração contábil simplificados nos termos da legislação específica.

§ 3º O juiz poderá determinar o depósito em cartório dos documentos a que se referem os §§ 1º e 2º deste artigo ou de cópia destes.

Art. 52. Estando em termos a documentação exigida no art. 51 desta Lei, o juiz deferirá o processamento da recuperação judicial e, no mesmo ato:

I – nomeará o administrador judicial, observado o disposto no art. 21 desta Lei;

II – determinará a dispensa da apresentação de certidões negativas para que o devedor exerça suas atividades, exceto para contratação com o Poder Público ou para recebimento de benefícios ou incentivos fiscais ou creditícios, observando o disposto no art. 69 desta Lei;

III – ordenará a suspensão de todas as ações ou execuções contra o devedor, na forma do art. 6º desta Lei, permanecendo os respectivos autos no juízo onde se processam, ressalvadas as ações previstas nos §§ 1º, 2º e 7º do art. 6º desta Lei e as relativas a créditos excetuados na forma dos §§ 3º e 4º do art. 49 desta Lei;

IV – determinará ao devedor a apresentação de contas demonstrativas mensais enquanto perdurar a recuperação judicial, sob pena de destituição de seus administradores;

V – ordenará a intimação do Ministério Público e a comunicação por carta às Fazendas Públicas Federal e de todos os Estados e Municípios em que o devedor tiver estabelecimento.

§ 1º O juiz ordenará a expedição de edital, para publicação no órgão oficial, que conterá:

I – o resumo do pedido do devedor e da decisão que defere o processamento da recuperação judicial;

II – a relação nominal de credores, em que se discrimine o valor atualizado e a classificação de cada crédito;

III – a advertência acerca dos prazos para habilitação dos créditos, na forma do art. 7º, § 1º, desta Lei, e para que os credores apresentem objeção ao plano de recuperação judicial apresentado pelo devedor nos termos do art. 55 desta Lei.

§ 2º Deferido o processamento da recuperação judicial, os credores poderão, a qualquer tempo, requerer a convocação de assembléia-geral para a constituição do Comitê de Credores ou substituição de seus membros, observado o disposto no § 2º do art. 36 desta Lei.

§ 3º No caso do inciso III do **caput** deste artigo, caberá ao devedor comunicar a suspensão aos juízos competentes.

§ 4º O devedor não poderá desistir do pedido de recuperação judicial após o deferimento de seu processamento, salvo se obtiver aprovação da desistência na assembléia-geral de credores.

Seção III
Do Plano de Recuperação Judicial

Art. 53. O plano de recuperação será apresentado pelo devedor em juízo no prazo improrrogável de 60 (sessenta) dias da publicação da decisão que deferir o processamento da recuperação judicial, sob pena de convolação em falência, e deverá conter:

I – discriminação pormenorizada dos meios de recuperação a ser empregados, conforme o art. 50 desta Lei, e seu resumo;

II – demonstração de sua viabilidade econômica; e

III – laudo econômico-financeiro e de avaliação dos bens e ativos do devedor, subscrito por profissional legalmente habilitado ou empresa especializada.

Parágrafo único. O juiz ordenará a publicação de edital contendo aviso aos credores sobre o recebimento do plano de recuperação e fixando o prazo para a manifestação de eventuais objeções, observado o art. 55 desta Lei.

Art. 54. O plano de recuperação judicial não poderá prever prazo superior a 1 (um) ano para pagamento dos créditos derivados da legislação do trabalho ou decorrentes de acidentes de trabalho vencidos até a data do pedido de recuperação judicial.

Parágrafo único. O plano não poderá, ainda, prever prazo superior a 30 (trinta) dias para o pagamento, até o limite de 5 (cinco) salários-mínimos por trabalhador, dos créditos de natureza estritamente salarial vencidos nos 3 (três) meses anteriores ao pedido de recuperação judicial.

Seção IV
Do Procedimento de Recuperação Judicial

Art. 55. Qualquer credor poderá manifestar ao juiz sua objeção ao plano de recuperação judicial no prazo de 30 (trinta) dias contado da publicação da relação de credores de que trata o § 2º do art. 7º desta Lei.

Parágrafo único. Caso, na data da publicação da relação de que trata o **caput** deste artigo, não tenha sido publicado o aviso previsto no art. 53, parágrafo único, desta Lei, contar-se-á da publicação deste o prazo para as objeções.

Art. 56. Havendo objeção de qualquer credor ao plano de recuperação judicial, o juiz convocará a assembléia-geral de credores para deliberar sobre o plano de recuperação.

§ 1º A data designada para a realização da assembléia-geral não excederá 150 (cento e cinqüenta) dias contados do deferimento do processamento da recuperação judicial.

412

§ 2º A assembléia-geral que aprovar o plano de recuperação judicial poderá indicar os membros do Comitê de Credores, na forma do art. 26 desta Lei, se já não estiver constituído.

§ 3º O plano de recuperação judicial poderá sofrer alterações na assembléia-geral, desde que haja expressa concordância do devedor e em termos que não impliquem diminuição dos direitos exclusivamente dos credores ausentes.

§ 4º Rejeitado o plano de recuperação pela assembléia-geral de credores, o juiz decretará a falência do devedor.

Art. 57. Após a juntada aos autos do plano aprovado pela assembléia-geral de credores ou decorrido o prazo previsto no art. 55 desta Lei sem objeção de credores, o devedor apresentará certidões negativas de débitos tributários nos termos dos arts. 151, 205, 206 da Lei nº 5.172, de 25 de outubro de 1966 - Código Tributário Nacional.

Art. 58. Cumpridas as exigências desta Lei, o juiz concederá a recuperação judicial do devedor cujo plano não tenha sofrido objeção de credor nos termos do art. 55 desta Lei ou tenha sido aprovado pela assembléia-geral de credores na forma do art. 45 desta Lei.

§ 1º O juiz poderá conceder a recuperação judicial com base em plano que não obteve aprovação na forma do art. 45 desta Lei, desde que, na mesma assembléia, tenha obtido, de forma cumulativa:

I – o voto favorável de credores que representem mais da metade do valor de todos os créditos presentes à assembléia, independentemente de classes;

II – a aprovação de 2 (duas) das classes de credores nos termos do art. 45 desta Lei ou, caso haja somente 2 (duas) classes com credores votantes, a aprovação de pelo menos 1 (uma) delas;

III – na classe que o houver rejeitado, o voto favorável de mais de 1/3 (um terço) dos credores, computados na forma dos §§ 1º e 2º do art. 45 desta Lei.

§ 2º A recuperação judicial somente poderá ser concedida com base no § 1º deste artigo se o plano não implicar tratamento diferenciado entre os credores da classe que o houver rejeitado.

Art. 59. O plano de recuperação judicial implica novação dos créditos anteriores ao pedido, e obriga o devedor e todos os credores a ele sujeitos, sem prejuízo das garantias, observado o disposto no § 1º do art. 50 desta Lei.

§ 1º A decisão judicial que conceder a recuperação judicial constituirá título executivo judicial, nos termos do art. 584, inciso III, do **caput** da Lei nº 5.869, de 11 de janeiro de 1973 - Código de Processo Civil.

§ 2º Contra a decisão que conceder a recuperação judicial caberá agravo, que poderá ser interposto por qualquer credor e pelo Ministério Público.

Art. 60. Se o plano de recuperação judicial aprovado envolver alienação judicial de filiais ou de unidades produtivas isoladas do devedor, o juiz ordenará a sua realização, observado o disposto no art. 142 desta Lei.

Parágrafo único. O objeto da alienação estará livre de qualquer ônus e não haverá sucessão do arrematante nas obrigações do devedor, inclusive as de natureza tributária, observado o disposto no § 1º do art. 141 desta Lei.

Art. 61. Proferida a decisão prevista no art. 58 desta Lei, o devedor permanecerá em recuperação judicial até que se cumpram todas as obrigações previstas no plano que se vencerem até 2 (dois) anos depois da concessão da recuperação judicial.

§ 1º Durante o período estabelecido no **caput** deste artigo, o descumprimento de qualquer obrigação prevista no plano acarretará a convolação da recuperação em falência, nos termos do art. 73 desta Lei.

§ 2º Decretada a falência, os credores terão reconstituídos seus direitos e garantias nas condições originalmente contratadas, deduzidos os valores eventualmente pagos e ressalvados os atos validamente praticados no âmbito da recuperação judicial.

Art. 62. Após o período previsto no art. 61 desta Lei, no caso de descumprimento de qualquer obrigação prevista no plano de recuperação judicial, qualquer credor poderá requerer a execução específica ou a falência com base no art. 94 desta Lei.

Art. 63. Cumpridas as obrigações vencidas no prazo previsto no **caput** do art. 61 desta Lei, o juiz decretará por sentença o encerramento da recuperação judicial e determinará:

I – o pagamento do saldo de honorários ao administrador judicial, somente podendo efetuar a quitação dessas obrigações mediante prestação de contas, no prazo de 30 (trinta) dias, e aprovação do relatório previsto no inciso III do **caput** deste artigo;

II – a apuração do saldo das custas judiciais a serem recolhidas;

III – a apresentação de relatório circunstanciado do administrador judicial, no prazo máximo de 15 (quinze) dias, versando sobre a execução do plano de recuperação pelo devedor;

IV – a dissolução do Comitê de Credores e a exoneração do administrador judicial;

V – a comunicação ao Registro Público de Empresas para as providências cabíveis.

Art. 64. Durante o procedimento de recuperação judicial, o devedor ou seus administradores serão mantidos na condução da atividade empresarial, sob fiscalização do Comitê, se houver, e do administrador judicial, salvo se qualquer deles:

I – houver sido condenado em sentença penal transitada em julgado por crime cometido em recuperação judicial ou falência anteriores ou por crime contra o patrimônio, a economia popular ou a ordem econômica previstos na legislação vigente;

II – houver indícios veementes de ter cometido crime previsto nesta Lei;

III – houver agido com dolo, simulação ou fraude contra os interesses de seus credores;

IV – houver praticado qualquer das seguintes condutas:

a) efetuar gastos pessoais manifestamente excessivos em relação a sua situação patrimonial;

b) efetuar despesas injustificáveis por sua natureza ou vulto, em relação ao capital ou gênero do negócio, ao movimento das operações e a outras circunstâncias análogas;

c) descapitalizar injustificadamente a empresa ou realizar operações prejudiciais ao seu funcionamento regular;

d) simular ou omitir créditos ao apresentar a relação de que trata o inciso III do **caput** do art. 51 desta Lei, sem relevante razão de direito ou amparo de decisão judicial;

V – negar-se a prestar informações solicitadas pelo administrador judicial ou pelos demais membros do Comitê;

VI – tiver seu afastamento previsto no plano de recuperação judicial.

Parágrafo único. Verificada qualquer das hipóteses do **caput** deste artigo, o juiz destituirá o administrador, que será substituído na forma prevista nos atos constitutivos do devedor ou do plano de recuperação judicial.

Art. 65. Quando do afastamento do devedor, nas hipóteses previstas no art. 64 desta Lei, o juiz convocará a assembléia-geral de credores para deliberar sobre o nome do gestor judicial que assumirá a administração das atividades do devedor, aplicando-se-lhe, no que couber, todas as normas sobre deveres, impedimentos e remuneração do administrador judicial.

§ 1º O administrador judicial exercerá as funções de gestor enquanto a assembléia-geral não deliberar sobre a escolha deste.

§ 2º Na hipótese de o gestor indicado pela assembléia-geral de credores recusar ou estar impedido de aceitar o encargo para gerir os negócios do devedor, o juiz convocará, no prazo de 72 (setenta e duas) horas, contado da recusa ou da declaração do impedimento nos autos, nova assembléia-geral, aplicado o disposto no § 1º deste artigo.

Art. 66. Após a distribuição do pedido de recuperação judicial, o devedor não poderá alienar ou onerar bens ou direitos de seu ativo permanente, salvo evidente utilidade reconhecida pelo juiz, depois de ouvido o Comitê, com exceção daqueles previamente relacionados no plano de recuperação judicial.

Art. 67. Os créditos decorrentes de obrigações contraídas pelo devedor durante a recuperação judicial, inclusive aqueles relativos a despesas com fornecedores de bens ou serviços e contratos de mútuo, serão considerados extraconcursais, em caso de decretação de falência, respeitada, no que couber, a ordem estabelecida no art. 83 desta Lei.

Parágrafo único. Os créditos quirografários sujeitos à recuperação judicial pertencentes a fornecedores de bens ou serviços que continuarem a provê-los normalmente após o pedido de recuperação judicial terão privilégio geral de recebimento em caso de decretação de falência, no limite do valor dos bens ou serviços fornecidos durante o período da recuperação.

Art. 68. As Fazendas Públicas e o Instituto Nacional do Seguro Social – INSS poderão deferir, nos termos da legislação específica, parcelamento de seus créditos, em sede de recuperação judicial, de acordo com os parâmetros estabelecidos na Lei nº 5.172, de 25 de outubro de 1966 - Código Tributário Nacional.

Art. 69. Em todos os atos, contratos e documentos firmados pelo devedor sujeito ao procedimento de recuperação judicial deverá ser acrescida, após o nome empresarial, a expressão "em Recuperação Judicial".

Parágrafo único. O juiz determinará ao Registro Público de Empresas a anotação da recuperação judicial no registro correspondente.

Seção V
Do Plano de Recuperação Judicial para Microempresas
e Empresas de Pequeno Porte

Art. 70. As pessoas de que trata o art. 1º desta Lei e que.se incluam nos conceitos de microempresa ou empresa de pequeno porte, nos termos da legislação vigente, sujeitam-se às normas deste Capítulo.

§ 1º As microempresas e as empresas de pequeno porte, conforme definidas em lei, poderão apresentar plano especial de recuperação judicial, desde que afirmem sua intenção de fazê-lo na petição inicial de que trata o art. 51 desta Lei.

§ 2º Os credores não atingidos pelo plano especial não terão seus créditos habilitados na recuperação judicial.

Art. 71. O plano especial de recuperação judicial será apresentado no prazo previsto no art. 53 desta Lei e limitar-se á às seguintes condições:

I – abrangerá exclusivamente os créditos quirografários, excetuados os decorrentes de repasse de recursos oficiais e os previstos nos §§ 3º e 4º do art. 49 desta Lei;

II – preverá parcelamento em até 36 (trinta e seis) parcelas mensais, iguais e sucessivas, corrigidas monetariamente e acrescidas de juros de 12% a.a. (doze por cento ao ano);

III – preverá o pagamento da 1ª (primeira) parcela no prazo máximo de 180 (cento e oitenta) dias, contado da distribuição do pedido de recuperação judicial;

IV – estabelecerá a necessidade de autorização do juiz, após ouvido o administrador judicial e o Comitê de Credores, para o devedor aumentar despesas ou contratar empregados.

Parágrafo único. O pedido de recuperação judicial com base em plano especial não acarreta a suspensão do curso da prescrição nem das ações e execuções por créditos não abrangidos pelo plano.

Art. 72. Caso o devedor de que trata o art. 70 desta Lei opte pelo pedido de recuperação judicial com base no plano especial disciplinado nesta Seção, não será convocada assembléia-geral de credores para deliberar sobre o plano, e o juiz concederá a recuperação judicial se atendidas as demais exigências desta Lei.

Parágrafo único. O juiz também julgará improcedente o pedido de recuperação judicial e decretará a falência do devedor se houver objeções, nos termos do art. 55 desta Lei, de credores titulares de mais da metade dos créditos descritos no inciso I do **caput** do art. 71 desta Lei.

CAPÍTULO IV
DA CONVOLAÇÃO DA RECUPERAÇÃO JUDICIAL EM FALÊNCIA

Art. 73. O juiz decretará a falência durante o processo de recuperação judicial:

I – por deliberação da assembléia-geral de credores, na forma do art. 42 desta Lei;

II – pela não apresentação, pelo devedor, do plano de recuperação no prazo do art. 53 desta Lei;

III – quando houver sido rejeitado o plano de recuperação, nos termos do § 4º do art. 56 desta Lei;

IV – por descumprimento de qualquer obrigação assumida no plano de recuperação, na forma do § 1º do art. 61 desta Lei.

Parágrafo único. O disposto neste artigo não impede a decretação da falência por inadimplemento de obrigação não sujeita à recuperação judicial, nos termos dos incisos I ou II do **caput** do art. 94 desta Lei, ou por prática de ato previsto no inciso III do **caput** do art. 94 desta Lei.

Art. 74. Na convolação da recuperação em falência, os atos de administração, endividamento, oneração ou alienação praticados durante a recuperação judicial presumem-se válidos, desde que realizados na forma desta Lei.

CAPÍTULO V
DA FALÊNCIA

Seção I
Disposições Gerais

Art. 75. A falência, ao promover o afastamento do devedor de suas atividades, visa a preservar e otimizar a utilização produtiva dos bens, ativos e recursos produtivos, inclusive os intangíveis, da empresa.

Parágrafo único. O processo de falência atenderá aos princípios da celeridade e da economia processual.

Art. 76. O juízo da falência é indivisível e competente para conhecer todas as ações sobre bens, interesses e negócios do falido, ressalvadas as causas trabalhistas, fiscais e aquelas não reguladas nesta Lei em que o falido figurar como autor ou litisconsorte ativo.

Parágrafo único. Todas as ações, inclusive as excetuadas no **caput** deste artigo, terão prosseguimento com o administrador judicial, que deverá ser intimado para representar a massa falida, sob pena de nulidade do processo.

Art. 77. A decretação da falência determina o vencimento antecipado das dívidas do devedor e dos sócios ilimitada e solidariamente responsáveis, com o abatimento proporcional dos juros, e converte todos os créditos em moeda estrangeira para a moeda do País, pelo câmbio do dia da decisão judicial, para todos os efeitos desta Lei.

Art. 78. Os pedidos de falência estão sujeitos a distribuição obrigatória, respeitada a ordem de apresentação.

Parágrafo único. As ações que devam ser propostas no juízo da falência estão sujeitas a distribuição por dependência.

Art. 79. Os processos de falência e os seus incidentes preferem a todos os outros na ordem dos feitos, em qualquer instância.

Art. 80. Considerar-se-ão habilitados os créditos remanescentes da recuperação judicial, quando definitivamente incluídos no quadro-geral de credores, tendo prosseguimento as habilitações que estejam em curso.

Art. 81. A decisão que decreta a falência da sociedade com sócios ilimitadamente responsáveis também acarreta a falência destes, que ficam sujeitos aos mesmos efeitos jurídicos produzidos em relação à sociedade falida e, por isso, deverão ser citados para apresentar contestação, se assim o desejarem.

§ 1º O disposto no **caput** deste artigo aplica-se ao sócio que tenha se retirado voluntariamente ou que tenha sido excluído da sociedade, há menos de 2 (dois) anos, quanto às dívidas existentes na data do arquivamento da alteração do contrato, no caso de não terem sido solvidas até a data da decretação da falência.

§ 2º As sociedades falidas serão representadas na falência por seus administradores ou liquidantes, os quais terão os mesmos direitos e, sob as mesmas penas, ficarão sujeitos às obrigações que cabem ao falido.

Art. 82. A responsabilidade pessoal dos sócios de responsabilidade limitada, dos controladores e dos administradores da sociedade falida, estabelecida nas respectivas leis, será apurada no próprio juízo da falência, independentemente da realização do ativo e da prova da sua insuficiência para cobrir o passivo, observado o procedimento ordinário previsto no Código de Processo Civil.

§ 1º Prescreverá em 2 (dois) anos, contados do trânsito em julgado da sentença de encerramento da falência, a ação de responsabilização prevista no **caput** deste artigo.

§ 2º O juiz poderá, de ofício ou mediante requerimento das partes interessadas, ordenar a indisponibilidade de bens particulares dos réus, em quantidade compatível com o dano provocado, até o julgamento da ação de responsabilização.

Seção II
Da Classificação dos Créditos

Art. 83. A classificação dos créditos na falência obedece à seguinte ordem:

I – os créditos derivados da legislação do trabalho, limitados a 150 (cento e cinqüenta) salários-mínimos por credor, e os decorrentes de acidentes de trabalho;

II – créditos com garantia real até o limite do valor do bem gravado;

III – créditos tributários, independentemente da sua natureza e tempo de constituição, excetuadas as multas tributárias;

IV – créditos com privilégio especial, a saber:

a) os previstos no art. 964 da Lei nº 10.406, de 10 de janeiro de 2002;

b) os assim definidos em outras leis civis e comerciais, salvo disposição contrária desta Lei;

c) aqueles a cujos titulares a lei confira o direito de retenção sobre a coisa dada em garantia;

V – créditos com privilégio geral, a saber:

a) os previstos no art. 965 da Lei nº 10.406, de 10 de janeiro de 2002;

b) os previstos no parágrafo único do art. 67 desta Lei;

c) os assim definidos em outras leis civis e comerciais, salvo disposição contrária desta Lei;

VI – créditos quirografários, a saber:

a) aqueles não previstos nos demais incisos deste artigo;

b) os saldos dos créditos não cobertos pelo produto da alienação dos bens vinculados ao seu pagamento;

c) os saldos dos créditos derivados da legislação do trabalho que excederem o limite estabelecido no inciso I do **caput** deste artigo;

VII – as multas contratuais e as penas pecuniárias por infração das leis penais ou administrativas, inclusive as multas tributárias;

VIII – créditos subordinados, a saber:

a) os assim previstos em lei ou em contrato;

b) os créditos dos sócios e dos administradores sem vínculo empregatício.

§ 1º Para os fins do inciso II do **caput** deste artigo, será considerado como valor do bem objeto de garantia real a importância efetivamente arrecadada com sua venda, ou, no caso de alienação em bloco, o valor de avaliação do bem individualmente considerado.

§ 2º Não são oponíveis à massa os valores decorrentes de direito de sócio ao recebimento de sua parcela do capital social na liquidação da sociedade.

§ 3º As cláusulas penais dos contratos unilaterais não serão atendidas se as obrigações neles estipuladas se vencerem em virtude da falência.

§ 4º Os créditos trabalhistas cedidos a terceiros serão considerados quirografários.

Art. 84. Serão considerados créditos extraconcursais e serão pagos com precedência sobre os mencionados no art. 83 desta Lei, na ordem a seguir, os relativos a:

I – remunerações devidas ao administrador judicial e seus auxiliares, e créditos derivados da legislação do trabalho ou decorrentes de acidentes de trabalho relativos a serviços prestados após a decretação da falência;

II – quantias fornecidas à massa pelos credores;

III – despesas com arrecadação, administração, realização do ativo e distribuição do seu produto, bem como custas do processo de falência;

IV – custas judiciais relativas às ações e execuções em que a massa falida tenha sido vencida;

V – obrigações resultantes de atos jurídicos válidos praticados durante a recuperação judicial, nos termos do art. 67 desta Lei, ou após a decretação da falência, e tributos relativos a fatos geradores ocorridos após a decretação da falência, respeitada a ordem estabelecida no art. 83 desta Lei.

Seção III
Do Pedido de Restituição

Art. 85. O proprietário de bem arrecadado no processo de falência ou que se encontre em poder do devedor na data da decretação da falência poderá pedir sua restituição.

Parágrafo único. Também pode ser pedida a restituição de coisa vendida a crédito e entregue ao devedor nos 15 (quinze) dias anteriores ao requerimento de sua falência, se ainda não alienada.

Art. 86. Proceder-se-á à restituição em dinheiro:

I – se a coisa não mais existir ao tempo do pedido de restituição, hipótese em que o requerente receberá o valor da avaliação do bem, ou, no caso de ter ocorrido sua venda, o respectivo preço, em ambos os casos no valor atualizado;

II – da importância entregue ao devedor, em moeda corrente nacional, decorrente de adiantamento a contrato de câmbio para exportação, na forma do art. 75, §§ 3º e 4º, da Lei nº 4.728, de 14 de julho de 1965, desde que o prazo total da operação, inclusive eventuais prorrogações, não exceda o previsto nas normas específicas da autoridade competente;

424

III – dos valores entregues ao devedor pelo contratante de boa-fé na hipótese de revogação ou ineficácia do contrato, conforme disposto no art. 136 desta Lei.

Parágrafo único. As restituições de que trata este artigo somente serão efetuadas após o pagamento previsto no art. 151 desta Lei.

Art. 87. O pedido de restituição deverá ser fundamentado e descreverá a coisa reclamada.

§ 1º O juiz mandará autuar em separado o requerimento com os documentos que o instruírem e determinará a intimação do falido, do Comitê, dos credores e do administrador judicial para que, no prazo sucessivo de 5 (cinco) dias, se manifestem, valendo como contestação a manifestação contrária à restituição.

§ 2º Contestado o pedido e deferidas as provas porventura requeridas, o juiz designará audiência de instrução e julgamento, se necessária.

§ 3º Não havendo provas a realizar, os autos serão conclusos para sentença.

Art. 88. A sentença que reconhecer o direito do requerente determinará a entrega da coisa no prazo de 48 (quarenta e oito) horas.

Parágrafo único. Caso não haja contestação, a massa não será condenada ao pagamento de honorários advocatícios.

Art. 89. A sentença que negar a restituição, quando for o caso, incluirá o requerente no quadro-geral de credores, na classificação que lhe couber, na forma desta Lei.

Art. 90. Da sentença que julgar o pedido de restituição caberá apelação sem efeito suspensivo.

Parágrafo único. O autor do pedido de restituição que pretender receber o bem ou a quantia reclamada antes do trânsito em julgado da sentença prestará caução.

Art. 91. O pedido de restituição suspende a disponibilidade da coisa até o trânsito em julgado.

Parágrafo único. Quando diversos requerentes houverem de ser satisfeitos em dinheiro e não existir saldo suficiente para o pagamento integral, far-se-á rateio proporcional entre eles.

Art. 92. O requerente que tiver obtido êxito no seu pedido ressarcirá a massa falida ou a quem tiver suportado as despesas de conservação da coisa reclamada.

Art. 93. Nos casos em que não couber pedido de restituição, fica resguardado o direito dos credores de propor embargos de terceiros, observada a legislação processual civil.

Seção IV
Do Procedimento para a Decretação da Falência

Art. 94. Será decretada a falência do devedor que:

I – sem relevante razão de direito, não paga, no vencimento, obrigação líquida materializada em título ou títulos executivos protestados cuja soma ultrapasse o equivalente a 40 (quarenta) salários-mínimos na data do pedido de falência;

II – executado por qualquer quantia líquida, não paga, não deposita e não nomeia à penhora bens suficientes dentro do prazo legal;

III – pratica qualquer dos seguintes atos, exceto se fizer parte de plano de recuperação judicial:

a) procede à liquidação precipitada de seus ativos ou lança mão de meio ruinoso ou fraudulento para realizar pagamentos;

b) realiza ou, por atos inequívocos, tenta realizar, com o objetivo de retardar pagamentos ou fraudar credores, negócio simulado ou alienação de parte ou da totalidade de seu ativo a terceiro, credor ou não;

426

c) transfere estabelecimento a terceiro, credor ou não, sem o consentimento de todos os credores e sem ficar com bens suficientes para solver seu passivo;

d) simula a transferência de seu principal estabelecimento com o objetivo de burlar a legislação ou a fiscalização ou para prejudicar credor;

e) dá ou reforça garantia a credor por dívida contraída anteriormente sem ficar com bens livres e desembaraçados suficientes para saldar seu passivo;

f) ausenta-se sem deixar representante habilitado e com recursos suficientes para pagar os credores, abandona estabelecimento ou tenta ocultar-se de seu domicílio, do local de sua sede ou de seu principal estabelecimento;

g) deixa de cumprir, no prazo estabelecido, obrigação assumida no plano de recuperação judicial.

§ 1º Credores podem reunir-se em litisconsórcio a fim de perfazer o limite mínimo para o pedido de falência com base no inciso I do **caput** deste artigo.

§ 2º Ainda que líquidos, não legitimam o pedido de falência os créditos que nela não se possam reclamar.

§ 3º Na hipótese do inciso I do **caput** deste artigo, o pedido de falência será instruído com os títulos executivos na forma do parágrafo único do art. 9º desta Lei, acompanhados, em qualquer caso, dos respectivos instrumentos de protesto para fim falimentar nos termos da legislação específica.

§ 4º Na hipótese do inciso II do **caput** deste artigo, o pedido de falência será instruído com certidão expedida pelo juízo em que se processa a execução.

§ 5º Na hipótese do inciso III do **caput** deste artigo, o pedido de falência descreverá os fatos que a caracterizam, juntando-se as provas que houver e especificando-se as que serão produzidas.

Art. 95. Dentro do prazo de contestação, o devedor poderá pleitear sua recuperação judicial.

Art. 96. A falência requerida com base no art. 94, inciso I do **caput**, desta Lei, não será decretada se o requerido provar:

I – falsidade de título;

II – prescrição;

III – nulidade de obrigação ou de título;

IV – pagamento da dívida;

V – qualquer outro fato que extinga ou suspenda obrigação ou não legitime a cobrança de título;

VI – vício em protesto ou em seu instrumento;

VII – apresentação de pedido de recuperação judicial no prazo da contestação, observados os requisitos do art. 51 desta Lei;

VIII – cessação das atividades empresariais mais de 2 (dois) anos antes do pedido de falência, comprovada por documento hábil do Registro Público de Empresas, o qual não prevalecerá contra prova de exercício posterior ao ato registrado.

§ 1º Não será decretada a falência de sociedade anônima após liquidado e partilhado seu ativo nem do espólio após 1 (um) ano da morte do devedor.

§ 2º As defesas previstas nos incisos I a VI do **caput** deste artigo não obstam a decretação de falência se, ao final, restarem obrigações não atingidas pelas defesas em montante que supere o limite previsto naquele dispositivo.

Art. 97. Podem requerer a falência do devedor:

I – o próprio devedor, na forma do disposto nos arts. 105 a 107 desta Lei;

II – o cônjuge sobrevivente, qualquer herdeiro do devedor ou o inventariante;

III – o cotista ou o acionista do devedor na forma da lei ou do ato constitutivo da sociedade;

IV – qualquer credor.

§ 1º O credor empresário apresentará certidão do Registro Público de Empresas que comprove a regularidade de suas atividades.

§ 2º O credor que não tiver domicílio no Brasil deverá prestar caução relativa às custas e ao pagamento da indenização de que trata o art. 101 desta Lei.

Art. 98. Citado, o devedor poderá apresentar contestação no prazo de 10 (dez) dias.

Parágrafo único. Nos pedidos baseados nos incisos I e II do **caput** do art. 94 desta Lei, o devedor poderá, no prazo da contestação, depositar o valor correspondente ao total do crédito, acrescido de correção monetária, juros e honorários advocatícios, hipótese em que a falência não será decretada e, caso julgado procedente o pedido de falência, o juiz ordenará o levantamento do valor pelo autor.

Art. 99. A sentença que decretar a falência do devedor, dentre outras determinações:

I – conterá a síntese do pedido, a identificação do falido e os nomes dos que forem a esse tempo seus administradores;

II – fixará o termo legal da falência, sem poder retrotraí-lo por mais de 90 (noventa) dias contados do pedido de falência, do pedido de recuperação judicial ou do 1º (primeiro) protesto por falta de pagamento, excluindo-se, para esta finalidade, os protestos que tenham sido cancelados;

III – ordenará ao falido que apresente, no prazo máximo de 5 (cinco) dias, relação nominal dos credores, indicando endereço, importância, natureza e classificação dos respectivos créditos, se esta já não se encontrar nos autos, sob pena de desobediência;

IV – explicitará o prazo para as habilitações de crédito, observado o disposto no § 1º do art. 7º desta Lei;

V – ordenará a suspensão de todas as ações ou execuções contra o falido, ressalvadas as hipóteses previstas nos §§ 1º e 2º do art. 6º desta Lei;

VI – proibirá a prática de qualquer ato de disposição ou oneração de bens do falido, submetendo-os preliminarmente à autorização judicial e do Comitê, se houver, ressalvados os bens cuja venda faça parte das atividades normais do devedor se autorizada a continuação provisória nos termos do inciso XI do **caput** deste artigo;

VII – determinará as diligências necessárias para salvaguardar os interesses das partes envolvidas, podendo ordenar a prisão preventiva do falido ou de seus administradores quando requerida com fundamento em provas da prática de crime definido nesta Lei;

VIII – ordenará ao Registro Público de Empresas que proceda à anotação da falência no registro do devedor, para que conste a expressão "Falido", a data da decretação da falência e a inabilitação de que trata o art. 102 desta Lei;

IX – nomeará o administrador judicial, que desempenhará suas funções na forma do inciso III do **caput** do art. 22 desta Lei sem prejuízo do disposto na alínea *a* do inciso II do **caput** do art. 35 desta Lei;

X – determinará a expedição de ofícios aos órgãos e repartições públicas e outras entidades para que informem a existência de bens e direitos do falido;

XI – pronunciar-se-á a respeito da continuação provisória das atividades do falido com o administrador judicial ou da lacração dos estabelecimentos, observado o disposto no art. 109 desta Lei;

XII – determinará, quando entender conveniente, a convocação da assembléia-geral de credores para a constituição de Comitê de Credores, podendo ainda autorizar a manutenção do Comitê eventualmente em funcionamento na recuperação judicial quando da decretação da falência;

XIII – ordenará a intimação do Ministério Público e a comunicação por carta às Fazendas Públicas Federal e de todos os Estados e Municípios em que o devedor tiver estabelecimento, para que tomem conhecimento da falência.

Parágrafo único. O juiz ordenará a publicação de edital contendo a íntegra da decisão que decreta a falência e a relação de credores.

Art. 100. Da decisão que decreta a falência cabe agravo, e da sentença que julga a improcedência do pedido cabe apelação.

Art. 101. Quem por dolo requerer a falência de outrem será condenado, na sentença que julgar improcedente o pedido, a indenizar o devedor, apurando-se as perdas e danos em liquidação de sentença.

§ 1º Havendo mais de 1 (um) autor do pedido de falência, serão solidariamente responsáveis aqueles que se conduziram na forma prevista no **caput** deste artigo.

§ 2º Por ação própria, o terceiro prejudicado também pode reclamar indenização dos responsáveis.

Seção V
Da Inabilitação Empresarial, dos Direitos e Deveres do Falido

Art. 102. O falido fica inabilitado para exercer qualquer atividade empresarial a partir da decretação da falência e até a sentença que extingue suas obrigações, respeitado o disposto no § 1º do art. 181 desta Lei.

Parágrafo único. Findo o período de inabilitação, o falido poderá requerer ao juiz da falência que proceda à respectiva anotação em seu registro.

Art. 103. Desde a decretação da falência ou do seqüestro, o devedor perde o direito de administrar os seus bens ou deles dispor.

Parágrafo único. O falido poderá, contudo, fiscalizar a administração da falência, requerer as providências necessárias para a conservação de seus direitos ou dos bens arrecadados e intervir nos processos em que a massa falida seja parte ou interessada, requerendo o que for de direito e interpondo os recursos cabíveis.

Art. 104. A decretação da falência impõe ao falido os seguintes deveres:

I – assinar nos autos, desde que intimado da decisão, termo de comparecimento, com a indicação do nome, nacionalidade, estado civil, endereço completo do domicílio, devendo ainda declarar, para constar do dito termo:

a) as causas determinantes da sua falência, quando requerida pelos credores;

b) tratando-se de sociedade, os nomes e endereços de todos os sócios, acionistas controladores, diretores ou administradores, apresentando o contrato ou estatuto social e a prova do respectivo registro, bem como suas alterações;

c) o nome do contador encarregado da escrituração dos livros obrigatórios;

d) os mandatos que porventura tenha outorgado, indicando seu objeto, nome e endereço do mandatário;

e) seus bens imóveis e os móveis que não se encontram no estabelecimento;

f) se faz parte de outras sociedades, exibindo respectivo contrato;

g) suas contas bancárias, aplicações, títulos em cobrança e processos em andamento em que for autor ou réu;

II – depositar em cartório, no ato de assinatura do termo de comparecimento, os seus livros obrigatórios, a fim de serem entregues ao administrador judicial, depois de encerrados por termos assinados pelo juiz;

III – não se ausentar do lugar onde se processa a falência sem motivo justo e comunicação expressa ao juiz, e sem deixar procurador bastante, sob as penas cominadas na lei;

IV – comparecer a todos os atos da falência, podendo ser representado por procurador, quando não for indispensável sua presença;

V – entregar, sem demora, todos os bens, livros, papéis e documentos ao administrador judicial, indicando-lhe, para serem arrecadados, os bens que porventura tenha em poder de terceiros;

VI – prestar as informações reclamadas pelo juiz, administrador judicial, credor ou Ministério Público sobre circunstâncias e fatos que interessem à falência;

VII – auxiliar o administrador judicial com zelo e presteza;

VIII – examinar as habilitações de crédito apresentadas;

IX – assistir ao levantamento, à verificação do balanço e ao exame dos livros;

X – manifestar-se sempre que for determinado pelo juiz;

XI – apresentar, no prazo fixado pelo juiz, a relação de seus credores;

XII – examinar e dar parecer sobre as contas do administrador judicial.

Parágrafo único. Faltando ao cumprimento de quaisquer dos deveres que esta Lei lhe impõe, após intimado pelo juiz a fazê-lo, responderá o falido por crime de desobediência.

Seção VI
Da Falência Requerida pelo Próprio Devedor

Art. 105. O devedor em crise econômico-financeira que julgue não atender aos requisitos para pleitear sua recuperação judicial deverá requerer ao juízo sua falência, expondo as razões da impossibilidade de prosseguimento da atividade empresarial, acompanhadas dos seguintes documentos:

I – demonstrações contábeis referentes aos 3 (três) últimos exercícios sociais e as levantadas especialmente para instruir o pedido, confeccionadas com estrita observância da legislação societária aplicável e compostas obrigatoriamente de:

a) balanço patrimonial;

b) demonstração de resultados acumulados;

c) demonstração do resultado desde o último exercício social;

d) relatório do fluxo de caixa;

II – relação nominal dos credores, indicando endereço, importância, natureza e classificação dos respectivos créditos;

III – relação dos bens e direitos que compõem o ativo, com a respectiva estimativa de valor e documentos comprobatórios de propriedade;

IV – prova da condição de empresário, contrato social ou estatuto em vigor ou, se não houver, a indicação de todos os sócios, seus endereços e a relação de seus bens pessoais;

V – os livros obrigatórios e documentos contábeis que lhe forem exigidos por lei;

VI – relação de seus administradores nos últimos 5 (cinco) anos, com os respectivos endereços, suas funções e participação societária.

Art. 106. Não estando o pedido regularmente instruído, o juiz determinará que seja emendado.

Art. 107. A sentença que decretar a falência do devedor observará a forma do art. 99 desta Lei.

434

Parágrafo único. Decretada a falência, aplicam-se integralmente os dispositivos relativos à falência requerida pelas pessoas referidas nos incisos II a IV do **caput** do art. 97 desta Lei.

Seção VII
Da Arrecadação e da Custódia dos Bens

Art. 108. Ato contínuo à assinatura do termo de compromisso, o administrador judicial efetuará a arrecadação dos bens e documentos e a avaliação dos bens, separadamente ou em bloco, no local em que se encontrem, requerendo ao juiz, para esses fins, as medidas necessárias.

§ 1º Os bens arrecadados ficarão sob a guarda do administrador judicial ou de pessoa por ele escolhida, sob responsabilidade daquele, podendo o falido ou qualquer de seus representantes ser nomeado depositário dos bens.

§ 2º O falido poderá acompanhar a arrecadação e a avaliação.

§ 3º O produto dos bens penhorados ou por outra forma apreendidos entrará para a massa, cumprindo ao juiz deprecar, a requerimento do administrador judicial, às autoridades competentes, determinando sua entrega.

§ 4º Não serão arrecadados os bens absolutamente impenhoráveis.

§ 5º Ainda que haja avaliação em bloco, o bem objeto de garantia real será também avaliado separadamente, para os fins do § 1º do art. 83 desta Lei.

Art. 109. O estabelecimento será lacrado sempre que houver risco para a execução da etapa de arrecadação ou para a preservação dos bens da massa falida ou dos interesses dos credores.

Art. 110. O auto de arrecadação, composto pelo inventário e pelo respectivo laudo de avaliação dos bens, será assinado pelo administrador judicial, pelo falido ou seus representantes e por outras pessoas que auxiliarem ou presenciarem o ato.

§ 1º Não sendo possível a avaliação dos bens no ato da arrecadação, o administrador judicial requererá ao juiz a concessão de prazo para apresentação do laudo de avaliação, que não poderá exceder 30 (trinta) dias, contados da apresentação do auto de arrecadação.

§ 2º Serão referidos no inventário:

I – os livros obrigatórios e os auxiliares ou facultativos do devedor, designando-se o estado em que se acham, número e denominação de cada um, páginas escrituradas, data do início da escrituração e do último lançamento, e se os livros obrigatórios estão revestidos das formalidades legais;

II – dinheiro, papéis, títulos de crédito, documentos e outros bens da massa falida;

III – os bens da massa falida em poder de terceiro, a título de guarda, depósito, penhor ou retenção;

IV – os bens indicados como propriedade de terceiros ou reclamados por estes, mencionando-se essa circunstância.

§ 3º Quando possível, os bens referidos no § 2º deste artigo serão individualizados.

§ 4º Em relação aos bens imóveis, o administrador judicial, no prazo de 15 (quinze) dias após a sua arrecadação, exibirá as certidões de registro, extraídas posteriormente à decretação da falência, com todas as indicações que nele constarem.

Art. 111. O juiz poderá autorizar os credores, de forma individual ou coletiva, em razão dos custos e no interesse da massa falida, a adquirir ou adjudicar, de imediato, os bens arrecadados, pelo valor da avaliação, atendida a regra de classificação e preferência entre eles, ouvido o Comitê.

Art. 112. Os bens arrecadados poderão ser removidos, desde que haja necessidade de sua melhor guarda e conservação, hipótese em que permanecerão em depósito sob responsabilidade do administrador judicial, mediante compromisso.

Art. 113. Os bens perecíveis, deterioráveis, sujeitos à considerável desvalorização ou que sejam de conservação arriscada ou dispendiosa, poderão ser vendidos antecipadamente, após a arrecadação e a avaliação, mediante autorização judicial, ouvidos o Comitê e o falido no prazo de 48 (quarenta e oito) horas.

Art. 114. O administrador judicial poderá alugar ou celebrar outro contrato referente aos bens da massa falida, com o objetivo de produzir renda para a massa falida, mediante autorização do Comitê.

§ 1º O contrato disposto no **caput** deste artigo não gera direito de preferência na compra e não pode importar disposição total ou parcial dos bens.

§ 2º O bem objeto da contratação poderá ser alienado a qualquer tempo, independentemente do prazo contratado, rescindindo-se, sem direito a multa, o contrato realizado, salvo se houver anuência do adquirente.

Seção VIII
Dos Efeitos da Decretação da Falência
sobre as Obrigações do Devedor

Art. 115. A decretação da falência sujeita todos os credores, que somente poderão exercer os seus direitos sobre os bens do falido c do sócio ilimitadamente responsável na forma que esta Lei prescrever.

Art. 116. A decretação da falência suspende:

I – o exercício do direito de retenção sobre os bens sujeitos à arrecadação, os quais deverão ser entregues ao administrador judicial;

II – o exercício do direito de retirada ou de recebimento do valor de suas quotas ou ações, por parte dos sócios da sociedade falida.

Art. 117. Os contratos bilaterais não se resolvem pela falência e podem ser cumpridos pelo administrador judicial se o cumprimento reduzir ou evitar o aumento do passivo da massa falida ou for necessário à manutenção e preservação de seus ativos, mediante autorização do Comitê.

§ 1º O contratante pode interpelar o administrador judicial, no prazo de até 90 (noventa) dias, contado da assinatura do termo de sua nomeação, para que, dentro de 10 (dez) dias, declare se cumpre ou não o contrato.

§ 2º A declaração negativa ou o silêncio do administrador judicial confere ao contraente o direito à indenização, cujo valor, apurado em processo ordinário, constituirá crédito quirografário.

Art. 118. O administrador judicial, mediante autorização do Comitê, poderá dar cumprimento a contrato unilateral se esse fato reduzir ou evitar o aumento do passivo da massa falida ou for necessário à manutenção e preservação de seus ativos, realizando o pagamento da prestação pela qual está obrigada.

Art. 119. Nas relações contratuais a seguir mencionadas prevalecerão as seguintes regras:

I – o vendedor não pode obstar a entrega das coisas expedidas ao devedor e ainda em trânsito, se o comprador, antes do requerimento da falência, as tiver revendido, sem fraude, à vista das faturas e conhecimentos de transporte, entregues ou remetidos pelo vendedor;

II – se o devedor vendeu coisas compostas e o administrador judicial resolver não continuar a execução do contrato, poderá o comprador pôr à disposição da massa falida as coisas já recebidas, pedindo perdas e danos;

III – não tendo o devedor entregue coisa móvel ou prestado serviço que vendera ou contratara a prestações, e resolvendo o administrador judicial não executar o contrato, o crédito relativo ao valor pago será habilitado na classe própria;

IV – o administrador judicial, ouvido o Comitê, restituirá a coisa móvel comprada pelo devedor com reserva de domínio do vendedor se resolver não continuar a execução do contrato, exigindo a devolução, nos termos do contrato, dos valores pagos;

V – tratando-se de coisas vendidas a termo, que tenham cotação em bolsa ou mercado, e não se executando o contrato pela efetiva entrega daquelas e pagamento do preço, prestar-se-á a diferença entre a cotação do dia do contrato e a da época da liquidação em bolsa ou mercado;

VI – na promessa de compra e venda de imóveis, aplicar-se-á a legislação respectiva;

VII – a falência do locador não resolve o contrato de locação e, na falência do locatário, o administrador judicial pode, a qualquer tempo, denunciar o contrato;

VIII – caso haja acordo para compensação e liquidação de obrigações no âmbito do sistema financeiro nacional, nos termos da legislação vigente, a parte não falida poderá considerar o contrato vencido antecipadamente, hipótese em que será liquidado na forma estabelecida em regulamento, admitindo-se a compensação de eventual crédito que venha a ser apurado em favor do falido com créditos detidos pelo contratante;

IX – os patrimônios de afetação, constituídos para cumprimento de destinação específica, obedecerão ao disposto na legislação respectiva, permanecendo seus bens, direitos e obrigações separados dos do falido até o advento do respectivo termo ou até o cumprimento de sua finalidade, ocasião em que o administrador judicial arrecadará o saldo a favor da massa falida ou inscreverá na classe própria o crédito que contra ela remanescer.

Art. 120. O mandato conferido pelo devedor, antes da falência, para a realização de negócios, cessará seus efeitos com a decretação da falência, cabendo ao mandatário prestar contas de sua gestão.

§ 1º O mandato conferido para representação judicial do devedor continua em vigor até que seja expressamente revogado pelo administrador judicial.

§ 2º Para o falido, cessa o mandato ou comissão que houver recebido antes da falência, salvo os que versem sobre matéria estranha à atividade empresarial.

Art. 121. As contas correntes com o devedor consideram-se encerradas no momento de decretação da falência, verificando-se o respectivo saldo.

Art. 122. Compensam-se, com preferência sobre todos os demais credores, as dívidas do devedor vencidas até o dia da decretação da falência, provenha o vencimento da sentença de falência ou não, obedecidos os requisitos da legislação civil.

Parágrafo único. Não se compensam:

I – os créditos transferidos após a decretação da falência, salvo em caso de sucessão por fusão, incorporação, cisão ou morte; ou

II – os créditos, ainda que vencidos anteriormente, transferidos quando já conhecido o estado de crise econômico-financeira do devedor ou cuja transferência se operou com fraude ou dolo.

Art. 123. Se o falido fizer parte de alguma sociedade como sócio comanditário ou cotista, para a massa falida entrarão somente os haveres que na sociedade ele possuir e forem apurados na forma estabelecida no contrato ou estatuto social.

§ 1º Se o contrato ou o estatuto social nada disciplinar a respeito, a apuração far-se-á judicialmente, salvo se, por lei, pelo contrato ou estatuto, a sociedade tiver de liquidar-se, caso em que os haveres do falido, somente após o pagamento de todo o passivo da sociedade, entrarão para a massa falida.

§ 2º Nos casos de condomínio indivisível de que participe o falido, o bem será vendido e deduzir-se-á do valor arrecadado o que for devido aos demais condôminos, facultada a estes a compra da quota-parte do falido nos termos da melhor proposta obtida.

Art. 124. Contra a massa falida não são exigíveis juros vencidos após a decretação da falência, previstos em lei ou em contrato, se o ativo apurado não bastar para o pagamento dos credores subordinados.

Parágrafo único. Excetuam-se desta disposição os juros das debêntures e dos créditos com garantia real, mas por eles responde, exclusivamente, o produto dos bens que constituem a garantia.

Art. 125. Na falência do espólio, ficará suspenso o processo de inventário, cabendo ao administrador judicial a realização de atos pendentes em relação aos direitos e obrigações da massa falida.

Art. 126. Nas relações patrimoniais não reguladas expressamente nesta Lei, o juiz decidirá o caso atendendo à unidade, à universalidade do concurso e à igualdade de tratamento dos credores, observado o disposto no art. 75 desta Lei.

Art. 127. O credor de coobrigados solidários cujas falências sejam decretadas tem o direito de concorrer, em cada uma delas, pela totalidade do seu crédito, até recebê-lo por inteiro, quando então comunicará ao juízo.

§ 1º O disposto no **caput** deste artigo não se aplica ao falido cujas obrigações tenham sido extintas por sentença, na forma do art. 159 desta Lei.

§ 2º Se o credor ficar integralmente pago por uma ou por diversas massas coobrigadas, as que pagaram terão direito regressivo contra as demais, em proporção à parte que pagaram e àquela que cada uma tinha a seu cargo.

§ 3º Se a soma dos valores pagos ao credor em todas as massas coobrigadas exceder o total do crédito, o valor será devolvido às massas na proporção estabelecida no § 2º deste artigo.

§ 4º Se os coobrigados eram garantes uns dos outros, o excesso de que trata o § 3º deste artigo pertencerá, conforme a ordem das obrigações, às massas dos coobrigados que tiverem o direito de ser garantidas.

Art. 128. Os coobrigados solventes e os garantes do devedor ou dos sócios ilimitadamente responsáveis podem habilitar o crédito correspondente às quantias pagas ou devidas, se o credor não se habilitar no prazo legal.

Seção IX
Da Ineficácia e da Revogação de Atos Praticados antes da Falência

Art. 129. São ineficazes em relação à massa falida, tenha ou não o contratante conhecimento do estado de crise econômico-financeira do devedor, seja ou não intenção deste fraudar credores:

I – o pagamento de dívidas não vencidas realizado pelo devedor dentro do termo legal, por qualquer meio extintivo do direito de crédito, ainda que pelo desconto do próprio título;

II – o pagamento de dívidas vencidas e exigíveis realizado dentro do termo legal, por qualquer forma que não seja a prevista pelo contrato;

III – a constituição de direito real de garantia, inclusive a retenção, dentro do termo legal, tratando-se de dívida contraída anteriormente; se os bens dados em hipoteca forem objeto de outras posteriores, a massa falida receberá a parte que devia caber ao credor da hipoteca revogada;

IV – a prática de atos a título gratuito, desde 2 (dois) anos antes da decretação da falência;

V – a renúncia à herança ou a legado, até 2 (dois) anos antes da decretação da falência;

VI – a venda ou transferência de estabelecimento feita sem o consentimento expresso ou o pagamento de todos os credores, a esse tempo existentes, não tendo restado ao devedor bens suficientes para solver o seu passivo, salvo se, no prazo de 30 (trinta) dias, não houver oposição dos credores, após serem devidamente notificados, judicialmente ou pelo oficial do registro de títulos e documentos;

VII – os registros de direitos reais e de transferência de propriedade entre vivos, por título oneroso ou gratuito, ou a averbação relativa a imóveis realizados após a decretação da falência, salvo se tiver havido prenotação anterior.

Parágrafo único. A ineficácia poderá ser declarada de ofício pelo juiz, alegada em defesa ou pleiteada mediante ação própria ou incidentalmente no curso do processo.

Art. 130. São revogáveis os atos praticados com a intenção de prejudicar credores, provando-se o conluio fraudulento entre o devedor e o terceiro que com ele contratar e o efetivo prejuízo sofrido pela massa falida.

442

Art. 131. Nenhum dos atos referidos nos incisos I a III e VI do art. 129 desta Lei que tenham sido previstos e realizados na forma definida no plano de recuperação judicial será declarado ineficaz ou revogado.

Art. 132. A ação revocatória, de que trata o art. 130 desta Lei, deverá ser proposta pelo administrador judicial, por qualquer credor ou pelo Ministério Público no prazo de 3 (três) anos contado da decretação da falência.

Art. 133. A ação revocatória pode ser promovida:

I – contra todos os que figuraram no ato ou que por efeito dele foram pagos, garantidos ou beneficiados;

II – contra os terceiros adquirentes, se tiveram conhecimento, ao se criar o direito, da intenção do devedor de prejudicar os credores;

III – contra os herdeiros ou legatários das pessoas indicadas nos incisos I e II do **caput** deste artigo.

Art. 134. A ação revocatória correrá perante o juízo da falência e obedecerá ao procedimento ordinário previsto na Lei nº 5.869, de 11 de janeiro de 1973 – Código de Processo Civil.

Art. 135. A sentença que julgar procedente a ação revocatória determinará o retorno dos bens à massa falida em espécie, com todos os acessórios, ou o valor de mercado, acrescidos das perdas e danos.

Parágrafo único. Da sentença cabe apelação.

Art. 136. Reconhecida a ineficácia ou julgada procedente a ação revocatória, as partes retornarão ao estado anterior, e o contratante de boa-fé terá direito à restituição dos bens ou valores entregues ao devedor.

§ 1º Na hipótese de securitização de créditos do devedor, não será declarada a ineficácia ou revogado o ato de cessão em prejuízo dos direitos dos portadores de valores mobiliários emitidos pelo securitizador.

§ 2º É garantido ao terceiro de boa-fé, a qualquer tempo, propor ação por perdas e danos contra o devedor ou seus garantes.

Art. 137. O juiz poderá, a requerimento do autor da ação revocatória, ordenar, como medida preventiva, na forma da lei processual civil, o seqüestro dos bens retirados do patrimônio do devedor que estejam em poder de terceiros.

Art. 138. O ato pode ser declarado ineficaz ou revogado, ainda que praticado com base em decisão judicial, observado o disposto no art. 131 desta Lei.

Parágrafo único. Revogado o ato ou declarada sua ineficácia, ficará rescindida a sentença que o motivou.

Seção X
Da Realização do Ativo

Art. 139. Logo após a arrecadação dos bens, com a juntada do respectivo auto ao processo de falência, será iniciada a realização do ativo.

Art. 140. A alienação dos bens será realizada de uma das seguintes formas, observada a seguinte ordem de preferência:

I – alienação da empresa, com a venda de seus estabelecimentos em bloco;

II – alienação da empresa, com a venda de suas filiais ou unidades produtivas isoladamente;

III – alienação em bloco dos bens que integram cada um dos estabelecimentos do devedor;

IV – alienação dos bens individualmente considerados.

§ 1º Se convier à realização do ativo, ou em razão de oportunidade, podem ser adotadas mais de uma forma de alienação.

§ 2º A realização do ativo terá início independentemente da formação do quadro-geral de credores.

§ 3º A alienação da empresa terá por objeto o conjunto de determinados bens necessários à operação rentável da unidade de produção, que poderá compreender a transferência de contratos específicos.

§ 4º Nas transmissões de bens alienados na forma deste artigo que dependam de registro público, a este servirá como título aquisitivo suficiente o mandado judicial respectivo.

Art. 141. Na alienação conjunta ou separada de ativos, inclusive da empresa ou de suas filiais, promovida sob qualquer das modalidades de que trata este artigo:

I – todos os credores, observada a ordem de preferência definida no art. 83 desta Lei, sub-rogam-se no produto da realização do ativo;

II – o objeto da alienação estará livre de qualquer ônus e não haverá sucessão do arrematante nas obrigações do devedor, inclusive as de natureza tributária, as derivadas da legislação do trabalho e as decorrentes de acidentes de trabalho.

§ 1º O disposto no inciso II do **caput** deste artigo não se aplica quando o arrematante for:

I – sócio da sociedade falida, ou sociedade controlada pelo falido;

II – parente, em linha reta ou colateral até o 4º (quarto) grau, consangüíneo ou afim, do falido ou de sócio da sociedade falida; ou

III – identificado como agente do falido com o objetivo de fraudar a sucessão.

§ 2º Empregados do devedor contratados pelo arrematante serão admitidos mediante novos contratos de trabalho e o arrematante não responde por obrigações decorrentes do contrato anterior.

Art. 142. O juiz, ouvido o administrador judicial e atendendo à orientação do Comitê, se houver, ordenará que se proceda à alienação do ativo em uma das seguintes modalidades:

I – leilão, por lances orais;

II – propostas fechadas;

III – pregão.

§ 1º A realização da alienação em quaisquer das modalidades de que trata este artigo será antecedida por publicação de anúncio em jornal de ampla circulação, com 15 (quinze) dias de antecedência, em se tratando de bens móveis, e com 30 (trinta) dias na alienação da empresa ou de bens imóveis, facultada a divulgação por outros meios que contribuam para o amplo conhecimento da venda.

§ 2º A alienação dar-se-á pelo maior valor oferecido, ainda que seja inferior ao valor de avaliação.

§ 3º No leilão por lances orais, aplicam-se, no que couber, as regras da Lei nº 5.869, de 11 de janeiro de 1973 – Código de Processo Civil.

§ 4º A alienação por propostas fechadas ocorrerá mediante a entrega, em cartório e sob recibo, de envelopes lacrados, a serem abertos pelo juiz, no dia, hora e local designados no edital, lavrando o escrivão o auto respectivo, assinado pelos presentes, e juntando as propostas aos autos da falência.

§ 5º A venda por pregão constitui modalidade híbrida das anteriores, comportando 2 (duas) fases:

I – recebimento de propostas, na forma do § 3º deste artigo;

II – leilão por lances orais, de que participarão somente aqueles que apresentarem propostas não inferiores a 90% (noventa por cento) da maior proposta ofertada, na forma do § 2º deste artigo.

§ 6º A venda por pregão respeitará as seguintes regras:

I – recebidas e abertas as propostas na forma do § 5º deste artigo, o juiz ordenará a notificação dos ofertantes, cujas propostas atendam ao requisito de seu inciso II, para comparecer ao leilão;

II – o valor de abertura do leilão será o da proposta recebida do maior ofertante presente, considerando-se esse valor como lance, ao qual ele fica obrigado;

III – caso não compareça ao leilão o ofertante da maior proposta e não seja dado lance igual ou superior ao valor por ele ofertado, fica obrigado a prestar a diferença verificada, constituindo a respectiva certidão do juízo título executivo para a cobrança dos valores pelo administrador judicial.

§ 7º Em qualquer modalidade de alienação, o Ministério Público será intimado pessoalmente, sob pena de nulidade.

Art. 143. Em qualquer das modalidades de alienação referidas no art. 142 desta Lei, poderão ser apresentadas impugnações por quaisquer credores, pelo devedor ou pelo Ministério Público, no prazo de 48 (quarenta e oito) horas da arrematação, hipótese em que os autos serão conclusos ao juiz, que, no prazo de 5 (cinco) dias, decidirá sobre as impugnações e, julgando-as improcedentes, ordenará a entrega dos bens ao arrematante, respeitadas as condições estabelecidas no edital.

Art. 144. Havendo motivos justificados, o juiz poderá autorizar, mediante requerimento fundamentado do administrador judicial ou do Comitê, modalidades de alienação judicial diversas das previstas no art. 142 desta Lei.

Art. 145. O juiz homologará qualquer outra modalidade de realização do ativo, desde que aprovada pela assembléia-geral de credores, inclusive com a constituição de sociedade de credores ou dos empregados do próprio devedor, com a participação, se necessária, dos atuais sócios ou de terceiros.

§ 1º Aplica-se à sociedade mencionada neste artigo o disposto no art. 141 desta Lei.

§ 2º No caso de constituição de sociedade formada por empregados do próprio devedor, estes poderão utilizar créditos derivados da legislação do trabalho para a aquisição ou arrendamento da empresa.

§ 3º Não sendo aprovada pela assembléia-geral a proposta alternativa para a realização do ativo, caberá ao juiz decidir a forma que será adotada, levando em conta a manifestação do administrador judicial e do Comitê.

Art. 146. Em qualquer modalidade de realização do ativo adotada, fica a massa falida dispensada da apresentação de certidões negativas.

Art. 147. As quantias recebidas a qualquer título serão imediatamente depositadas em conta remunerada de instituição financeira, atendidos os requisitos da lei ou das normas de organização judiciária.

Art. 148. O administrador judicial fará constar do relatório de que trata a alínea *p* do inciso III do art. 22 os valores eventualmente recebidos no mês vencido, explicitando a forma de distribuição dos recursos entre os credores, observado o disposto no art. 149 desta Lei.

Seção XI
Do Pagamento aos Credores

Art. 149. Realizadas as restituições, pagos os créditos extraconcursais, na forma do art. 84 desta Lei, e consolidado o quadro-geral de credores, as importâncias recebidas com a realização do ativo serão destinadas ao pagamento dos credores, atendendo à classificação prevista no art. 83 desta Lei, respeitados os demais dispositivos desta Lei e as decisões judiciais que determinam reserva de importâncias.

§ 1º Havendo reserva de importâncias, os valores a ela relativos ficarão depositados até o julgamento definitivo do crédito e, no caso de não ser este finalmente reconhecido, no todo ou em parte, os recursos depositados serão objeto de rateio suplementar entre os credores remanescentes.

§ 2º Os credores que não procederem, no prazo fixado pelo juiz, ao levantamento dos valores que lhes couberam em rateio serão intimados a fazê-lo no prazo de 60 (sessenta) dias, após o qual os recursos serão objeto de rateio suplementar entre os credores remanescentes.

Art. 150. As despesas cujo pagamento antecipado seja indispensável à administração da falência, inclusive na hipótese de continuação provisória das atividades previstas no inciso XI do **caput** do art. 99 desta Lei, serão pagas pelo administrador judicial com os recursos disponíveis em caixa.

Art. 151. Os créditos trabalhistas de natureza estritamente salarial vencidos nos 3 (três) meses anteriores à decretação da falência, até o limite de 5 (cinco) salários-mínimos por trabalhador, serão pagos tão logo haja disponibilidade em caixa.

Art. 152. Os credores restituirão em dobro as quantias recebidas, acrescidas dos juros legais, se ficar evidenciado dolo ou má-fé na constituição do crédito ou da garantia.

Art. 153. Pagos todos os credores, o saldo, se houver, será entregue ao falido.

Seção XII
Do Encerramento da Falência
e da Extinção das Obrigações do Falido

Art. 154. Concluída a realização de todo o ativo, e distribuído o produto entre os credores, o administrador judicial apresentará suas contas ao juiz no prazo de 30 (trinta) dias.

§ 1º As contas, acompanhadas dos documentos comprobatórios, serão prestadas em autos apartados que, ao final, serão apensados aos autos da falência.

§ 2º O juiz ordenará a publicação de aviso de que as contas foram entregues e se encontram à disposição dos interessados, que poderão impugná-las no prazo de 10 (dez) dias.

§ 3º Decorrido o prazo do aviso e realizadas as diligências necessárias à apuração dos fatos, o juiz intimará o Ministério Público para manifestar-se no prazo de 5 (cinco) dias, findo o qual o administrador judicial será ouvido se houver impugnação ou parecer contrário do Ministério Público.

§ 4º Cumpridas as providências previstas nos §§ 2º e 3º deste artigo, o juiz julgará as contas por sentença.

§ 5º A sentença que rejeitar as contas do administrador judicial fixará suas responsabilidades, poderá determinar a indisponibilidade ou o seqüestro de bens e servirá como título executivo para indenização da massa.

§ 6º Da sentença cabe apelação.

Art. 155. Julgadas as contas do administrador judicial, ele apresentará o relatório final da falência no prazo de 10 (dez) dias, indicando o valor do ativo e o do produto de sua realização, o valor do passivo e o dos pagamentos feitos aos credores, e especificará justificadamente as responsabilidades com que continuará o falido.

Art. 156. Apresentado o relatório final, o juiz encerrará a falência por sentença.

Parágrafo único. A sentença de encerramento será publicada por edital e dela caberá apelação.

Art. 157. O prazo prescricional relativo às obrigações do falido recomeça a correr a partir do dia em que transitar em julgado a sentença do encerramento da falência.

Art. 158. Extingue as obrigações do falido:

I – o pagamento de todos os créditos;

II – o pagamento, depois de realizado todo o ativo, de mais de 50% (cinqüenta por cento) dos créditos quirografários, sendo facultado ao falido o depósito da quantia necessária para atingir essa porcentagem se para tanto não bastou a integral liquidação do ativo;

III – o decurso do prazo de 5 (cinco) anos, contado do encerramento da falência, se o falido não tiver sido condenado por prática de crime previsto nesta Lei;

IV – o decurso do prazo de 10 (dez) anos, contado do encerramento da falência, se o falido tiver sido condenado por prática de crime previsto nesta Lei.

450

Art. 159. Configurada qualquer das hipóteses do art. 158 desta Lei, o falido poderá requerer ao juízo da falência que suas obrigações sejam declaradas extintas por sentença.

§ 1º O requerimento será autuado em apartado com os respectivos documentos e publicado por edital no órgão oficial e em jornal de grande circulação.

§ 2º No prazo de 30 (trinta) dias contado da publicação do edital, qualquer credor pode opor-se ao pedido do falido.

§ 3º Findo o prazo, o juiz, em 5 (cinco) dias, proferirá sentença e, se o requerimento for anterior ao encerramento da falência, declarará extintas as obrigações na sentença de encerramento.

§ 4º A sentença que declarar extintas as obrigações será comunicada a todas as pessoas e entidades informadas da decretação da falência.

§ 5º Da sentença cabe apelação.

§ 6º Após o trânsito em julgado, os autos serão apensados aos da falência.

Art. 160. Verificada a prescrição ou extintas as obrigações nos termos desta Lei, o sócio de responsabilidade ilimitada também poderá requerer que seja declarada por sentença a extinção de suas obrigações na falência.

CAPÍTULO VI
DA RECUPERAÇÃO EXTRAJUDICIAL

Art. 161. O devedor que preencher os requisitos do art. 48 desta Lei poderá propor e negociar com credores plano de recuperação extrajudicial.

§ 1º Não se aplica o disposto neste Capítulo a titulares de créditos de natureza tributária, derivados da legislação do trabalho ou decorrentes de acidente de trabalho, assim como àqueles previstos nos arts. 49, § 3º, e 86, inciso II do **caput**, desta Lei.

§ 2º O plano não poderá contemplar o pagamento antecipado de dívidas nem tratamento desfavorável aos credores que a ele não estejam sujeitos.

§ 3º O devedor não poderá requerer a homologação de plano extrajudicial, se estiver pendente pedido de recuperação judicial ou se houver obtido recuperação judicial ou homologação de outro plano de recuperação extrajudicial há menos de 2 (dois) anos.

§ 4º O pedido de homologação do plano de recuperação extrajudicial não acarretará suspensão de direitos, ações ou execuções, nem a impossibilidade do pedido de decretação de falência pelos credores não sujeitos ao plano de recuperação extrajudicial.

§ 5º Após a distribuição do pedido de homologação, os credores não poderão desistir da adesão ao plano, salvo com a anuência expressa dos demais signatários.

§ 6º A sentença de homologação do plano de recuperação extrajudicial constituirá título executivo judicial, nos termos do art. 584, inciso III do **caput**, da Lei nº 5.869, de 11 de janeiro de 1973 – Código de Processo Civil.

Art. 162. O devedor poderá requerer a homologação em juízo do plano de recuperação extrajudicial, juntando sua justificativa e o documento que contenha seus termos e condições, com as assinaturas dos credores que a ele aderiram.

Art. 163. O devedor poderá, também, requerer a homologação de plano de recuperação extrajudicial que obriga a todos os credores por ele abrangidos, desde que assinado por credores que representem mais de 3/5 (três quintos) de todos os créditos de cada espécie por ele abrangidos.

§ 1º O plano poderá abranger a totalidade de uma ou mais espécies de créditos previstos no art. 83, incisos II, IV, V, VI e VIII do **caput**, desta Lei, ou grupo de credores de mesma natureza e sujeito a semelhantes condições de pagamento, e, uma vez homologado, obriga a todos os credores das espécies por ele abrangidas, exclusivamente em relação aos créditos constituídos até a data do pedido de homologação.

452

§ 2º Não serão considerados para fins de apuração do percentual previsto no **caput** deste artigo os créditos não incluídos no plano de recuperação extrajudicial, os quais não poderão ter seu valor ou condições originais de pagamento alteradas.

§ 3º Para fins exclusivos de apuração do percentual previsto no **caput** deste artigo:

I – o crédito em moeda estrangeira será convertido para moeda nacional pelo câmbio da véspera da data de assinatura do plano; e

II – não serão computados os créditos detidos pelas pessoas relacionadas no art. 43 deste artigo.

§ 4º Na alienação de bem objeto de garantia real, a supressão da garantia ou sua substituição somente serão admitidas mediante a aprovação expressa do credor titular da respectiva garantia.

§ 5º Nos créditos em moeda estrangeira, a variação cambial só poderá ser afastada se o credor titular do respectivo crédito aprovar expressamente previsão diversa no plano de recuperação extrajudicial.

§ 6º Para a homologação do plano de que trata este artigo, além dos documentos previstos no **caput** do art. 162 desta Lei, o devedor deverá juntar:

I – exposição da situação patrimonial do devedor;

II – as demonstrações contábeis relativas ao último exercício social e as levantadas especialmente para instruir o pedido, na forma do inciso II do **caput** do art. 51 desta Lei; e

III – os documentos que comprovem os poderes dos subscritores para novar ou transigir, relação nominal completa dos credores, com a indicação do endereço de cada um, a natureza, a classificação e o valor atualizado do crédito, discriminando sua origem, o regime dos respectivos vencimentos e a indicação dos registros contábeis de cada transação pendente.

Art. 164. Recebido o pedido de homologação do plano de recuperação extrajudicial previsto nos arts. 162 e 163 desta Lei, o juiz ordenará a publicação de edital no órgão oficial e em jornal de grande circulação nacional ou das localidades da sede e das filiais do devedor, convocando todos os credores do devedor para apresentação de suas impugnações ao plano de recuperação extrajudicial, observado o § 3º deste artigo.

§ 1º No prazo do edital, deverá o devedor comprovar o envio de carta a todos os credores sujeitos ao plano, domiciliados ou sediados no país, informando a distribuição do pedido, as condições do plano e prazo para impugnação.

§ 2º Os credores terão prazo de 30 (trinta) dias, contado da publicação do edital, para impugnarem o plano, juntando a prova de seu crédito.

§ 3º Para opor-se, em sua manifestação, à homologação do plano, os credores somente poderão alegar:

I – não preenchimento do percentual mínimo previsto no **caput** do art. 163 desta Lei;

II – prática de qualquer dos atos previstos no inciso III do art. 94 ou do art. 130 desta Lei, ou descumprimento de requisito previsto nesta Lei;

III – descumprimento de qualquer outra exigência legal.

§ 4º Sendo apresentada impugnação, será aberto prazo de 5 (cinco) dias para que o devedor sobre ela se manifeste.

§ 5º Decorrido o prazo do § 4º deste artigo, os autos serão conclusos imediatamente ao juiz para apreciação de eventuais impugnações e decidirá, no prazo de 5 (cinco) dias, acerca do plano de recuperação extrajudicial, homologando-o por sentença se entender que não implica prática de atos previstos no art. 130 desta Lei e que não há outras irregularidades que recomendem sua rejeição.

§ 6º Havendo prova de simulação de créditos ou vício de representação dos credores que subscreverem o plano, a sua homologação será indeferida.

§ 7º Da sentença cabe apelação sem efeito suspensivo.

§ 8º Na hipótese de não homologação do plano o devedor poderá, cumpridas as formalidades, apresentar novo pedido de homologação de plano de recuperação extrajudicial.

Art. 165. O plano de recuperação extrajudicial produz efeitos após sua homologação judicial.

§ 1º É lícito, contudo, que o plano estabeleça a produção de efeitos anteriores à homologação, desde que exclusivamente em relação à modificação do valor ou da forma de pagamento dos credores signatários.

§ 2º Na hipótese do § 1º deste artigo, caso o plano seja posteriormente rejeitado pelo juiz, devolve-se aos credores signatários o direito de exigir seus créditos nas condições originais, deduzidos os valores efetivamente pagos.

Art. 166. Se o plano de recuperação extrajudicial homologado envolver alienação judicial de filiais ou de unidades produtivas isoladas do devedor, o juiz ordenará a sua realização, observado, no que couber, o disposto no art. 142 desta Lei.

Art. 167. O disposto neste Capítulo não implica impossibilidade de realização de outras modalidades de acordo privado entre o devedor e seus credores.

CAPÍTULO VII
DISPOSIÇÕES PENAIS

Seção I
Dos Crimes em Espécie
Fraude a Credores

Art. 168. Praticar, antes ou depois da sentença que decretar a falência, conceder a recuperação judicial ou homologar a recuperação extrajudicial, ato fraudulento de que resulte ou possa resultar prejuízo aos credores, com o fim de obter ou assegurar vantagem indevida para si ou para outrem.

Pena – reclusão, de 3 (três) a 6 (seis) anos, e multa.

Aumento da pena

§ 1º A pena aumenta-se de 1/6 (um sexto) a 1/3 (um terço), se o agente:

I – elabora escrituração contábil ou balanço com dados inexatos;

II – omite, na escrituração contábil ou no balanço, lançamento que deles deveria constar, ou altera escrituração ou balanço verdadeiros;

III – destrói, apaga ou corrompe dados contábeis ou negociais armazenados em computador ou sistema informatizado;

IV – simula a composição do capital social;

V – destrói, oculta ou inutiliza, total ou parcialmente, os documentos de escrituração contábil obrigatórios.

Contabilidade paralela

§ 2º A pena é aumentada de 1/3 (um terço) até metade se o devedor manteve ou movimentou recursos ou valores paralelamente à contabilidade exigida pela legislação.

Concurso de pessoas

§ 3º Nas mesmas penas incidem os contadores, técnicos contábeis, auditores e outros profissionais que, de qualquer modo, concorrerem para as condutas criminosas descritas neste artigo, na medida de sua culpabilidade.

Redução ou substituição da pena

§ 4º Tratando-se de falência de microempresa ou de empresa de pequeno porte, e não se constatando prática habitual de condutas fraudulentas por parte do falido, poderá o juiz reduzir a pena de reclusão de 1/3 (um terço) a 2/3 (dois terços) ou substituí-la pelas penas restritivas de direitos, pelas de perda de bens e valores ou pelas de prestação de serviços à comunidade ou a entidades públicas.

Violação de sigilo empresarial

Art. 169. Violar, explorar ou divulgar, sem justa causa, sigilo empresarial ou dados confidenciais sobre operações ou serviços, contribuindo para a condução do devedor a estado de inviabilidade econômica ou financeira:

Pena – reclusão, de 2 (dois) a 4 (quatro) anos, e multa.

Divulgação de informações falsas

Art. 170. Divulgar ou propalar, por qualquer meio, informação falsa sobre devedor em recuperação judicial, com o fim de levá-lo à falência ou de obter vantagem:

Pena – reclusão, de 2 (dois) a 4 (quatro) anos, e multa.

Indução a erro

Art. 171. Sonegar ou omitir informações ou prestar informações falsas no processo de falência, de recuperação judicial ou de recuperação extrajudicial, com o fim de induzir a erro o juiz, o Ministério Público, os credores, a assembléia-geral de credores, o Comitê ou o administrador judicial:

Pena – reclusão, de 2 (dois) a 4 (quatro) anos, e multa.

Favorecimento de credores

Art. 172. Praticar, antes ou depois da sentença que decretar a falência, conceder a recuperação judicial ou homologar plano de recuperação extrajudicial, ato de disposição ou oneração patrimonial ou gerador de obrigação, destinado a favorecer um ou mais credores em prejuízo dos demais:

Pena – reclusão, de 2 (dois) a 5 (cinco) anos, e multa.

Parágrafo único. Nas mesmas penas incorre o credor que, em conluio, possa beneficiar-se de ato previsto no **caput** deste artigo.

Desvio, ocultação ou apropriação de bens

Art. 173. Apropriar-se, desviar ou ocultar bens pertencentes ao devedor sob recuperação judicial ou à massa falida, inclusive por meio da aquisição por interposta pessoa:

Pena – reclusão, de 2 (dois) a 4 (quatro) anos, e multa.

Aquisição, recebimento ou uso ilegal de bens

Art. 174. Adquirir, receber, usar, ilicitamente, bem que sabe pertencer à massa falida ou influir para que terceiro, de boa-fé, o adquira, receba ou use:

Pena – reclusão, de 2 (dois) a 4 (quatro) anos, e multa.

Habilitação ilegal de crédito

Art. 175. Apresentar, em falência, recuperação judicial ou recuperação extrajudicial, relação de créditos, habilitação de créditos ou reclamação falsas, ou juntar a elas título falso ou simulado:

Pena – reclusão, de 2 (dois) a 4 (quatro) anos, e multa.

Exercício ilegal de atividade

Art. 176. Exercer atividade para a qual foi inabilitado ou incapacitado por decisão judicial, nos termos desta Lei:

Pena – reclusão, de 1 (um) a 4 (quatro) anos, e multa.

Violação de impedimento

Art. 177. Adquirir o juiz, o representante do Ministério Público, o administrador judicial, o gestor judicial, o perito, o avaliador, o escrivão, o oficial de justiça ou o leiloeiro, por si ou por interposta pessoa, bens de massa falida ou de devedor em recuperação judicial, ou, em relação a estes, entrar em alguma especulação de lucro, quando tenham atuado nos respectivos processos:

Pena – reclusão, de 2 (dois) a 4 (quatro) anos, e multa.

Omissão dos documentos contábeis obrigatórios

Art. 178. Deixar de elaborar, escriturar ou autenticar, antes ou depois da sentença que decretar a falência, conceder a recuperação judicial ou homologar o plano de recuperação extrajudicial, os documentos de escrituração contábil obrigatórios:

Pena – detenção, de 1 (um) a 2 (dois) anos, e multa, se o fato não constitui crime mais grave.

Seção II
Disposições Comuns

Art. 179. Na falência, na recuperação judicial e na recuperação extrajudicial de sociedades, os seus sócios, diretores, gerentes, administradores e conselheiros, de fato ou de direito, bem como o administrador judicial, equiparam-se ao devedor ou falido para todos os efeitos penais decorrentes desta Lei, na medida de sua culpabilidade.

Art. 180. A sentença que decreta a falência, concede a recuperação judicial ou concede a recuperação extrajudicial dc que trata o art. 163 desta Lei é condição objetiva de punibilidade das infrações penais descritas nesta Lei.

Art. 181. São efeitos da condenação por crime previsto nesta Lei:

I – a inabilitação para o exercício de atividade empresarial;

II – o impedimento para o exercício de cargo ou função em conselho de administração, diretoria ou gerência das sociedades sujeitas a esta Lei;

III – a impossibilidade de gerir empresa por mandato ou por gestão de negócio.

§ 1º Os efeitos de que trata este artigo não são automáticos, devendo ser motivadamente declarados na sentença, e perdurarão até 5 (cinco) anos após a extinção da punibilidade, podendo, contudo, cessar antes pela reabilitação penal.

§ 2º Transitada em julgado a sentença penal condenatória, será notificado o Registro Público de Empresas para que tome as medidas necessárias para impedir novo registro em nome dos inabilitados.

Art. 182. A prescrição dos crimes previstos nesta Lei reger-se-á pelas disposições do Decreto-Lei nº 2.848, de 7 de dezembro de 1940 – Código Penal, começando a correr do dia da decretação da falência, da concessão da recuperação judicial ou da homologação do plano de recuperação extrajudicial.

Parágrafo único. A decretação da falência do devedor interrompe a prescrição cuja contagem tenha iniciado com a concessão da recuperação judicial ou com a homologação do plano de recuperação extrajudicial.

Seção III
Do Procedimento Penal

Art. 183. Compete ao juiz criminal da jurisdição onde tenha sido decretada a falência, concedida a recuperação judicial ou homologado o plano de recuperação extrajudicial, conhecer da ação penal pelos crimes previstos nesta Lei.

Art. 184. Os crimes previstos nesta Lei são de ação penal pública incondicionada.

Parágrafo único. Decorrido o prazo a que se refere o art. 187, § 1º, sem que o representante do Ministério Público ofereça denúncia, qualquer credor habilitado ou o administrador judicial poderá oferecer ação penal privada subsidiária da pública, observado o prazo decadencial de 6 (seis) meses.

Art. 185. Recebida a denúncia ou a queixa, observar-se-á o rito previsto nos arts. 531 a 540 do Decreto-Lei nº 3.689, de 3 de outubro de 1941 – Código de Processo Penal.

Art. 186. No relatório previsto na alínea *e* do inciso III do **caput** do art. 22 desta Lei, o administrador judicial apresentará ao juiz da falência exposição circunstanciada, considerando as causas da falência, o procedimento do devedor, antes e depois da sentença, e outras informações detalhadas a respeito da conduta do devedor e de outros responsáveis, se houver, por atos que possam constituir crime relacionado com a recuperação judicial ou com a falência, ou outro delito conexo a estes.

Parágrafo único. A exposição circunstanciada será instruída com laudo do contador encarregado do exame da escrituração do devedor.

Art. 187. Intimado da sentença que decreta a falência ou concede a recuperação judicial, o Ministério Público, verificando a ocorrência de qualquer crime previsto nesta Lei, promoverá imediatamente a competente ação penal ou, se entender necessário, requisitará a abertura de inquérito policial.

§ 1º O prazo para oferecimento da denúncia regula-se pelo art. 46 do Decreto-lei nº 3.689, de 3 de outubro de 1941 – Código de Processo Penal, salvo se o Ministério Público, estando o réu solto ou afiançado, decidir aguardar a apresentação da exposição circunstanciada de que trata o art. 186 desta Lei, devendo, em seguida, oferecer a denúncia em 15 (quinze) dias.

§ 2º Em qualquer fase processual, surgindo indícios da prática dos crimes previstos nesta Lei, o juiz da falência ou da recuperação judicial ou da recuperação extrajudicial cientificará o Ministério Público.

Art. 188. Aplicam-se subsidiariamente as disposições do Código de Processo Penal, no que não forem incompatíveis com esta Lei.

CAPÍTULO VIII
DISPOSIÇÕES FINAIS E TRANSITÓRIAS

Art. 189. Aplica-se a Lei nº 5.869, de 11 de janeiro de 1973 – Código de Processo Civil, no que couber, aos procedimentos previstos nesta Lei.

Art. 190. Todas as vezes que esta Lei se referir a devedor ou falido, compreender-se-á que a disposição também se aplica aos sócios ilimitadamente responsáveis.

Art. 191. Ressalvadas as disposições específicas desta Lei, as publicações ordenadas serão feitas preferencialmente na imprensa oficial e, se o devedor ou a massa falida comportar, em jornal ou revista de circulação regional ou nacional, bem como em quaisquer outros periódicos que circulem em todo o país.

Parágrafo único. As publicações ordenadas nesta Lei conterão a epígrafe "recuperação judicial de", "recuperação extrajudicial de" ou "falência de".

Art. 192. Esta Lei não se aplica aos processos de falência ou de concordata ajuizados anteriormente ao início de sua vigência, que serão concluídos nos termos do Decreto-lei nº 7.661, de 21 de junho de 1945.

§ 1º Fica vedada a concessão de concordata suspensiva nos processos de falência em curso, podendo ser promovida a alienação dos bens da massa falida assim que concluída sua arrecadação, independentemente da formação do quadro-geral de credores e da conclusão do inquérito judicial.

§ 2º A existência de pedido de concordata anterior à vigência desta Lei não obsta o pedido de recuperação judicial pelo devedor que não houver descumprido obrigação no âmbito da concordata, **vedado**, contudo, o pedido baseado no plano especial de recuperação judicial para microempresas e empresas de pequeno porte a que se refere a Seção V do Capítulo III desta Lei.

§ 3º No caso do § 2º deste artigo, se deferido o processamento da recuperação judicial, o processo de concordata será extinto e os créditos submetidos à concordata serão inscritos por seu valor original na recuperação judicial, deduzidas as parcelas pagas pelo concordatário.

§ 4º Esta Lei aplica-se às falências decretadas em sua vigência resultantes de convolação de concordatas ou de pedidos de falência anteriores, às quais se aplica, até a decretação, o Decreto-lei nº 7.661, de 21 de junho de 1945, observado, na decisão que decretar a falência, o disposto no art. 99 desta Lei.

Art. 193. O disposto nesta Lei não afeta as obrigações assumidas no âmbito das câmaras ou prestadoras de serviços de compensação e de liquidação financeira, que serão ultimadas e liquidadas pela câmara ou prestador de serviços, na forma de seus regulamentos.

Art. 194. O produto da realização das garantias prestadas pelo participante das câmaras ou prestadores de serviços de compensação e de liquidação financeira submetidos aos regimes de que trata esta Lei, assim como os títulos, valores mobiliários e quaisquer outros de seus ativos objetos de compensação ou liquidação serão destinados à liquidação das obrigações assumidas no âmbito das câmaras ou prestadoras de serviços.

Art. 195. A decretação da falência das concessionárias de serviços públicos implica extinção da concessão, na forma da lei.

Art. 196. Os Registros Públicos de Empresas manterão banco de dados público e gratuito, disponível na rede mundial de computadores, contendo a relação de todos os devedores falidos ou em recuperação judicial.

Parágrafo único. Os Registros Públicos de Empresas deverão promover a integração de seus bancos de dados em âmbito nacional.

Art. 197. Enquanto não forem aprovadas as respectivas leis específicas, esta Lei aplica-se subsidiariamente, no que couber, aos regimes previstos no Decreto-lei nº 73, de 21 de novembro de 1966, na Lei nº 6.024, de 13 de março de 1974, no Decreto-lei nº 2.321, de 25 de fevereiro de 1987, e na Lei nº 9.514, de 20 de novembro de 1997.

Art. 198. Os devedores proibidos de requerer concordata nos termos da legislação específica em vigor na data da publicação desta Lei ficam proibidos de requerer recuperação judicial ou extrajudicial nos termos desta Lei.

Art. 199. Não se aplica o disposto no art. 198 desta Lei às sociedades a que se refere o art. 187 da Lei nº 7.565, de 19 de dezembro de 1986.

Parágrafo único. Na recuperação judicial e na falência das sociedades de que trata o **caput** deste artigo, em nenhuma hipótese ficará suspenso o exercício de direitos derivados de contratos de arrendamento mercantil de aeronaves ou de suas partes.

Art. 200. Ressalvado o disposto no art. 192 desta Lei, ficam revogados o Decreto-lei nº 7.661, de 21 de junho de 1945, e os arts. 503 a 512 do Decreto-lei nº 3.689, de 3 de outubro de 1941 – Código de Processo Penal.

Art. 201. Esta Lei entra em vigor 120 (cento e vinte) dias após sua publicação.

Brasília, 9 de fevereiro de 2005; 184º da Independência e 117º da República.

LUIZ INÁCIO LULA DA SILVA
Márcio Thomaz Bastos
Antonio Palloci Filho
Ricardo José Ribeiro Berzoini
Luiz Fernando Furlan

Este texto não substitui o publicado no D.O.U. de 9.2.2005 - Edição extra

MENSAGEM Nº 59,
DE 9 DE JANEIRO DE 2005.

Senhor Presidente do Senado Federal,

Comunico a Vossa Excelência que, nos termos do § 1º do art. 66 da Constituição, decidi vetar parcialmente, por contrariedade ao interesse público, o Projeto de Lei nº 4.376, de 1993 (nº 71/03 no Senado Federal), que "Regula a recuperação judicial, a extrajudicial e a falência do empresário e da sociedade empresária".

Ouvidos, os Ministérios da Justiça e da Fazenda manifestaram-se pelo veto ao seguinte dispositivo:

Art. 4º

"Art. 4º O representante do Ministério Público intervirá nos processos de recuperação judicial e de falência.

Parágrafo único. Além das disposições previstas nesta Lei, o representante do Ministério Público intervirá em toda ação proposta pela massa falida ou contra esta."

Razões do veto

"O dispositivo reproduz a atual Lei de Falências – Decreto-lei nº 7.661, de 21 de junho de 1945, que obriga a intervenção do parquet não apenas no processo falimentar, mas também em todas as ações que envolvam a massa falida, ainda que irrelevantes, e.g. execuções fiscais, ações de cobrança, mesmo as de pequeno valor, reclamatórias trabalhistas etc., sobrecarregando a instituição e reduzindo sua importância institucional.

Importante ressaltar que no autógrafo da nova Lei de Falências enviado ao Presidente da República são previstas hipóteses, absolutamente razoáveis, de intervenção obrigatória do Ministério Público, além daquelas de natureza penal. Senão, veja-se:

'Art. 52. Estando em termos a documentação exigida no art. 51 desta Lei, o juiz deferirá o processamento da recuperação judicial e, no mesmo ato: (...)

V – ordenará a intimação do Ministério Público e a comunicação por carta às Fazendas Públicas Federal e de todos os Estados e Municípios em que o devedor tiver estabelecimento.'

'Art. 99. A sentença que decretar a falência do devedor, dentre outras determinações: (...)

XIII – ordenará a intimação do Ministério Público e a comunicação por carta às Fazendas Públicas Federal e de todos os Estados e Municípios em que o devedor tiver estabelecimento, para que tomem conhecimento da falência.'

'Art. 142 (...)

§ 7º Em qualquer modalidade de alienação, o Ministério Público será intimado pessoalmente, sob pena de nulidade.'

'Art. 154. Concluída a realização de todo o ativo, e distribuído o produto entre os credores, o administrador judicial apresentará suas contas ao juiz no prazo de 30 (trinta) dias. (...)

§ 3º Decorrido o prazo do aviso e realizadas as diligências necessárias à apuração dos fatos, o juiz intimará o Ministério Público para manifestar-se no prazo de 5 (cinco) dias, findo o qual o administrador judicial será ouvido se houver impugnação ou parecer contrário do Ministério Público.'

O Ministério Público é, portanto, comunicado a respeito dos principais atos processuais e nestes terá a possibilidade de intervir. Por isso, é estreme de dúvidas que o representante da instituição poderá requerer, quando de sua intimação inicial, a intimação dos demais atos do processo, de modo que possa intervir sempre que entender necessário e cabível. A mesma providência poderá ser adotada pelo parquet nos processos em que a massa falida seja parte.

Pode-se destacar que o Ministério Público é intimado da decretação de falência e do deferimento do processamento da recuperação judicial, ficando claro que sua atuação ocorrerá pari passu ao andamento do feito. Ademais, o projeto de lei não afasta as disposições dos arts. 82 e 83 do Código de Processo Civil, os quais prevêem a possibilidade de o Ministério Público intervir em qualquer processo, no qual entenda haver interesse público, e, neste processo específico, requerer o que entender de direito."

O Ministério da Justiça indicou aposição de veto ao dispositivo a seguir transcrito:

Alínea "c" do inciso I e alínea "a" do inciso II do art. 35

"Art. 35 ....

I – ....
....

c) a substituição do administrador judicial e a indicação do substituto;
....

II – ....

a) a substituição do administrador judicial e a indicação do substituto;
...."

Razões do veto

"As alíneas a e c atribuem à assembléia-geral de credores, dentre outras competências, a de deliberar sobre a substituição do administrador judicial e a indicação do seu substituto. Todavia tais disposições conflitam com o art. 52, que estabelece:

'Art. 52. Estando em termos a documentação exigida no art. 51 desta Lei, o juiz deferirá o processamento da recuperação judicial e, no mesmo ato:

I – nomeará o administrador judicial, observado o disposto no art. 21 desta Lei;

....'

Verifica-se o conflito, também, no confronto entre esses dispositivos e o parágrafo único do art. 23, que dispõe:

'Parágrafo único. Decorrido o prazo do caput deste artigo, o juiz destituirá o administrador judicial e nomeará substituto para elaborar relatórios ou organizar as contas, explicitando as responsabilidades de seu antecessor.'

Ao que parece, houve um equívoco do legislador ao mencionar o 'administrador judicial', parecendo que pretendeu se referir ao 'gestor judicial', uma vez que, ao prever a convocação da assembléia-geral de credores para deliberar sobre nomes, o projeto refere-se a este último, como se atesta da leitura do art. 65, verbis:

'Art. 65. Quando do afastamento do devedor, nas hipóteses previstas no art. 64 desta Lei, o juiz convocará a assembléia-geral de credores para deliberar sobre o nome do gestor judicial que assumirá a administração das atividades do devedor, aplicando-se-lhe, no que couber, todas as normas sobre deveres, impedimentos e remuneração do administrador judicial.'

Há, portanto, no texto legal, um equívoco que merece ser sanado, elidindo-se a possibilidade de a lei vir a atribuir competências idênticas à assembléia-geral de credores e ao juiz da recuperação judicial ou da falência, o que ensejaria a inaplicabilidade do dispositivo, com inequívocos prejuízos para a sociedade, que almeja a celeridade do processo, e para o próprio Governo Federal, que tem adotado ações que possibilitem alcançar esse desiderato.

Finalmente, impõe-se registrar que o veto afastará, de plano, a possibilidade de que seja nomeada para o encargo pessoa que não seja da confiança do juízo."

Já o Ministério do Trabalho e Emprego, manifestou-se pelo veto ao seguinte dispositivo:

<u>Inciso II do § 6º do art. 37</u>

"Art. 37 ....

....

§ 6º ....

....

II – comunicar aos associados por carta que pretende exercer a prerrogativa do § 5º deste artigo.

....''

<u>Razões do veto</u>

"Merece atenção o disposto no art. 37, §§ 5º e 6º, que confere aos sindicatos a legitimidade para representar seus associados titulares de crédito trabalhista na assembléia-geral de credores, desde que apresentem ao administrador judicial a relação dos trabalhadores e comuniquem aos associados por carta que pretendem representá-los. Considerando-se que tal assembléia tem atribuições fundamentais, tais como a deliberação a respeito do plano de recuperação judicial, a constituição do Comitê de Credores, a eventual substituição do administrador judicial, em caso de falência, os dispositivos citados apresentam problemas.

Com efeito, a disposição contida no art. 37, § 6º, inciso II, que condiciona a representação sindical à prévia comunicação a seus associados, por carta, da intenção de representá-los é burocrática e desnecessária, servindo apenas para restringir ainda mais a atuação sindical, uma vez que o § 5º do mesmo artigo determina que o sindicato representará somente os trabalhadores que não comparecerem à assembléia, garantindo, pois, a participação direta daqueles que não desejarem ser representados por sua entidade sindical.

Ademais, o dispositivo abre perigosa possibilidade de impugnação da legitimidade da representação dos sindicatos e, por conseqüência, da própria Assembléia-Geral, pois será difícil ter em mão milhares de comprovantes de recebimento ou de postagem para provar que todos os milhares de trabalhadores foram devidamente comunicados por carta de que o sindicato pretende cumprir seu dever de defender os interesses da categoria."

Essas, Senhor Presidente, as razões que me levaram a vetar os dispositivos acima mencionados do projeto em causa, as quais ora submeto à elevada apreciação dos Senhores Membros do Congresso Nacional.

Brasília, 9 de fevereiro de 2005.

Este texto não substitui o publicado no D.O.U. de 9.2.2005 - Edição extra

Bibliografia

1. GUYON, Yves – Droit des Affaires – Editions Economica – Paris – 1999
2. GUYNOT, Jean – Cours de Droit Commercial – Librairie du Journal de Notaires et des Avocats – Paris – 1998
3. GEORGES RIPERT/RENÉ ROBLOT – Traité de Droit Commercial – Paris – 1998
4. JAUFFRET, Alfred – Droit Commercial – Librairie Générale de Droit et de Jurisprudence – Paris – 2000
5. MICHEL DE JUGLART/BENJAMIN IPPOLITO – Cours de Droit Commercial – Edition Montchertien – Paris – 2000

Bibliografia

1. GUYON, Yves – Droit des Affaires – Editions Economica – Paris – 1999

2. GUYNOT, Jean – Cours de Droit Commercial – Librairie du Journal des Notaires et des Avocats – Paris – 1981

3. GROLUS, S RIPERT DE ROBLOT – Traité de Droit Commercial – Paris – 1995

4. JAUFRET, Alfred – Droit Commercial – Librairie Générale de Droit et de Jurisprudence – Paris – 2000

5. MICHEL DE JUGLART BENJAMIN IPPOLITO – Cours de Droit Commercial – Edition Montchrestien – Paris – 2000